1. 열도 내에서 활동한 인명·직함명

가능한 일본식 발음이 아닌 한국식 한자로 표기하였다.
한반도와의 인연이 깊다고 생각해서이다.
예컨대 응신천황(應神天皇)은 일본식 '오진'이 아닌 '응신'으로 표기한다.
다만 독자들의 이해를 돕기 위해 필요한 경우 일본식 발음을 병용하였다.

2. 열도 내 지명

열도의 지명은 현재까지도 지속되는 경우가 많고
독자들이 일본식 지명에 익숙한 점을 감안해 가능한 현지음대로 표기하였다.
예컨대 '九州'는 '구주'가 아니라 '규슈'로 하였다.
다만 '혈문(穴門)'을 비롯하여 현재는 잘 쓰이지 않은 고대지명인 경우
국내 독자들의 이해를 돕기 위해 한국식 한자발음으로 표기한 경우도 있다.

한일
고대사의
재건축

열도의 내전과 영산강 전방후원분의 비밀

한일 고대사의 재건축③
열도의 내전과 영산강 전방후원분의 비밀

초판 인쇄 2021년 8월 10일
초판 발행 2021년 8월 15일

지은이 장한식
발행인 권윤상
발행처 도서출판 산수야

등록번호 제2002-000278호
주소 서울시 마포구 월드컵로165-4
전화 02-332-9655
팩스 02-335-0674

ISBN 978-89-8097-541-9 04910
     978-89-8097-538-9 (전3권)

값은 뒤표지에 있습니다. 잘못된 책은 바꿔드립니다.

www.sansuyabooks.com
sansuyabooks@gmail.com
도서출판 산수야는 독자 여러분의 의견에 항상 귀 기울입니다.

열도의 내전과
영산강 전방후원분의 비밀

한일
고대사의
재건축

3

장한석 지음

韓日古代史
再建築

산수야

열도의 패권전쟁과
한반도 남부의 정치방정식

『한일 고대사의 재건축③』은 AD 4~6세기 일본열도에서 일어난 패권교체의 역사와 함께 이와 연동된 한반도 서남부, 영산강유역 정치체의 변화상을 살펴보는 것이 주제이다. 4~6세기 일본에서의 왕조교체는 가야에서 발진(發進)한 기마민족의 진출과 백제의 담로소국 건설이 기본동력이란 점에서 한반도의 역사와 무관할 수 없다. 열도 내 여러 정치체 간의 치열한 승부의 결과는 한반도에도 역으로 큰 파장을 끼쳤던 것이다.

먼저 1부에서는 규슈를 정치중심으로 했던 야요이시대가 마감되고 기나이가 새로운 중앙이 되는 AD 4세기 후반, 중기고분시대(에가미식으로는 후기고분시대)의 도래를 고찰한다. 이런 시대변화는 일본의 고대사학계의 통설과 얼핏 유사해 보이지만 근본적인 차이가 있다. 일본 역사학계의 정설은 원래 규슈에 있던 야마타이국(일본학계는 야마토조정의 전신으로 본다. 필자는 그렇게 보지 않는다.)이 AD 3~4세기경

동정(東征)을 거쳐 기나이로 이동해 갔다고 본다. 그런 과정에서 열도의 정치적 통합이 급속히 진행되었고 대형고분이 조성되는 4세기 이후에는 야마토조정이 열도의 패권을 완전히 장악했다는 시각이다. 4세기 이전까지 열도의 정치중심지는 규슈였으나 이후에는 기나이로 옮겨간다는 통설에 필자도 동의한다. 이는 고고학적으로도 입증이 된다.

다만 이런 시대변화의 동인(動因)과 주역(主役)에 대해서는 일본의 통설과 필자의 의견이 일치하지 않는다. 일본학계는 열도 내의 자생세력으로 주장하는 반면 필자는 열도 바깥에서 진입한 무력, 구체적으로는 가야에서 출발한 기마민족으로 파악한다. 대한해협을 횡단하여 새로운 역사를 시작한 주인공은 '임나공' 숭신천황이란 것이 기본전제이다. 일본학계가 내세우는 야마토조정이 아니다. 그러나 숭신왕조가 규슈 중심의 '야요이시대'를 청산하고 기나이평원에서 '고분시대'를 열어가는 과정은 순탄하지 못했다. 안팎의 거센 도전에 고전한 숭신왕조의 역사를 새로운 시각으로 조망한다.

2부에서는 가야출신의 숭신왕조를 대체하는 백제계 응신왕조의 성공역사를 집중 묘사한다. 기마군단의 군사적 비교우위가 사라지면서 열도 내 주요거점마다 기나이조정에 도전하는 정치체가 형성되었지만 숭신왕조는 효율적으로 대처하지 못하였다. 5세기 후반부터 6세기 초에 걸쳐 수십 년간 진행된 일본의 패권교체 역사에는 백제와 신라, 가야 등 한반도 남부제국이 깊숙이 관여하였고 그 과정은 복잡한 정치방정식의 연속이었다. 아와지시마(淡路島 담로도)와 가와치(河内 하내) 평원을 중심으로 한 백제계 담로국과 동해안의 신라계 이즈모(出

雲 출운), 세토나이카이(瀨戶內海) 연안의 기비(吉備 길비), 그리고 규슈 남부의 구마소(熊襲 웅습) 등이 숭신왕조로부터 이탈하려는 원심력의 본거지였다. 이 중에서도 백제계 담로국은 본국의 전략적 지원을 받아가며 빠르게 성장하였고 마침내 숭신왕조를 무너뜨리고 열도의 정치중심으로 부상하였다. 신라와 고구려도 일본의 고대사에 커다란 영향을 미쳤지만 열도의 정치패권을 교체한 수준에는 이르지 못한 만큼 신라·고구려의 역할은 제한적으로 기술한다.(645년 '을사의 변'으로 인한 대화개신(大化改新) 등 AD 7세기 이후의 일본사 역시, 이 글에 다루는 패권전쟁의 시기를 벗어난 만큼 필요한 부분만 소략하게 언급한다.)

1부와 2부에서 필자가 제시하는 '열도의 4~6세기 역사'와 '일본서기가 묘사하는 그림'은 크게 다르다. '일본서기의 그림'은 많은 부분이 허구이거나 선후가 뒤바뀐 가공의 세계관이다. 필자의 논지를 펼치기 위해 부득이 일본서기 기사들을 인용하지만 '실제(實際)의 시기와 맥락'은 기록과 다를 수 있다는 것을 늘 염두에 둬야 한다. 다행히도 고대의 편찬자들이 실제사건의 암호를 곳곳에 매설해 두었기에 세밀히 독서하면 '일본서기 너머의 진실'을 포착할 수 있다.

3부는 영산강유역 정치체의 실체를 살펴보는 부분이다. 영산강 정치체는 한반도 남부와 일본열도라는 넓은 영역에서, 오랫동안, 치열하게 진행된 거대한 권력교체의 와중에 그 운명이 결정되었다는 점에서 매우 흥미로운 대상이다. 6세기 초반까지 독자성을 유지하였던 영산강 정치체는 한반도 내에서 '왜계묘제(倭系墓制)'로 불리는 전방후원분을 조영한 지역으로 특히 유명하다. 타지와 구분되는 다양하고 독특한 고분문화를 형성한 영산강 정치체의 '존재와 소멸의 과정'은 한일 고대사의 비밀을 밝혀줄 핵심 사안(史案)이란 점에서 충실히 조명할 가치가 있다.

그러나 영산강유역 고대사에 대한 국내학계의 시각은 소극적이다. 2021년 2월 말, 전남 해남의 '방산리 장고봉 고분'이 발굴 4개월 만에 조용히 덮인 사건은 시사하는 바 크다. 무덤의 형식이나 제사 지낸 흔적 등이 5~6세기 규슈의 고분과 흡사한 것이 탈이었다. 한마디로 '영산강유역 전방후원분'이 임나일본부설의 근거가 될까 우려해 서둘러 덮어버렸다는 것이다.(2021년 3월 18일(목) 한겨레신문 17면) 그러나 현대인의 반일(反日)감정으로 고대의 현실을 대하는 것은 올바르지 않다. 더욱이 100년이 못되는 기간 동안 산재된 형태로 존재하는 '영산강 전방후원분'은 고대 일본의 정치체가 이곳을 지배한 흔적이 될 수 없다. 3부는 논란 많은 영산강 전방후원분과 관련해 기존 학설들의 문제점을 충분히 드러내면서 과감한 시각교정을 시도한다.

『한일 고대사의 재건축』 시리즈 1·2·3권의 모든 대목이 감당하기 쉽지 않지만 일본열도에서 진행된 AD 4~6세기의 새로운 패권 형성·교체사와 영산강 정치체의 역사는 특히나 복잡미묘한 주제이다. 성량(聲量)은 부족한데 볼륨만 높인 확성기를 닮았다는 점에서 적잖이 민망하다. 문헌기록과 고고학적 증거의 부족함을 추론으로 대체한 영역이 적지 않은 점을 미리 실토하며 1700년 전, 아득한 시절로 걸어 들어간다.

차례

한일 고대사의 재건축 ❶

왜(倭)와 임나(任那)의 진실

한반도와 일본열도 사이의 바다에서 삶을 영위했던 '사라진 왜'의 정체는 무엇인가 『한일 고대사의 재건축①-왜(倭)와 임나(任那)의 진실』은 마름모꼴 바다에 기대어 수천 년을 살아간 해변민의 숨겨진 정체와 그들이 한반도와 열도, 두 갈래로 나뉘어 적대시하게 된 역사를 되짚어 보는 여정이다. 필자는 1권의 12개장을 통해 한일 고대사 전쟁의 핵심소재가 된 왜(倭)와 임나(任那)의 감춰진 얼굴을 찾고자 분투한다. 한반도와 일본열도 사이의 바다에서 삶을 영위했던 해변인들... 역사서에 왜인(倭人)으로 표현된 사람들의 본질과 그들의 생활상을 새로운 각도에서 재조명한다. 지금은 마음대로 넘을 수 없는 '국경(國境)의 바다'이지만 본래적 의미는 한일협력의 터전이었고 한일 공동사의 영역이라는 점을 강조하며 독자들을 이끈다.

한일 고대사의 재건축 ②
기마족의 신라·가야·열도 정복사

 기마족의 신라·가야·열도 정복사는 '힘(power)의 이동 역사'이다

『한일 고대사의 재건축②-기마족의 신라·가야·열도 정복사』의 주제의식을 한 마디로 정의하면 '힘(power)의 이동 역사'이다. 역사발전의 근본동력인 '인간 집단의 힘'은 분열을 통해 다양한 방면으로 발산되고 투쟁을 통해 강해지며, 마침내 승자에 의해 통합되는 과정에서 뚜렷한 역사를 이룩한다. 대륙에서 출발한 모용선비 기마족이 한반도 남부에서 커다란 족적을 남긴 다음 최종적으로 일본 열도로 향한 것은 힘의 이동가설로 볼 때 합리적으로 설명된다. AD 4세기, 기마 민족의 신라·가야·일본열도 정복사는 최악의 상황에서도 자신들의 집단파워를 보존하면서 '지리적 이동'이라는 최선의 선택을 한 결과이다.

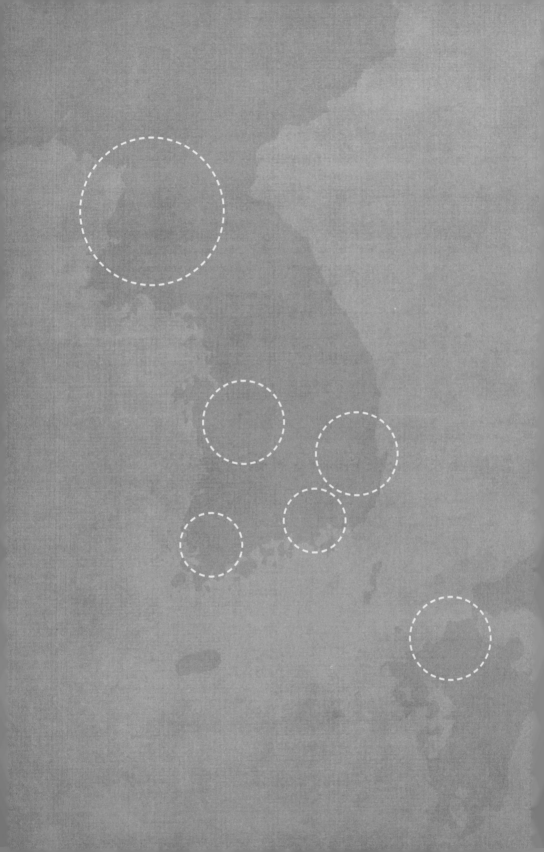

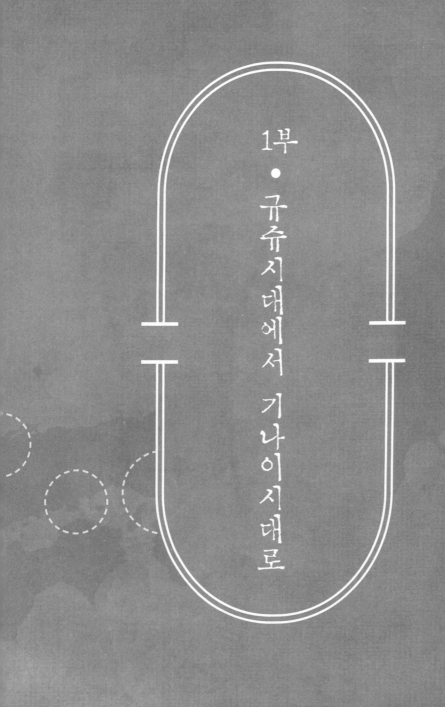

1부

•

규슈시대에서 기나이시대로

● 韓日 古代史 再建築

일본열도의 정치중심은 흔히들 야마토조정 하나로만 언급된다. 야마토조정은 원래 규슈(九州)에 존재하고 있었으나 AD 3~4세기경 동정(東征)을 거쳐 기나이(畿內)로 이동해 갔다는 것이 일본 역사학계의 정설이다. 그런 과정에서 열도의 정치적 통합이 급속히 진행되었고 대형고분이 조성되는 4세기 말 이후에는 기나이의 야마토조정이 열도의 패권을 장악했다는 시각이다. 그 결과 5세기 이후에는 야마토에 비견할 정치세력이 열도에 존재하지 못했다는 것이 통설이다.

　반면 통설과 사뭇 다른 설명체계도 있다. 적어도 6세기까지는 열도의 정치체가 하나가 아니라 2개 이상이었다는 것이다. 4세기 이전까지 열도의 정치중심지는 규슈였으나 4세기 말 이후 동쪽의 기나이세력이 부상하면서 양대세력으로 분열되었다는 시각이다. 즉 규슈에도 기나이와 비견할 정치 중심이 존재하고 있었다는 주장인데 이른바 규슈왜국설(九州倭國說)이다. 규슈왜국설도 다양한 견해가 존재하는데, 대체로 열도의 4~7세기는 규슈(九州)와 기나이(畿內) 양대세력 간의 경쟁이 치열한 시기로 간주한다.

　필자는 기나이와 규슈의 정치체가 대립하는 기간이 있었다고 보는 점에서 규슈왜국설을 일부 수용하지만 대결의 시기가 한정적이었다는 점에서 뚜렷한 차이가 있다. 5세기 후반~6세기 초반 50여 년간,

기나이와 규슈방면에 각각의 중심을 둔 양대세력이 일본열도의 정치적 패권을 놓고 격렬하게 대립한 역사로 파악한다. 일본의 패권 통합은 치열한 내전을 치른 끝에 6세기 중반쯤 이뤄졌다고 간주한다. 구체적으로는 숭신왕조와 응신왕조의 대결이다. 숭신왜와 응신왜의 대결 역사를 소상히 묘사하기에는 나의 역량이 모자라고 연구 또한 턱없이 부족하다. 나로서는 기본얼개만 그려볼 생각이고 구체적인 실상에 대한 묘사는 전문연구자의 몫으로 넘긴다.

열도의 분열과 통합의 역사에는 백제와 가야, 신라 등 한반도 남부 제국이 깊숙이 관여하고 있었다. 열도의 정치적 향배와 한반도 남부의 정치질서가 연동된 상황에서 당연한 행위일 것이다. 1부에서는 한반도계 야요이 농경집단이 지배하던 규슈일대의 기존질서를 근본적으로 전복한 기마민족국가, 즉 숭신왕조가 이룩한 대대적인 변화상을 밀도있게 묘사할 예정이다.

1장
야마타이국과
규슈시대

일본열도에 수도작(水稻作) 농경법이 도입된 이후 세월의 흐름과 함께 유식층(遊食層), 즉 남의 노동력으로 놀고먹는 계층이 형성되고 아울러 소국 공동체들이 출현하였다. AD 1세기 반고가 펴낸 한서(漢書)의 지리지에 따르면 왜는 100여 소국으로 나뉘어 있고, AD 3세기에 출간된 삼국지 왜인전(倭人傳)에는 30여 소국이 관찰되고 있었다. 이후 소국 간의 통합전쟁이 격화되면서 점차 강자(强者)가 등장하는데 28개 소국을 통합하는 야마타이국(邪馬臺國)은 7만 호에 이르는 중심국이었다.

'28개국 공동왕' 비미호(卑彌呼 히미코) 여왕이 다스리던 야마타이국이 일본의 국가형성 과정에서 가장 중요한 나라라는 데 이견이 없다. 야마타이국은 삼한의 대표주자인 목지국(目支國)에, 비미호는 진왕(辰王)에 비견된다. 문제는 3세기 야마타이국의 소재지를 둘러싼 논란이다. 야마타이국이 어디에 있었느냐는 간단한 문제가 아니다. 기나이(畿內)설과 규슈(九州)설로 나뉘어 백년 동안 격렬한 논쟁을 벌였지만 아직도 최종 결론이 나지 않았다.

삼국지 왜인전에 출현한 열도의 정치중심 야마타이국이 기나이에 있었느냐 규슈에 소재하였느냐는 매우 중요한 의미가 담겨 있다. AD 3세기 당시 일본이 기나이를 중심으로 통일국가가 형성됐느냐 여부를 가늠할 수 있는 바로미터이기 때문이다. 기나이의 야마토조정이 3세기에 열도의 리더십을 확보하였고 통합된 국력을 한반도로 투사하였다는 것이 일본 황국사관론자들의 일관된 주장이다.

그러나 3세기까지 야마타이국은 규슈에 있었다고 보는 반대론도 만만치 않다. 필자는 '야마타이국 규슈 소재설'에 동조하는 입장이다. 역사발전 과정에 생략이 있을 수 없다면 3세기의 야마타이국은 규슈에 위치할 수밖에 없기 때문이다.

열도의 초기 정치중심은 규슈

2차 세계대전 이전, 황국사관에 사로잡힌 일본인들은 '야마타이국'을 '야마토(大和)조정'의 전신(前身)으로 여기며 기나이에 위치하였다고 철석같이 믿었다. '야마타이'와 '야마토'의 발음상 유사점과 규슈보다 기나이를 정통으로 보는 학계풍토 등이 이런 믿음의 바탕이었다. 이럴 경우 AD 3세기에 일본열도는 기나이를 중심으로 이미 통일국가를 형성하고 있었다고 판단할 수 있다. 2차 세계대전 패전 이후에도 대부분의 일본 역사학자들은 야

한위노국왕(漢委奴國王)의 금인

후쿠오카 앞바다 시가노시마 지도

마타이국이 기나이에 존재하였다는 입장을 취하였다. 고고학적 성과도 이런 시각에서 축적되어 나갔다. 규슈가 한때 선진지대였고 소국들이 존재하였지만 기본적으로는 기나이가 열도의 정치중심이라는 논리이다.

그러나 2차대전 종전 이후 도쿄대와 규슈지역 학자들을 중심으로 '야마타이국 규슈 소재설'이 고개를 들기 시작했다. 쓰다 소오기치(津田左右吉)와 이노우에 히데오(井上秀雄) 등은 AD 3세기까지는 규슈가 일본의 선진지역이었으며 야먀타이국도 규슈에 소재하였다고 주장한다. 한반도·중국과의 교통 측면에서 유리한 규슈가 초기 열도의 정치중심이었다는 입장이다. '한위노국왕(漢委奴國王)'의 황금도장〈金印〉이 발견된 곳이 규슈 북부의 작은섬 시가노시마(志賀島 지하도)라는 사실이 유력한 증거이다. 만약 기나이가 야마타이국의 소재지였다면 황금도장이 규슈에서 나올 리가 없다. 금인을 전달하던 사신이 그 귀중한 물건을 하필 규슈에서 분실했다는 극단적인 상정을 할 때에나 설명이 가능할 것이다.

혼슈 중서부에 위치한 기나이는 큰 평야까지 갖추고 있어 농경과 국가발전에 우월한 측면이 있고, 4세기 이후 빠르게 발전하여 결국은 규슈를 압도한 것이 사실이다. 하지만 AD 4세기 중후반까지 열도의 정치중심은 규슈였다고 보는 주장은 여전히 설득력이 있다. 심지어 야마타이국은 특정국의 국명이 아니라 규슈의 소국 가운데서 최강의 국력을 지녔던 이도국(伊都國)에 대한 존칭이나 우호(優號)가 아니냐는 추정도 있다.(지금도 교토대를 중심으로 기나이설이 여전히 남아 있지만 전체적으로 볼 때 규슈설이 대세가 된 느낌이다. 야마타이국의 소재지를 둘러싼 논쟁은 결론이 나지 못한 상태인데 묘하게 교토대 등 간사이〈關西〉지역에서는 기나이설을 지지하는 반면 도쿄대 등 간토〈關東〉지역과 규슈지역에서는 규슈설이 우세하다. 일본 사학계에서도 지역적 색채가 존재하는 것 같아 흥미롭다.)

규슈가 열도의 초기 중심지가 된 이유는 고고학적으로 증명된다. BC 3세기부터 수렵·채집 위주의 조몬문화(繩文文化)를 대신하여 벼농사가 시작되고 금속기를 사용하는가 하면 야요이식 토기를 제작하는 새로운 문화가 발생한다. 한반도 남부의 영향으로 성립된 야요이문화(彌生文化)는 북(北)규슈에서 먼저 성립되어 일본열도 전역으로 번져나갔다.

야요이시대의 철기 출토 수를 보면 북부규슈가 기나이보다 압도적으로 많다. 오쿠노 마사오(奧野正男)에 따르면 야요이 중기(中期)의 철기 출토수는 규슈지방이 139점인데 반해 기나이는 6개, 야요이 후기(後期)의 철기 출토 수는 규슈 524개 대(對) 기나이 73개로 비교가 되지 않는다고 한다. 야마타이국이 존재하던 야요이시대의 경우 북부규

슈가 군사와 경제, 정치, 문화 수준에서 기나이를 능가하였다는 뚜렷한 증거로 볼 수 있다.[1]

앞서 언급했듯이 반고의 한서(漢書 전한서라고도 부른다.)는 AD 1세기 규슈 일대에 왜의 소국 100여 개가 생겨나서 한반도를 통해 중국과 교섭하기 시작한 것으로 기술하고 있다. AD 239년에는 28개 소국을 대표한 야마타이국의 여군주(女君主) 비미호(卑彌呼 히미코)가 위(魏)에 사신을 파견하여 '친위왜왕(親魏倭王)'의 칭호를 받기도 하였다. 야마타이국의 소재지가 규슈라는 이론적 근거는 이종항의 책 『고대(古代)가야족이 세운 구주왕조(九州王朝)』(대왕사 1987)를 참고할 만하다.

야마타이국 기나이 소재설과 규슈 소재설 모두 약점이 있다. 삼국지는 "야마타이국은 이도국(북규슈 소재)의 남쪽에 위치해 있다."고 적고 있는데 기나이는 이도국(伊都國)의 동쪽이므로 방위가 맞지 않다. 기나이설 주창자들은 삼국지의 필자가 방위를 착각했다고 본다. 규슈설은 이도국에서 야마타이국으로 가는 거리가 맞지 않다. 수행(水行) 20일, 육행(陸行) 한 달이나 걸려서 갈 거리가 아니다. 거리로만 보면 규슈보다는 기나이설이 그나마 설득력이 있지만 실상은 기나이도 부족하다. 이 정도의 거리 척도대로라면 야마타이는 타이완이나 필리핀 부근(또는 더 남쪽)에 위치해야 한다. 필자는 특정지역 간의 거리에는 착오나 과장이 있을 수 있지만 남쪽과 동쪽이라는 방위개념에는 착오가 있기 힘들다는 점에서 야마타이국 규슈 소재설을 지지한다.

---

1. 이시와타리 신이치로, 안희탁 역, 백제에서 건너간 일본천황, 지식여행, 2002, pp192~193.

규슈왜국의 존재 가능성은 일본 내에서도 수없이 다뤄진 주제이다. 규슈에 강력한 정치중심이 존재했다는 방증이 그만큼 많기 때문일 것이다. 일본서기는 기나이에 위치한 야마토조정이 처음부터 열도의 정치중심인 것처럼 기술하고 있지만 역사 조작의 결과일 뿐이다. 거듭 말하지만 4세기 중반까지 일본열도의 대표선수는 규슈였다. 그러나 4세기 후반, 중기고분시대의 도래와 함께 정치중심은 규슈에서 기나이로 바뀐다.

야마타이국 규슈 소재설을 따르는 학자들도 AD 4~5세기 즈음에는 기나이가 중심지로 바뀌었다는 데는 큰 이견이 없다. 『잃어버린 규슈왕조』를 쓴 후루다 다케히코(古田武彦)나 한국의 이종항 교수 정도만이 7세기 말인 AD 670년 무렵까지 규슈왜국이 존재하였다고 주장하고 있다. 나는 4세기 중후반까지는 규슈가 열도의 정치중심이었으나 기마민족(필자는 일본을 정복한 기마민족으로 숭신왕조를 주목한다. 『한일 고대사의 재건축②』에서 상세히 언급한 바 있다.)의 도래와 함께 기나이가 수도로 바뀌었다는 입장이다.

그러다가 신(新)왕조인 응신왕조로 패권이 교체되는 와중에 고(古)왕조인 숭신왜국이 5세기 후반 기나이에서 축출돼 규슈방면으로 후퇴하면서 마치 기나이와 규슈 정치체 간의 대결양상이 수백 년간 지속된 것 같은 착각이 생겼다고 본다. 6세기 초반인 AD 527년 '반정(磐井 이와이)의 전쟁'은 동쪽에서 힘을 키운 새로운 응신왕조가 규슈 일대를 최후 근거지로 삼은 숭신왕조 잔당을 타멸하고 일본의 정치적 패권을 잡는 계기였다고 필자는 판단한다.

야마타이국 규슈 소재의 증거

3세기의 야마타이국은 왜(why) 규슈에 있었다고 보아야 하는가? 삼국지 왜인전에 그 해답이 고스란히 담겨 있다. 말로국(末盧國)과 노국(奴國), 구노국(狗奴國), 이도국(伊都國) 등 왜인전에서 소상히 묘사하고 있는 소국들은 모두 규슈에 위치한 나라들이다. 규슈가 당시 열도의 선진지대이고 다수의 정치세력이 존재한다는 의미이다. 따라서 비미호의 야마타이국도 열도의 정치중심지 규슈에 있다고 보는 것이 마땅하다. 만약 야마타이국이 기나이에 있고 그곳이 열도의 정치중심지대였다면 중국(위나라) 사신들은 정치적으로 크게 중요할 것 없는 변방(즉 규슈)에서 쓸데없이 오래 지체하였고 별 의미도 없는 소국들을 지나치게 상세하게 보고하였다는 이야기밖에 안 된다.

야마타이국이 기나이에 위치해 있었다면 위나라 사신들은 규슈에 도착하자마자 외교부서의 안내를 받아 수도(首都) 방향으로 신속히 움직였어야 한다. 기나이로 가기 위해서는 세토나이카이 바다를 항해했을 터이므로 중도에 위치한 기비국(吉備國) 등에 대한 소상한 설명이 삼국지 왜인전에 나와야 정상이다. 또 기나이 부근의 지세와 인근 소국들의 특징이 상세하게 묘사됐을 것이다.

그런데 삼국지 왜인전에 기술된 내용은 규슈의 정치상황 위주이다. 규슈에서 기나이로 항해하는 과정에서 경유하게 마련인 세토나이카이 일대는 위나라 관찰자들에게 관심 밖의 지대이다. 거듭 말하지만 이 같은 상황은 당시 규슈가 중국의 관심권 안으로 진입한 열도의 정치중심지이며 외교무대에서도 중국과 통교하는 유의미한 소국들의 각축무대였다는 것을 증언한다. 야마타이국은 당연히 정치중심지 규슈에서도 수장급 국가였을 것이고 왜인전도 그렇게 기술하고 있다.

　참고로 삼국지 왜인전을 보면 이도국까지는 거리(距里) 척도인 반면, 야마타이국으로 가는 행로는 일수(日數) 척도로 바뀐다. 즉 남쪽으로 수행(水行) 20일 육행(陸行) 1개월로 돼 있다. 육로 1개월도 먼 거리지만 특히 바닷길 20일은 어마어마한 거리이다. 3세기의 중국사신이 소형 카누를 타고 열도를 찾았을 리는 없고 규모 있는 선박을 타고 이동했을 것이다. 노(櫓)가 달린 범선(帆船)을 이용했을 가능성이 높다. 한중간 서해항로는 바람을 잘 타면 사흘이면 도달한다고 한다. 수행 20일, 육행 1개월 기록대로라면 야마타이국은 동남아시아쯤에 위치해야 옳다. 중국의 사절단은 이정(里程)을 확대하고 있다. 사신이 자신들의 노정을 확장하여 생색을 내려 한 의도로 풀이된다. 고대사회에서 잘 알려지지 않은 낯선 지역을 여행한 사람들이 자신의 행적을 과장하는 사례는 그리 드문 일이 아니다.

진수(陳壽)의 삼국지(三國志)가 지닌 사실정신

우리가 AD 3세기경 만주와 한반도, 일본열도의 모습을 알기는 진수(陳壽)가 편찬한 삼국지(三國志)를 통해서이다. 나관중이 쓴 소설 삼국지연의(三國志演義)의 명성에 가려져 있긴 하지만 진수의 삼국지는 정통역사서의 힘을 그대로 보여준다. 기록주의, 사실(fact) 추구 자세가 역력하다. 현대의 언론정신과 다를 바 없다. 진수는 AD 233년 촉한 땅에서 출생하여 벼슬을 하였으나 31살이던 263년 촉한이 망하면서 서진의 수도 낙양으로 진출해 저작랑(著作郎) 등의 관직을 역임하였다. 서진의 무제(武帝 재위 265~290) 시절 진수는 자신

의 힘으로 위·촉·오 삼국의 역사를 편찬하였는데 무제를 이은 혜제(惠帝 재위 290~306) 때에 삼국시대의 정사(正史)로 인정받았다.

진수의 삼국지는 위서(魏書)와 오서(吳書), 촉서(蜀書)로 구분된다. 한국과 일본 역사학자들이 주목하는 책은 북중국과 그 주변을 다룬 위서이다. 위서의 동이전(東夷傳) 가운데 한전(韓傳)과 왜인전(倭人傳)은 한일 역사학계에서 바이블로 꼽는다. 진수는 당시에 전해지던 역사서에다 당대 중국인 관리와 상인들이 한반도와 일본을 여행한 견문기록을 덧붙여 가능한 사실에 부합하도록 묘사하였다. 야마타이국으로 가는 일정 등에서 약간의 오류도 발견되지만 대체적으로 3세기까지 한반도와 일본열도의 사정을 가장 충실하게 보여주는 기록으로 평가된다. 진수의 삼국지 왜인전을 선입견 없이 독서하면 AD 3세기 중엽 당시 일본열도의 정치중심지는 규슈였음을 눈치챌 수 있다.

'야마터'의 의미는?

야마타이의 위치논쟁은 이 정도로 하고, 이제는 한자로 '야마대(邪馬臺)'라고 기재된 국호 '야마타이'의 의미가 무엇인지 생각해보자. 야마타이의 의미를 제대로 포착하기 위해서는 우선 그 발음을 정확히 파악하는 것이 핵심이다. 야마타이는 한자 그 자체로는 의미가 없는 '음차(音借) 단어'이다. 열도인들이 자기네 말로 부르는 국호를 중국인들이 한자의 소릿값을 빌려 적당히 만든 글자가 '邪馬臺'인 것이다. 그런 만큼 야마타이의 진정한 의미는 한자가 아닌 고대일본어에서 추출해야 한다. 고대일본어는 고대한국어와 크게 다르지 않다. 따라서 '야마타이'의 정확한 의미를 파악하기 위해서는 그 발음을 고대한국어에 대입해 볼 필요성이 있다.

우선 야마(邪馬)는 그대로 야마(yama)로 발음했을 것이라는 데 별 이견이 없다.(한국의 일부 학자는 대가야의 원래 국명인 '미오야마(彌烏邪馬)'에서 비롯됐을 것으로 추정하기도 한다.) 문제는 대(臺)의 발음이다. 일본학자들은 '타이(tai)'가 아니라 '터(te)'로 발음됐을 것이라고 본다. AD 3세기 당시 일본열도에 전해진 대(臺) 글자의 발음체계가 그러했기 때문이다. 즉 한자로 야마대(邪馬臺)라고 표현된 초기 일본열도 중심국가의 당대 발음은 '야마터(yamate)'에 가까웠을 것으로 보면서 그 의미가 '산의 입구(山門)' 또는 '산의 기슭'으로 풀이하였다.[2]

필자도 야마대(邪馬臺)가 '야마터(yamate)'라고 발음되었을 것이란 풀이에는 동의한다. 하지만 '야마터'의 본래 의미가 산의 입구나 산기슭에서 비롯됐을 것이란 가설에는 동의하지 않는다. 3세기 규슈지역의 언어는 고대 가야어와 크게 다르지 않았을 것이라는 시각에서 야마터는 '가야를 마주하는 터(장소)'라고 풀이해 본다. 일종의 합성명사라고 간주하는 것이다. 허무맹랑한 이야기가 아니다. 통전(通典)에 실린 기사를 유의할 필요가 있다. 왜면토(倭面土)라는 국명이 출현한다.

"안제(安帝 후한의 황제로서 재위는 AD 106~125) 영초(永初) 원년(AD 107)에 왜면토(倭面土) 국왕 수승(師升) 등이 노비를 바쳤다.(安帝永初元年 倭面土國王師升等 獻生口)"

---

2. 정상수웅, 김기섭 역, 고대 한일관계사의 이해-왜, 이론과실천, 1994, p93.

왜면토라는 국명이 야마타이를 달리 표기하였다는 데 학자들의 이견이 없다. 야마터의 음을 취하되 의미도 가깝게 살려서 조합한 단어인 것이다. 즉 왜(倭)=야, 면(面)=마, 토(土)=터인데, 필자의 관심은 '면'이다. 면(面)에는 '향하다, (얼굴을)맞대다'라는 뜻이 담겨 있으니 한국어의 '마(주하다)'와 의미가 통한다. 야마터를 왜면토(倭面土)라고 표기한 통전의 기록이야말로 야마터의 '마'가 고대한국어 '마주하다'에서 비롯됐음을 시사해 주는 결정적인 방증이다.(통전에서 야마터의 '야'를 야마타이국의 야(邪)나 가야의 야(耶)가 아닌 '왜(倭)'로 기술한 것은 야마터가 왜땅에 소재하였기 때문일 것이다.)

가야를 떠나 열도로 건너간 사람들은 '고향인 가야를 마주하는 땅'을 가장 선호하며 그곳을 새로운 중심지, 새로운 서울로 건설하였다. 고사기(古事記)에 나오는 아마테라스(天照大神 천조대신)의 손자 니니기노미코토(邇邇藝命 이이예명. 일본서기에는 니니기노미코토를 경경저존(瓊瓊杵尊)으로 적고 있다.)의 강림설화가 이런 사정을 잘 설명해준다. 하늘나라 고천원(高天原)에서 죽자(築紫), 즉 규슈의 히우가〈日向 일향〉에 위치한 다카치호노다케〈高千穗峰 고천수봉〉의 구시후루다케〈久士布流多氣 '후루'는 마을 '다케'는 봉우리를 의미한다.〉에 내린 니니기는 이렇게 말하였다.

"이곳은 가라구니(韓國)와 마주보고 가사사(笠沙)의 뾰족한 곳이 곧바로 보이며, 아침해가 바로 비치고 저녁해가 끝까지 밝게 비추는 매우 좋은 땅이다.(此地者 向韓國 眞來通笠沙之御前而 朝日之直刺國 夕日之日照

國也 故 此地甚吉地詔而)"3

니니기가 언급한 '가라구니와 마주 보고 있어〈向韓國〉 좋은 땅'이
곧 야마터의 어원(語源)이다. 대한해협의 건너편, 가야를 마주보는 규
슈쪽 대안(對岸)에 자리잡은 새로운 소국은 자연스럽게 '야마터'로 불
리웠을 것이다. 이를 들은 중국인들은 야마터의 소릿값을 빌려 '야마
대(邪馬臺)'라고 표기하기도 하고 '왜면토(倭面土)'로 적기도 하였다고
추정된다.

필자는 '야마터'라는 합성어는 규슈북단에 위치한 특정 정치중심지
를 뜻하는 고유명사로 출발하였다고 생각한다. 그러다가 세월이 흘러
가면서 새로운 의미를 지닌 단어로 바뀌어 갔다. 즉 열도 내 주민들이
'가야의 맞은편 땅'이라는 본래적 의미에 대한 기억을 상실하면서부
터 야마터는 야마토로 발음이 달라지는 한편 '국가의 중심지' '수도(首
都)'의 뜻을 지닌 보통명사로 바뀌었다고 본다. 최종적으로는 기나이
조정에서 국호로 '야마토(大和)'를 쓰면서 또다시 고유명사로 거듭난
것이다. 한국어에서 '서울'이 당초 경주에 있던 '서라벌'이란 고유지명
으로 출발하였다가 '수도'의 의미를 지닌 보통명사로 바뀌고 최종적
으로 한강 유역에 위치한 서울(seoul)의 고유명사로 거듭 변화된 것과
유사하다. 훗날의 일본인들이 '야마=산(山)'으로 풀이하는 것은 본래
의 의미와 변천된 유래를 상실한 데서 비롯된 결과라고 해석한다.

---

3. 오노야스마로(太安萬侶), 강용자 역, 고사기, 지식을만드는지식, 2014, p77, p314.

규슈왜국설과 문제점

규슈왜국설은 후루다 다케히코(古田武彦 1926~2015)가 주창하였다. 기원전부터 AD 7세기 후반, 백강구(白江口) 전투까지 규슈에 일본을 대표하는 왕조가 있었고 다자이후(太宰府)가 그 수도라는 것이 대체적인 골자이다. 1973년 출간된 후루다의 저서 『잃어버린 규슈왕조(失すれた 九州王朝)』에 나오는 주요 내용은 대체로 다음과 같다.(필자는 후루다의 저작을 직접 구해 읽지 못하였다. 아래에 인용한 내용들은 인터넷과 다른 사람의 저서에서 간접적으로 구한 것임을 밝혀둔다.)

"규슈왜국은 북규슈 후쿠오카 앞바다의 시가노시마(志賀島 지하도)에서 발견된 '한위노국왕(漢委奴國王)' 금인(金印)이 제작된 AD 1세기부터 존재하였고 3세기 비미호(卑彌呼 히미코)의 집권기를 거쳐 5세기 '왜5왕'의 시대를 거쳐 7세기 말 제명천황(齊明天皇)이 백제를 구원하기 위해 일으킨 백강구 전투 시기까지 이어졌다. 다만 규슈왜국은 5왕의 시대에 백제의 요청에 의하여 한반도로의 출병이 반복되면서 피폐해졌고 AD 663년 백촌강 입구에서 나당연합군에 참패한 것이 주원인이 되어 멸망하였다고 본다. 후대(8세기)에 고사기와 일본서기를 편찬할 때 규슈왜국의 역사를 기나이의 것으로 가져와 야마토조정은 신화시대부터 만세일계(萬世一系)의 왕조처럼 왜곡하였다."

후루다는 자신의 가설을 뒷받침할 증거로 여러 사례들을 들고 있는데 대표적인 것들은 다음과 같다. 첫째, 중국은 규슈왜국을 일본열도의 중심왕조로 인식하고 있었다. 삼국지 왜인전의 기록과 구당서(舊唐書) 등이 그러하다. 둘째, 고사기와 일본서기에 왜5왕의 조공기사가 나오지 않는 것은 규슈왕조였기 때문으로 야마토조정의 천황에 비정하기 어려운 것은 당연하다. 셋째, 북규슈의 호족 반정(磐井 이와이)이 527년에 일으킨 반란은 사실은 역으로 야마토조정이 규슈왕조를 멸망시키려 했던 전쟁이다. 넷째, 663년 백제땅인 백강구에서 당군과 싸운 세력은 백제의 유민과 규슈왕조의 연합군이었다. 671년 곽무종(郭務悰)이 이끄는 당의 점령군 2천여 명이 일본에 갔을 때 백강구 전투에서 포로가 된 규슈의 국왕 '축자군살야마(筑紫君薩野馬)'가 함께 귀국한 사실이 고사기와 일본서기에 기록돼 있다. 다섯째 조선왕조의 중신 신숙주가 쓴 해동제국기(海東諸國記)에 야마토왕조와 다른 규슈왕조의 연호가 따로 나온다.

한국에서 규슈왜국설의 대표주자는 이종항 전 국민대 교수이다. 1988년 출간한 책『고대 가야족이 세운 구주왕조-천황가는 그 일지맥이다』는 후루다의 규슈왜국설을 대폭 차용하고 있다. 이종항은 가야인들이 북규슈에 세운 국가가 왜노국(倭奴國)이고 비미호(卑彌呼 히미코) 여왕이 지배한 야마타이국(邪馬臺國)이라고 주장한다. 5세기에 중국과 통교한 왜5왕은 규슈왕조의 군주들이었으며 수나라 양제에게 '일출처(日出處) 천자가 일몰처(日沒處) 천자에게 서신을 보낸다'고 했던 성덕태자(聖德太子) 역시 규슈왕조의 왕이라고 여긴다. 그러면서 규슈왕조는 서기 전후부터 AD 7세기까지 일관되게 일본열도의 종주국으로서 한반도와 중국의 역대왕조와 통교하였고, 구당서(舊唐書)에 '일본전'과 함께 입전(立傳)된 '왜국전'의 왕조라고 보았다. 아울러 광개토대왕 비문에 나오는 '왜(倭)'의 실체는 한반도 내에 거주하는 왜인으로서 한국인과 동족이며 일본의 주민이 아니라는 주장을 편다.

이렇게 규슈왕조의 존재를 강조하는 주장은 일찍부터 제기돼 왔다. 하지만 규슈왜국설 내지 규슈왕조설은 결정적인 약점이 있으니 문헌기록을 전혀 제시하지 못한다는 사실이다. 애당초 규슈왜국이란 게 없으니 문헌자료 또한 존재하지 않는다는 주장이 오히려 설득력 있다. 고고학적인 증거도 규슈설에 불리하다. 4세기 말부터 5세기 초의 토기는 이른바 후루식(布留式)의 시기인데 기나이계 토기가 북규슈에서 집중적으로 출토되고 있다. 4말5초 이후 북부규슈가 '기나이를 중심으로 한 고분문화권'에 포함됐다는 증거가 된다. 아울러 기나이지방에서 다수 출토하여 야마토에 제작지가 있었다고 알려진 삼각연신수경(三角緣神獸鏡)은 4세기 말~5세기 전반 북규슈의 수장들에게 나누어 준 위세품이다. 이는 당시 북규슈 세력이 야마토 왕권의 지배하에 있었다는 것을 의미한다.[4]

필자는 야요이시대부터 AD 4세기 중반까지는 규슈가 일본열도의 정치중심이자 종주국이라는 후루다나 이종왕의 논리에 동의한다. 그러나 4세기 말(또는 5세기 초) 즈음부터는 사정이 달라진다고 여긴다. 일본열도에 기마민족의 흔적이 강하게 출현하는 한편, 고고학적 견지에서도 기나이의 역량이 규슈를 분명 능가하기 때문이다. 즉 4세기 말(늦어도 5세기 초) 즈음부터 규슈는 열도 전체를 대표하는 '중앙'의 위상을 상실하였고 일본의 정치중심은 분명 기나이로 이동하였다고 보

---

4. 이시와타리 신이치로, 안희탁 역, 백제에서 건너간 일본천황, 지식여행, 2002, pp263~264.

는 것이다. 4세기 말~5세기 초를 기점으로 규슈의 정치중심지 기능이 약화되고 기나이가 일본의 권력중심으로 등장하게 된 데는 그럴 만한 사정이 생겼기 때문이다. 그 사정은 열도 내의 자체발생적 사건이 아니라 외부로부터 강요된 강력한 변화였다고 본다.

2장
숨겨진 정치체
규슈왕조의 진실

북규슈의 야마타이국을 중심으로 남규슈의 구노국(狗奴國)을 그 라이벌로 하여 팽팽하게 진행돼 온 고대일본의 정치지도는 AD 4세기 후반 즈음부터 달라진다. 야마타이국, 구노국 할 것 없이 규슈세력 자체가 약화되는 한편 열도의 정치중심은 기나이로 바뀐다. 이 같은 변화는 중기고분시대가 열리는 4~5세기를 고비로 확연히 구분된다. 일본에 정치적 급변이 일어났음을 시사한다. 대형변화를 일으킨 근본동력으로 필자는 기마민족의 진출을 꼽는다.

그런데 기마민족의 진출 이후에도 규슈가 기나이와 함께 일본의 정치중심지로 역할하는 모습이 간간이 확인된다. 이는 세밀한 관찰을 통해서만 포착할 수 있는 일본고대사의 비밀이다. 필자는 '규슈를 중심으로 활동한 숨겨진 왕조'를 주목한다. 후루다 다케히코(古田武彦)가 역설한 규슈왜국과는 구분되는 정치체이다. 결론을 미리 말한다면 문제의 왕조는 가야에서 건너간 숭신왜국이다.

가야를 원적지로 하는 숭신왕조가 규슈에서 머문 기간은 그리 길지 않은 것이 분명한 데도 규슈왕조가 존재한 것처럼 보이는 데는 그럴 만한 이유가 있다. 숭신왕조의 독특한 성격에서 비롯된 것이다. 이번 장에서 다루는 내용은 규슈에 숨겨진 정치체가 존재하였음을 보여주는 여러 방증들과 함께 그 진상을 추적한 결과이다.

규슈 정치체 전후 3차례 존재, 6세기 초 최종 몰락

『한일 고대사의 재건축②』에서 열도를 뒤흔든 기마민족의 지도자는 일본서기에 숭신천황(崇神天皇)으로 기록된 인물이라고 언급하였다. 숭신의 가계도는 분명하지 않다. 일본서기에는 제9대 개화천황(開化天皇)의 둘째아들이라고 나오지만 신뢰할 만한 기록이 못 된다. 숭신에 앞선 역대 천황은 '가공의 이름'으로 보아야 한다는 것이 일본 역사학계의 솔직한 고백이다. 필자는 숭신을 AD 342년(또는 341년) 고구려를 거쳐 신라로 갔다가 다시 가야로 진출한 전연(前燕) 북로기병대의 2세대로 추정해 본다.(가야에서 발진한 기마민족이 열도로 도해한 것은 4세기 말~5세기 초이다. 342년경 모용선비의 가야 진출에 비해 30년~60년 뒤라는 점에서 북로기병대의 아들 세대로 판단한다.) 신라에 정착하지 못한 점으로 미뤄 모용선비 왕실 직계는 아니라고 생각된다. 부여계 후예였을 가능성도 배제할 이유가 없다.

필자는 AD 42년 가야 수로왕의 개국설화는 342년에 일어난 사건을 5주갑, 300년쯤 앞당겼다고 짐작한다. 이전부터 존재해 온 구야국(狗倻國) 등 변한소국들의 개국설화에 북방 기마민족의 천강신화(天降神話)가 혼합된 것이 수로왕 건국신화라고 보면 합리적이다. 342년경 김해로 진출한 뒤 구야국을 정복하고 대성동고분을 조성한 주인공을 수로왕 집단으로 보는 시각이다. 342년경 김해로 진출한 기마부대는 신라와 비슷하거나 능가하는 군사력을 과시하며 변한권역과 영산강 유역을 정복한 것으로 짐작되니, 신공 49년(AD 369)의 '가야 7국 평정 전승(傳承)'은 그 방증이라 하겠다.

아라가야(阿羅加耶) 영역이던 경상남도 함안에서 마갑(馬甲)이 발견된 것은 북방형 개마무사가 가야땅을 휩쓸었다는 증거가 되기에 충분하다. 그러나 가야권역을 모조리 평정한 이후에는 한반도 남부에서 더 이상 확장할 토지가 없었다. 북방에 위치한 신라와 백제는 쉽게 제압할 수 없는 고대국가였다. 김해로 진출한 기마부대가 대한해협을 건너기로 결심한 이유를 알기는 어렵지만 기마군단을 저지할 군력(軍力)이 없던 바다 건너편 '힘의 공백지대'를 노린 것은 분명해 보인다.

대한해협을 건너기만 하면 가야와 비견할 수 없이 넓은 땅이 펼쳐져 있다는 정보를 흘려들을 기마군단이 아니다. 신라와 백제를 압도할 국력을 지니기 위해서는 국토확장이 필수였기 때문이다. 가야를 평정한 기마민족은 4세기 중반 이후 바다 건너편에 정찰대를 잇달아 파견해 새로운 근거지와 관련한 정보를 축적해 나갔을 것이다. 규슈 일대를 한꺼번에 삼켜버릴 자신감과 결심이 서자 과감히 배를 띄운다. 기마군단 주력이 언제쯤 대한해협을 횡단하였는지를 파악하기는 쉽지 않다. AD 369년의 가야 7국 평정기사와 광개토대왕 비문에 기록된 '393년과 399년 왜의 신라침공'을 감안해야 한다. 열도를 정복한 다음 다시 신라를 공격할 정도의 군력을 확보하기 위해서는 최소 20년의 시간이 필요하다고 할 때 필자는 AD 370년 즈음에 큰 도해

(渡海)가 있었다고 판단한다. 기마민족의 도해는 한두 번에 종료된 것이 아니라 5세기 초반까지 축차적(逐次的)인 도전의 연속이었겠지만 첫 번째 도일(渡日)은 규슈의 선주민 집단을 일거에 제압하기 위해서라도 대규모였을 것이 분명하다.

4세기 후반의 어느 해, 숭신을 지도자로 삼은 대규모 기마군단이 고(古)김해만을 출발하여 규슈로 상륙한다.『한일 고대사의 재건축②』10장에서 언급한 것처럼 존 카터 코벨 박사는 한반도를 출발한 기마족이 최소 2백 마리의 말을 배에다 싣고 바다를 건너 일본을 정복했을 것으로 추정하였다. 그는 북규슈 후쿠오카현 다케하라고분〈竹原古墳〉의 채색벽화를 중시한다. 바다에 떠 있는 배에서 말 두 마리를 육지로 끌어내리는 갑옷차림의 남자가 그려진 벽화이다. 코벨은 한반도의 기마민족이 규슈로 상륙하는 모습이라고 풀이하였다. 존 코벨의 아들 앨런 코벨은 기병 500명, 보병 700명 정도의 병력이면 당시 일본을 정복하기에 부족하지 않았을 것으로 추정하였다.[5]

다케하라고분의 채색벽화

숭신의 기마군단은 배에 말을 싣고 대한해협을 건너 규슈를 평정하였을 것이다. 기존의 야마타이국 등을 제압하여 규슈 일대를 확보한 임나공 숭신은 가야와 규슈를 잇는 연합왕조를 구축하였다고 짐작된다. 당시 숭신이 다스리는 규슈세력은 대외적으로는 '왜

5. 존 카터 코벨, 김유경 옮김, 부여기마족과 왜, 글을읽다, 2006, p53.

(倭)'라는 이름으로 고구려와 맞서는 강한 무력집단으로 행동하였다. '광개토대왕 비문의 왜'이다. 숭신의 출자를 알려주는 근거가 일본서기에 나온다.

〈숭신 12년 9월〉

"처음으로 백성을 조사하여 다시 과역을 부과하였다. 이를 남자의 미조(弭調 수렵물에 부과한 세금), 여자의 수말조(手末調 길쌈 등 수공업 생산물에 부과한 세금)라 한다.(始校人民 更科調役 此謂男之弭調 女之手末調也)"[6]

위의 기록은 숭신군단이 열도를 대대적으로 정복한 다음 조세 부과 시스템을 정비한 내용이다. 그런데 남자들에게 미조(弭調), 즉 사냥세를 물린 점을 중시하라. 숭신의 원뿌리가 수렵을 중시하는 기마민족임을 시사하는 중요한 대목으로 판단한다.

그런데 기마민족설을 신봉하는 학자들 가운데는 숭신이 외부에서 진입한 다음 곧장 기나이로 진출한 것으로 짐작하는 경우가 적지 않다. 그러나 필자는 그렇게 보지 않는다. 약 한 세대(30년) 시기 동안 숭신왕조는 여전히 규슈에 정치중심을 두고 한반도의 정치변화상을 세밀히 살피면서 수시로 관여했다고 하겠다. AD 393년과 399년 신라를 대대적으로 침공한 기록이 그 증거이다. 다만 기동성이 몸에 밴 기마민족이므로 규슈에서 기비를 거쳐 기나이까지 활발하게 이동했을

---

6. 전용신, 일본서기, 일지사, 2006, p101.

것으로 짐작된다. 숭신의 세력이 4세기 말~5세기 초, 30년 안팎의 기간 동안 규슈에 체류한 탓에 규슈왜국설이 성립할 수 있는 흔적들은 생겨났을 수 있다고 여겨진다. 그러다가 AD 400년을 전후한 시대, 신라를 집어삼키려다 고구려 광개토대왕의 5만 군대에게 처절하게 패배한 숭신(또는 계승자들)은 정치의 중심을 한반도에서 멀리 떨어진 기나이로 옮겨간 듯하다. 북규슈는 고구려 수군(水軍)의 침공을 저지하기에 너무 가깝다는 생각을 했을 수 있다.

이렇듯 북방에서 신라에 진입하였다가 가야로, 가야에서 한세대 정도의 지역평정을 실행한 다음 규슈를 거쳐 기나이로 동진(東進)한 숭신왕조의 처지는 무척이나 고단해 보인다. 그러나 이들은 좌절하지 않고 정복작업을 힘차게 수행하였다. 숭신의 열도평정을 뒷받침한 무력은 기마군단이다. 당대 최강의 화력을 자랑하는 모용선비 중장기병대(重裝騎兵隊)를 일본열도의 소국들이 저지하기란 가능한 일이 못 된다. 당시 말이 없었던 규슈에는 당연히 기마부대가 존재할 수 없다. 보병 위주의 야마타이국 군대와 북방형 중장기병대가 충돌한 결과는 굳이 기록이 없어도 짐작하기 어렵지 않다. 『한일 고대사의 재건축②』 10장에서 기술하였듯이 숭신의 기마군대는 빗질을 하듯 거침없이 열도를 평정해 나갔을 것이다. 불과 수백 명의 스페인기병대가 잉카보병 수만 명을 압도한 일은 유명하다. 일방적인 학살에 가까운 기병대와 보병 간의 전투가 4세기 후반부터 일본열도에서 잇달았을 것이다.

거듭 말하지만 대한해협을 건넌 기마군단은 별다른 저항없이 야마타이국을 평정하였다고 짐작한다. 그런 다음 기세를 타고 기나이평원으로 진출하였을 것이다. 기나이로 향하는 데는 육로보다는 해로가 더 신속하고 수월하다. 『한일 고대사의 재건축②』의 10장에서 언급하였던 숭신의 선박건조령을 다시 한번 떠올려 보자.

<숭신 17년 7월>

"조칙을 내려 배는 천하의 필요한 물건이다. 지금 해변에 있는 백성이 배가 없으므로 (헌상물을)도보로 운송하는데 몹시 고생하고 있다. 여러 나라(지방)에 명하여 배를 만들게 하라고 하였다.(詔曰 船者天下之要用也 今海邊之民 由無船以甚苦步運 其令諸國 俾造船舶)"

<숭신 17년 10월>

"처음으로 선박을 만들었다.(始造船舶)"

섬나라에서 '처음으로 선박을 만들었다'는 기록을 액면 그대로 믿기는 힘들다. 위의 기사는 숭신의 기마군단이 처음으로 자체 선박을 만들었다는 뜻으로 해석해야 옳다. 가야를 정복한 기마군단이 일본으로의 진출을 준비하던 시절부터의 전승일 가능성이 높아 보인다. 경위를 특정하기는 어렵지만 숭신의 군단은 많은 선박을 만들어 말을 태운 채 대한해협과 세토나이카이, 두 개의 바다를 건너 규슈와 기나이를 차례로 삼키는 방식으로 열도를 평정하였다고 사료된다. 숭신의 기마군단이 야기한 군사적 정복의 기세 속에 야마타이국을 비롯한 기왕의 여러 소국들은 말발굽 아래서 소멸하였고 새로운 기마민족국가의 역사가 일본에서 펼쳐진 것이다.

기나이에 수도를 둔 숭신왕조의 '지방'으로 전락하였던 규슈였지만

5세기 말쯤 또다시 이곳을 수도로 삼은 독자적인 정치체가 들어선다. 기나이에서 새로 굴기한 응신왜국에 밀려 숭신왕조의 영역이 규슈방면으로 축소된 5세기 말~6세기 초 50년간의 일이다. 이 기간 동안 일본열도의 패권을 두고 기나이에 새로 터를 잡은 응신계 왜국과 혼슈 서부와 규슈방면으로 밀려난 숭신계가 치열하게 대립하였다. 새로운 규슈왜국은 6세기 초, AD 527~528년 '반정(磐井 이와이)의 전쟁'에서 야마토조정에게 패배하면서 소멸한다.

결국 규슈왜국이라고 부를 만한 정치체는 ① AD 4세기 이전의 야마타이국과 ② 4세기 후반~5세기 초의 일정기간(약 30년 추정) 지속된 숭신군단의 규슈 체류기간, 그리고 ③ 5세기 말~6세기 초, 숭신왕조의 영역이 응신왜국에 밀려 규슈 인근으로 축소된 시기 등을 들 수 있다. 즉 규슈를 기반으로 한 정치체는 ①, ②, ③ 세 차례 존재한 셈이다.(이 가운데 ②와 ③은 기마군단을 모체로 한 같은 뿌리로서 숭신왕조의 시작과 끝에 해당한다고 볼 수 있다. ②와 ③의 중간단계인 '5세기 초~5세기 후반'의 숭신왕조는 나라분지를 수도로 삼았지만 군왕들은 각지로 옮겨다니는 등 강한 이동성향을 보여준다. 숭신왕조의 이동성향은 4장에서 상세히 언급한다.) 규슈왜국설은 이 같은 정치체의 변동을 감안하지 않고 '기원전 야요이시대부터 AD 7세기까지 시종일관 규슈에 기반을 둔 특정왕조가 존재한다'고 기술하는데 필자는 이런 시각에는 동의하지 않는다. 규슈의 정치체는 단속적(斷續的)으로, 또 다양한 얼굴로 존재하였다고 보아야 한다.

제3차 규슈왕조, 즉 최후시기의 숭신왕조는 기나이를 잃고 규슈방면으로 영역이 축소되었다. 영토 크기만 보면 숭신왕조의 최초시기

(②)와 최후시기(③)는 유사한 면모를 보인다. 숭신이 열도로 진입한 초기와 몰락기의 열도 내 영토가 규슈일대로 국한되다 보니 전승과정에서 규슈왜국설이 구축됐을 것으로 필자는 짐작한다. 야마타이국 시절을 비롯하여 AD 4세기 이전은 물론이고 5~6세기에도 규슈에 숨겨진 정치체가 단속적으로 존재하였으며, 한반도 등 외부세력과 교섭하였다는 증거들을 지금부터 살펴보기로 한다.

규슈왕조 증거①, 신라왕자 미사흔의 탈출 설화

AD 5세기 초 박제상(朴堤上)이 주도한 미사흔(未斯欣) 탈출 설화는 당시 왜국의 정치중심이 기나이가 아니고 규슈라는 것을 보여준다. 눌지왕의 동생 미사흔이 왜국에 볼모로 가 있었는데 박제상이 기지를 발휘해 미사흔을 탈출시킨 이야기는 잘 알려져 있다. 삼국사기와 삼국유사는 물론이고 일본서기에도 비슷한 내용들이 나온다. 당시 왜국의 위치를 알려주는 중요한 단서인 만큼 관련 기록을 모두 살펴볼 필요가 있다. 먼저 삼국사기 박제상 열전에 나오는 내용이다.

"(박제상이)곧바로 왜국에 들어가 나라를 배반하고 온 사람처럼 하였으나 왜왕이 그를 의심하였다. 한편 백제인이 앞서 왜에 들어와 참소하기를 '신라와 고구려가 왕의 나라를 침입하려 모의한다'고 하였다. 왜가 군사를 보내 신라 국경 밖에서 순찰하게 하였는데 때마침 고구려가 침입하고 아울러 왜의 순찰병을 잡아 죽였다. 이로 인하여 왜왕은 백제인의 말을 사실로 여겼다. 또한 신라왕이 미사흔과 (박)제상의 집안사람들을 가두었다는 소식을 듣자 제상이 정말 배반자라고 생각하였다. 이에 왜는 군대를 내어 신라를 습격하기로 하고 제상과 미사흔을 장수로 삼아 길잡이가 되게 하였다. 행렬이 바다 가운데 섬에 이르자 왜의 장수들이 신라를 멸한 뒤에 제상과 미사흔의 처자를 잡아오자고 은밀히 의논하였다. 제상이 이를 알고 미사흔과 함께 배를 타고 노닐면서 마치 물고기와 오리를 잡는 것처럼 행동하니 왜인들은 아무 생각이 없다고 여겨 기뻐하였다. 이때 제상이 미사흔에게 본국으로 돌아갈 것을 권하니 미사흔이 말했다. '제가 장군을 아버지처럼 받들고 있는데 어찌 혼자 돌아가겠습니까?' 제상이 말했다. '만약 두 사람이 함께 떠난다면 일이 성사되지 않을까 염려됩니다.' 미사흔은 제상의 목을 끌어안고 울며 작별하고 신라로 돌아왔다. 제상은 방 안에서 혼자 자고 늦게야 일어나 미사흔이 멀리 도망갈 수 있도록 하였다. 사람들이 장군은 왜 늦게 일어나시느냐고 물으니 제상은 '어제 뱃놀이로 노곤하여 일찍 일어날 수가 없다'고 답하였다. 그가 밖으로 나와서야 왜인들은 미사흔이 도망한 것을 알고 제상을 포박하고 배를 달려 추격하였다. 때마침 안개가 연기처럼 어두컴컴하게 끼어 시야가 미치지 못했다. 제상을 왜왕이 있는 곳에 돌려보내니 곧바로 목도(木島)로 유배했다가 얼마 지나지 않아 장작불로 몸을 태운 뒤 목을 베었다.(遂徑入倭國 若叛來者 倭王疑之 百濟人前入倭 讒言新羅與高句麗謀侵王國 倭遂遣兵邏戌新羅境外 會 高句麗來侵 幷擒殺倭邏人 倭王乃以百濟人言爲實 又聞羅王囚未斯欣堤上之家人 謂堤上實叛者 於是 出師將襲新羅 兼差堤上與未斯欣爲將 兼使之鄕導 行至海中山島 倭諸將密議 滅新羅後 執堤上未斯欣妻孥以還 堤上知之 與未斯欣乘舟遊 若捉魚鴨者 倭人見之 以謂無心喜焉 於是 堤上勸未

斯欣潛歸本國 未斯欣曰 僕奉將軍如父 豈可獨歸 堤上曰 若二人俱發 則恐謀不

成 未斯欣抱堤上項 泣辭而歸 堤上獨眠室內晏起 欲使未斯欣遠行 諸人問 將軍

何起之晚 答曰 前日行舟勞困 不得夙興 及出 知未斯欣之逃 遂縛堤上 行舡追之

適煙霧晦冥 望不及焉 歸堤上於王所 則流於木島 未幾 使人以薪火燒爛支體 然

後斬之)"[7]

삼국유사에는 미사흔을 미해(美海)라며 이름을 달리 적고 있는데 탈
출에 관련된 내용 자체는 삼국사기와 비슷하다. 원전의 내용은 다음
과 같다.

"…(전략)…제상은 왜국에 도착하여 거짓말을 하였다. '계림왕이 아무
런 죄도 없이 제 부형을 죽였으므로 도망하여 왔습니다.' 왜왕은 이 말
을 믿고 제상에게 집을 주어 편안히 거처할 수 있게 하였다. 제상은 늘
미해(美海)를 모시고 해변에 나가 놀았다. 그리고 물고기와 새와 짐승
을 잡아서 왜왕에게 바쳤다. 왜왕은 기뻐하여 조금도 그를 의심하지
않았다. 어느 날 새벽, 안개가 자욱하게 끼었다. 제상이 미해에게 말하
였다. '떠날 수 있겠습니다.' '그렇다면 함께 갑시다.' '신이 만일 함께
간다면 왜나라 사람들이 이를 알아채고 쫓아올까 걱정됩니다. 원하옵
건대 신은 여기 남아서 추격을 막겠습니다.' '지금 나는 그대를 부형처
럼 생각하는데, 어떻게 그대를 버리고 혼자 갈 수 있단 말이오?' 제상
이 말하였다. '신은 공의 목숨을 구하여 대왕의 마음을 위로할 수 있

7. 김부식, 삼국사기 열전.

다면 그것으로 만족합니다. 어찌 살기를 바라겠습니까?' 그러고는 술을 따라 미해에게 드렸다. 당시 계림〈신라〉사람 강구려(康仇麗)가 왜국에 있었는데 그에게 미해를 따라가게 하여 보냈다. 그리고 제상은 미해의 방에 들어갔다. 이튿날 아침이 되자 사람들이 방에 들어가 보려고 하였지만, 제상이 나와 이를 말리며 말하였다. '어제 사냥을 하느라 말을 타고 달렸는데, 병이 심하게 나서 아직까지 못 일어나셨다.' 해가 질 무렵이 되어서야 주변 사람들이 이를 이상하게 여기고 다시 물어보았다. 그러자 제상이 대답하였다. '미해 공이 떠난 지가 이미 오래되었다.' 주변 사람들이 왜왕에게 달려가 이를 보고하였다. 왕이 기병을 시켜 쫓게 하였지만 따라잡을 수 없었다.(行至倭國 詐言曰 雞林王以不罪殺我父兄 故逃來至此矣 倭王信之 賜室家而安之 時堤上常陪美海遊海濱 逐捕魚鳥 以其所獲 每獻於倭王 王甚喜之 而無疑焉 適曉霧濛晦 堤上曰 可行矣 美海曰 然則偕行 堤上曰 臣若行 恐倭人覺而追之 願臣留而止其追也 美海曰 今我與汝如父兄焉 何得棄汝而獨歸 堤上曰 臣能救公之命而慰大王之情 則足矣 何願生乎 取酒獻美海 時雞林人康仇麗在倭國 以其人從而送之 堤上入美海房 至於明旦 左右欲入見之 堤上出止之曰 昨日馳走於捕獵 病甚未起 及乎日昃 左右怪之而更問焉 對曰 美海行已久矣 左右奔告於王 王使騎兵逐之 不及)"[8]

삼국사기, 삼국유사와 유사한 내용이 일본서기 신공황후기에도 나온다. 박제상이 미사흔을 탈출시킨 사건이 그만큼 유명하고 극적이었기 때문일 것이다.

---

8. 일연, 삼국유사.

"(신공황후 섭정 5년 3월) 신라왕이 오례사벌(汗禮斯伐), 모마리질지(毛麻利叱智), 부라모지(富羅母智) 등을 보내 조공하였다. 이전에 인질이 된 미질허지벌한(微叱許智伐旱 미사흔)을 데려가려는 마음이 있었다. 미질허지벌한에게 다음과 같이 거짓말하도록 시켰다. '오례사벌과 모마리질지 등이 저에게 말하기를 신라왕이 미질허지벌한이 오래 귀국하지 않는다는 이유로 처자를 모두 관노로 하였다고 말하였습니다. 원컨대 잠시 본국에 돌아가서 사실인지 아닌지 알아보고자 합니다.' 황태후가 허락하였다. 그리하여 갈성습진언(葛城襲津彦 카즈라키노소츠비코)을 함께 보냈다. 대마도에 이르러 조해(鉏海)의 항구에서 묵었는데 신라 사자 모마리질지들이 몰래 배와 뱃사공을 준비해 미질한기를 태우고 신라로 도망가게 하였다. 그리고 허수아비를 만들어 미질허지의 침상에 놓고 병에 걸린 척하며 습진언에게 미질허지가 갑자기 병에 걸려 죽어간다고 말하였다. 습진언은 사람을 보내 병자를 보게 하였다. 곧 속은 것을 알고 신라의 사신 3인을 붙잡아 감옥에 가두고 불태워 죽였다. 이에 신라로 가서 도비진(蹈鞴津)에 진을 치고 초라성(草羅城)을 함락하고 돌아왔다.(新羅王遣汗禮斯伐 毛麻利叱智 富羅母智等朝貢 仍有返先質微叱許智伐旱之情 是以 誂許智伐旱 而給之曰 使者汗禮斯伐 毛麻利叱智等 告臣曰 我王以巫臣久不還 而悉沒妻子爲孥 冀蹔還本土 知虛實而請焉 皇太后則聽之 因以 副葛城襲津彦而遣之 共到對馬 宿于鉏海水門 時 新羅使者 毛麻利叱智等 竊分船及水手 載微叱旱岐 令逃於新羅 乃造芻靈 置微叱許智之床 詳爲病者 告襲津彦 曰 微叱許智忽病之將死 襲津彦使人令看病者 即知欺 而捉

新羅使者三人 納檻中 以火焚而殺 乃詣新羅 次于蹈輪津 拔草羅城還之)"9

　　미사흔이 인질로 머물던 곳은 당연히 왜왕이 거주하는 수도였을 것이다. 그런데 삼국유사를 보면 미사흔이 탈출한 바다(대마도 해역)는 왜왕이 사는 궁궐과 가까웠다는 사실이 드러난다. '수시로 물고기와 새와 짐승을 잡아서 왕에게 바쳤다'는 기록이 그 증거이다. 그렇게 왜왕의 신임을 얻던 중 안개 낀 날 새벽에 미사흔은 탈출하고 박(김)제상은 혼자 남아 미사흔이 탈출할 시간을 벌어준다. 만약 왜왕의 거처가 기나이였다면 미사흔의 탈출스토리는 성립할 수 없다. 대마도에 머물던 박(김)제상이 물고기와 새, 짐승을 잡아 머나먼 기나이의 왜왕에게 바칠 수 없기 때문이다.

　　삼국사기나 일본서기에는 문제의 왜국 서울이 기나이인지 규슈인지 명확하지 않지만 추정할 수는 있다. 박제상은 신라의 정세를 살피겠다는 핑계를 대며 대마도 해상으로 미사흔을 데려간다. 박제상은 배와 뱃사공을 마련해 미사흔을 도주하게 한 다음 자신은 몸이 아프다는 이유로 방안에서 시간을 보내어 미사흔의 탈출을 도왔다. 여기서 우리는 왜국의 수도 위치에 대한 중대한 정보를 얻을 수 있다.

　　만약 미사흔이 인질로 간 왜국의 서울이 기나이였다면 왜 조정은 박제상 일행이 멀리 떨어진 대마도로 가는 것을 선뜻 용인하지 않았을 것이다. 더욱이 고급인질인 미사흔을 머나먼 대마도로 박제상과 동행시킬 이유가 없다. 기나이에서 대마도까지 뱃길로 왕복하려면 족

---

9. 전용신, 일본서기, 일지사, 2006, p161.

히 수십 일이 걸린다. 그 사이 예상 못할 돌발변수가 생길 수 있으므로 이용가치가 큰 미사흔과 박제상을 쉽게 파견할 수 없다. 그런데도 '기나이 조정에서 대마도로 보냈다'고 주장하는 것은 당시의 일본 정치지도자를 지나치게 바보로 여기는 시각이다.

그러나 규슈 인근의 정치체라면 이야기가 달라진다. 하카다만 일대가 왜의 중심지였던 만큼 '가까운' 대마도로의 정찰여행을 어렵지 않게 허락했을 것이다. 박제상의 미사흔 탈출 설화는 규슈 근처에서 일어난 일로 보아야 개연성이 높아진다.

박제상과 미사흔은 규슈 인근의 왜국왕 거처에서 멀지 않은 대마도 인근 해상에서 낚시를 하거나 물새 등을 잡아 왕에게 바치며 기회를 엿보고 있었다. 그러다가 파도가 잔잔하고 동남풍이 부는 어느 날, 미사흔 일행은 대마도를 우회하여 부산 앞바다 신라 영역으로 탈출해 간 것으로 봐야 자연스럽다. 삼국사기를 신뢰하면 미사흔의 왜국 탈출은 AD 418년의 일이다. 여러 정황을 감안하면 적어도 418년까지 왜국 왕이 머물던 정치중심은 규슈 북부해상에서 그리 멀지 않은 곳에 위치해 있었다고 결론 내릴 수 있다.

그런데 늦어도 AD 390년에는 나라분지에 왕릉급 전방후원분이 출현한다. 이를 근거로 왜국의 서울은 4세기 초중반에 기나이로 옮겨갔다고 보는 학자들도 많다. 나는 이동이 잦은 기마민족답게, 숭신왕조의 군주들이 동서로 활발히 옮겨 다닌 결과로 풀이한다. 즉 세토나이카이를 가운데에 두고 서쪽의 규슈에서 동쪽의 기나이를 왕성하게 오갔다고 보면 숭신왕조의 군주가 규슈 근처에 머문 흔적과 왕묘가 나라분지에 조영된 현상이 공립(共立)하지 못할 이유가 없는 것이다.(왜

일본 서부 지도

국왕의 이동 성향에 대해서는 4장에서 상세히 기술하고 있으니 참고가 된다.) 이런 관점에서 필자는 미사흔의 탈출설화를 이렇게 풀이해 본다.

"5세기 초반, 왜국은 규슈는 물론이고 기나이까지 진출하였고, 국가의 수도로까지 지정하였다고 인정할 수 있다. 하지만 정치적 필요성(남규슈 구마소의 반란 등을 들 수 있다.) 때문에 왜의 군왕은 수시로 규슈 인근으로 거주지를 옮겼다. 즉 왜왕이 구(舊)정치중심인 규슈에 머물던 상황에서 신라왕자를 볼모로 삼았다가 놓쳐버린 사건이 미사흔 탈출설화의 진상이다."

참고로 미사흔이 탈출한 AD 418년은 '413년부터 중국에 조공하고 438년에 사망한' 왜왕 찬(贊)의 재위기에 해당한다.(6장 p181 참고) 비미호처럼 여왕이라면 특별한 언급이 있었겠지만 그런 일이 없는 만큼 찬은 남자 왕이 분명하다. 즉 박제상과 미사흔이 상대한 왜국왕은 황후나 여왕이 아니다. 그러므로 미사흔 탈출을 신공황후기 사건으로

서술한 일본서기 기사는 중국 정사(正史)에 의해 가공(架空)임이 판명된다. 일본서기의 연대(年代)와 왕력(王曆)을 불신하게 만드는 한 가지 사례이다.

규슈왕조 증거②, 오노 야스마로(太安萬侶)의 슬픔

712년 완성된 고사기의 편찬자는 백제계 망명객인 오노 야스마로(太安萬侶 태안만려)이다. 야스마로는 관련 기록이 빈약해 실존성에 의문이 제기되었으나 1979년 나라(奈良)의 한 차밭에서 무덤이 발견되면서 실존인물임이 확정되었고 고사기의 신빙성도 높아졌다.

야스마로의 증조부는 백제 의자왕이고 조부는 백제 부흥군을 이끈 여풍장(餘豊璋)이다. 부친인 오오노혼지(多品治 다품치)는 AD 672년 임신난(壬申亂)에서 훗날 천무천황(天武天皇)이 되는 대해인황자(大海人皇子 오아마황자)의 편에 서면서 집안을 다시 일으켰다. 멸망한 백제 왕실의 후예이자 왜국왕의 측근이었던 만큼 한반도와 열도의 역사를 기술하는 야스마로의 세계관이 어떠했을지 짐작하기 어렵지 않다.

야스마로는 일본서기(日本書紀)와 속일본기(續日本記) 편찬도 실무적으로 주도한 것으로 알려져 있다. 일본서기가 편찬된 이후 궁정에서 서기의 내용을 강의할 때 메모한 내용이 일본서기사기(日本書紀私記)인데 야스마로가 최초의 강의(講義)에 박사로 활동한 기록이 나온다. 이는 야스마로가 일본서기 편찬을 주도하였고, 조정에 나아가 그 내용을 강의까지 하였다는 증거이다. 그런데 일본서기와 속일본기 두 사서에는 오노 야스마로가 집필 책임자였다는 사실이 누락돼 있으니 이상하다. 그 이유는 뭘까?

당초 이들 사서의 서문에는 야스마로가 편찬의 중요인물로 기록되었다고 한다. 그러나 그가 '야마토(大和)조정과 다른 왜국(倭国)의 존재를 일본서기에 기술하려고 했다'는 사실이 뒤늦게 조정에 알려지면서 그의 업적이 삭제되었다는 이야기가 전해지고 있다. 이 일화는 일본학계에서 정설로 받아들여지고 있다.

야스마로는 '주(主)열도 종(從)반도, 친(親)백제 반(反)신라' 사관을 분명히 하여 야마토조정의 기대에 부응하였지만 그 또한 지식인이었기에 역사를 완벽하게 날조할 생각은 하지 못한 모양이다. 기나이 응신조정과 다른 왜, 즉 숭신왕조의 존재를 부인할 수 없다고 판단한 것이 개인적으로는 불찰이었다. 야스마로는 '또 다른 왜국'의 활동상을 일본서기에 기술하려다가 제재받았고 그 결과 '일본서기 편찬자'라는 영광의 타이틀을 박탈당한 것이다.

오노 야스마로는 일본서기 편찬과정에서 스트레스가 적지 않았다고 짐작된다. 지식인의 입장에서 숭신왜국이라는 분명한 역사를 누락하고 말살한 슬픔이 컸을 것이라는 말이다. 일본사서 편찬자 야스마로의 일화에서 '야마토조정과 다른 왜국'의 존재를 거듭 실감하게 된다.

규슈왕조 증거③, 구당서(舊唐書)가 전하는 '진실'

구당서(舊唐書)는 중국 이십사사(二十四史) 가운데 하나로서 당(唐)나라의 정사(正史)이다. 940년 후진(後晉)에서 편찬을 시작해 945년 '200권 체제'로 완성되었다. 고조 이세민(李世民)이 618년 당을 건국한 때부터 906년 멸망기(당나라 공식멸망은 907년임)까지의 역사를 기록하였다. 당이 멸망한 후의 사료 부족으로 후반부는 부실하고 전반부도 여러 사료에서 발췌한 탓에 일관성이 부족하다는 비판이 나오지만 원전의 문장이 그대로 남아 있어 사료적 가치가 크다는 평가도 있다. 원래 이름은 '당서(唐書)'였으나 1060년 북송의 학자 구양수가 완성한 당나라 역사서와 구별하기 위해 구당서, 신당서(新唐書)로 나누었다. 구당서에는 왜국전(倭國傳)과 일본전(日本傳)이 따로 나오는데 일본전에 이런 내용이 있다.

> "혹은 이르기를 일본은 예전에 작은 나라였는데 왜국의 땅을 병탄했다고 한다.(或云 日本舊小國 倂倭國之地)"

이 대목은 결코 예사롭지 않다. 구당서의 편찬자가 열도의 두 정치중심 간의 합병역사를 청취했음을 증거하기 때문이다. 한마디로 10세기에 편찬된 구당서의 왜국전과 일본전은 300~400년 전의 과거사를 회고하여 기술한 셈이다. 구당서가 묘사하고 있는 당나라 초기 일본열도의 정치질서는 규슈를 기반으로 한 숭신의 왜가 사실상 소멸하고 응신의 기나이왜가 열도의 패권을 장악해 가는 사정을 보여준다고 하겠다. 즉 일정한 시기, 열도가 왜국과 일본국이라는 두 개의 정치체제로 분열돼 있었음을 뒷받침해주는 문헌적 증거가 구당서이다. 필자는 열도의 양대 정치중심이 병존하며 치열히 경쟁했던 시기를 5세기 후반~6세기 초반으로 본다.

위에서 언급한 구당서의 기록에서 왜국은 규슈일대를 기반으로 하였던 후기 숭신왕조, 일본국은 기나이의 응신왕조(즉 야마토조정)로 풀이되는데 기나이왜가 규슈세력을 타멸하고 합병한 역사를 암시하는 대목으로 해석된다. 기나이왜는 6세기 초반, 다시 규슈일대로 쪼그라들어 있던 숭신의 왕조를 사실상 멸망시킨다. 그러고는 분열과 병존의 역사를 숨기려고 하였지만 성공하지 못하였다. 중국을 방문한 열도의 사절이 '진실'을 실토하였거나 열도를 방문한 중국인이 누군가로부터 '진상'을 들었기에 이런 대목이 구당서에 채록됐을 것이다. 참고로 현대 일본의 역사학자들은 구당서의 이 대목을 철저히 불신하고 있다. '왜와 일본은 동일한 나라'라는 그들의 인식을 근본적으로 뒤집는 구절이기에 심리적 저항감이 큰 것으로 여겨진다.

규슈왕조 증거④, 일본 건국신화의 복합구조

고사기와 일본서기에는 일본의 건국신화, 국토생성신화가 복잡하게 기술돼 있다. 하나의 줄기가 아님을 쉽게 눈치챌 수 있다. 이는 신생 일본이 다양한 세력으로 나뉘어 자라났고 열도전역이 통합되던 시기에도 유아기(乳兒期)의 기억이 살아 있었음을 나타내준다. 한마디로 일본의 건국세력과 지역이 다양하다는 방증이다.

일본 건국신화의 구조는 다음과 같다. 첫째, 아마테라스(天照大神 천조대신) 신화이다. 이는 태양신을 숭배한 조몬신화와 한반도계 야요이인의 열도 이주신화(천손강림신화)가 한데 섞인 부분으로 풀이된다. 둘째, 이자나기와 이자나미 신화인데, 기본적으로 대가야계의 이주설화를 주축으로 하고 있다고 보인다. 이자나기는 대가야 건국주 이진아

일본 신화 생산지도

기와 동일한 존재로 간주된다. 이자나기의 국토생성설화에서 담로(淡路 백제의 행정단위인 담로(檐魯)와 소릿값이 같은데, 동일한 의미로 풀이된다.)인 아와지시마(淡路島 담로도)가 1번국토로 규정된 부분은 백제계의 기나이 정복을 반영한 것으로서 애초부터 기나이를 기반으로 한 야마토왜, 즉 응신왕조의 건국신화가 가미된 것으로 여겨진다. 셋째, 스사노오(素盞嗚尊 소잔명존) 이야기는 신라가 포상팔국을 정벌한 이야기와 신라땅에서 동해를 건너 이즈모(出雲 출운) 지역으로 이주한 신라계의 열도 진출역사가 혼재돼 있다고 분석된다.

일본의 건국신화의 생산지는 크게 3곳으로 압축된다. 첫째는 규슈(九州), 두 번째는 이즈모(出雲), 세 번째는 기나이(畿內)이다. 이는 곧 규슈와 기나이, 이즈모에 각기 다른 소국연맹체가 등장해 한동안 독자적인 길을 걸었음을 의미한다. 첫째, 둘째, 셋째 순서를 매긴 것은 분량과 관련 있다. 일본의 건국신화를 보면 규슈가 원 태생지이며 가장 중요한 지위를 점한다. 이즈모가 다음으로 중요한 지역이며 건국신화만 보면 기나이는 부차적인 위상이다.(고사기와 일본서기에 기비

(吉備)와 관련한 건국신화는 미약한 편이다. 기비는 이웃한 이즈모 세력이 이주해 생성된 것으로 알려져 있으며 건국신화에 기여한 부분도 적은 것 같다. 정치적으로도 기비는 서쪽의 규슈와 동쪽 기나이의 중간지대로서 강한 쪽에 부용하는 처지였다고 짐작된다.) 규슈와 이즈모, 기나이 3대 세력은 각각 한반도의 가야·신라·백제와 연결돼 있다. 즉 규슈왜는 가야, 이즈모왜는 신라, 기나이왜는 백제 출신 유민들이 주축이 된 사실상의 분국(分國)이라고 할 수 있다.

먼저 규슈왜의 건국신화이다. 규슈 관련 신화의 상당 부분이 금관가야 건국신화와 일치한다. 금관가야 수로왕의 구지봉(龜旨峯) 강림은 '천손(天孫) 니니기노미코토(瓊瓊杵尊 경경저존. 고사기에는 니니기노미코토를 이이예명(邇邇藝命)으로 적고 있다.)의 구시후루다케〈久患觸峯〉 강림'과 사실상 같다.(후루는 마을, 다케는 봉우리를 뜻한다. '구시후루다케'는 '구시마을 봉우리'이니 구지봉과 뜻이 같다.) 수로왕의 나라와 니니기의 나라가 동일한 계통임을 의미하는 것이다. 또 대가야 신화에서 출현하는 초대왕 '이진아기(伊珍阿崎)'는 일본신화에서 국토를 생산한 남신(男神) '이자나기(伊奘諾尊)'와 동일한 인물로 여겨진다. 똑같다고 해도 과언이 아닐 정도로 두 신(神)의 이름이 닮았다. 두 가야(금관가야·대가야) 신화와 일본서기의 규슈 신화가 극히 유사하다는 것은 두 지역이 동일한 건국신화를 공유했으며 채록과정에서 미세한 차이가 났을 뿐임을 의미한다.(일본신화에서 발견되는 한반도와의 깊은 관련성은 고사기와 일본서기를 편찬할 당시 야마토조정에서 어쩔 수 없이 규슈의 신화를 대폭 수용한 결과이다. 기나이 지역에서 자체 생산된 신화가 적었기 때문일 것이다.)

필자는 두 가야의 건국신화가 AD 1세기의 역사를 보여주는 측면도 있지만 AD 4세기 북방기마민족의 남하를 상징하는 부분도 없지 않다고 보는 입장이다. 앞에서 언급하였지만 수로왕과 이진아기 등의 출현은 북방민족의 시조신화와 유사하기 때문이다. 큰 얼개는 1세기의 이야기에서 비롯됐을 수 있지만 4세기 스토리가 일정 부분(어쩌면 상당 부분) 가미됐다고 보는 것이다. 마찬가지로 열도의 건국신화 역시 4세기 중후반에 이뤄진 기마민족의 진출을 대폭 반영한 것으로 본다.

일본의 건국신화는 기마민족 진출 이전부터 형성된 내용이 상당 부분 포함돼 있지만, 하늘로부터의 하강 현상 등을 감안할 때 핵심 스토리는 4세기 이후 신라·가야를 정복한 모용선비의 신화체계에서 비롯됐을 것으로 간주한다. 당초 신라·가야의 신화와 동일했겠지만 열도를 정복하는 과정에서 새로이 경험한 내용을 가미하고 윤색하면서 일정한 차별성을 갖게 된 것으로 볼 수 있다.

이즈모(出雲)의 '스사노오〈素戔嗚尊 소잔명존〉 신화'는 신라와 관련성이 특히 깊다. 고천원(高天原), 즉 하늘나라에서 추방된 스사노오는 신라땅 소시모리〈曾尸茂梨〉를 거쳐 이즈모에 건너간다. 이는 당연히 신라계의 열도진출을 대변하는 신화로 해석해야 옳다. '하늘나라에서 출발하여 신라를 거쳐 열도로 향한' 스사노오의 행적은 북방 초원지대에서 신라로 갔다가 다시 일본으로 진출한 신라계 모용선비의 대장정을 상징하는 것으로 풀이해 본다.(스사노오가 사람을 잡아먹는 야마타노오로치, 즉 팔기대사(八岐大蛇 8개의 머리를 한 큰 뱀)에게 술을 먹인 뒤 죽이고 꼬리 부분에서 초치검(草薙劍)을 얻는다는 신화의 모티브가 궁금하다. 열도로 망명한 포상팔국 잔당의 처치를 의미한다는 서동인의 풀

이에 동의하는 것은 아니지만 매우 흥미롭게 여긴다.)[10]

일본에는 '이즈모 신재월(神在月)'이란 말이 있는데 열도의 8백만 신들이 이즈모신사(出雲神社)에 모인다는 음력 10월을 뜻한다. 이처럼 이즈모는 고대 신화상에서 비중이 제법 큰 지역으로 대접받는다. 그렇지만 하늘나라에서 추방된 인물〈스사노오〉의 활동무대로 묘사된 이즈모는 '상당히 중요한 지역이지만 정통은 아니다'라는 의미가 담겨 있다. 신라에서 이즈모로 진출한 계통보다는 가야에서 규슈로 간 다음 규슈에서 기나이로 발신(發身)한 계통의 역사가 정통이라는 것이 일본서기가 암시하는 메시지이다.

한반도→규슈→기나이로의 이동은 신무(神武)와 숭신(崇神), 응신(應神) 등 신(神) 자가 붙은 3명의 창업군주에게 공통된다.(신무는 규슈에서 기나이로 동정한 인물이고 숭신은 '미마기'로 훈독되는 어간성(御間城)이라는 이름에서 가야(임나) 출신임이 드러난다. 응신은 신공황후의 태중에서 한반도(신라)로 갔다가 규슈에서 탄생하였고 기나이에서 천황이 된 것으로 기술돼 있다.) 때문에 역사서에는 3명으로 돼 있지만 실은 1명, 또는 2명의 행적을 시대별로 적당히 나눈 것으로 풀이하는 학자도 있다. 신무 동정기(東征記)의 최종목적지가 야마토인 것은 기나이를 위한 배려이다. 규슈가 일본사의 시작임을 부인할 수 없으니 규슈를 무대로 활동한 신들과 천손(天孫)의 이야기를 잔뜩 인용한 뒤에 초대 천황의 동정(東征) 역사를 기술함으로써 '궁극적인 중심은 기나이'라는 이념을 구현한 술작(述作)이다.

---

10. 서동인, 영원한 제국 가야, 주류성, 2017, pp84~91.

일본 건국신화에서 기나이가 중시된 부분은 '신무 동정' 외에 아와지시마, 담로도(淡路島) 설화가 있다. 국토생성 신화에서 아와지시마, 즉 담로도를 일본국의 포(胞)로 삼았다거나 아와지시마를 1번 국토로 상정한 것은 고사기와 일본서기 편찬자들이 의도적으로 가필한 흔적이다. 아울러 건국신화에 백제가 기여한 부분으로 상징된다. 담로(淡路)라는 섬 이름의 한자가 백제의 지방행정 단위인 담로(擔魯)와 같은 음가라는 사실이 중요하다. 아와지시마, 담로도는 기나이 앞바다에 위치한 섬으로서 기나이왜의 성립에 특별한 역할을 했던 것으로 추정된다. 백제는 아와지시마를 '담로(擔魯)'로 개척한 다음 기나이로 진출해 숭신왜국에 맞서는 새로운 왜국을 건설한다. 백제의 행정용어인 담로와 발음이 같은 담로도를 '국토생성의 자궁'으로 기술한 대목이야말로 기나이왜를 만든 주인공이 백제 출신임을 우회적으로 실토한 증거이다.(이에 대해서는 5장 '백제의 승부수…열도에 담로국 개척'에서 상세히 설명한다.)

고사기와 일본서기에 기술된 일본 건국신화의 기본골격은 규슈지역에 전승돼 온 개국설화를 대폭 수용한 것이다. 이즈모의 신화는 스사노오의 활동상을 통해 일정 부분 포함된 반면 역사가 짧은 기나이왜는 창조신화가 따로 없어 신무 동정과 담로도 설화만 살짝 가미하였다고 여겨진다. 훗날 야마토조정이 기나이왜 위주로 역사서를 편찬할 당시 왕실계보는 가공의 천황을 적당히 만들어 안배할 수 있었지만 건국신화는 규슈왜를 중심에 두지 않을 수 없었을 것이다. '규슈'에서 시작하여 '기나이'로 종결되는 건국신화의 얼개야말로 일본열도에 2개의 정치중심이 존재하였다는 방증에 다름 아니다.

3장
숭신왕조의
일본열도 평정

가야를 정복한 기마민족의 다음 목표는 자연스럽게 일본열도로 향하였다. 『한일 고대사의 재건축②』에서 누차 언급하였듯이 가야를 장악한 기마군단에게 새로운 정복지는 필수였다. 신라·백제를 압도할 파워를 확보하기 위해서는 더욱 큰 영토가 절실했던 것이다. 신공 49년(AD 369년) '가야 7국 등 평정 기사'의 이면을 살펴보면 가야로 진출한 기마군단은 영남서부와 전라남도 지역을 석권하는 데 성공했지만 그게 끝이었다. 이후 한반도 내에서의 영토 확장은 사실상 불가능해졌으니 가야권역의 북쪽에 백제와 신라가 굳건히 뿌리내리고 있었기 때문이다.

정치지리학적 견지에서 '새로운 표적'은 일본열도 외는 상정하기 어렵다. 거대한 홍수가 제방을 넘어 범람할 때 장애가 덜한 쪽으로 물길을 트는 것처럼 한반도 최남단에서 발산(發散)하는 세력이 방어능력이 약한 열도로 힘을 뻗치는 것은 정해진 귀결이다. 생존의 돌파구를 더듬는 과정에서 찾아낸 해답인 셈이다. 가야의 중심지 김해에서 출발한 임나공 숭신의 함대는 대한해협의 동남쪽 대안인 규슈에 상륙한다. 바다를 횡단하는 모험을 단행한 기마군단이 규슈에만 머물 생각은 없었을 것이다. 하지만 낯선 땅을 온전히 차지하려면 신중한 행보가 필수적이다. 숭신의 군단은 기나이 평원을 정복하기에 앞서 일본의 관문인 규슈에서 한동안 체류시기를 가졌던 것 같다.

숭신이 진입하기 이전의 규슈는 야마타이국 시대가 지속되고 있었을 것이다. 야마타이국은 이전부터 세토나이카이 해안을 타고 기나이 평원과 교역하는 방식 등으로 교류하였고 동쪽에 대한 지리정보를 상당히 축적해 둔 상태로 짐작된다. 야마타이국을 제압한 숭신의 기마군단은 일정 기간 규슈시대를 보낸 다음 본격적인 혼슈정복에 나섰을 것으로 여겨진다. 3장에서는 숭신왕조가 기나이를 비롯한 서일본을 평정해 나가는 역사과정을 살펴보기로 한다.

삼왕조 교체설과 기마민족 숭신왕조

1949년 도쿄대학 에가미 나미오(江上波夫)의 '기마민족 일본정복설'이 발표된 이듬해인 1950년, 와세다대학의 미즈노유(水野祐) 교수가 '삼왕조 교체설(三王朝 交替說)'을 제기하였다. 에가미의 학설에 자극받은 측면이 다분하지만 일본의 지식계에 끼친 충격은 결코 뒤지지 않았다. 삼왕조 교체설은 '일본의 황실은 만세일계가 아니라 세 왕조가 있으며 현재의 천황가는 계체천황(繼體天皇)에서부터 시작되었다'는 것이 골자이다. 한마디로 AD 645년 다이카개신(大化改新) 이전에 일본의 왕조가 세 번 바뀌었다는 주장이다.

구체적으로 초대 왕조는 AD 200년경 나라 분지에서 발생한 숭신 왕조(崇神王朝)라는 것이다. 그 이전 왕조에 대해서는 상세히 알 수 없으므로 숭신왕조가 사실상 최초의 왕조이고 현 황실 계보상 10대로 되어 있는 숭신천황(崇神天皇)이 실재하는 최고(最古)의 천황이다. 황실 계보에 보이는 그 이전의 천황들은 역사를 늘리기 위해서 후대에 만들어 넣은 가공의 천황들이라는 주장이다.

　숭신왕조의 마지막인 중애천황(仲哀天皇)은 남규슈의 구노국(狗奴國)을 정벌하다가 전사했다. 미즈노유 교수는 구노국의 본거지는 남규슈의 히우가(日向 일향)이고 그 종족은 BC 200년경 한반도에서 도래한 북아시아계 기마민족 퉁구스족으로 본다. 그리고 중애천황을 죽인 구노국왕을 응신(應神)으로 보았다. 응신은 북규슈 야마타이국을 정복한 후에도 규슈에 머물렀지만 다음의 인덕(仁德) 시대에 규슈를 떠나 기나이의 나니와(難波 난파, 훗날 오사카(大阪)로 개칭)로 이동하였다고 본다. 남규슈의 구노국 후예가 기나이에 세운 왕조가 제16대 인덕천황(仁德天皇)을 시조로 하는 인덕왕조라는 것이다. 인덕왕조는 대륙적인 성격을 갖는 새로운 왕조로서 지배층은 백제왕가와 동일한 민족계통, 즉 부여족에 속한다고 보았다.

　그 뒤 26대로 되어 있는 계체천황(繼體天皇)이 에치젠(越前 동해의 일본쪽 해변에 위치한 후쿠이현)에서 기나이로 진출해 계체왕조를 수립한다. 그리고 그 황통이 현 천황에 이르렀다는 것이다. 미즈노유 교수의 삼왕조 교체설에 대해 이론이 없지는 않지만 왕조가 세 번 교체됐다는 줄거리는 학계에서 거의 정설로 인정되고 있다.

　필자는 숭신왕조는 AD 4세기 후반, 응신왕조(=인덕왕조)는 AD 5

세기에 시작되었으며 6세기 초반까지는 두 왕조가 병존하였다고 간주한다. 한마디로 시대구분에서 미즈노유 교수의 가설과 차이가 작지 않다. 또 미즈노유는 1왕조인 숭신왕조는 나라(奈良)에서, 2왕조인 인덕왕조(필자식으로는 응신왕조)는 규슈에서 일어난 것으로 간주하고 있지만, 필자는 이와 달리 숭신왕조는 가야에서 규슈를 거쳐 나라분지로 이동해 갔고 응신왕조는 기나이의 아와지시마(淡路島 담로도)와 가와치(河內 나니와(難波) 인근지역이다.) 일대에서 발아된 것으로 판단하고 있다. 또 3왕조라는 계체왕조는 2왕조(미즈노유 교수는 2왕조를 인덕왕조라고 명명하지만 나는 응신왕조라는 명칭이 더 어울린다고 여긴다.)를 계승한, 백제계 왕통의 연장으로 여긴다. 즉 계체왕조를 따로 인정하지 않고 1왕조 숭신왕조와 2왕조 응신왕조로만 구분하는 것이다.

필자는 2왕조에서 응신·인덕·이중·반정·윤공·안강까지의 전기(前期)왕통과 웅략·계체로 이어지는 후기(後期)왕통은 위상이 엄연히 구분된다고 본다. 응신~안강까지는 1왕조인 숭신왕조에 부용하던 백제 담로국의 수장(首長)에 불과하였지만 훗날 역사를 고쳐쓰는 과정에서 '천황'으로 추존됐다고 판단한다. 이에 반해 웅략천황 이후는 전(全) 열도의 리더십을 확립한 정통왕조로서 백제왕자 곤지의 후예들이 왕통을 이어나갔다고 짐작한다. 그런데 일본서기에서 1,2왕조의 역사를 모두 야마토조정의 역사인 것처럼 왜곡한 탓에 '일본 왕실계보는 도무지 종잡을 수 없다'는 혼란상이 발생한 것이다. 필자는 1왕조인 숭신왕조는 야마토왜가 아니며 응신부터 백제계 야마토왕조의 계보가 시작된다고 여긴다. 다만 응신~안강까지는 지방소국의 수장들로서 왕통으로 보기는 힘들며, 진정한 의미의 야마토조정은 웅략천황부터 출발하였다고 판단한다.(이에 대해서는 7장과 8장에서 상세히 기술한다.)

숭신왜국은 특히 한반도 제국(諸國)과 다름없이 임나(가야)와 신라, 백제의 움직임에 민감하게 반응하였고 국가적인 관심이 컸다. 훗날 일본서기 편찬자들이 만세일계(萬世一系) 차원에서 숭신왕조를 야마토왜의 선조로, 그들의 활동상을 야마토조정의 성과로 왜곡하여 고스란히 전승하였기에 한반도 제국과 관련된 역사가 풍성하게 남아 있게 된 것이다.

기나이의 야마토조정과 구분되는 규슈 정치세력이 한동안 존재했다는 가설은 오래되었다. 1장에서 언급하였듯이 일본에서는 후루다 다케히코(古田武彦)가 규슈왜국설을 주창하였고 한국학자 가운데는 국민대 이종항 교수가 규슈왜국설을 추종하였다. 이 교수는 1987년 발간한 '고대 가야족이 세운 구주왕조'를 통해 규슈왜국의 실존설을 강력히 설파하였다. 필자는 BC 3세기 야요이시대 개막 이후 AD 4세기 중반까지는 규슈가 일본의 정치적 수도였다고 인정하지만 AD 7세기까지 규슈왜국이 따로 존재하였다는 논지에는 동의하지 않는다.

4세기 후반, 370년대에 규슈로 상륙한 가야발(發) 기마군단은 곧바로, 모조리 기나이로 진출한 것이 아니라 한동안 규슈에 머물며 가야·규슈 연합왕국을 성립하였다고 본다. 규슈 체류시절에 동쪽의 정보를 충분히 축적하였고 신중한 준비 끝에 기나이로 진출하였을 것이다. 늦어도 390년대에는 기나이에 대형 전방후원분이 출현한다는 고고학적 성과를 인정하면 4세기 말쯤부터 나라분지가 숭신왕조의 수도〈京〉로 기능했다고 판단할 수 있다. 그런데 2장에서 필자는 AD 418년의 미사흔 탈출 사건은 규슈에서 발생했을 것으로 보았다. 박제상을 처형한 왜왕은 당시 규슈에 머물렀다고 보아야 합리적인데, 390년대부터 기나이가 열도의 정치중심지로 바뀐다는 해석과 배치된다는 지적이 나올 수 있다. 하지만 5세기 초, 당시 왜왕이 규슈에 체류했다는 관측과 기나이가 수도였다는 분석이 양립 못할 이유는 없다. 숭신왕조가 기나이로 서울을 옮긴 뒤에도 구(舊)정치중심지 규슈는 수시로 왕도(王都) 기능을 수행하였다고 여겨진다.(숭신왕조의 군주들은 걸핏하면 나라분지를 떠나 규슈방면으로 부지런히 출동하는 모습을 보여준다. 이 점이 갖는 의미에 대해서는 4장에서 상세히 언급한다.)

숭신왕조는 기나이를 중심으로 서로는 규슈, 동으로는 칸토(關東)에 이르는 광역(廣域)을 평정하였고 열도의 패권자로 부상하였다. 그러나 숭신왕조의 전성기는 채 100년에 이르지 못했다. 5세기 후반경 백제계 소국이 굴기하여 기나이의 왕권을 장악하였고 점차 숭신왕조를 서쪽으로 몰아붙이기 시작한 것이다. 그 결과 5세기 말~6세기 초에는 숭신왕조의 영역이 다시 규슈방면으로 축소되면서 가칭 '제3차 규슈왕조'라는 정치체가 출현하였다고 본다.(1차 규슈왕조는 야마타이국, 2차 규슈왕조는 4세기 후반 도일직후의 숭신왜국) 결론적으로 ①야요이시대 야마타이국에 이어 ②4세기 말 열도로 진출한 초기의 기마군단이 규슈를 정치중심지로 삼았던 기간, 그리고 ③몰락기의 숭신왕조 등이 단속적(斷續的)으로 규슈에 터전을 잡았다고 하겠다. 여기에다 숭신왜의 군왕들이 규슈를 중시하여 수시로 출동하였기에 '규슈에 야마토조정과 구분되는 또 하나의 왕조가 존재하였다'는 머릿속 그림이 생겨났고 이런 관념이 '규슈왜국설'의 배경이 되었다고 필자는 판단한다.

신무동정(神武東征)과 숭신동정(崇神東征)…규슈시대의 종언

일본서기에서 신대(神代)가 끝나고 본격적인 천황의 역사가 시작되는 것은 이른바 '신무동정(神武東征)' 이후이다. 신무동정이란 초대천황인 신무가 규슈 동남부해안의 히우가(日向 일향, 미야자키현)를 출발하여 세토나이카이를 횡단한 다음 동쪽땅 기나이를 정복하는 내용이다. 신무동정 기사가 없었다면 일본학자들은 아마도 구석기시대부터 기나이가 열도의 중심이었다고 주장했을 것이다.

BC 600년경의 일로 기록된 신무동정 그 자체는 가공의 역사이다. 신무라는 천황이 기원전에 살고 활동한 적이 없기 때문이다. 군국주

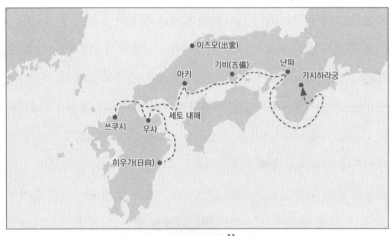

신무동정 지도 [11]

---

11. 부산역사교사모임·양산역사교사모임, 일본 고대사여행, 너머북스, 2012, p20 재인용.

의 시대에는 실제역사로 가르쳤지만 지금은 사실로 믿는 사람이 없다. 신무의 업적은 후대 군주(들)의 열도 정복전쟁 기록을 초대 천황의 성과로 조작한 결과물이다.

후대의 군주 가운데 '누가 신무냐?'에 대해서는 의견들이 분분하였다. 응신천황설이 가장 유력한데 많은 일본학자들이 수긍하는 분위기이다. 기마민족설의 주창자인 에가미 나미오(江上波夫)도 숭신은 가야에서 규슈로 진출한 기마민족의 지도자로, 응신은 규슈에서 기나이로 원정한 또 다른 정복자라고 묘사하고 있다. 두 천황의 시호에 건국자 내지 정복자에게 부여하는 '귀신 신(神)'자가 들어간 것은 우연이 아니라고 주장한다.[12]

이와 함께 신무천황의 일본식 시호가 '간무야마토이와레히코천황(神倭磐余彦天皇 신왜반여언천황)인데 응신천황이 황태자 시절에 머문 궁전이 이와레(磐余 반여)에 있었다는 '이와레 지명의 공동사용', 두 천황의 황후가 공히 남규슈의 히우가 출신인 점 등을 비롯하여 응신과 신무의 행적에는 공통점이 많다고 한다.[13] 일본서기의 신무기(神武紀)를 보면 규슈에서 기나이로의 동정 과정은 길게 서술된 데 반하여 막상 기나이에서의 통치기사는 극히 소략하다. 반면 응신천황은 규슈출신으로 묘사돼 있지만 통치 이전 기사는 매우 짧은 반면 기나이에서 통치한 기사만 남아 있는데 두 사람의 행적을 합쳐야만 '온전한 역사'가 된다는 것이다.

---

12. 에가미 나미오, 이동식 번역 역주, 기마민족국가-고대 일본역사의 비밀, KBS도서관 소장 비매품, 2014, p227.
13. 이시와타리 신이치로, 안희탁 역, 백제에서 건너간 일본천황, 지식여행, 2002, pp62~64.

규슈→기나이 동정의 주체와 관련한 필자의 생각은 에가미 교수나 이시와타리 등과 사뭇 다르다. 필자는 신무천황의 동정이야말로 일본열도에서 '최초의 대왕(大王)'이 출현한 사건을 상징한다고 파악한다. 즉 규슈 일대에서 골목대장 노릇을 하던 야마타이국 수준을 넘어, 규슈에서 기나이를 거쳐 칸토에 이르는 광역체제의 고대국가가 탄생한 것이다. 일본 최초의 대왕으로는 응신보다 '어조국천황(御肇國天皇)' 숭신이 더 적합하다. 거친 대한해협을 건너온 기마군단이 잔잔한 세토나이카이 횡단을 응신 때까지 미뤘다고 볼 근거는 찾기 어렵다. 기마군단의 우세한 파워나 강한 정복성향 등을 감안할 때, 숭신(또는 계승자)은 규슈를 획득한 데 만족했을 리 없고 기나이까지 평정했다고 보는 것이 자연스럽다. 다음 절에서 다루지만 숭신 10년 9월의 '사도장군(四道將軍) 파견 전설'은 기나이를 포함한 광범위한 정복전승을 시사하기 때문이다. 필자의 고집이 아니다. '삼왕조 교체설'의 미즈노유 또한 '신무 전승은 숭신의 전승에서 지어낸 것'이라고 풀이하였다.[14](다만 미즈노유는 '숭신은 AD 318년에 죽었고 따라서 3세기 말에 숭신왕조가 기나이로 진출했다'는 입장인데 필자는 4세기 후반 진출로 보기에 시기적 차이는 상당하다. 미즈노유 학설의 문제점은 위의 이시와타리 책 pp55~56을 참고할 수 있다.)

  일본학자 가운데서도 숭신집단이 규슈에서 기나이로 진출하였다는 '숭신 동천설(東遷說)'을 주장하는 경우가 적지 않다. AD 4세기에 숭신이 이끄는 규슈의 야마타이국(邪馬臺國)이 기나이로 이동하여 야마

---

14. 위의 책, p53.

토(大和)가 되었다는 것이 '야마타이국 동천설'의 핵심 줄거리인데 일본 독서계에서 상당한 지지층을 확보하고 있다. 하지만 야마타이국 동천설은 숭신을 야마타이 군주로 간주한다는 점에서 가야발(發) 기마군단의 지도자라고 판단하는 필자의 견해와 근본적으로 다르다.

'야마타이국 동천설(東遷說)'의 논리

모리 코우이치(森浩一)는 나라분지의 하시하카고분(箸墓古墳)에 이어 조영된 사쿠라이시(櫻井市) 차우스야마(茶臼山)고분에서 거울과 구슬, 철검 등이 출토된 점을 주목하여 이를 전기고분의 전형적인 부장품으로 본다. 그리고 거울과 구슬, 검 등의 무기를 세트로 해서 관속의 부장품으로 넣는 것은 기나이의 야요이시대에는 없었고 북규슈의 야요이 중기 묘에서 볼 수 있다는 점에서 야마토의 전기고분문화는 북규슈 세력의 동참 내지 북규슈 세력과의 강한 관계를 가진다고 주장하였다.

나라현 하시하카고분

오쿠노 마사오(奧野正男)는 북규슈에서 야요이시대 전 기간을 통하여 구슬과 거울, 무기를 3종 세트로 부장한 것으로 보아 고분시대 초기까지는 북규슈의 이런 관습이 기나이를 포함한 서일본 전역에 확대해서 몇 개가 그 중심이 된 것으로 보았다. 야요이시대 말기쯤 규슈의 야먀타이국 세력이 기나이에 들어가 최초로 세운 소국을 나라의 마키무쿠(纏向)유적으로 보았다. 그리고 하시하카고분을 야마타이국 여왕 일여(壹餘 이요)의 묘로 추정하였다.[15]

15. 위의 책, pp196~197.

숭신의 기나이 동정(東征)은 설득력이 높지만, 야마타이왕의 자격으로 동천했다는 학설은 수용하기 어렵다. '최초의 왕릉급 전방후원분'으로 지목되는 나라분지의 하시하카고분은 AD 200년대가 아니라 390년경에 조성된 만큼 AD 3세기 야마타이 국왕의 묘가 될 수 없다는 것이 이시와타리의 분석이다.[16] 거듭 말하지만 숭신은 야마타이국을 이끌고 기나이로 진출한 것이 아니라 일본의 외부, 구체적으로는 가야땅 김해에서 바다를 건너간 기마민족 출신이 분명하다.

신무동정 기사에도 '천황의 출자'를 암시하는 구절이 나온다. 규슈의 동남부해안 히우가에서 바닷길을 타고 동정에 나선 신무의 군대는 기나이 근처에서 현지세력인 장수언(長髓彦 나가스네히코)을 맞아 고전한다. 장수언은 천손(天孫), 즉 대륙계임을 강조하는 신무에게 사람을 보내어 묻는다. 자신이 모시는 요속일명(饒速日命 니기하야히)이라는 군왕도 천손인데, 그렇다면 천손은 두 종류가 있느냐고 항변한다.

"옛날 천신의 아들이 천반선(天磐船)을 타고 하늘로부터 내려왔습니다. 즐옥요속일명(櫛玉饒速日命)이라고 합니다…(중략)…나는 요속일명을 왕으로 모시고 있습니다. 천신(天神)의 아들에 두 종류가 있습니까? 어째서 또 천신의 아들이라고 칭하여 남의 땅을 빼앗으려는 것입니까?(嘗有天神之子 乘天磐船 自天降止 號曰櫛玉饒速日命…故吾以饒速日命 爲君而奉焉 夫天神之子 豈有兩種乎 奈何更稱天神子 以奪人地乎)"[17]

---

16. 위의 책, p197.
17. 전용신, 일본서기, 일지사, 2006, pp77~78.

장수언은 우직하게 싸움을 계속하지만 주군인 요속일명은 세불리를 깨닫고는 장수언을 죽이고 신무의 군대에 귀순하였다. 신무는 요속일명이 지닌 화살 등을 근거로 자신과 같은 천손계통임을 인정한다. 천손은 대륙계통의 표상이란 점에서 '신무천황으로 극화된 숭신'의 고향이 일본열도 외부임을 증언한다.

결론적으로 숭신집단은 열도 외부에서 출발하여 규슈의 야마타이국을 정복한 다음 여세를 몰아 기나이평원까지 평정한 기마민족 군단으로 보아야 마땅하다. 숭신은 '야마타이국의 후계자'가 아니라 '야마타이국 정복자'로 풀이돼야 합리적이다. AD 4세기 말, 중기고분시대(에가미식 구분법으로는 후기고분시대)부터 확인되는 북방계 기마문화가 필자의 가설을 뒷받침한다. 다만 규슈를 확보한 숭신의 군단이 기나이로 동정한 배경에는 야마타이국 유신(遺臣)들의 조언과 정보지원, 부추김 등이 작용했을 개연성은 있다.

숭신왕조와 활발한 열도정복

숭신천황을 비롯한 숭신왕조의 역대군주들은 규슈에서 기나이, 간토에 이르는 영역을 활발히 평정하였다. 우선 일본서기 숭신기를 보면 정복사업을 게을리하지 않았던 것이 분명하다.

〈숭신 10년 9월〉

"대언명(大彦命)을 북륙(北陸)에 보내고 무정천별(武渟川別)을 동해(東海)에 보내고 길비진언(吉備津彦)을 서도(西道)에 보내고 단파도주명(丹波

道主命)을 단파(丹波)에 보냈다. 조서를 내려 '만일 가르침에 따르지 않는 자가 있거든 군사를 일으켜 쳐라'고 하였다.(以大彦命遣北陸 武渟川別遣東海 吉備津彦遣西道 丹波道主命遣丹波 因以詔之曰 若有不受教者 乃擧兵伐之)"[18]

이른바 사도장군(四道將軍) 파견 전설이다. 숭신이 규슈에 이어 기나이를 확보한 이후에도 멈추지 않고 사방으로 군사를 보내어 활발한 정복전쟁을 펼쳤다는 전승(傳承)으로 여겨진다. 사도장군 전승은 숭신이 기원전의 인물이라는 일본서기와 달리 AD 4세기 말~5세기 초, 고분문화 변혁기에 활동한 정복군주임을 시사한다. '숭신 재위 10년'은 열도 진출 10년을 암시한다고 할 때, 낯선 땅에 들어선 불청객이 단기간에 사방정복을 펼칠 수 있었던 원동력은 기마군단에서 찾을 수 있을 것이다. 숭신이 기마군단을 보유하고 있었다는 방증으로는 AD 400년경 고구려 광개토대왕과 싸운 가야지역에서 기마병의 흔적이 다수 발견되고 있는 사실이다. 당시 가야와 왜는 특수관계였다. 이시와타리는 가락국기의 수로왕과 숭신천황을 동일인으로까지 추정하는 입장인데 수로왕 강림설화와 일본 건국신화가 극히 유사한 점을 근거로 들고 있다.(필자는 이시와타리와 달리 숭신을 수로왕 세대의 아들세대로 짐작한다. 『한일 고대사의 재건축②』 10장에서 언급한 바 있다.) 즉 당시 왜와 한통속인 가야에서 마갑과 마주 등 기병의 증거들이 다수 확인된다는 점에서 열도에도 기마군단이 존재하였을 것으로 추정하는

---

18. 위의 책, pp97~99.

것이다.

2장에서 언급한 삼국유사의 미사흔 탈출설화에도 AD 5세기 초의 왜국에 기마병이 존재하였음을 보여주는 구절이 있다. 미해(美海 미사흔) 왕자를 달아나게 한 박제상이 방에서 지체하여 도주할 시간을 벌어준 대목이다.

"…제상은 미해의 방에 들어갔다. 이튿날 아침이 되자 사람들이 방에 들어가 보려고 하였지만, 제상이 나와 이를 말리며 말하였다. '어제 사냥을 하느라 말을 타고 달렸는데, 병이 심하게 나서 아직까지 못 일어나셨다.' 해가 질 무렵이 되어서야 주변 사람들이 이를 이상하게 여기고 다시 물어보았다. 그러자 제상이 대답하였다. '미해 공이 떠난 지가 이미 오래되었다.' 주변 사람들이 왜왕에게 달려가 이를 보고하였다. (왜)왕이 기병을 시켜 쫓게 하였지만 따라잡을 수 없었다.(…堤上入美海 房 至於明旦 左右欲入見之 堤上出止之曰 昨日馳走於捕獵 病甚未起 及乎日昃 左右怪之而更問焉 對曰 美海行已久矣 左右奔告於王 王使騎兵逐之 不及)"

밑줄 친 부분이 중요하다. 박제상이 '말을 타고 사냥했다'고 말하는 부분과 '왜왕이 기병을 시켜 쫓게 했다'는 것은 5세기 초반(AD 418)의 일본에 기마문화가 이미 존재하고 있음을 방증한다.(삼국사기에는 왜인들이 배를 타고 미사흔을 쫓은 것으로 나오지만 육지에서의 추격도 없지 않았을 것이므로 삼국유사의 기록을 허튼 기사라고 치부할 수는 없다.)

숭신을 뒤이은 수인천황(垂仁天皇) 시기에는 정복기사는 거의 찾아

볼 수 없다. 다만 재위 28년에 순장을 금지하였다는 기사와 함께, 재위 32년 황후가 타계하자 순장 대신에 식륜(埴輪 하니와, 인물·동물·기물형 토기)을 부장하기로 하였다는 내용이 일본서기에 나온다. 수인이 순장을 금하였다는 말은 이전 숭신시대까지는 순장을 하였다는 뜻이다. 순장은 신라와 가야에서 많이 발견되는 장묘문화로서 흉노와 부여 등 북방계 장묘전통으로 추정된다. 야마타이국 비미호(卑彌呼 히미코) 여왕의 무덤에도 100명을 순장했다는 기록이 나오는 만큼 열도에도 순장의 역사는 제법 지속되었다고 볼 수 있다. 오랜 장묘문화를 일대 개혁하는 순간의 기록이다.

〈수인천황 32년 7월〉

"황후 히바스히메(日葉酢媛命 일엽작원명)가 타계하였다. 장사지내는 날은 아직 멀었다. 천황이 여러 경들에게 조하여 '순장이 좋지 않은 것은 알고 있다. 이번의 장사를 어떻게 할까?'라고 물었다. 노미노스쿠네(野見宿禰)가 나아가 '군왕의 능묘에 산 사람을 매립하는 것은 좋지 않은 일입니다. 어찌 후세에 남겨 줄 수가 있겠습니까. 아무쪼록 지금 편의한 방법을 의논하여 말씀드리겠습니다.'라고 말하였다. 사자를 보내 이즈모국(出雲國)의 토부(土部) 100인을 불러올려 토부들을 시켜 진흙으로 인마와 각종 물건의 형체를 만들어 천황에 헌상하여 '이후로는 이 토물을 산 사람에 대신하여 능묘에 세워서 후세의 법으로 하소서'라고 말하였다. 천황이 크게 기뻐하여 노미노스쿠네에 조하여 '그대의 편의한 방법이 진실로 내 마음에 든다.'라고 말하였다. 토물(土物)을 처음으로 히바스히메의 묘에 세웠다. 그 토물을 식륜(埴輪 하니와) 또는 입물(立物)이라 한다. 영을 내려 '지금부터 능묘에는 반드시 이 토물을 세울 것이며 사람을 상하게 하지 말라.'라고 하였다.(皇后曰 葉酢媛命薨 臨葬有日焉 天皇詔群卿曰 從死之道 前知不可 今此行之葬 奈之爲 何 於是 野見宿禰進曰 夫君王陵墓 埋立生人 是不良也 豈得傳後葉乎 願今將 議便事而奏之 則遣使者 喚上出雲國之土部壹佰人 自領土部等 聚埴以造作人 馬及種種物形 獻于天皇曰 自今以後 以是土物 更易生人 樹於陵墓 爲後葉之法 則 天皇於是大喜之 詔野見宿禰曰 汝之便宜 寔洽朕心 則其土物 始立于日燁酢 媛命之墓 仍號是土物謂埴輪 亦名立物也 仍下令曰 自今以後 墓必樹是土物 無 傷人焉。)"**19**

일본의 전방후원분이 지 닌 특징 가운데 하나가 대량 의 식륜(埴輪 하니와)이 출토 된다는 사실이다. 위의 기사 는 새로운 장묘문화의 출발 을 시사하는 것이어서 주목 된다. 필자는 식륜을 매설한

식륜(埴輪 하니와)

후기 전방후원분이 수인천황 시기부터 조성되기 시작한 것을 암시하 는 대목으로 주목한다. 수인은 새로운 장묘문화로 일본열도를 평정한 셈이다.

　수인기의 토물(土物) 관련 기록은 일본 고분시대의 편년(編年)에 대

---

19. 위의 책, p116.

한 중대한 통찰을 제공한다. 숭신이 4세기 말쯤 열도로 향하였다면 그 아들이라는 수인천황의 치세는 5세기 초로 추정된다. 이는 '식륜(하니 와)을 부장한 (후기)전방후원분'이 본격적으로 조성되는 시기가 5세기 초반이라는 방증이다.

수인기 가운데 또 다른 중요기사는 가라왕자 도노아아라사등(都怒 我阿羅斯等)이 열도를 찾았다가 본국으로 귀환했다는 내용과 신라왕자 천일창(天日槍)이 내귀(來歸)하였다는 부분이다. 도노아아라사등은 동 해의 일본측 해안에 위치한 이즈모(出雲國)를 통해 왜의 서울을 찾은 것으로 돼 있고 천일창은 세토나이카이 연안인 하리마(播磨國 효고현 남부 해변)에 배를 댄 것으로 돼 있다. 천일창이 바친 칼과 창, 구슬과 거울 등 7가지 보물은 타지마(但馬國 효고현 북부)에 보관하고 신보(神 寶)로 삼았다고 한다.(신라왕자 천일창의 도일은 백제왕자 곤지의 일본행 에 비견할 수 있는 '유력자의 이동'으로 짐작한다. 2부에서 상세히 다루지 만 곤지의 일본행이 백제담로국을 경영하려는 의도였다면 신라도 왕자를 파견해 열도의 분국을 발전시킬 방안을 모색했을 개연성이 있다. 다만 곤 지는 거대한 성공을 이룩하여 백제계 왕조를 연 반면 천일창은 그렇지 못 하고 '보물을 바친 신비한 인물'로 축소기술된 것으로 볼 수 있다.) 도노아 아라사등과 천일창 관련 기사는 수인정권이 신라·가야와 외교적 접촉 을 하였다는 방증이 될 수도 있다. 결국 수인기는 군사적 정복활동보 다는 내치와 외교에 주력한 시기로 풀이된다.

수인의 아들이자 숭신의 손자로 기록돼 있는 숭신왕조의 3번째 군 주 경행천황(景行天皇) 시기가 되면 정복전쟁은 다시 활기를 띤다. 경 행에 대해 일본서기는 AD 1세기의 인물로 그리고 있지만 한참 후대

천일창(天日槍), 도노아아라사등(都怒我阿羅斯等) 도일항로 지도

의 군주임이 분명하다. 일본서기는 시대착란이 심한 만큼 시기에 얽매이지 말고 내용에 집중할 필요가 있다. 경행의 초기기록은 나라분지 남쪽의 기이국(紀伊國 현재 기이반도)과 동쪽의 미농(美濃 현재 혼슈 중부의 기후현岐阜縣)을 유람한 것 외에 특기할 내용이 없다. 의미 있는 기사는 재위 12년부터 시작된다. 이때부터 경행은 수도인 나라분지보다 규슈에 머문 시일이 더 길고 관련 활약상도 훨씬 더 많다. 일본서기 기록을 인정한다면 경행천황은 나라분지가 아니라 규슈에 수도를 두고 정치를 한 군주로 보아야 옳다.

〈경행 12년 7월〉

"구마소(熊襲)가 반하여 조공하지 않았다.(熊襲反之不朝貢)"

〈경행 12년 8월〉

"스쿠시(筑紫 규슈)에 갔다.(行築紫)"

〈경행 12년 9월〉

"천황이 드디어 스쿠시에 가서 풍젠국(豊前國)의 장협현(長峽縣)에 이르러 행궁을 짓고 머물렀다. 그래서 그곳을 경(京)이라 불렀다.(天皇遂幸築紫 到豊前國長峽縣 興行宮而居 故號其處曰京也)"

〈경행 12년 11월〉

"일향국(日向國 규슈 동남부 미야자키현 히우가)에 이르러 행궁을 짓고 머물렀다. 이를 고옥궁(高屋宮)이라 한다.(到日向國 起行宮以居之 是謂高屋宮)"

〈경행 13년 5월〉

"구마소를 모두 평정하였다. 고옥궁에 있은 지 이미 6년이 되었다.(悉平襲國 因以居於高屋宮 已六年也)"

〈경행 18년(AD 88) 6월〉

"아소국(阿蘇國)(활화산 아소산이 있는 규슈 중부 지역이다.)에 이르렀다.(到阿蘇國)"

〈경행 18년 7월〉

"축자후국(筑紫後國)의 미기(御木)에 이르러 고전행궁(高田行宮)에 머물렀다.(到筑紫後國御木 居於高田行宮)"

〈경행 19년 9월〉

"천황이 히우가(日向 일향, 미야자키현)에서 (나라분지로)돌아왔다.(天皇至自日向)"

〈경행 27년 8월〉

"구마소가 또 배반하여 변경에 자주 침입하였다.(熊襲亦反之 侵邊境不止)"[20]

---

20. 전용신, 일본서기, 일지사, 2006, p130.

경행천황이 토지주(土蜘蛛 쯔찌구모)라고 불리운 혈거(穴居) 난장이족(모이(毛夷)로 표현된 아이누족과 구분되는, 일본열도 선주민의 일종으로 추정된다.)을 무자비하게 제거한 사실도 나온다. 경행이 규슈지역에 오랫동안 머물렀고, 규슈가 사실상 국가의 중심지역임을 암시하는 기록 가운데 하나라고 하겠다.

〈경행 12년 10월〉

"오오키타국(碩田國 규슈 동부 오이타현)에 도착하였다…(중략)…내전견읍(來田見邑)에 임시로 행궁을 짓고 머물렀다. 여러 신하와 상의하여 '지금 군사를 많이 움직여 토지주(土蜘蛛)를 치려 한다. 만일 그들이 우리 군사들의 위세에 눌려서 산야에 숨으면 반드시 후에 걱정거리가 될 것이다.'라고 말하였다. 해석류(海石榴 동백)의 나무를 벌채하여 몽둥이를 만들어 이것을 무기로 하였다. 용맹한 군사를 뽑아서 몽둥이를 주고 산을 파고 풀을 베어 석굴의 토지주를 습격하여 이나바노가와(稻葉川) 위에서 격파하고 그 도당을 모두 죽였다. 피가 흘러 복사뼈를 적셨다.(到碩田國…即留于來田見邑 權興宮室而居之 仍與群臣議之曰 今多動兵衆 以討土蜘蛛 若其畏我兵勢 將隱山野 必爲後愁 則採海石榴樹 作椎爲兵 困簡猛卒 授兵椎 以穿山排草 襲石室之土蜘蛛 而破于稻葉川上 悉殺其黨 血流至踝)"[21]

허구가 적잖이 침투하였다고 짐작은 되지만 경행기의 기록으로 판

---

21. 위의 책, pp125~126.

단한다면 숭신왕조의 역대 군주들이 열도의 동서를 활발히 정복하였다고 결론내릴 수 있다. 참고로 숭신왕조가 일본에서 리더십을 행사한 시기는 숭신·수인·경행·성무를 이어 중애천황(仲哀天皇)까지 5대 정도로 여겨진다. 7장에서 언급하지만 중애의 사망은 AD 477년으로 짐작되며 그 이후 50여 년은 숭신-응신 왕조 간의 패권경쟁시대라고 여긴다. 쟁투시기의 숭신왜 왕통은 일본서기에서 삭제되었거나 다른 시기의 군왕으로 편년이 조정된 것으로 판단한다.(일본역사는 숭신왕조의 존재를 인정하지 않고 야마토(응신)왕조의 조상으로 만들어 만세일계(萬世一系)를 완성한 것이다.) AD 527년, 계체천황(繼體天皇)과 전쟁을 벌이다 패배한 규슈의 반정(磐井)이 숭신왕조 최후의 군주로 짐작되지만 일본서기에는 반란군 수장으로 묘사되고 있다. 응신왕조의 군왕 계체에게 타멸당한 반정은 이름은 남겼지만 '천황'으로 대접받지는 못한 셈이다.

4번째 성무천황 시기는 "제국(諸國)에 명하여 국군(國郡)에 조장(造長)을 세우고 현읍(縣邑)에 도치(稻置)를 두었다.(令諸國 以國郡立造長 縣邑置稻置)"는 재위 5년의 기사처럼 지방행정구역을 정비한 것 외에 특기할 정복실적은 없다.

다만 5번째 군주인 중애천황기가 되면 다시 혼슈서부와 규슈일대를 전전하며 구마소 정벌로 지새우다시피 하고 있다. 일본서기 중애천황조를 보면 기나이에서 생산된 기사는 없다. 모든 활동은 쓰루가(敦賀 혼슈의 동해안 지역, 현재 후쿠이현)와 혈문(穴門 혼슈서부 야마구치현), 규슈 등지에서 이뤄졌다.

〈중애 2년 2월〉

"각록(角鹿 동해안 후쿠이현 쓰루가만)에 갔다. 행궁을 세워 머물렀다. 이를 사반궁(笥飯宮)이라 한다. 이달에 담로둔창을 정하였다.(幸角鹿 則興行宮而居之 是謂笥飯宮 則月定淡路屯倉)"

〈중애 2년 3월〉

"구마소가 반하여 조공하지 않았다. 천황은 구마소의 나라를 치려고 하였다. 그래서 덕륵진(德勒津)을 출발하여 배로 혈문(穴門 혼슈와 규슈 사이의 간몬(關門)해협)으로 갔다. 당일에 사람을 각록에 보내어 황후에게 그 항구를 출발하여 혈문에서 같이 만나자고 하였다.(熊襲叛之不朝貢 天皇 於是 將討熊襲國 則自德勒津發之 浮海而幸穴門 即日遣使角鹿 勅皇后曰 便從其津發之 逢於穴門)"

〈중애 2년 6월〉

"천황이 풍포진(豊浦津 혼슈 서남단 야마구치현 시모노세키)에 정박하였다.(天皇泊于豊浦津)"

〈중애 2년 9월〉

"궁실을 지어 혈문에 머물렀다. 혈문풍포궁(穴門豊浦宮 아나토노 토유라노미야)이라 한다.(興宮于穴門而居之 是謂穴門豊浦宮)"

〈중애 8년〉

"(천황이)무리하게 구마소를 쳤다. 이기지 못하고 돌아왔다.(强擊熊襲不得勝而還之)"

〈중애 9년 3월〉

"(신공황후가)길비신(吉備臣)의 선조 압별(鴨別)을 보내어 구마소를 쳤다. 얼마 안 되어 저절로 복종하였다.(遣吉備臣祖鴨別 令擊熊襲國 未經浹

辰 而自服焉)"[22]

숭신왕조 5대 군왕으로 여겨지는 중애천황은 규슈에서의 반발세력, 즉 구마소 평정을 국정의 최우선 과제로 삼았다고 할 수 있다. 가야에서 규슈와 세토나이카이, 기나이, 동국을 잇는 선상국가(線狀國家)인 숭신왕조에게 규슈는 가야의 철산지와 연결하는 '목'인 만큼 결코 단절돼서는 안 되는 요지였다. 그러므로 규슈의 역외세력인 구마소에게 가혹한 징벌을 가했던 것이다. 그러나 숭신왕조는 구마소를 완전 제압하는 데는 끝내 성공하지 못하였다.

동쪽의 모이(毛夷 아이누계 선주민)도 숭신왕조를 적잖이 괴롭힌 모양이다. 경행천황은 아들 일본무존(日本武尊 야마토다케루노미코토)을 수시로 동국으로 파견하여 털북숭이 원주민들과 전쟁을 벌였다. 경행은 규슈의 구마소와 동국의 모이를 수시로 평정함으로써 강력한 무위를 과시하였다. 5세기 중국에 조공을 보낸 것으로 유명한 '왜5왕' 가운데 5번째인 무(武)가 AD 478년 중국 송나라에 바친 표문은 숭신왕조가 이룩한 활발한 정복전쟁의 성과를 이렇게 압축하고 있다.

"동쪽으로 모인(毛人 털북숭이 아이누족을 의미함.) 55국을 정벌하고 서쪽으로 중이(衆夷 '여러 오랑캐'라는 의미이다.) 66국을 복속시켰으며 바다 건너의 95국을 평정하여서 왕도가 크게 융성해지고…(東征毛人五十五國 西服衆夷六十六國 渡平海北九十五國 王道融泰…)"

---

22. 위의 책, pp144~145, p147, p150.

고분시대 도래와 기나이의 정치중심 부상

거대고분인 전방후원분(前方後圓墳)의 등장과 함께 BC 3세기 이후 약 600년간 지속된 야요이시대가 종료되고 '고분시대'가 열린다는 것이 일본 역사학계의 정설이다. 고분시대는 AD 3세기부터 시작된다는 것이 일본학계의 공식견해이지만 최근의 과학적 성과에 의해 기왕의 학문틀이 도전받고 있다. 사실 '고분시대 3세기 시작설'은 일본학계의 다수설일 뿐 합리적인 근거가 있는 것은 아니다. 그냥 일본서기를 2주갑(120년) 후대로 당겨서 이해하면 대체로 맞다는 편리한 시각이다. 일본서기에 그렇게 적혀 있으니 3세기로 봐야 한다는 맹신에 가깝다. 열도의 역사를 장구하게 만들기 위한 의도에서 편년(編年)을 상향조정하는 것은 일본학계의 고질병이기도 하다. 당연히 고고학적 뒷받침도 치밀하지 못한 논리이다. 고분시대는 3세기부터라는 편년을 움직일 수 없는 정설로 굳혀둔 상태에서 이를 입증하는 데 유리한 증거들만 잔뜩 모은 느낌이다.

기나이에 대형고분이 등장한 시기는 올려잡아도 4세기 중반 이후라는 이시와타리 신이치로(石渡信一郞)의 견해가 이치에 맞다고 본다. 고분의 등장과 동반하는 기마문화를 감안할 때 그러하다. '그럼에도 불구하고' 필자는 이시와타리 신이치로의 학설을 맹종하는 것은 아니며 일본학계의 공식견해인 '전기고분(前期古墳) 3세기 시작설'을 굳이 부인할 생각도 없다. 나의 관심사는 AD 4세기 후반부터 시작되는 중기 내지 후기고분시대인데, 북방계통의 문화가 관찰되기 때문이다.(일본 주류학계도 고분의 대형화가 이뤄지는 4세기 후반부터를 중기고분시대 또는 후기고분시대라고 규정하며 전기고분시대와 구분은 한다.) 열도에서의 기마민족 문화는 4세기 후반경, 가야를 정복한 기마족 가운데 한 일파가 대한해협을 건너오면서부터 출현하였다고 보아야 합리적이다.

이시와타리는 야마타이국은 기나이가 아니라 규슈에 존재하던 나라로서 AD 4세기 중반, 일본열도 외부에서 진출한 기마민족 세력에 의해 소멸되었다고 본다. 그리고 야마타이국을 정복한 외부세력이 기나이로 진출하여 새로운 고분시대를 열었다는 가설을 편다. 동의할 만한 견해이다. 다만 기마민족의 열도 진출시기와 관련해, 필자는 신이치로가 주장하는 4세기 초반이 아니라 4세기 후반으로 보는 점에서 일정한 차이가 있다.

전방후원분의 원조는 기나이라는 것이 일본학계 주류의 시각이지만, 실제 축조시기는 규슈가 앞서고 이즈모, 기나이로 이어진다는 풀이가 많다.[23] 동아시아의 문화전파는 중국에 가까운 쪽에서 먼 곳으로 낙차가 생긴다는 일반론에서 볼 때 이런 시각이 실상에 더 부합할 것이다. 고고학적 증거에 기반할 때도 4세기 중반 이후에야 기나이가 규슈를 압도하며 일본의 정치중심이 되는 것은 사실이다. 아울러 기마민족 문화의 융성함이 관찰된다. 4세기 중반 이후 일본열도에는 무슨 일이 생겼을까?

일본학계의 통설은 규슈의 야마타이국 세력이 기나이로 동천하면서 이 같은 변화가 일어났다고 주장한다. 거듭 말하지만, 일본학계 주

---

23. 윤명철, 동아지중해와 고대 일본, 청노루, 1996, p144.

류는 야요이인을 원(原)일본인으로 간주하면서 야요이 계통의 규슈지역 소국이 AD 3세기경 기나이로 진출하여 일본 최초의 고대국가, 야마토왕조를 형성한 것으로 본다. 신무동정 설화는 이 같은 신념의 근원이다.(4세기가 되면 기나이의 야마토왕조가 역으로 서정(西征)에 나서 규슈에 이어 한반도 남부까지 진출하였다는 것이 이른바 남선경영론(南鮮經營論)의 핵심논리이다. 일본의 고분문화는 서(西 한반도)에서 동(東)으로 전래된 것이라는 한국 학자들의 설명과는 정반대 방향이다.)[24] 그러나 이는 설득력이 부족하다. 규슈의 야마타이국이 근거지를 스스로 포기하고 낯선 곳으로 옮겨갈 타당한 이유를 제시하지 못한다. '남규슈 구노국(狗奴國)과의 오랜 갈등에 따른 피로감 때문에 동쪽으로 떠났다'는 식의 풀이가 있는데 선뜻 동의하기 힘들다. 꼴 보기 싫은 이웃을 피해서 이주하는 개인은 더러 있지만 국가를 그런 식으로 옮기는 일은 없다.

삼국지 왜인전에 의하면 AD 3세기의 왜는 '(규슈 인근에)30여 개 소국이 올망졸망 난립'하는 수준이었다. 그런데 불과 1세기만에 기나이가 일본의 정치중심으로 바뀌면서 거대고분을 형성하는 강력한 패권세력이 등장한다. 문헌기록은 불비하지만 4세기 말~5세기 초 열도의 변화폭은 컸다. 광개토대왕 비문에 출현하는 '특이한 왜'가 대표적이다. 사회발전 속도가 느렸던 고대시대에서 이 같은 급격한 정치사회 변화는 자생적인 발전의 결과로 보기 힘들다. 외부로부터의 강력한 충격이 있었다고 상정하지 않을 수 없다. 필자는 기나이를 중심으로 한 중기고분시대(에가미 교수의 시대구분으로는 후기고분시대)의

24. 승천석, 백제의 장외사 곤지의 아스까베왕국, 책사랑, 2009, pp165~169.

도래는 일본국의 실질적 건국자인 숭신천황과 깊은 관련성을 맺고 있다고 여긴다. 임나공 숭신이란 지도자가 이끄는 '가야에서 발진한 무력(武力)'의 정복활동이 4~5세기 일본에 새로운 역사를 만들었다는 논리이다.

4세기 후반, AD 370년 즈음부터 대한해협을 건너기 시작해 규슈를 석권한 기마민족이 마냥 놀고 지냈을 리는 없다. 동쪽에 넓은 평원이 존재하고 있고 그곳의 농토가 비옥하다는 정보를 입수한 기마족은 당연히 기나이로 정찰대를 파견하며 미래의 정복지를 탐색하였을 것이다. 기마민족의 군대가 수시로 출현하면서 나라분지와 나니와를 비롯한 기나이 일대에는 4세기 후반부터 파란이 일기 시작하고...4세기 말의 어느 해, 규슈에 머물던 기마군단의 주력이 기나이로 동정(東征)에 나서면서 새로운 시대변화를 일으켰다고 파악한다. 숭신이란 기마민족 지도자가 소국할거시대를 종식시키고 기나이를 수도로 하는 '왜국'을 세운 것이다. 열도전역을 호령하는 대왜(大倭)의 건국주라는 점에서 어조국천황(御肇國天皇)의 시호는 결코 과장이 아니다.

어쨌든 4세기경에는 일본열도에 통일된 모습의 고분이 발견되는데 전면은 네모지고 후면부는 둥근 모양의 전방후원분(前方後圓墳)이다. 전방후원분은 수혈식석실(竪穴式石室)이라고 하는, 수직으로 판 돌구덩이방에 통나무를 반으로 잘라서 파낸 길다란 '원통형 목관(割竹型 木棺)'을 넣는 동일한 매장형식이 관찰된다. 아울러 비미호(卑彌呼 히미코)가 위나라에서 받았다는 삼각연신수경(三角緣神獸鏡)을 비롯한 동경(銅鏡 구리거울)이 부장돼 있다.

이런 공통된 모습을 토대로, 고분 출현에 앞서 광역의 정치체가 등장하였고 전방후원분은 광역정치체에 소속된 각 지역 수장층의 묘제라는 것이 일본학계의 정설이다.(일본 역사학계 주류는 3세기 중반, 야마타이국 여왕 비미호가 위나라에 조공하고 친위왜왕(親魏倭王)의 봉작을 받은 사실을 고대국가의 시작점으로 보려는 시각이 굳건하다. 필자의 논리와는 사뭇 차이가 크다.) 전방후원분 가운데서 최대 규모의 무덤들은 기나이지방에 집중돼 있는 만큼 기나이가 고분시대의 정치중심지라는 데는 큰 이견이 없다.

나라분지에 위치한 사쿠라이시(櫻井市)와 가시하라시(橿原市)는 한국의 경주에 비견되는 고도(古都)이다. 고분시대 초창기, 이곳에 대규모 전방후원분들이 집중적으로 출현하였다. 미와야마(三輪山) 주변의 오야마토고분(大和古墳), 야나기모토고분(柳本古墳), 마키무쿠고분(纏向古墳)을 통칭하여 '나라분지 동남부고분군'이라고 한다. 사쿠라이시의 마키무쿠고분군은 하시하카고분(箸墓古墳)을 중심으로 이시쓰카고분(石塚古墳), 호케노야마고분(ホケノ山古墳) 등 9기의 전방후원분으로 구성돼 있다.

핵심인 하시하카고분은 '최초의 정형화된 전방후원분'으로 지목되는데 전체 길이 280m, 후원부 지름 160m, 전방부 너비 147m, 높이 29m의 대형무덤이다. 고대 기비국(吉備國)의 영역이던 오카야마현(岡山縣)에 기원을 둔 통형기대(筒形器臺)와 식륜(埴輪 하니와) 조각, 하지키(土師器 적갈색 연질토기) 등이 출토되었다. 하시하카고분의 매장주체와 관련해 일본의 다수설은 비미호(卑彌呼 히미코)로 보고 있지만 이시와타리 신이치로는 숭신천황이라고 주장한다.[25](일본학계의 다수설은 하시하카고분 인근의 안돈야마고분(行燈山古墳)을 숭신천황의 능으로 지목하고 있어 이시와타리 설과는 차이가 크다.) 필자는 "비미호의 무덤 크기는 직경 백여 보"라는 삼국지 왜인전을 근거로 그녀는 원형분에 묻힌 것으로 판단되며, 따라서 하시하카고분을 비미호의 무덤으로 볼 수 없다고 『한일 고대사의 재건축②』의 12장에서 언급한 바 있다. 이런 맥락에서 하시하카고분의 매장자는 이시와타리의 가설처럼 숭신천황(혹은 후계자)이라고 추정한다.

'일본 최초의 대왕묘'로 지목되는 하시하카고분에 이어 오야마토고분의 니시토노즈카(西殿塚), 야나기모토고분군의 안돈야마고분(行燈山古墳 길이 242m), 시부타니무카이야마고분(澁谷向山古墳 길이 300m 경행천황릉 전승이 있다.)과 같은 왕릉이 차례로 조영되었다. 길이 280m의 거대한 전방후원분인 하시하카고분이 나라분지에 출현한 것은 일본의 정치중심이 규슈(九州)에서 기나이(畿內)로 이동하였음을 뒷받침하는 증거로 해석된다. 또한 4세기 말(이시와타리 신이치로의 학설을 근거로 4세기 말로 표현한다. 일본의 다수학설은 3세기 중엽부터로 본다.) 이후 왕묘가 지속적으로 조영되고 일본 전역에 전방후원분이라는 동일한 묘제가 전파·확산되는 현상은 열도에 대형 고대국가가 성립하였음을 증언한다고 하겠다. 필자는 나라분지에 왕릉급 고분이 출현하는 등 기나이가 새로운 정치중심으로 부상한 계기를 가야발(發) 기마군단의 동정(東征)에서 찾는 입장이다. 아울러 광개토대왕의 고구려군

---

25. 이시와타리 신이치로, 안희탁 역, 백제에서 건너간 일본천황, 지식여행, 2002, p305.

에게 왜가 잇달아 무릎을 꿇은 '4말~5초의 한반도 패전'은 이런 경향을 더욱 심화시킨 추가동력이 되었을 것이다.

숭신왕조와 기나이 정치질서의 변화

이즈음에서 기나이에서 진행된 정치지형 변화의 역사를 살펴보자. 나라분지와 가와치평야 등 기나이 일대는 BC 3세기 이후 열도로 진출한 원(原)가야계(=야요이농민)와 영산강유역민의 후손들이 규슈쪽에서부터 동쪽으로 흘러들어가 여러 소국을 형성해 수백 년간 살아가고 있었다. 이즈모를 비롯한 동해변으로 진출한 신라계도 주코쿠(中國)산맥을 넘어 기나이로 활발히 진출하였을 것이다.

금관가야와 영산강집단, 신라계가 4세기 이전부터 기나이를 개척한 집단이라면 대가야족과 백제계 이주민은 5세기 이후에 기나이에 집중적으로 진출한다고 여겨진다. 새로운 땅을 개척할 때 생겨나는 보편적인

일제강점기 만주의 조선인 출신도별 이주 실태

현상을 감안할 때 그러하다. 구한말~일제강점기에 조선인들이 만주

로 이민하여 새로운 터전을 개척할 때를 상기하면 이해가 쉽다.

함경도와 평안도 출신은 만주의 남쪽인 두만강과 압록강 대안지대를 차지한 반면 멀리 남도에서 출발한 경상도와 전라도 농민들은 훨씬 북쪽인 흑룡강성 일대로 이주하였다. 그 결과 한반도 지도를 거꾸로 뒤집어 찍은 것과 유사한 효과가 생겨났다.

새로운 지역으로 이주할 때, 변경출신이 원적지와 가까운 땅을 차지하는 원리가 일본열도 개척에도 그대로 적용되었다는 이야기다. 즉 김해의 금관가야 출신은 가까운 규슈로 이주하고 동해남부의 최초임나 출신은 규슈나 이즈모(出雲) 등지로 이주한다. 신라인들은 이즈모를 목표로 삼아 열도로 건너갔고 영산강유역민들은 규슈서부로 이주하였을 것이다. 반면 내륙에 위치한 아라가야·대가야와 백제계 이주민들은 규슈와 이즈모는 선발주자들이 터를 잡고 있어 빈 땅이 없으므로 더 멀리 떨어지고 인구밀도가 낮은 기나이평원과 동국(東國)을 노렸다고 보아야 합리적이다. 실제로 백제계 이주민들은 5세기부터 규슈를 건너뛰어 현재의 오사카 부근인 가와치(河內)와 나라분지 등지로 흩어져 나갔다.

어쨌든 AD 4세기 중반까지 기나이는 규슈, 이즈모 등지와 달리 긴 세월에 걸쳐 도해한 금관가야계·신라계·영산강계를 포함한 여러 집단이 혼재되어 살았다고 사료된다.(아라가야·대가야계와 백제계통의 이주민도 소수지만 존재하였을 것이다.) 동일한 지역에서 출발한 집단도 도래시기별로 정체성이 달라지게 마련인데, 7세기의 일이지만 같은 백제계이면서도 '도해시기가 오래된 후루키(古來)'와 '근자에 도래한 이마키(今來)'의 갈등은 잘 알려져 있다. 즉 출발지가 상이한 데다 도래시기도 제각각인 여러 소국집단이 '강력한 리더십이 부재'한 환경에서 산발적으로 흩어져 있었기에 기나이의 정치질서는 꽤 복잡하였다고 짐작된다. 일본의 연구자들도 기나이의 정치환경은 나라분지의 야마토(大和)와 교토의 야마시로(山城), 오사카 인근의 가와치(河內) 등지에 터를 잡은 소국들로 일찍부터 구분돼 있었다고 말한다.

4세기 말~5세기 초, 숭신계 기마군단이 나라분지로 진출하여 새로운 국도(國都)로 삼는 과정에서 제각기 흩어져 살던 기나이의 소국들이 의미 있는 저항을 했을 것 같지는 않다. 정복자(숭신왜국)를 마냥 환영하지는 않았겠지만 후진체제의 한계로 인해 대응역량은 미약했을 것이다. 다만 여러 소국이 새로운 리더십에 복종하면서 외견상 통합은 이뤄졌지만 숭신왕조가 중앙보다 서쪽(九州)과 동쪽(東國)의 저항세력을 제압하는 일에 주력한 탓에 막상 기나이에 대한 지배의 강도는 느슨했을 것으로 짐작된다.

서쪽의 구마소(熊襲)와 동쪽의 모이(毛夷)를 평정하는 싸움에서는 숭신왕조가 승리한 듯 보였다. 군대를 동원하여 구마소의 근거지와 모이의 집결지를 수시로 짓밟았기 때문이다. 그러나 등잔 밑이 어두운 법이다. 숭신왕조가 구마소와 모이와의 싸움에 한눈이 팔린 사이, 나라분지와 인접한 기나이평원에서 본질적인 위험이 자라나고 있었다. 5세기 들어 백제계 담로소국이 발아한 것이다. 훗날 야마토왜국으로 성장하는 응신왕조가 이곳을 기반으로 출현한 것이다. 이에 대해서는 5장에서 상세히 언급할 예정이다.

4장
사방이 적(敵)…
숭신왕조의 한계

가야에서 출발한 숭신왕조는 규슈에서 세토나이카이(瀬戸內海)연안, 기나이, 간토(關東)지방에 이르는 넓은 선형국가(線形國家)를 형성하였다고 짐작된다. 숭신왕조가 광범위한 영역을 정복한 원동력은 물론 기마군단의 군력이다. 당시 일본열도 각지에서 자연발생적으로 생성한 소국들은 보병전 단계에 머물러 있었던 만큼 기마전술에 기반한 숭신왕조의 가공할 군사력에 저항할 세력은 없었다고 여겨진다.

그러나 군사력에 기반한 숭신왕조의 열도정복은 얼마 지나지 않아 한계에 직면하였다. 기마전술이 숭신왕조만의 독자적인 군사기술이 아닌 범용기술로 변화하였고, 그 결과 숭신의 기마군단이 지녔던 비교우위가 사라진 때문이다. 이런 변화는 열도의 선주민 집단에게 외래정권에 저항할 수 있는 계기로 작용하였다.

숭신의 손자로 비정되는 경행천황 시기가 되면서 규슈의 구마소(熊襲 웅습)가 공공연히 반기를 들었다. 구마소의 정체에 대해서는 설이 분분한데, 시종일관 반(反)숭신왕조 노선을 견지하였다. 기마민족에게 정복되기 이전의 원(原)가야계 내지 백제계 후예라는 설명도 있다. 어쨌든 구마소는 그 존재만으로도 가야에서 규슈를 거쳐 기나이로 이어지는 숭신왕조의 선상(線狀)정치체를 단절할 위험성이 다분하였다. 숭신왕조의 본향이자 연합세력인 가야는 전략물자인 철산지인 데다 한반도 제국과의 관계를 감안할 때 도전을 용인할 수 없는 요충지였다. 숭신왕조는 그래서 가야와의 연결을 위협하는 구마소의 '반란'을 무자비하게 진압하였다. 동쪽의 모이(毛夷 아이누 계통)도 숭신왕조의 신경을 거슬리게 만드는 도전세력이었다. 동과 서, 양쪽의 적을 두게 된 숭신왕조는 내정의 충실을 기할 수 있는 기회를 갖지 못하였고, 그 결과 열도주민의 마음을 하나로 뭉치는 데 성공하지 못하였다.

이런 틈새를 공략한 것이 백제계 응신왕조였다. 5세기 들어 백제가 기나이의 가와치 일대에 세운 담로국에서 비롯한 응신왕조는 끝내 숭신왕조를 타멸하고 열도의 패권을 쥐게 된다. 응신왜국이 성립하고 발전할 수 있는 토대를 숭신왜국 스스로 제공하였다는 것이 숭신왕조의 비극이자 슬픈 운명이라고 하겠다.

동서 양쪽의 적, 숭신왕조의 약점

숭신왕조가 일본열도를 평정하던 초기에는 별다른 도전세력이 없었다. 숭신의 군단이 지닌 기병대의 군사적 우월성이 결정적인 강점으로 짐작된다. 기마군단의 가공할 파워는 『한일 고대사의 재건축②』 9장에서 언급한 바 있다. 지역소국들의 병립상태였던 일본열도에서 기마군단에 대항할 정도의 무력집단은 존재하지 않았던 만큼 역전(歷

戰)의 모용선비 기마군단은 큰 어려움 없이 열도를 석권할 수 있었을 것이다. 앞의 3장에서 언급했던 숭신 10년 9월조의 '사도장군(四道將軍) 파견 전설'은 일본열도로 건너간 초기에 이뤄진 활발한 정복전쟁을 시사한다. 숭신의 기마국가는 가야산 철의 수입분배권을 장악하는 방식으로 일본열도 전역에서 리더십을 행사할 수 있었을 것이다.

그러나 세월의 흐름과 함께 숭신왕조가 지닌 기마전술은 열도전역으로 확산돼 나간다. 사실 기마전술이란 것이 특정 집단만이 구사할 수 있는 고도의 기술은 아니다. 말을 키우고 전장에 투입할 수 있는 시간적 여유가 주어지면 어떤 족속이든 어렵지 않게 터득할 수 있다. 세월은 물처럼 빠르게 흘러갔고, 말을 처음 보고 크게 놀랐던 일본열도의 지역소국들도 이제는 말을 키우고 다룰 수 있게 되었다. 아울러 기마부대의 공격에 대응할 수 있는 장창술(長槍術) 등 나름의 대비책도 습득하게 되었다. 기마전술이 자본금만 있다면 누구나 가용할 수 있는 범용기술이 된 이후 숭신왕조의 군사적 강점은 흐릿해졌을 것이다. 숭신과 그 아들 수인천황 시기만 하더라도 왕권에 도전하는 지방세력은 찾아볼 수 없었다. 그러나 손자대인 경행천황 시기가 되면 사정은 판이하게 달라진다. 열도의 동과 서에서 강력한 도전세력이 등장한 것이다. 규슈의 구마소(熊襲)와 동국(東國)의 모이(毛夷)가 숭신왕조의 목을 노렸다.

특히 서쪽의 구마소는 좌시할 수 없는 악질세력이었다. 목에 걸린 가시처럼 숭신왕조에게 부담스런 존재였다. 가야에서 규슈를 거쳐 기나이와 동국으로 이어지는 선상영토의 숭신왕조로서는 중간이 잘리면 곤란해진다. 철과 대륙문물 수입로가 단절될 경우 왕국의 몰락으

94

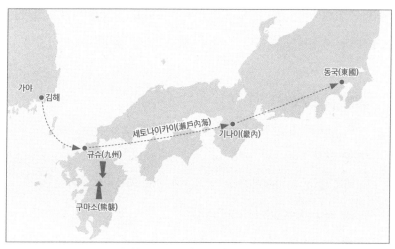

숭신왕조 선상영토(線狀領土) 확장 추정도

로 이어지게 된다. 그래서 구마소를 청소하고자 몇 번이고 출정하였지만 시원스런 성공은 없었다. '벼논의 피'처럼, 끈질긴 생명력을 과시하며 틈만 나면 숭신왕조의 코털을 잡아당기며 괴롭혔다. 구마소가 위치한 규슈남부는 울창한 삼림지대여서 기마군단이 정복전을 펼치기가 여의치 않았을 것이다. 숭신이 구마소를 버려두고 곧장 기나이로 동정(東征)한 것이 두고두고 실책이 되었다. 구마소는 한순간도 숭신왕조의 권위를 인정하지 않고 줄기차게 저항하였다.

경행천황 이후 숭신왕조의 역대 군왕들은 구마소와의 싸움에 많은 시간과 물자, 인력을 소비하였다. 경행과 중애는 구마소를 치기 위해 수도를 규슈 근처로 옮긴 것이 확실하다. 수도 이전이야말로 숭신왕조가 다시 기나이를 떠나 규슈 근처로 복귀한 것을 암시한다고 여긴다. 일본서기를 보면 천황의 군대는 구마소에 늘 승리하는 것으로 기록돼 있지만 구마소는 금세 전열을 정비하여 또다시 도전을 해온다.

이는 숭신왕조의 '관군(官軍)'이 구마소 세력을 압도하지 못하였다는 반증이다. 숭신왕조와 구마소 간의 대결 기사는 끊임없이 이어진다.

〈경행 12년 7월〉

"구마소(熊襲)가 반하여 조공하지 않았다.(熊襲反之不朝貢)"

〈경행 13년 5월〉

"구마소를 모두 평정하였다. 고옥궁에 있은 지 이미 6년이 되었다.(悉平襲國 因以居於高屋宮 已六年也)"

〈경행 27년 8월〉

"구마소가 또 배반하여 변경에 자주 침입하였다.(熊襲亦反之 侵邊境不止)"[26]

〈중애 2년 3월〉

"구마소가 반하여 조공하지 않았다. 천황은 구마소의 나라를 치려고 하였다. 그래서 덕륵진(德勒津)을 출발하여 배로 혈문(穴門 혼슈와 규슈 사이의 간몬關門해협)으로 갔다.(熊襲叛之不朝貢 天皇 於是 將討熊襲國 則自德勒津發之 浮海而幸穴門)"

〈중애 8년〉

"(천황이)무리하게 구마소를 쳤다. 이기지 못하고 돌아왔다.(強撃熊襲不得勝而還之)"[27]

위에서 본 것처럼 규슈의 구마소는 계속해서 숭신왕조에 대항하였

---

26. 전용신, 일본서기, 일지사, 2006, p130.
27. 위의 책, p147.

고 숭신왕조는 내내 구마소와 싸워야 했다. 그러나 숭신왜국 최후의 군주인 중애는 마지막 순간까지 구마소를 제대로 극복하지 못하였다. 구마소가 숭신왜국보다 더 강력하지는 않았지만 더 끈질겼던 것은 분명하다. 하지만 중애천황이 타계하고 신공황후가 권력을 쥔 중애 9년 3월에는 구마소가 순순히 항복한다. 아래의 기사는 매우 중요한 대목이다.(그 의미는 나중에 상세히 설명하기로 한다.)

"(신공황후가)길비신(吉備臣)의 선조 압별(鴨別)을 보내어 구마소를 쳤다. 얼마 뒤 (구마소가)저절로 복종하였다.(遣吉備臣祖鴨別 令擊熊襲國 未經浹辰 而自服焉)"[28]

동쪽의 모이(毛夷), 털북숭이 오랑캐 역시 구마소보다는 덜하지만 꽤나 부담스런 집단이었다. 경행천황은 대신 무내숙녜(武內宿禰 다케우치노쓰쿠네)를 동쪽으로 파견하여 모이의 실상을 정찰하게 한다.

〈경행 25년 7월〉
"무내숙녜를 보내 북륙(北陸 호쿠리쿠) 및 동방의 여러 나라의 지형과 백성의 실정을 시찰하게 하였다.(遣武內宿禰 令察北陸及東方諸國之地形, 且百姓之消息也)"
〈경행 27년 2월〉
"무내숙녜가 동국에서 돌아와 상주하길 '동방의 시골에 일고견국(日高

---

28. 위의 책, p150.

見國)이 있습니다. 그 나라 사람은 남녀 모두가 머리를 추형(椎形 상투
모양)으로 묶고 몸에 문신을 하고 용감합니다. 이를 모두 하이(蝦夷)라
합니다. 또 토지는 비옥하고 광대합니다. 공취할 만합니다'라고 말하
였다.(武內宿禰自東國還之奏言 有日高見國 其國人 男女並椎結文身 爲人勇悍
是總曰蝦夷 亦土地沃壤而曠之 擊可取也)"[29]

경행 27년 2월의 기사에서 '동쪽의 하이들은 몸에 문신을 하고 있
다'는 무내숙녜의 보고내용은 매우 중요한 대목이다. 문신은 하이의
특징으로서 자신들과 다른 점이기에 보고서에 담은 것이다. 이는 역
으로 당시 일본의 지배층은 문신을 하지 않았음을 강력하게 암시한
다. 자신들도 공히 문신을 하고 있었다면 특기할 바가 없으니 굳이 보
고서에 담지 않거나 '우리와 마찬가지로 문신을 한다'고 상주해야 옳
다. 무내숙녜의 보고는 경행시기의 열도 지배층이 문신을 하지 않았
나는 방증인데, 이는 AD 3세기에 편찬된 삼국지 왜인전의 '(왜의)남자
는 어른, 아이 가리지 않고 모두 얼굴과 몸에 문신을 한다(男子無大小
皆黥面文身)' 기록과 배치된다. 경행천황 시기의 열도 지배층은 예전의
왜인이 아니라는 점, 외부에서 새로 진출한 집단이란 점을 알게 된다.
어쨌든 경행천황은 아들 일본무존(日本武尊 야마토다케루노미코토)을
파견하여 모이를 토벌하였다.

〈경행 40년 6월〉

"동쪽 오랑캐들이 자주 반란을 일으켜 변경이 동요하였다…(중략)…
천황이 부월을 가져와 일본무존(日本武尊)에게 주며 '짐이 들으니 동쪽
오랑캐는 성질이 강포하고 능욕을 주로 한다. 촌에 어른이 없고 읍에
우두머리가 없다…(중략)…동쪽의 오랑캐 중에서도 하이(蝦夷)가 가장
강포하다. 남녀가 잡거하고 부자의 구별이 없다…(중략)…무력을 떨쳐
나쁜 귀신을 없이 하라'고 말하였다.(東夷多叛 邊境騷動…則天皇持斧鉞
以授日本武尊曰 朕聞其東夷也 識性暴强 凌犯爲宗 村之無長 邑之勿首…其東夷
中 蝦夷是尤强焉 男女交居 父子無別…振武以攘姦鬼)"[30]

일본무존의 동국 평정과정은 신화적으로 묘사된 부분이 많아 정확
한 그림을 그리기가 쉽지 않다. 처음 준하(駿河 스루가, 후지산이 위치
한 현재의 시즈오카현)에서 적을 화공(火攻)으로 무찔렀고 이어 상총(上
總 가즈사, 도쿄 인근 지바현)을 거쳐 육오국(陸奧國 무츠쿠니, 태평양 연
안 후쿠시마현)까지 진군하였다. 일본무존은 온갖 고초를 겪은 끝에 동
쪽의 하이(蝦夷=모이)들을 일단 평정하였다. 하지만 '신농국(信濃國 시
나노쿠니, 혼슈 중부내륙 나가노현)과 월국(越國 고시노쿠니, 혼슈 동해안
후쿠이현)이 왕화에 따르지 않는다'며 이곳들에 대한 정복전을 펼쳤지
만 결국 병이 걸려 이세국(伊勢國 이세노쿠니, 태평양 연안 미에현)의 능
포야(能襃野 노보노)에서 사망한 것으로 일본서기는 기록하고 있다.
　서쪽의 구마소와 동방의 모이 등에 대한 정복사업은 숭신왕조의 군

---

30. 위의 책, pp132~133.

일본무존의 동국 평정 지도

국대사였다. 동서 양쪽에 강한 적을 두었던 숭신왕조는 쉴 새 없는 정복전쟁을 벌였지만 상대를 온전히 제압하는 데는 이르지 못했다. 전쟁은 아무리 허약한 상대와도 최선을 다해 싸우지 않을 수 없다. 비록 약한 적이라도 순순히 패하는 일은 드물고 최소한도의 반항은 하게 마련이니 승리하기 위해서는 많은 인력과 물자를 소비하게 된다. 계속되는 전쟁은 나라경제를 골병들게 한다. 열도의 바깥에서 진입한 숭신왕조는 강력한 무력을 동원하여 열도의 동서로 활발한 정복전쟁을 펼쳤고 그 결과 규모 있는 국가를 형성하기에 이르렀지만 내실은 부족하였던 것 같다. 정복되지 않은 적이 동서 양쪽에 존재하였다는 사실이 숭신왜국이 지닌 결정적인 약점이자 한계였다.

구마소의 정체는 원(原)가야계인가?
구마소(熊襲)는 숭신왕조를 멸망지경으로 몰고 간 규슈의 정치세력이다. 하지만 구마소의 실체는 안갯속이다. 고구려의 일본식 발음 '고마'와 유사한 점으로 미뤄 고구려 계통이라는 설도 있지만 동의하기 어렵다. 고구려의 지파가 동해를 횡단하여 일본의 동해안쪽 해안에 정착했을 개연성은 충분하지만 규슈의 남부로까지 진출할 계기를 찾기란 쉽지 않다.

필자는 구마소가 기마민족의 열도진출에 앞서 규슈로 건너간 한반도계 후예라고 생각한다. 구체적으로는 원(原)가야계를 주목한다. 규슈 남부로 진출한 원가야계가 구마소를 세웠다는 주장은 일본의 연구자들이 오래전부터 내세운 논리이다. 고대사연구자인 아라타 에이세이(荒田榮誠)는 1989년 발간한 '신무천황 발상의 본관(神武天皇 發祥の 本貫)'에서 "가야 김수로왕의 일곱왕자는 모두 일본으로 건너가 남규슈 가고시마에 정착한 뒤 토착세력을 흡수하여 산성을 쌓고, 벼농사를 기반으로 고쿠부(國分) 평야를 비롯한 남규슈 일대를 장악하여 구노국(狗奴國)이라는 연합왕국을 건설하였다."고 주장하였다.[31]

필자는 4세기 후반, 대륙계 기마족의 진출 과정에서 북규슈의 야마타이국은 멸망하였지만 남규슈의 구노국은 '구마소(熊襲)'라는 이름으로 끈질기게 살아남은 것으로 짐작한다.(국호에 담긴 상징동물, 즉 '구노국의 개(狗)'가 '구마소의 곰(熊)'으로 바뀐 이유는 알기 어렵다.) 어쨌든 구노국, 즉 구마소는 숭신왕조 내내 갈등하면서 반란세력의 상징이 되었다. 숭신왕조와 투쟁했던 구마소(구노국)는 훗날 숭신의 적대세력인 응신왕조와 손을 잡았던 것 같다. 숭신계 중애천황이 구마소를 공격하다 사망한 뒤 중애와 정치노선을 달리한 신공황후가 비교적 수월하게 구마소의 항복을 받았다는 일본서기 기사가 이 같은 판단의 근거이다.

구마소가 원가야계가 아니라면 그 다음으로는 영산강유역과 연계된 정치체일 가능성이 제기된다. 규슈북부는 원가야계, 규슈서부는 영산강세력이 주로 진출한 것으로 알려져 있다. 영산강유역 주민과 서부규슈인의 DNA가 상당 부

31.김향수, 일본은 한국이더라, 문학수첩, 1995, 재인용.

분 일치하는 연구결과는 소홀히 다룰 사안이 아니다. 하지만 구마소가 위치하였던 규슈남부 정치체의 출자는 다소 모호한 것이 사실이다. 구마소의 정체는 쉽게 결론 내리기 힘들다.

'천황이 된 백제의 왕자들'을 쓴 김용운 교수는 백제가 규슈 서부로 진출해 구노국(狗奴國)을 세웠고 구노국이 가야계 야마타이국을 기나이로 축출하였다는 가설을 펼쳤다. 김용운이 말한 백제설에는 동의할 수 없는 것이, 구노국이 성립한 AD 3세기 이전에 백제는 규슈로 진출할 형편이 되지 못하였다. 백제의 일본진출은 4세기 말~5세기 초이다. 영산강세력의 활동상이 백제의 것으로 인식된 것은 영산강유역이 최종적으로 백제에 포함된 데 따른 착시현상이다. 다만 김용운 교수의 논지에서 구마소=구노국, 즉 구마소의 전신이 야마타이국과 경쟁한 구노국(狗奴國)이라는 설은 취할 만하다. 이런 가설에 따르면 남규슈의 구노국은 북규슈의 야마타이국과 치열하게 경쟁을 벌였고 결국 우위를 점한다. 야마타이국은 구노국과의 전쟁에 극심한 피로감을 느끼던 와중에 4세기 후반에 진출한 기마민족에게 제대로 저항하지 못하고 소멸된다. 반면 구노국(=구마소)은 남부의 산림지대에 근거하여 기마족이 세운 정치체(숭신왕조)에 끈질기게 저항하였다고 사료되는 것이다.

전국적 통일이념의 부재가 초래한 지역의 도전

숭신왕조는 부지런히 정복작업을 펼쳤지만 한번 평정한 지역이 그대로 승복한 경우는 드물었고 언제나 반발에 시달렸다. 구마소가 그랬고 모이가 계속 저항하였다. 적대세력의 반항을 담고 있기에 이런 기사는 일본서기 가운데서 오히려 신뢰성이 높다고 할 수 있다. 반발집단에 대한 숭신왕조의 무력진압이 별다른 효과가 없는 이유는 뭘까? 이는 정치의 기본원리와 관련 있다. 효과적인 정치를 위해서는 통치를 뒷받침하는 무력과 함께 백성의 마음을 하나로 결집시킬 수 있는 이념체계가 필수적이다.

숭신왕조의 경우 초기의 무력은 굳건한 편이었다. 기마전술을 구사하는 숭신왕조의 군력은 보병전 단계의 선주민 집단에게 절대적 비교우위를 확보하고 있었던 것이다. 일본서기를 보더라도 숭신천황기에는 사도장군(四道將軍)을 파견하여 정복전을 펼쳤다는 기사만 있을 뿐 선주민 집단의 폭력적인 반발에 대한 기사는 매우 드물다. 숭신 재위 6년에 나오는 기사가 자그마한 저항을 보여줄 뿐이다.

〈숭신천황 6년〉

"백성이 유리하고 혹은 반역하는 자가 있었다. 그 세력이 커 덕치로 다스림이 어려웠다…(百姓流離 惑有背叛 其勢難以德治之…)"[32]

'덕치로 다스리기 어려웠다'는 것은 고운 말로 대하지 않고 주먹으로 다스렸다는 뜻이다. 역으로 완력으로는 충분히 통치할 수 있었다는 의미이다. 위의 기사는 결국 선주민 세력이 의미 있는 군사적 저항을 하지 못했음을 암시한다. 그러나 숭신의 손자대인 경행천황 시절이 되면 사정이 달라진다. 구마소를 필두로 거센 반발이 목격되고 있다. 동국에서도 신농과 월국이 왕화(王化)를 거부한다는 진술이 경행의 아들인 일본무존의 입을 통해 확인되고 있다. 이는 경행 재위기에

---

32. 전용신, 일본서기, 일지사, 2006, p94.

지방의 반란이 시작됐음을 시사한다. 도전자들은 처음에는 크게 위험하지 않은 '작은 암세포'였지만 적절한 처방 없이 세월을 보내는 동안 숭신왕조의 고질병으로 악화된 것이다. 경행을 뒤이은 성무천황도 불온세력이 형성돼 있음을 경고하고 있다.

〈성무천황 4년 2월〉
"…그런데 백성 중에는 벌레가 움직이는 것처럼, 야심을 고치지 않는 자가 있다…(然黎元蠢爾 不悛野心…)"[33]

숭신왕조가 지방세력의 도전에 제대로 응전하지 못한 이유를 명확히 파악하기란 어렵지만, 필자는 숭신왜가 지닌 본질적 한계에서 비롯한 것으로 풀이해 본다. 무위를 과시하는 것 외에 별다른 통치수단이 없었기 때문이다. 숭신왕조는 기마전술의 가공한 파워에 의존하여 성복지를 통치하는 방식이었다. 피정복민의 마음을 얻기 위한 노력은 확인되지 않는다.

그런데 세월의 흐름에 따라 열도에서 기마전술이 보편화되고 범용기술로 전락하면서 변화가 생겨난다. 지역 호족세력에 비해 숭신왕조의 군사력이 절대적 우위에서 상대적 우위로 하락한 것이다. 사실 군사기술은 신속히 보편화되는 경향이 있다. 전투에서 패한 세력은 강자의 기술을 재빨리 모방하여 자신의 것으로 체화하기 때문이다. 전쟁의 승패가 갖는 강력한 영향력을 감안하면 당연한 결과일 것이다.

---

33. 위의 책, pp141~142.

그런 만큼 동서고금의 모든 성공적인 정복왕조는 군사력만으로 지배하지 않았다. 피정복민의 마음을 얻는 일이 무엇보다 중하다. 그런 점에서 숭신왕조는 전(全)열도민의 마음을 하나로 묶어줄 이념체계를 갖지 못했다. 참고로 후대의 응신왕조는 불교(佛教)라는 고등종교와 율령체제로 대표되는 유교식 충효사상을 수용하여 전국적인 공통이념을 수립하였으니 숭신보다 한 단계 고차원적인 통치시스템을 갖췄다고 하겠다. 거듭 말하지만 국가를 통합할 이념의 부재가 숭신왕조의 최대 약점이라고 필자는 간주한다. 숭신왕조의 통치이념은 제사와 점복(占卜)에 의존하는 소박하고 조야한 단계에 머무르고 있었다.

〈숭신천황 6년〉

"백성이 유리하고 혹은 반역하는 자가 있었다. 그 세력이 커 덕치로 다스림이 어려웠다. 그래서 아침 일찍부터 저녁까지 삼가 신기(神祇)에 청죄하였다. 앞서 천조대신(天照大神)과 왜대국혼(倭大國魂)의 이신(二神)을 천황의 대전 안에서 제사 지냈다.(百姓流離 惑有背叛 其勢難以德治之 是以 晨興夕惕 請罪神祇 先是 天照大神倭大國魂 二神 並祭於天皇大殿之内)"

〈숭신천황 7년 2월〉

"천황은 신천모원(神淺茅原)에 나가 여러 신들을 부르고 점을 쳤다…(중략)…신의 말을 얻어 가르친 대로 제사지냈다. 그러나 효험이 없었다.(天皇乃幸于神淺茅原 而會八十萬神 以卜問之…時得神語 隨教祭祀 然猶於事無驗)"[34]

---

34. 위의 책, pp94~95.

숭신천황 7년 8월과 11월, 재위 8년 4월과 12월, 9년 3월과 4월, 10년 7월에도 제사 관련 기사가 이어진다. 제사에 부지런하기는 수인과 경행, 성무, 중애 시절도 다르지 않다. 몇 가지 사례를 보자.

〈수인천황 25년 2월〉

"…조칙을 내려 '…지금 짐의 치세에 이르러 어찌 신기(神祇)에 제사지내는 것을 게을리할 수 있겠는가' 하였다.(詔…今當朕世 祭祀神祇 豈得有怠乎)"[35]

〈경행천황 20년 2월〉

"…오백야황녀를 보내 천조대신에게 제사지냈다.(遣五百野皇女 令祭天照大神)"[36]

소소한 제사 기록이 역사서에 모조리 등재될 수는 없다. 기록에 나오지 않는 사례도 많았을 것이므로 점복과 제사는 숭신왕조 내내 계속됐다고 판단해도 틀리지 않을 것이다. 정복지의 민심이 흔들리는 상황에서 숭신왕조가 시행한 이념정책이라고는 점치는 일과 제사뿐이었다고 해도 과언이 아니다. 훗날 새로운 이념체계(불교)에다 강력한 지원세력(백제)을 등에 업은 응신왜국이 숭신왕조를 전복하고 열도의 패권을 쥐게 되는데 숭신왜국의 이념부재가 적잖은 약점으로 작용하였다고 판단한다. 이 점은 뒤에서 상술한다.

---

35. 위의 책, pp113~114.
36. 위의 책, pp129~130.

숭신왕조 잇단 수도 이전의 의미

숭신왕조의 수도는 나라분지를 비롯한 기나이 지역으로 알려져 있다. 일본학계의 고고학적 발굴성과들도 기나이를 당시의 정치중심으로 간주하고 있다. 그런데 일본서기를 문헌증거로 깡그리 무시하지 않는다면 숭신왕조의 서울은 기나이가 아니다. 숭신왕조의 군주들은 나라분지보다는 오히려 규슈와 혼슈서부에 머문 기록이 더 풍성하다.

필자가 말하는 수도 이전은 열도에서 새로운 군주가 등극할 때 새로운 궁궐을 짓던 것과는 다른 개념이다. 사실 일본의 궁실과 수도는 새로운 군주가 등극할 때마다 바뀌었다. 고대 일본의 궁궐과 수도 이전사를 살펴보면 도대체 한곳에 지긋이 머물러 있는 법이 없다.[37] 사자(死者)가 살았던 공간을 회피하려 한 제의적(祭儀的) 의도라는 해석이 있는데, 숭신왕조의 경우 건물을 바꾸는 수준이 아니라 지역을 달리한다는 점에서 선뜻 동의하기 어렵다. 숭신왕조의 강한 운동성향에 대해 필자는 '이동이 많았던 기마민족의 습성이 전해진 탓은 아닐까?' 하는 생각도 해본다.

신무천황은 애당초 나라분지인 가시하라〈橿原〉에 자리잡은 것으로 기술돼 있지만 이후의 군주들은 나라분지의 다른 지역으로 궁궐을 계속 옮겨 다닌다. 그런데 숭신왕조의 역대 군주들은 단순히 궁궐을 새로 짓기 위해 옮기는 정도를 넘어선다. 수백 km 떨어진 곳으로 옮겨가서는 수년씩 거주하는 일이 허다하다. 한마디로 군주의 활동무대가

---

37. 인제대, 김해 봉황동유적과 고대 동아시아, 주류성, 2018, pp99~178에 나오는 일본 궁실 변천 기술 참고.

수시로 바뀌는 '이동 성향'이 관찰된다.

경행천황 12년 9월의 기사를 보면 축자(築紫 규슈) 풍전국(豊前國)의 장협현(長峽縣)에 행궁을 건축하고서는 이곳을 '서울〈京〉'로 지칭하였다. 그리고 석달 뒤인 12월에는 규슈의 동남부 일향국(日向國)에 행궁을 세우고서는 고옥궁(高屋宮)이란 궁궐명을 붙이기까지 한다. 경행은 이때부터 재위 19년까지 7년간 규슈에 머문 것으로 일본서기는 기록하고 있다. 경행 시절 규슈가 사실상의 수도였다는 증거이다. 중애천황도 유사하다. 재위 2년 2월에 각록(角鹿 동해안 후쿠이현 쓰루가만)에 행차하여 행궁을 세우고는 사반궁(筍飯宮)이라 명명하였다. 같은 해 9월에는 혼슈와 규슈 사이 해협인 혈문(穴門)에 혈문풍포궁(穴門豊浦宮)을 지었다.

숭신왕조 시절 기나이가 수도로 기능한 시간은 오히려 짧다. 역대 군주들의 주 활동무대는 기나이가 아니라 이즈모와 스쿠시(築紫 축자=규슈) 영역, 혈문(穴門 야마구치) 등 서부지역이다. 명목상의 신(新)행정수도는 나라였지만 실제 서울은 천황이 정복활동을 위해 머물렀던 규슈와 혼슈서부 일대였다고 믿는다. 한마디로 행궁체제의 성격이 강했다는 말이다. 숭신왕조의 최대 적수는 규슈의 구마소〈熊襲〉였고 역대 천황들은 구마소를 의식하여 상당한 기간을 규슈나 그 인근에 머물렀다.

단기간 거주한 행궁의 흔적을 포착하기란 쉬운 일이 아니다. 그래서 고고학적 발굴성과로는 나라분지를 비롯한 기나이 일대가 정치중심지인 것처럼 보이지만 숭신왕조의 실질적인 통치행위는 규슈 인근의 행궁에서 이뤄졌다. 이는 '대칸의 이동군막(移動軍幕)'이 국가중심이 되는 유목민족의 습성이 일정하게 유지된 흔적으로 짐작한다.

그런데 열도와 같은 줄기의 기마민족이 통치했다는 4~5세기 신라와 가야에서는 행궁체제의 흔적이 확인되지 않는다. 신라·가야의 사례를 근거로 '숭신왕조 군주들에게서 유목민족의 이동성향이 관찰된다'는 필자의 판단에 의문을 제기할 수도 있을 것이다. 그러나 신라·가야와 숭신왜국의 영토 차이를 감안하면 문제는 없다. 즉 4~5세기의 신라·가야는 말을 탈 경우 불과 며칠이면 전국을 커버할 수 있는 협소한 국토였으니 수도(경주·김해)에서 만기친람(萬機親覽)이 가능하다. 별도의 행궁이 필요 없다. 반면 동서로 길게 이어진 숭신왜국의 경우 이동에 많은 시일이 허비되는 만큼, 위기가 발생한 지역에 군왕이 왕림하여 사안을 직접 챙기는 유목민족 전통방식이 통치의 효율성이 높다.

숭신왕조와 한반도 제국(諸國)

오지랖이 넓었던 숭신왕조는 대한해협 건너편 한반도 정세에도 깊숙이 관여하였다. 가야와 사실상 연합왕국을 이룩하였던 숭신의 왜국은 AD 400년을 전후하여 백제와 힘을 합쳐 신라를 타도하는 데 국력을 기울였다. 다급해진 신라는 고구려의 힘을 빌려 위기에서 벗어났다. 숭신왕조가 4세기 말부터 소멸하는 6세기 초까지 약 150년간 한반도의 고구려·백제·신라·가야와 맺은 깊은 관련성을 감안하면 숭신왕조는 일본사보다는 한국사의 영역에서 다루는 것이 더 온당하다는 생각마저 든다. ①가야, ②신라, ③고구려, ④백제의 순으로 숭신왕조가 한반도제국과 어떤 관계를 맺었는지 일별해 본다.

①숭신왕조는 가야와는 사실상 연합왕국을 이루었다. 연합왕국의 첫 수도는 김해로 짐작되며 대성동고분은 숭신왕조가 가야에 머물던 시절의 왕릉으로 여겨진다. 그렇다면 대성동고분 조영세력이 바로 숭신왕조로 변화하는 것이다. 나는 숭신왕조의 시작점을 AD 342년(또는 341년) 고구려를 침공하였다가 낙오하여 신라로 진출한 모용선비 북로별동대에서 찾는다. 경주에서 사로국의 권력을 탈취한 모용선비 무리 가운데 일부가 분열하여 김해로 진출한 것을 숭신왕조의 시원으로 간주하는 것이다.

필자는 1999년 출간한 『신라 법흥왕은 선비족 모용씨의 후예였다』에서 북쪽 고향으로 귀환하는 문제를 놓고 모용선비 별동부대의 분열이 일어났을 수 있다고 가정하였다. 하지만 현재는 경주로 진입한 모용선비 세력이 애초부터 지닌 이질성에서 찾아야 한다고 판단이 바뀌었다. 이질적인 집단은 위기상황에서 입장이 갈리고 분열하기 쉽다. 당시 범(汎)선비족에는 모용선비 외에 우문(宇文)선비와 탁발(拓跋)선비, 단(段)선비에다 부여계와 흉노계, 오환족, 저족, 갈족, 한족(漢族) 등 다양한 출자집단이 혼합돼 있었다. 고구려 주력군의 눈을 속이기 위해 북로로 진군한 1만 5천의 별동대는, 군주(모용황) 입장에서 '모조리 죽어도 크게 아깝지 않은' 충성도가 떨어지는 무리였다. 그러므로 순수 모용선비보다는 방계의 비율이 높았다고 짐작된다. 예컨대 부여계 등의 이민족이 상당수 혼재돼 있었다면 경주로 불시착한 상황에서 모용선비 주류와 갈라서기 쉬웠을 것이다. 김해 대성동고분의 유물들이 모용선비의 문화적 정체성을 지니는 한편 부여족의 특징도 발견된다는 주장을 수용한다면 김해로 진출한 주력은 모용선비에게 정복당한 부여후예로 볼 여지도 있다.

금관가야를 정복한 모용선비 일파는 힘차게 정복전을 펼쳤을 것이다. 『한일 고대사의 재건축②』의 8장에서 언급하였듯이 필자는 일본서기 신공황후 49년(AD 369년)의 가야 7국과 호남 평정 기사의 원류를 모용선비 기병대의 성과로 주목한다. 한반도에서는 더 이상의 영토확장이 불가능해진 어느 날 가야의 모용선비는 해인족의 도움을 받아 대한해협을 횡단한다. 가야에서 출진한 모용선비는 강력한 기병대를 충분히 활용하여 야마타이국 등 규슈권역을 어렵지 않게 정복한다. 그 결과는 가야와 규슈를 연결하는 '한왜연합왕국'의 탄생으로 이어진다.

연합왕국 지도부가 언제부터 열도로 진출하였는지를 판단하기란 쉽지 않다. 369년 가야·호남 정복전 이후로 판단된다. 당초 김해의 '임나가라 종발성(從拔城)'이 연합왕국의 서울이었지만 어느 순간 규슈로 그 중심이 이동하였을 것이다. 한왜연합왕국은 열도의 동쪽으로 계속 확장하는 한편, 적대국 신라를 응징하는 데도 열심이었다. 400년경 신라 수도 경주를 포위공격하였던 한왜연합왕국은 고구려 광개토대왕의 5만 대군에 패하면서 결정적인 타격을 입는다. 연합왕국의 정치중심이 열도로 떠나간 실질적 계기는 고구려와의 전쟁에서 패배한 사건일 것이다. 대성동고분의 조영이 5세기 이후 사실상 중단된 것과 무관하지 않다.

정치 중심은 일본열도로 이동하였지만 숭신왕조는 결코 가야를 포기하지 않았다. 가야는 북방계 숭신왕조가 고향땅으로 지향하는 상징과도 같았고, 숙적인 신라와 고구려를 견제할 수 있는 요충지이기도 하였다. 아울러 철산지였고 대륙의 선진문물을 흡수할 수 있는 젖줄이었다. 즉 숭신왕조가 한반도의 정치체로 역할할 수 있는 근거지이자 핵심자산을 보유한 지대였다. 신라와 백제가 가야보다 더 넓은 국토를 지닌 강국이면서도 가야를 삼키지 못한 것은 숭신왕조라는 든든한 뒷배가 있었기 때문이다. 숭신왕조는 훗날 일본서기에 '일본부'로 기록된 가야 주재 외교관청을 통하여 가야제국을 보호하고 후견역할을 한 것으로 짐작한다. 숭신왕조는 열도의 국가이면서도 가야땅을 자신의 영역으로 간주하는 '한반도 출신'이었다. 가야는 자치능력을 지닌 소국연합이면서도 군사외교적으로는 숭신왜국의 지원을 받는 독특한 정치체라고 판단된다.

②숭신왕조는 신라와는 기본적으로 적대관계를 유지하였다. 경주에서 분열되어 가야로 분립할 당시부터 발생한 기마군단 내부의 적대적 감성에다 기존의 열도세력이 신라에게 지닌 오랜 적개심이 중첩된 결과라고 짐작한다. 숭신왕조의 인질이던 신라왕자 미사흔을 박제상이 기지를 발휘해 탈출시킨 사건 등도 양국관계를 파탄으로 몰아간 해프닝이 되겠다. AD 400년 이전부터 시작된 숭신왕조의 대(對)신라 침공과 적대관계는 500년까지 100여 년간 간단없이 지속된다. 숭신왜국이 신라에 대해 대대적인 공세를 가한 5세기는 신라 역사상 가장 어려운 시기 가운데 하나였을 것이다. 삼국사기 신라본기의 5세기는 주로 왜국, 숭신왕조와 관련된 사건들로 점철돼 있다. 실성이사금과 눌지이사금 시기의 사례만 하여도 아래와 같다.

〈실성이사금 원년(AD 402) 3월〉

"왜국과 호의를 통하고 내물왕의 아들 미사흔을 볼모로 삼았다.(與倭國通好 以奈勿王子未斯欣爲質)"

〈실성이사금 4년(AD 405) 4월〉

"왜병이 와서 명활성(明活城)을 치다가 이기지 못하고 돌아가니 왕이 기병을 이끌고 독산(獨山) 남쪽에서 요격하여 두 번 싸워 무너뜨리고 300여 명을 죽이거나 사로잡았다.(倭兵來攻明活城 不克而歸 王率騎兵 要之獨山之南 再戰破之 殺獲三百餘級)"

〈실성이사금 6년(AD 407) 3월〉

"왜인이 동변을 침노하고 6월에 또 남변을 침공하여 100여 명을 약취해 갔다.(倭人侵東邊 夏六月 又侵南邊 奪掠一百人)"

〈실성이사금 7년(AD 407) 2월〉

"왕이 왜인이 대마도(對馬島)에 군영을 두고 병기와 군수품을 저축하여 우리를 습격하려 한다는 소식을 듣고 우리가 앞서 정병을 뽑아 그들 군수의 저축을 쳐 깨뜨리려고 하였다. 서불감 미사품(未斯品)이 말하기를 신이 듣기로 병(兵)은 흉기요 싸움은 위험한 일이라 하였는데 하물며 대해를 건너 남을 치다가 만일에 이로움을 잃으면 후회한들 미칠 수 있겠습니까?…(王聞倭人於對馬島置營 貯以兵革資糧 以謨襲我 我欲先其未發 揀精兵 擊破兵儲 舒弗邯未斯品曰 臣聞兵凶器 戰危事 況涉巨浸以伐人 萬一失利 則悔不可追…)"

〈실성이사금 14년(AD 407) 8월〉

"풍도(風島)에서 왜인과 싸워 크게 이겼다.(與倭人戰於風島 克之)"[38]

---

38. 김부식, 이병도 역주, 삼국사기 상 신라본기 제3, 을유문화사, 1997, pp70~82.

〈눌지이사금 2년(AD 418)〉

"가을에 왕의 아우 미사흔이 왜국에서 도망해 돌아왔다.(秋 王弟未斯欣 自倭國逃還)"

〈눌지이사금 15년(AD 431) 4월〉

"왜병이 동변에 침범해 와서 명활성을 에워쌌다가 아무 보람이 없이 물러갔다.(倭兵來侵東邊 圍明活城 無功而退)"

〈눌지이사금 24년(AD 440)〉

"왜인이 남변을 침범하여 생구(生口)를 약취해 가더니 6월에는 또 동변을 침노하였다.(倭人侵南邊 掠取生口而去 夏六月 又侵東邊)"

〈눌지이사금 28년(AD 444) 4월〉

"왜병이 금성을 에워싼 지 10일 만에 군량이 다하여 돌아가므로 왕이 군사를 내어 이를 추격하자 좌우(左右: 측근들)에서 말하기를 병가의 말에 궁한 도적을 쫓지 말라 하였으니 왕은 그만두시라고 하였다. 왕이 듣지 않고 수천여 기병을 이끌고 독산 동쪽까지 따라가 부딪쳐 싸우다가 적에게 패하여 장사로서 죽은 자가 반을 넘었다…(倭兵圍金城十日 糧盡乃歸 王欲出兵追之 左右曰 兵家之說曰 窮寇勿追 王其舍之 不聽 率數千餘騎 追及於獨山之東 合戰爲賊所敗 將士死者過半…)[39]

숭신조 시절에 해당하는 5세기 내내 신라는 왜의 일방적인 공세에 시달렸다고 해도 과언이 아니다. 실성이사금 7년 2월조의 기사처럼 신라가 대마도 습격을 기획한 적이 전혀 없지는 않지만, 공격을 실행

---

39. 위의 책, pp72~83.

한 사례는 찾기 힘들다. 5세기에 한정하면 숭신왕조는 신라를 능가하는 군사력을 보유하고 있었다고 판단해도 크게 틀리지 않는다. 숭신 왜가 신라를 공격하는 과정에는 자신들과 연합세력이었던 가야(임나)의 도움이 적지 않게 작용하였을 것이 분명하다.

이랬던 숭신왕조이지만 6세기 초반, 최후의 순간이 되면 '숙적 신라'와 손을 잡는 면모를 보인다. 영원한 친구도 영원한 적도 없다는 국제정치의 법칙은 고대사회라고 해서 예외가 아니었다. 527년 '반정(磐井 이와이)의 전쟁' 시기쯤 되면 숭신왕조는 새로 흥기한 응신왕조에 밀려 혼슈서부와 규슈 일대로 영역이 쪼그라든 상태였다. 일본서기를 보면 반정이 신라의 사주를 받고 (야마토)조정에 반기를 든 반란세력으로 그려져 있지만 실상은 반정이 숭신왕조의 적통이었다. 필자는 반정을 숭신왕조 최후의 군왕으로 간주한다. 흥기한 만주제국 청(淸)에 밀려 강남으로 도주한 17세기 남명(南明)의 황제에 비유할 수 있을 것 같다. 6세기 들어, 백제·응신왜연합의 거센 압박을 견디다 못한 숭신왜국 군주는 '숙적'과 손을 잡고 응신왜국 계체천황(繼體天皇)과 결전을 벌인 것이다. '반정이 신라의 뇌물을 받고 조정에 반기를 들었다'는 일본서기 기사는 패자(敗者) 두 번 죽이기의 흔한 사례이다.

참고로 '반정의 전쟁'이 끝나고 10여 년이 흐른 540년대 흠명천황(欽明天皇) 시기의 기록을 보면 임나일본부의 관리들은 공공연히 반(反)백제-친(親)신라 노선을 걷고 있다. 『한일 고대사의 재건축①』 11장에서 언급했듯이 임나일본부를 파견한 주체가 응신왜국(야마토왕조)이 아니라 숭신왕조였다는 시각에서 들여다보면 일본부 관리들의 친신라 행보는 합리적으로 설명이 된다.

③숭신왕조는 고구려와도 앙숙이었다. 400년경, 신라가 고구려의 도움을 받아 왜군을 저지한 이후 숭신왕조는 숙원을 저지한 고구려에 대하여 오랫동안 적대의식을 간직하였다. 404년에는 현재의 황해도로 비정되는 고구려 영토 대방계(帶方界)를 공격하는 모습까지 보여주었다. 왜에서 대방계로 가려면 육로이건 해로이건 제법 먼 길을 돌았다고 볼 수 있다. 고구려에 대한 복수심의 정도를 짐작할 수 있다. 숭신왕조는 5세기 후반이 되면 기나이를 상실하고 혼슈서부와 규슈로 영역이 축소된다. 이즈음에도 숭신왕조가 고구려와 전쟁을 벌인 흔적이 일본서기에 나오니 참고할 일이다. 웅략천황 23년(AD 479) 조의 기사인데 규슈는 당시 숭신왜의 영역이라는 점에서 숭신왕조의 활동으로 보아야 이치에 맞다.

"축자(築紫)의 안치신(安致臣), 마사신(馬飼臣)들이 수군을 거느리고 고구려를 쳤다.(築紫 安致臣馬飼臣等 率船師以擊高麗)"[40]

이때 규슈의 수군은 가야와 힘을 합쳐 고구려와 싸웠을 것이다. 왜가 고구려와 전쟁한 것은 400년경에 이어 70여 년만의 대형사건인데도 몇월에 일어난 사건인지가 불분명하고 병력수나 해전 장소도 언급하지 않고 있다. 이는 일본서기를 편찬한 야마토조정(응신왜국)의 행적이 아니라는 뜻이다. 당시 기나이에 자리잡고 있던 응신왜국 입

---

40. 전용신, 일본서기, 일지사, 2006, pp255~257.

장에서는 멀리 떨어진 고구려와 갈등할 이유가 없다. '축자(築紫)의 안치신, 마사신'이라는 표현에서 보듯 고구려 전역(戰役)을 수행한 주체는 규슈에 위치하였던 숭신왜국으로 보아야 옳다. 규슈의 숭신세력과 고구려 간의 전투는 사안이 중하기에 일본서기에 기재하였지만 야마토조정의 행적이 아니므로 구체적인 정보는 담지 못한 모양이다. 숭신왜국의 고구려에 대한 적개심은 왜5왕 가운데 마지막 왕인 무(武)가 중국에 보낸 국서(國書 외교문서)에서도 강하게 묻어난다. 송서 왜국전에 나오는 왜왕 무(無)가 올린 상표문의 일부이다.(무의 국서에 담긴 내용과 의미에 대해서는 7장에서 상세히 분석한다.)

"고구려가 무도하여 변예(邊隷 백제로 추정)를 노략질하고…신의 부왕께서 백만의 대군을 몰아 이들을 토벌하려 하였으나 갑자기 부모님과 형님의 상을 당하여 긴 세월을 상중(喪中)에 있게 되었습니다. 하지만 지금(AD 478년)에 이르러 때가 되어 다시 병갑(兵甲)을 가다듬고 부형의 유지에 따라 적의 강토를 무찌르겠습니다…(句驪無道 圖欲見吞 掠抄 邊隷…臣亡考濟實忿寇讎 壅塞天路 控弦百萬 義聲感激 方欲大擧 奄喪父兄 使垂成之功 不獲一簣 居在諒闇 不動兵甲 是以偃息未捷 至今欲練甲治兵 申父兄 之志…)"

④숭신왕조와 백제의 관계는 신라와 정반대이다. 처음에는 우호적인 동맹국으로 출발하였다. 일본서기에는 왜-백제 간 우호관계가 신공황후 시기부터 시작된 것으로 기록돼 있다. 즉 신공 46년(보정연대는 AD 366년)에 백제인 구저(久氐)를 비롯한 3인이 "동방에 일본이라

는 귀국(貴國)이 있다는 것을 듣고 신들을 보내 그 귀국에 가게 하였습니다. 그래서 길을 찾아 그 나라에 가기를 희망합니다.(聞東方有日本貴國 而遺臣等 令朝其貴國 故求道路 以至于斯土)"라는 소식을 가야의 탁순국(卓淳國)을 통하여 전해 들은 것으로 나온다. 이때부터 왜와 백제는 형제의 나라처럼 찰싹 달라붙는다. 유명한 대목인 신공황후 49년(AD 369년)의 가야 7국 평정 기사에는 숭신왕조가 가야와 영산강유역을 정복한 다음 백제와 휴전하고 동맹을 맺었다는 내용이 나온다.[41]

고구려 광개토대왕 비문에도 '영락(永樂) 9년(AD 399)에 백제가 맹세를 어기고 왜와 화통하였다(九年己亥 百殘違誓與倭和通)'는 구절이 나온다. 삼국사기 백제본기에는 AD 397년, 아신왕의 태자인 전지(腆支)가 볼모가 되어 왜국으로 갔다는 기록이 존재하니 광개토대왕 비문과 호응하는 내용이다.

〈아신왕 6년(AD 397) 5월〉

"왕이 왜국과 우호를 맺고 태자 전지를 볼모로 삼았다.(王與倭國結好 以太子腆支爲質)"

전지태자를 시작으로 백제는 계속해서 왕실 사람들을 왜국으로 보내어 교류관계를 굳건히 하였다. 일본서기에는 백제인들이 신공황후 이후에 왜를 찾은 것으로 기록돼 있다. 백제가 응신왕조와 교류를 시작했다는 기술인데, 광개토대왕 비문과 삼국사기를 감안하면 숭

---

41. 전용신, 일본서기, 일지사, 2006, pp165~166.

신왕조 때부터 왜-백제간 외교관계가 시작된 것으로 보아야 이치에 맞다.

그러나 숭신왕조와 백제의 관계는 끝내 파탄이 난다. 백제가 세운 응신왜국이 숭신왕조를 타멸하기 때문이다. 백제는 기나이 지역에 자신의 분국(分國)인 응신왜국을 수립하고 확장하여 마침내 '야마토조정'의 이름으로 숭신왕조에 도전하였다. 결국 6세기 초반, 가야계 숭신왕조는 백제계 응신왕조에 의해 타멸되는 불우한 처지가 된다.(응신왕조가 숭신왕조를 전복시키는 경위와 구체적인 실행과정은 2부에서 상술한다.)

중애천황의 죽음이 증언하는 역사

중애천황은 특이한 군주이다. 중애(仲哀)라는 시호부터 예사롭지 않다. '재위 도중에 불쌍하게 죽은 왕'이라는 느낌이 다분한데 특히 '슬플 애(哀)'는 시호에 담기에 불길하다. 군주의 사후에 지어 바치는 시호는 웅걸(雄傑)하거나 길상적(吉祥的)이게 마련인데 '중애'는 분명 통상적이지 않다. 중애의 최후 또한 자연스런 죽음이 아니다. 중애왕은 규슈 남부지역인 구마소의 반란을 평정하던 중에 그의 계획에 대한 신의 뜻을 알고자 점을 쳐 하늘의 뜻을 물었다. 신공황후의 입을 통해 내려진 신탁은 중애로 하여금 '금과 은이 가득 찬 바다 건너 땅(신라를 의미한다.)으로 가서 정복하라'는 명령이었다. 중애천황은 신들이 그를 속인다고 화를 내면서 예언을 곧이듣지 않았다.

고사기는 중애천황이 신의 예언을 거부한 바로 그날 밤 가야금을 타다가 죽었다고 서술한 반면, 일본서기에는 신공황후가 신의 영감을 받았으니 신탁을 의심하는 중애천황은 새 영토를 갖지 못하는 대신 신공의 뱃속에 있는 사내아이가 그 땅을 통치하리라는 예언이 실려 있다.

〈중애천황 8년(보정연도 AD 320) 9월〉

"여러 신하들에게 조칙을 내려 구마소〈熊襲〉를 토벌하는 것을 의논케 했다. 이때 신이 황후에게 신탁하여 가르쳐 주기를 '천황은 어찌 구마소가 복종하지 않는 것을 근심하는가. 그곳은 힘없고 쓸모없는 나라이니 어찌 군대를 일으켜 칠 만하겠는가. 이 나라보다 더욱 보물이 많은 나라가 있으니 비유하면 처녀의 눈썹〈碌〉과 같고 항구의 건너편에 있는 나라이다.(녹〈碌〉은 마용이지〈麻用弛枳〉라고 한다.) 눈부신 금과 은, 비단이 그 나라에 많이 있다. 이 나라를 고금신라국〈栲衾新羅國〉이라고 한다. 네가 나에게 제사를 잘 지낸다면 칼에 피를 묻히지 않고도 그 나라가 반드시 스스로 항복해 올 것이며 또 구마소도 복종하게 될 것이다. 제사를 지낼 때에는 천황의 배와 혈문직천립(穴門直踐立)이 바친 수전(水田), 이름하여 대전(大田)이라 하는 것 등의 물건을 폐백으로 하라'고 하였다. 천황이 신의 말을 듣고 의심하는 마음이 있어 높은 산에 올라 멀리 대해를 바라보았으나 넓고 멀기만 할 뿐 그 나라는 보이지 않았다. 이에 천황이 신에게 '제가 두루 살펴보았으나 바다만 있고 나라는 없었습니다. 어찌 텅 빈 곳에 나라가 있겠습니까. 어떤 신이길래 헛되이 저를 속이십니까. 또한 우리 황실의 여러 천황들이 하늘과 땅의 모든 신들에게 제사를 드렸는데 어찌 남은 신이 있겠습니까'라고 하였다.

그때 신이 또한 황후에게 신탁하여 '물에 비친 그림자처럼, 분명히 위에서 내가 내려다 본 나라인데 어찌 없다고 하며 내 말을 비방하느냐. 그런데도 너는 이같이 말하고 마침내 믿지 않으니 너는 그 나라를 얻지 못할 것이다. 다만 지금 황후가 임신을 하였으니 뱃속의 아들이 얻게 될 것이다'라고 하였다. 그러나 천황은 여전히 믿지 않고 구마소를 억지로 공격했다가 이기지 못하고 돌아왔다.(詔群臣以議討熊襲 時有神 託皇后而誨曰 天皇何憂熊襲之不服 是膂宍之空國也 豈足舉兵伐乎 愈茲國而有寶國 譬如處女之睩 有向津國〈睩 此云 麻用弭枳〉眼炎之金銀彩色 多在其國 是謂-栲衾新羅國焉 若能祭吾者 則曾不血刃 其國必自服矣 復熊襲為服 其祭之 以天皇之御船 及穴門直踐立所獻之水田 名大田 是等物為幣也 天皇聞神言 有疑之情 便登高岳 遙望之大海 曠遠而不見國 於是天皇對神曰 朕周望之 有海無國 豈於大虛有國乎 誰神徒誘朕 復我皇祖諸天皇等盡祭神祇 豈有遺神耶 時神亦託皇后曰 如天津水影 押伏而我所見國 何謂無國 以誹謗我言 其汝王之 如此言而 遂不信者 汝不得其國 唯今皇后始之有胎 其子有獲焉 然天皇猶不信 以強擊熊襲 不得勝而還之)"[42]

중애천황은 이듬해(재위 9년) 2월에 갑자기 사망한다.

〈중애천황 9년(보정연도 AD 321) 2월〉
"천황이 갑자기 몸이 아프더니 다음날 타계하였다. 그때 나이 52세였

---

42. 위의 책, pp146~147.

다. 신의 말을 듣지 않아서 일찍 타계한 것을 곧바로 알았다.(어떤 글에 친히 구마소를 쳤는데 적의 화살에 맞아 사망하였다고 하였다.) 황후와 무내숙녜는 천황의 상을 감추고 천하에 알지 못 하게 하였다…(중략)… 이해 신라와의 전쟁으로 인하여 천황을 장사지내지 못하였다.(天皇忽有痛身 而明日崩 時年五十二. 即知 不用神言而早崩(一云, 天皇親伐熊襲 中賊矢而崩也) 於是 皇后及大臣武內宿禰 匿天皇之喪 不令知天下…是年 由新羅役 以不得葬天皇也)"[43]

중애천황이 구마소와의 전투 중에 화살에 맞아 죽었다는 이설을 옮겨놓기는 했지만 갑작스런 죽음이 분명하다. 전장에서 죽었을 수도 있지만 갑자기 몸이 아파서 다음날 곧장 타계했다는 점에서 독살 등 피살의 가능성이 엿보인다. 신공왕후가 무내숙녜(武內宿禰 다케우치노쓰쿠네)와 결탁해 중애를 죽이고 사후처리를 끝낸 뒤 함께 다음 행보를 나섰음을 암시한다. 신공의 뱃속에 든 아기(훗날의 응신천황)의 진짜 아비는 중애가 아니라 무내숙녜라고 보아야 합리적이다.(이에 대해서는 6장에서 상세히 설명한다.)

중애천황의 죽음에 관한 기록을 찬찬히 살펴보면, 중애는 신공황후와 무내숙녜로 상징되는 친백제계 세력에게 제거되었고 숭신왕조도 몰락한 것이다. 신공과 무내숙녜는 중애 사망 직후 구마소 평정에 나선다. 그런데 중애에게는 끝끝내 저항하던 구마소가 신공 측에게는 곧바로 투항하니, 신공집단과 구마소는 공히 반(反)숭신왕조의 정치노

---

43. 위의 책, pp147~148.

선을 걸었다는 방증이 된다.

　중애와 응신은 부자관계가 아닌 것은 물론이고 시대적으로도 연결되지 않는다. 일본서기는 숭신왕조 최후의 군주인 중애천황(중애가 숭신왕조 최후의 군왕은 아니지만 확인가능한 마지막 군주라고 여긴다. 필자는 중애의 사망시기를 AD 477년으로 짐작하며 중애 이후에도 '반정(磐井)의 전쟁'이 일어난 527년까지 숭신왕조의 명맥은 이어졌을 것으로 본다. 다만 일본서기에서 중애 이후의 왕통을 삭제하였기에 복원하기는 힘들다.)과 응신천황 사이에 신공(神功)이라는 가공의 왕후를 집어넣어 양자를 통상적인 부자(父子)관계로 분식하였다. 그리하여 왕조교체의 역사를 숨기고 만세일계로 재구성한 것이다. 어쨌든 중애의 사망은 숭신왕조의 멸망을 상징하며 응신의 탄생은 응신왕조의 성립을 의미한다고 여긴다.[44] 양측을 잇는 중개의 의미를 지닌 '버금 중(仲)'에 '슬플 애(哀)'라는 중애천황의 특이한 시호는 '숭신과 응신 두 왕조를 이어주는 한편 스스로는 비참하게 타계한 숭신왜국 최후의 군주가 겪은 슬픈 역사를 상징하는 암호명이 아닐까'라고 필자는 풀이해 본다.

44. 이시와타리 신이치로, 안희탁 역, 백제에서 건너간 일본천황, 지식여행, 2002, p53.

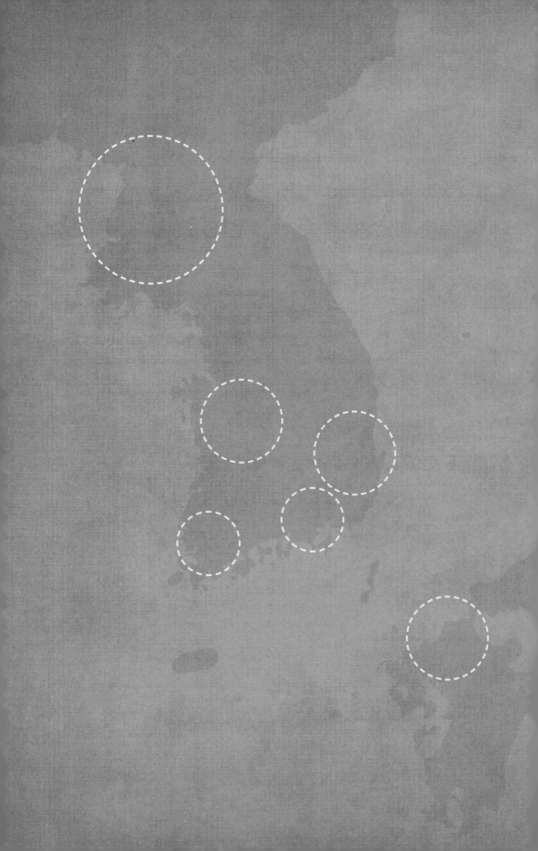

2부

•

백제계 응신왕조 열도패권 장악

● 韓日 古代史 再建築

가야 출신 숭신왕조의 천하는 그리 오래 지속되지 못하였다. 숭신왕조가 지닌 태생적인 약점에다 안팎의 도전이 거센 탓으로 풀이된다. 5세기 중반이 지나면서 도전세력의 모습이 구체화되어 나간다. 백제계가 숭신왕조의 약점을 정확히 파악하고 급소를 파고들기 시작하였다.

　동서로 길게 늘어진 산악지형에다 수많은 섬들로 구분된 열도의 지리적 특성이 정치적 분열의 단초라고 할 수 있다. 외부에서 진입한 기마민족의 군사적 비교우위가 사라져갈 즈음, 열도 내의 주요 거점마다 숭신왕조의 목을 노리는 도전세력이 형성되기 시작하였다. 아와지시마(淡路島)와 가와치(河內)평야를 중심으로 한 백제계 소국과 신라계의 진출이 활발하였던 동해안의 이즈모(出雲), 세토나이카이 연안의 기비(吉備) 지역, 그리고 규슈 남부의 구마소(雄襲), 그리고 현재의 관동지방인 동국(東國) 등지가 숭신왕조로부터 벗어나려는 원심력의 본거지였다. 특히 백제계는 한반도 본국의 치밀한 전략적 지원을 받아가며 빠르게 성장하였고 마침내 숭신왕조를 무너뜨리고 열도의 정치적 패권을 장악하게 된다.

　5세기 말부터 6세기 초에 걸쳐 수십 년간 진행된 일본열도 패권교체의 역사에는 백제와 가야, 신라 등 한반도 남부제국이 깊숙이 관여하고 있다. 열도의 정치적 향배와 한반도 남부의 정치질서가 연동된 상황에서 당연한 행위일 것이다. 2부에서는 드라마틱하게 전개된 일본열도의 정치적 분열과 통합, 그 과정에 함께 얽힌 한반도 제국(諸國)들의 움직임을 그려나갈 예정이다.

5장
백제의 승부수…
열도에 담로국 개척

백제와 '왜국'의 사이가 밀접했다는 것은 상식이다. 그런데 백제와 왜 관계는 선뜻 이해되지 않는 측면이 많다. 국가관계는 예나 지금이나 완벽한 평등관계보다는 국력의 우열에 따라 자연히 상하관계가 형성된다. 그런데 백제와 왜국 관계는 종잡을 수 없는 것이 특징이다. 어떤 국면에서는 왜의 우위를 인정하게 되는가 하면 또 다른 상황에서는 백제의 주도권이 분명하게 드러난다. 한마디로 어느 쪽이 우위이고 어느 쪽이 열세인지가 애매하고 혼란스러운 것이다.

백제와 왜국 관계의 이중성(二重性)은 필자를 오랫동안 괴롭힌 수수께끼였다. 백제가 왜에 선진문물을 전수하고 관리들을 파견하여 왜국을 지도하는 우위적인 면모가 있는가 하면, 반대로 백제가 왜에 인질을 보내어 군사적 지원을 요청하는 약자의 모습을 보이기도 한다. 실제로 AD 4세기 말~5세기 중반까지 백제는 왜국에 압도당하는 모습이었다. 5세기 광개토대왕 비문이나 왜5왕 관련 기록은 '왜가 강국(强國)'임을 시사한다. 그런데 5세기 말 이후에는 백제가 왜국과의 관계에서 주도권을 쥐고 있는 증거들이 많다. 백제가 후왕(侯王)에게 보낸 칠지도(七支刀) 명문이나 인물화상경(人物畵像鏡)은 '백제가 상국(上國)' 임을 보여준다.

이런 상반된 현상을 두고 한일 양국의 학자들은 자국에 유리한 한쪽 측면만 부각하면서 역사전쟁을 벌여왔다. 각자 증거를 제시하고 있으니 논전은 팽팽하였고 승부는 쉽게 나지 않았다. 그러나 백제와 왜국 관계의 혼란상에는 이유가 있다. 백제가 접촉한 왜국이 하나가 아니고 둘이었기 때문이다.

백제와 왜국 관계의 수수께끼

백제와 왜국 간의 밀접한 관계는 이전의 많은 학자들이 수없이 다룬 만큼 굳이 재론할 이유가 없다. 다만 백제와 왜국의 관계가 시기별로 일정한 기복을 보인다는 사실, 즉 양자의 위상에 변화가 관찰된다는 사실을 지적하지 않을 수 없다. 여기에는 그만한 이유가 숨어 있다.

백제가 처음에 접촉한 왜국은 초기 숭신왕조라고 짐작된다. 삼국사기와 일본서기 모두 AD 397년 백제의 태자 전지(腆支)가 왜국에 건너갔다는 기사가 나온다. 당시의 숭신왜국은 규슈에서 기나이로 본격 진출을 시도하던 단계였을 것이다. 광개토대왕의 침공에 맞서지 못해 노객(奴客)이 되기를 다짐하고 왕위를 보장받은 아신왕은 397년 태자 영(映)을 일본열도로 보낸다. 그리하여 백제 태자는 397년 5월에 왜지로 건너가서 8년간 열도에서 생활하였다. 그러다가 405년 아신왕이 타계하자 귀국하여 전지왕(腆支王)이 되었다.

백제와 왜가 외교관계를 맺은 초기에는 백제의 열세가 뚜렷하다. 국내 학자들은 백제가 왜의 군사력을 빌리기 위해 협상력이 큰 태자를 파견하였다고 풀이하지만 삼국사기는 전지태자를 '인질'로 표현하였다. 광개토대왕 비문에 적시된 (AD 4세기 말~5세기 초)왜국은 백제와 신라보다 군사적 우위세력으로 묘사돼 있다.

우리 역사에서 왕자가 외국에 인질로 간 기록은 적지 않지만 국본(國本)인 태자 또는 세자가 인질이 된 사례는 백제의 전지태자와 조선의 소현세자 두 경우뿐이다. 차기군주는 국가의 백년대계를 위해 매우 아끼게 마련이다. 병자호란의 패배로 인조왕이 삼전도에서 항복한 이후 청나라에 배반하지 않겠다는 보장 차원에서 소현세자가 심양으로 끌려간 것은 잘 알려져 있다. 전지태자의 왜국행 역시 1년 전인 396년 고구려 광개토대왕의 침공으로 한성이 함락되고 아신왕이 무릎 꿇고 항복할 정도로 백제의 처지가 다급했기 때문이다. 백제가 태자를 열도로 보낸 것은 고구려에 맞설 군력을 왜국으로부터 빌리기 위한 목적이라는 것이 학계의 대체적인 시각이다. 전지와 주군(酒君)을 비롯한 백제왕실 남성과 신제도원(新齊都媛) 등 왕실 여성이 줄줄이 열도로 향했다는 기록을 신뢰한다면 백제와 왜 간의 역학관계는 분명히 드러난다.

4세기 말~5세기 중후반까지는 백제가 왜보다 문화선진국이었지만 군사나 외교적으로는 아쉽고 열세인 처지였다고 인정할 수 있다. 4세기 말~5세기 중후반, 백제는 왜의 군사력을 빌려 고구려에 대항하고자 하는 입장이었다. 그래서 왕실 사람들을 대거 왜로 파견하여 왜국의 외교정책을 자국에 유리한 방향으로 이끌고자 시도하였다고 여겨진다. 이럴 경우 갑(甲)의 위치는 백제가 아니라 왜로 보아야 옳다. 역사적으로 보면 문화후진국이 군사강국인 사례가 적지 않다. 조선은 만주의 후금(後金 1636년 청으로 개칭)보다 문화선진국이었지만 군사적으로는 약하였고, 그래서 병자호란이 끝난 뒤 소현세자와 봉림대군이 인질로 잡혀갔던 것이다. 결론적으로 백제가 4세기 말부터 5세기 중후반까지 접촉한 왜는 군사국가의 특징이 강했던 숭신왜국이 분명하다.

그러나 5세기 중반쯤부터 시작되는 목만치(木滿致), 곤지(昆支) 등의 열도행은 전지의 일본행과는 편차가 있다. 목만치와 곤지 등이 일본으로 간 것은 인질이라고 보기 힘든 면이 많다. 왜지(倭地)에서 굳건한 입지를 확보하는 점으로 볼 때 오히려 열도경영 차원의 도일(渡日)로 풀이된다. 백제는 5세기 초부터 숭신왜국의 휘하에 담로소국, 즉 분국을 세웠다. 백제 출신의 후왕(侯王)이 경영하던 담로국이 5세기 후반에는 기존의 숭신왕조를 대체하고 응신왜국이자 야마토조정으로 발전해 나가는데, 백제가 상국의 위치에서 상대하는 왜는 바로 '담로 왜국'이다.

시간이 더 흘러 5세기 말~6세기 초 무령왕 재위기에는 백제왕이 열도의 패권을 쥔 군주보다 우위에 있다.('열도의 패권을 쥔 군주'라 함은 일본서기에 '천황으로 표현된 정식 군왕'을 의미한다.) 칠지도 명문(銘文)이 그 증거이다. 나라현 덴리시 '석상(石上 이소노카미)신궁'에 보관돼 있던 칠지도는 1874년 신궁의 대궁사였던 스가 마타도모(菅政友)가 발견하면서 세상에 드러났다. 칠지도의 제작시기와 관련해, 예전에는 4세기 후반설이 대세였지만 최근의 연구성과로는 6세기 초반설이 유력해졌다.(일본 사학계는 '태○'를 태화(泰和)라고 풀이하여 동진(東晉)의 태화 4년, 즉 AD 369년으로 본다. 일본서기 신공황후 49년조에 '왜군이 가야 7국을 정벌할 때 백제 초고왕과 귀수왕자가 합류하였고 남만(南蠻)의 침미다례(忱彌多禮)를 무찔러 백제에 주었다'는 기록의 근거를 제공하려는 의도로 여겨진다. 그러나 한중일 3국에서 금은으로 상감한 칼은 모두가 5세기 후반부터 6세기 전반에 제작한 것으로 판명되고 있고 칠지도와 함께 바쳤다는 청동거울 칠자경이 6세기 전반 무령왕릉에서 처음 발견된 사실로 미뤄볼 때 칠지도 369년 제작설은 성립될 수 없다. 칠지도 제작년도의 '태' 다음 글자 '화(和)'는 글자가 흐릿하여

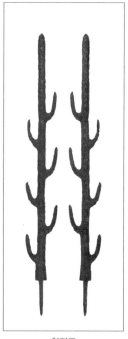

칠지도

확정짓기가 어렵다. 화(和) 글자가 맞다고 하더라도 동진의 연호라기보다 백제 자체 연호일 가능성이 높다. 태화 4년을 놓고서는 369년 설과 408년 설, 468년설, 501년 설 등으로 의견들이 다양하다. 나는 501년 무령왕 시대에 무게를 둔다. 김병훈은 '역사를 왜곡하는 한국인'(p57)에서 510년경 무령왕 재위기에 칠지도와 거울을 보냈을 것으로 추정하였는데 필자도 같은 의견이다.) 칠지도의 앞면에 이런 내용이 새겨져 있다.

"태○(화?) 4년 ○월 11일 병오날 정양 때에 무수히 담금질한 쇠로 칠지도를 만들었노라. 모든 적군을 물리칠 수 있도록 후왕(侯王)에게 보

내주노라. ○○○○이 제작하였다.(泰○(和?)四年 ○月十一日丙午正陽
造百練鐵七支刀 以 百兵 宜供供候王 ○○○○作)"

칠지도 뒷면에는 다음과 같은 글귀가 양각돼 있다.

"선세 이래 이런 칼은 없었다. 백제 왕세자 기생성음이 왜왕 지를 위
하여 이 칼을 만들었으니 후세에 전하여 길이 보이게 하라.(先世以來
夫有此刀 百濟王世子奇生聖音 故爲倭王旨造 傳示後世)"

칠지도 명문은 광개토대왕 비문에 버금갈 정도로 한일 간 논쟁이
심하다. 일본학자들은 일본서기에 적혀 있는 것처럼 소국 백제가 대
국 왜에 헌상한 증거라고 주장한다. 반면 한국학자들은 백제 왕세자
가 백제의 후왕(侯王)인 왜국왕에게 하사한 증거라고 맞받아치고 있
다. 대체적인 분위기로 말한다면 칠지도 명문은 한국측에 불리하지
않은 편이다. 광개토대왕 비문과는 사정이 다르다. 칠지도 명문은 윗
사람이 아랫사람에게 내린 하행문(下行文) 형식이다. 특히 전시후세(傳
示後世), "후세에 전하여 길이 보이게 하라."는 마지막 문구야말로 백
제왕이 왜국왕의 상위에 있었다는 결정적인 증거이다. 아랫사람이 헌
상을 한다면 이 같은 오만한 문구를 기재할 수 없다.

아울러 민달천황 원년(AD 572) 4월의 "백제의 대정(大井)에 궁을
지었다.(宮于百濟大井)" 서명천황 13년(AD 641) 10월의 "천황이 백제
궁에서 붕어하였다···궁의 북쪽에 빈궁을 설치하니 백제대빈이라 한
다.(天皇崩于百濟宮···殯於宮北 是謂百濟大殯)" 등의 기사에서 보듯이 백

제 관련 지명이 넘쳐나는 점도 백제 우위의 증거이다. 추고천황 원년(AD 593)에 백제왕실에서 보낸 건축가들이 아스카에 법흥사(法興寺)라는 절을 착공하던 날 "소아마자(蘇我馬子) 대신을 비롯한 백관들이 모두 백제옷을 입고 기뻐하며 구경하였다.(島大臣竝百餘人 皆着百濟服, 觀者悉悅)"는 부상략기(扶桑略記) 기록과 백제계가 분명한 소아씨(蘇我氏) 일족의 야마토조정 장악 등도 같은 맥락이다.

위에서 본 것처럼 백제-왜 관계는 AD 4세기 말~5세기 중후반까지는 백제 열위가 뚜렷한 반면, 5세기 말 이후에는 백제 우위가 분명하다. 이는 백제가 접촉한 왜가 시대별로 달라졌기 때문이다. 이와 관련해 이노우에 히데오(井上秀雄)은 '왜·왜인·왜국'에서 "백제본기에 등장하는 왜의 경우 근초고왕(재위 346~375) 대에서 아신왕(재위 392~405) 대까지는 규슈왜이며 그 이후의 왜는 야마토왕조인데, 백제와 야마토가 정식 외교관계를 맺는 것은 흠명천황(欽明天皇 재위 539~571) 이후부터이다."라고 하였다.[45]

이노우에의 풀이는 필자의 의견과 유사하지만 백제와 야마토왕조가 본격접촉하는 시기에는 편차가 있다. 이노우에는 6세기 중반 흠명 재위기에 외교관계를 맺었다고 보는 반면 필자는 5세기 중후반에 백제의 기나이 진출이 본격화되었다고 간주한다. 그리고 이노우에가 말하는 규슈왜국의 실체는 '규슈에 체류하던 시절의 숭신왕조'이며 늦어도 5세기 초에는 기나이로 진출한다고 여긴다.

어쨌든 백제-왜 관계상의 변화는 열도의 정치상황과 연동돼 있다.

---

45. 승천석, 고대 동북아시아의 여명, 백림, 2003, p206에서 재인용.

일본열도의 정치지형은 5세기 후반을 기점으로 판이하게 달라진다. 5세기 중반까지는 '가야에서 규슈를 거쳐 나라분지로 진출한 세력(숭신왕조)'이 열도의 정치중심이었지만 5세기 중후반부터 아와지시마(淡路島)와 가와치(河內) 일대에 새로운 대체세력이 부상한 것이다. 백제계 담로국(檐魯國)에서 비롯한 응신왕조이다. 처음에는 숭신왕조의 '여러 지방세력 중 하나'에 불과하였다. 그러나 백제담로국은 점점 힘을 키워나갔고 숭신정권도 함부로 대할 수 없는 '웅번(雄藩)' 단계를 거쳐 5세기 후반, 왕조를 전복시키는 상황에 이른다. 백제계 응신왕조는 6세기 전반, 반정(磐井)으로 대표되는 숭신왕조 잔당과의 최후의 결전을 거쳐 일본열도의 패권자가 되었다고 필자는 간주한다.

백제가 4세기 말(AD 397), 전지태자를 보내고 국교를 맺은 왜국은 '규슈를 정치중심으로 삼던 시절의 숭신왕조'로서 백제가 지원을 요청할 정도의 군사강국이었다. 이후 수십 년간 백제-숭신왜 관계는 백제 열위가 뚜렷하였다.(397년~477년까지 약 80년이다. 왜 477년까지라고 보는지는 7장에서 서술한다.) 백제는 숭신왜국에 대하여 5세기 중후반까지 을(乙)의 처지에서 교류한 것으로 짐작된다. 그러나 백제는 한편으로 일본열도에 담로소국을 건설하고 있었다. 가야계와 신라계가 먼저 진출한 규슈와 이즈모, 기비 등지를 피하여 더욱 멀리 떨어진 기나이 지역에 '담로(檐魯)'를 설치한 것으로 사료된다. 가장 먼저 세운 백제 담로는 담로도(淡路島)라는 이름을 가진 아와지시마, 오사카 앞바다에 위치한 섬으로서 거제도의 1.5배 크기이다.(이 섬은 훗날 고사기와 일본서기에 '1번 국토' 내지 '국토 탄생의 태반〈胞〉'으로 기재되었다. 담로도에 대해서는 5장의 후반부에서 상세히 언급할 예정이다.) 담로

아와지시마(淡路島) 인근 지도

도에서 시작한 백제계의 세력범위는 많은 백제인들이 열도로 진출하면서 확장돼 나간다. 백제계는 점차 가와치(河內 현재의 오사카 인근)와 나라분지(奈良盆地)로까지 번져나갔고 이에 기반한 정치적 파워도 증대되었다.(숭신왕조 입장에서 기나이의 백제계 담로소국은 지방거점세력으로 인식됐을 것이다.)

　백제는 5세기 중반부터는 온 국력을 기울여 담로국 경영에 나섰고 마침내 거대한 성과를 거두게 된다. 백제와 열도 정치체 간의 관계는 개로왕의 아우 곤지왕자가 AD 462년 즈음 일본으로 건너가면서(곤지의 도일 시기는 일본서기에는 461년, 무령왕릉 지석에 의하면 462년이다.) 근본적인 변화를 겪게 된다. 곤지는 담로소국(들)을 지도하는 백제후왕(百濟侯王)으로 활동하는 한편, 숭신왕조를 섬기는 중신(重臣)으로도 활약한 것으로 사료된다. 곤지는 궁극적으로 백제계 담로소국의 힘에 기반하여 숭신왕조를 타도한 것으로 판단한다.

결론적으로 4세기 말부터 5세기 중후반까지 백제가 교류한 열도의 정치체는 2개였으니 숭신왕조와의 관계에서는 을(乙), 백제담로국과의 관계에서는 갑(甲)으로 행동한 셈이다. 이런 시각에서 보면 '백제와 왜국 관계 이중성의 수수께끼'는 비교적 말끔하게 해소된다. 필자는 5세기 후반 일본에서 큰 정변이 일어났고 백제계 응신왕조가 열도의 패권을 쥔다고 여기는데 백제-왜국 관계는 이전과 또 다른 단계로 접어들게 된다.(곤지가 일으킨 '열도의 정변'에 대해서는 7장 '곤지의 쿠데타…백제왕실의 열도왕권 장악'에서 상세히 다룬다.)

5세기 삼한삼국과 일본열도의 정치질서

4~5세기까지 한반도 남부와 일본열도의 정치문화는 광대한 영역국가를 출현시킬 수준에 이르지 못하였다. 크게 넓지 않은 한반도 남부에 백제·신라·가야 3개 세력(영산강유역에도 독자적인 집단이 있었다고 한다면 한반도 남부에 4개 세력이 존재한 셈이다.)이 옹기종기 자리잡은 것이 이 같은 실정을 대변한다. 일본열도의 사정도 마찬가지였다. 인접국의 역량은 비슷하게 마련이다. 4~5세기 일본열도의 국가경영 능력은 아무리 후하게 쳐주어도 한반도 남부와 유사한 수준이었지 능가할 역량은 갖추지 못하였다. 오히려 대륙과의 거리가 멀고 소통이 불비한 관계로 한반도 남부보다 후진적이었다는 것이 중론이다.

7만km² 정도에 방형인 한반도 남부에 백제·신라·가야라는 3개(영산강유역을 감안하면 4개)의 이질적인 정치세력이 존재하였는데 같은 시대에 동서로 길게 늘어진 일본열도에 단 한 개의 정치중심만 있었

4~5세기 일본열도 4대 거점세력

다는 것은 설득력이 없다. 섬과 해상, 산악지대로 이뤄진 일본열도의 지형은 한반도 남부보다 훨씬 복잡하다. 게다가 면적도 한반도 남부의 2배가 넘는 열도서부에서 단 1개의 정치체만 존재했다는 것은 자연스럽지 못하다. 규슈-기나이 간 거리는 규슈-가야 거리의 2배 이상이다. 백제-가야 거리보다 3배 이상 멀고 신라-가야 간 거리와는 비교할 수 없이 떨어져 있다. 4~5세기 국가경영수준에서 열도 전체를 관장하는 통일국가가 등장하기에는 규슈와 기나이 사이가 너무 멀었다. 규슈와 혼슈 서부, 시코쿠 등 일본열도의 중서부를 통일하는 고대국가의 성립은 AD 7세기 중엽인 645년 대화개신(大化改新) 즈음에야 비로소 가능하였다. 흔히들 열도의 고대국가라면 '왜(倭)' 1개 나라만 떠올리지만 실상은 매우 복잡하였던 것이다.

4~5세기경 일본열도에는 4개 정도의 거점세력이 형성돼 있었다고 여겨진다. 규슈(九州)와 기나이(畿內)가 양대세력이었고 신라계 이즈모

(出雲 동해안 시마네현)가 버금가는 강대세력이었다. 세토나이카이 해안에 자리잡은 기비(吉備 오카야먀현)도 만만찮은 실력을 보여주었다. 북한의 역사학자 김석형은 열도의 거점세력은 삼한삼국이 세운 '분국(分國)'이라는 논지를 피력하며 고대 일본에 4개의 정치중심이 형성돼 있었다고 주장한 바 있다. 4~5세기 한반도 남부가 신라-가야-백제로 3분된 것과 마찬가지로 일본열도 역시 서쪽의 규슈왜와 중부의 기비왜, 북부의 이즈모왜, 동쪽의 기나이왜로 4분된 상태였다는 뜻이다.(군현 크기의 소국은 더 많았을 것이지만 상당한 영역을 확보한 강자(强者)는 4대 세력으로 볼 수 있다.)

대륙의 문물을 최우선적으로 받아들이는 위치인 규슈가 전통적인 정치 중심이었지만 점차 기나이 일대가 발전하여 강력한 도전자로 등장하였다. 특히 5세기 들어 숭신왕조가 기나이의 나라분지를 수도로 삼으면서 상황은 달라졌다. 나라분지가 공식 수도였지만 역대 군주들은 수시로 규슈를 찾아 오랫동안 머물렀으니, 국가중앙 기능면에서 규슈와 기나이는 치열한 양강구도를 이뤘고 기비와 이즈모는 중간급 세력으로 구분되었다고 짐작된다. 야요이시대 이후 4세기 말~5세기 초까지는 규슈가 한반도와 중국 등 외부세계에 '왜국 대표지역'으로 행세하였지만 5세기 중반부터는 가장 넓은 평야와 배후지를 확보하고 있었던 기나이가 새로운 중심으로 등장하며 열도의 대표성은 양분된 셈이다. 4장에서 언급하였듯이 숭신왕조의 역대 군왕들은 규슈와 기나이로 옮겨가며 이런 양분된 현실에 나름의 대응을 한 것으로 짐작된다.

훗날 기나이를 중심으로 삼은 정치체는 스스로를 '야마토(大和)'라고 자칭하며 이전 왕조와의 차별성을 부각시켰다. 5세기 이후 집중적으로 조성된 기나이의 초대형 전방후원분들은 야마토왕조가 다분히 열도내 경쟁상대를 의식한 행보로 풀이된다. 열도의 4대 거점세력은 고분규모 경쟁이 상징하듯 치열한 세대결을 벌였고 마침내 6세기 초중반 이후 기나이가 열도의 중심지로 확정된다.(구체적인 계기는 AD 527~528년 반정의 전쟁이다. 이에 대해서는 8장에서 상세히 기술한다.) 기나이 세력이 규슈를 압도하는 과정에는 백제의 협력과 도움이 결정적인 요인으로 여겨진다. 이즈모와 기비 세력도 결국은 강력한 기나이에 압도되었을 것이다.

하지만 한반도와 중국 역사서는 열도내 4대 세력의 움직임을 분석적으로 표현하지 못하고 '왜'로 뭉뚱그려 표기하였고, 일본의 역사서는 기나이에서 성장한 야마토조정 외에 다른 세력의 존재를 말살하였기에 후대인들이 4~5세기 열도의 실상을 제대로 포착하지 못한 것이다. 한마디로 4~5세기 일본열도는 4대 지역세력 간의 치열한 경쟁이 이뤄진 시기인데 최종 승자가 되는 기나이 중심으로 일본서기가 기술된 탓에 적잖은 왜곡과 혼란상이 생겨났다.

이런 맥락에서 4~5세기 열도의 정치상황을 조망할 때에야 동양의 역사서에 기재된 '왜국의 진상'이 비로소 파악될 수 있다. AD 2세기 이후 중국과 한반도에서는 '왜'라는 단어를 일본열도를 의미하는 지명으로 썼기에 열도내 여러 거점세력의 활동상은 모두 '왜의 행적'으로 통합되었다. 그러므로 역사서에 기재된 '왜'의 주체를 기나이의 야마토조정으로 한정해서는 곤란하다. 조심스럽게 읽어보면 어느 왜의 기록인지 짐작할 수 있다.

AD 4~5세기, 나아가 6세기 전반까지 한반도에 고구려와 백제, 신라, 가야, 영산강세력 등 5개의 정치체가 존재하였다면 열도에도 적잖은 정치체제가 형성돼 있었다고 보아야 마땅하다. 실제로 한반도 제국(諸國)이 교섭한 열도의 정치세력은 다양하였다. 최소 4개는 된다고 보아야 한다. 결국 한반도와 열도에 존재하였던 9개 안팎의 정치체가 씨줄 날줄로 얽혀 복잡하게 경쟁하고 협력한 역사가 4~6세기 한일 고대사의 본질이라고 하겠다.

특히 열도의 여러 정치체에 대해 한국과 중국의 역사서는 시종일관 '왜(倭)'라고 표현하고 있지만 한반도의 여러 정치세력은 제각기 다른 열도소국과 다양하게 교섭했다고 보는 것이 정확하다. 뭉뚱그려 '왜'라고 기술한 것은 일본의 정치세력이 기나이의 야마토조정으로 통합된 후대의 인식을 이전의 사건들에 투영한 결과이다.

그런 만큼 백제·신라·가야·영산강세력 등 한반도 남부제국이 교섭하고 접촉한 상대가 누구인지를 시대별로 좀 더 선명하게 파악할 필요가 있다. 특히 시기적으로 교섭대상 지역이 바뀔 가능성을 주목해야 한다. 필자는 숭신왜는 가야에서 발진한 모용선비가 패권을 쥐었다면 응신왕조는 백제 출신 부여씨가 주력이 된 것으로 파악하고 있다. 동해에서 직선항로로 이어지는 이즈모는 신라계 분국으로 짐작된다. 이 같은 가설을 명확히 뒷받침하는 사료는 남아 있을 수 없다. 다만 일본열도의 정치패권이 규슈와 기나이로 양분됐음을 보여주는 구당서 등 중국 역사서가 간접 증거물이다.

북한의 역사학자 김석형은 '삼한삼국의 일본열도 내 분국에 대하여'(북한 역사학보 1963)라는 논문에서 규슈왜를 친백제계, 이즈모와 기비왜를 친신라계, 기나이왜를 가야의 분국으로 구분하였다. 필자는 이즈모가 친신라계라는 데는 김석형과 같은 의견이지만 규슈왜는 친백제계가 아니라 친가야계라고 보는 차이가 있다. 기비왜는 규슈에서 세토나이카이를 항해해 동진한 가야세력과 이즈모에서 주고쿠산맥(中國山脈)을 타고 육로로 남하한 신라계가 혼재된 지역으로 짐작한다. 규슈에는 가야와 함께 영산강세력이 활발히 진출하였는데 김석형은 영산강세력을 백제계로 간주하였지만 필자는 백제계가 아닌 독자적인 정치체로 본다.(조금 상세히 구분한다면 규슈의 북부는 가야계, 서부는 영산강세력의 영역이었다.)

김석형은 또 기나이왜를 친가야계로 분류하였지만 필자는 생각이 다르다. 5세기 중반까지의 기나이는 친가야계의 활동무대라고 볼 수 있지만 5세기 후반부터는 친백제계로 바뀐다는 입장이다. 현재의 황해·경기도 지역인 대방고지(帶方故地)에서 건국한 백제는 한반도 동남부에 위치한 신라·가야에 비해 열도 진출이 늦었기에 한동안 친백제세력을 구축하기가 여의치 않았다고 하겠다.

기마족이 진출하기에 훨씬 앞서 이뤄진 초기 가야(임나)인들의 열도 진출은 규슈북부에 집중되었다. 부산이나 김해항을 출발한 가야인들은 남쪽 대안(對岸)에 위치한 북규슈의 항구에 주로 상륙하였다. 규슈에 진출해 힘을 키운 가야세력은 2차로 세토나이카이 연안의 기비를 거쳐 기나이까지 세력을 확장한 것이다. 규슈를 장악해 입지를 굳혔던 원(原)가야계가 늦어도 AD 3세기 말에는 기나이로 진출하여 소국 정치체를 형성하였을 것으로 추정한다. 영산강세력 역시 일찍부터 규슈서부로 활발히 진출하였고, 이들의 후예 또한 세월이 흐르면서 기나이평원으로 확장해 나갔다고 여겨진다. 기나이 일대에서 영산강식 토기 등이 발굴되는 것이 그 증거일 것이다.

그러나 일본열도의 여러 정치체들은 4세기 후반 기마민족의 진출로 인하여 극적인 변화상을 겪게 된다. 4세기 후반의 기마민족 지도자는 일본서기에 '숭신천황(崇神天皇)'으로 기록된 인물로 판단한다. 즉 가야를 출발한 모용선비는 배에 말을 태워 규슈로 상륙하는데 이들의 등장은 이전과는 비교할 수 없는 큰 파장을 불렀다. 규슈와 혼슈서부는 기마민족의 진출 직후부터 새 정복자의 세력권에 편입되었고 '비문왜'의 중심세력이 되어 신라, 고구려와의 결전을 수행하였다.

앞서 언급했듯이 초기 규슈에는 원가야계 외에 영산강세력이 활발히 진출하였음을 감안해야 한다. AD 3세기까지의 규슈 정치질서를 보면 북부는 원가야계, 서부는 영산강세력이 소국정치체를 건설하였다.(물론 가야계 가운데 일부가 규슈 서부에도 진출하였고 영산강세력 역시 규슈 북부에 터를 잡는 경우도 있었겠지만 대체적으로 북규슈와 서규슈로 나뉘었다는 뜻이다.) 가야세력과 영산강세력은 규슈에서 오랫동안 경쟁하였으니, 원가야계와 영산강후예 가운데 일부가 앞서거니 뒤서거니 기나이로 진출한 배경에는 라이벌과의 충돌에 따른 지속적인 출혈이 일정부분 작용했다고 여겨진다.

한편 신라인들은 울산항이나 영일만 항구에서 출발해 동해남부항로를 타고 대안(對岸)인 이즈모에 당도하였고 이곳에 분국을 세웠다. 이즈모 지역에는 지금도 신라계의 특징이 발견되고 있다.(1991년 5월 1일자 KBS 9시뉴스 보도가 흥미롭다. 옛 이즈모국 땅인 쓰루가항에서

30km 떨어진 곳에 '시라기 마을'이 발견되었는데 일본말로 시라기는 '신라(新羅)'를 의미한다. 이 마을 주민들은 닭과 달걀을 먹지 않고 있으며 부근에 신라신사(新羅神社)가 소재하고 있다는 내용이 뉴스에 담겼다.) 신라계는 이어 혼슈서부의 내륙산지인 주고쿠산맥을 넘어 세토나이카이 해안인 기비까지 진출하였다. 하지만 신라계가 구축한 이즈모와 기비의 지리적 여건은 확장성 측면에서 불리하였다고 여겨진다. 규슈는 한반도나 대륙과의 교섭 면에서 유리하였고 기나이는 넓은 배후지로 인하여 발전 가능성이 높았다면, 중간에 위치한 이즈모와 기비는 규슈와 기나이의 이점을 누리지 못했다고 하겠다. 이즈모와 기비로 진출했던 신라계 주민들도 더 넓은 평야가 존재하고 있는 기나이 지역으로 자연스럽게 이주해 나갔다고 짐작된다.

처음에 규슈와 혼슈서부 각지에 진출했다가 2차적으로 기나이로 이주한 삼한의 후예들은 가와치(河內)와 나니와(難波), 나라(奈良)분지 일원에서 소국들을 형성하고 있었다. AD 4세기 후반, 기마민족이 열도로 상륙하기 이전부터 기나이에 소국 병립체제가 존재하고 있었다는 뜻이다.[46](크게 보면 같은 기나이 지역이지만 나라분지 동남부의 미와왕조(三輪王朝), 오사카 일원의 가와치왕조(河內王朝), 나라분지 남부고원지대의 가츠라기왕조(葛城王朝) 등 다양한 세력이 존재하였다. 기나이의 여러 세력은 4세기 말~5세기 초 기마민족의 동정(東征) 이후 숭신왕조에 부용하다가 5세기 후반, 백제계 응신왕조가 숭신왕조를 서쪽으로 몰아내면서부터 응신계 야마토왜국의 핵심 호족집단들로 발전한다.)

---

46. 승천석, 고대 동북아시아의 여명, 백림, 2003, pp288~301.

일본의 초대천황인 신무(神武)는 AD 4세기 후반에 규슈에 상륙한 기마민족 지도자(일본서기에 숭신천황으로 기록된 인물이다.)와 5세기에 기나이로 진출한 백제계 수장(들)의 행적을 혼합한 '가공의 인물'로 짐작된다. 복잡한 인물의 다양한 행적이 잔뜩 섞여 있는 만큼 신무동정 기사를 독서할 때는 정신을 바짝 차려야 한다. 앞서 3장에서도 언급하였지만, 동정(東征)에 나선 신무에게 항복하는 요속일명(饒速日命 니기하야히)은 기나이 지역 소국의 군왕으로 묘사돼 있다. 요속일명은 신무의 군대가 기나이 현지세력인 장수언(長髓彦 나가스네히코)을 맞아 고전할 때 세불리를 깨닫고 투항하였다. 장수언은 신무에게 사람을 보내어 묻는다.

"옛날 천신의 아들이 천반선(天磐船)을 타고 하늘로부터 내려왔습니다. 즐옥요속일명(櫛玉饒速日命)이라고 합니다…(중략)…나는 요속일명을 왕으로 모시고 있습니다. 천신(天神)의 아들에 두 종류가 있습니까? 어째서 또 천신의 아들이라고 칭하여 남의 땅을 빼앗으려는 것입니까?(嘗有天神之子 乘天磐船 自天降止 號曰櫛玉饒速日命…故吾以饒速日命 爲君而奉焉 夫天神之子 豈有兩種乎 奈何更稱天神子 以奪人地乎)"[47]

장수언의 언급은 기나이에 먼저 진입했던 요속일명의 뿌리 역시 대륙계임을 말해주는 대목이다. 어쨌든 세불리를 깨달은 요속일명은 장수언을 죽이고 귀순하는데 신무는 요속일명이 지닌 화살 등을 근거로

---

47. 전용신, 일본서기, 일지사, 2006, pp77~78. 신무 즉위전기 무오년 12월조.

천손(天孫), 즉 대륙계통임을 인정한다.

신무동정 기사에서 천황에게 항복하여 협력자가 된 세력은 요속일명 외에도 많다. 토전현(菟田縣)의 괴수 가운데 형활(兄猾)은 대적하지만 제활(弟猾)은 귀순하였고 기성읍(磯城邑)의 형기성(兄磯城)은 싸웠지만 제기성(弟磯城)은 항복하였다. 요속일명 등은 기나이 인근의 선주(先住)호족들로서 원뿌리는 가야와 신라, 영산강유역 등 한반도 각지에서 건너간 야요이계 농민집단, 즉 원(原)왜인들이 분명하다. 결국 신무동정 기사를 통해 4세기 말~5세기 초, 기나이 일대의 선주민 세력이 기마군단에게 제압은 당하지만 상당수는 온존되었음을 암시한다. 규슈에서 출발한 기마민족(필자는 모용선비로 본다) 군대가 기나이 세력을 완전히 해체할 정도로 충분하지는 못하였기 때문일 것이다. 사실 기나이 선주세력의 입장에서 기마민족의 출현은 오히려 행운이었다. 정복자들과 접촉하는 과정에서 말〈馬〉의 유용성을 알게 되었고 기마전술과 고도의 국가경영기술도 체득하게 되었으니 지역발전의 기회를 잡은 셈이다. 기마민족 군대에 제압되면서도 기존세력이 보존된 것은 훗날 (백제계 응신왕조와 힘을 합쳐)숭신왕조에 역전승을 거둘 수 있는 원천이 되었다. 요속일명은 물부(物部 모노노베)씨의 선조가 되는데, 물부씨를 비롯한 선주민계통의 호족집단은 왕조의 변화과정에도 꿋꿋이 살아남아 일본 고대사의 중요한 변수가 된다.

궁월군(弓月君)의 도일(渡日)과 백제 담로소국의 출현

야요이시대 이후 AD 4세기 후반까지, 기나이 지역의 정치지형이

어떻게 태동하고 발전했는지에 대한 명확한 해답은 없다. 일본인들은 기나이를 '천황의 고향'으로 우러러보는 만큼 열도의 중심지가 된 시기를 3세기 이전으로 조기에 편년하는 경향이 다분하다. 필자는 5세기부터 기나이가 일본의 정치중심이 된다고 보는 점에서 일본학계의 통설과 차이가 크다. 어쨌든 5세기 초반 즈음에는 기나이가 일본의 정치중심으로 분명히 부상한다. 필자는 기마민족 숭신왕조가 서울로 삼은 결과라고 이해한다. 고고학적 증거로 보거나 문헌으로 보거나 숭신왕조의 공식수도는 나라분지라고 인정된다. 열도의 새로운 중심지가 됐지만 나라분지와 가와치평원의 인구밀도는 여전히 낮았고 빈 땅은 넓었다. 빈 땅을 개척할 필요성이 제기되는 상황에서 5세기가 열리자마자 새로운 이주민집단, 백제계의 대량 도일(渡日)이 이뤄지게 된다.

일본열도에 대한 백제의 관심은 대량 도일 이전부터 구체화되고 있었다. 백제는 4세기 말, '아직은 규슈에 중심을 두고 있었을 숭신왕조'와 교류를 시도하였다. 신공황후 46년조에 그 단서가 포착된다.

〈신공 46년 3월, 백제가 왜국과 통교 희망〉

"사마숙녜(斯摩宿禰)는 종자인 이파이(爾波移)와 탁순인(卓淳人 탁순은 가야의 소국) 과고(過古) 등 두 사람을 백제국에 보내 그 왕을 위로하게 하였다. 백제의 초고왕(肖古王 근초고왕을 뜻함)은 기뻐하며 후대하였다. 오색의 채견 각 한 필, 각궁전(角弓箭)과 아울러 철정 40매를 이파이에게 주었다. 또 보물창고의 문을 열어 각종 진귀한 물건을 보여주며 '이런 보물이 우리나라에 많다. 귀국(貴國 왜를 의미)에 조공을 바치려 해도 길을 모른다. 뜻은 있어도 따르지 못한다. 그러나 지금 사자에게 부탁하여 공헌하겠다'라고 말하였다…(斯摩宿禰即以傔人爾波移與卓淳人過古二人 遣于百濟國 慰勞其王 時百濟肖古王 深之歡喜 而厚遇焉 仍以五色綵絹各一匹 及角弓箭幷鐵鋌四十枚幣爾波移 便復開珍藏 以示諸珍異曰 吾國多有是珍寶 欲貢貴國 不知道路有志無從 然猶今付使者 尋貢獻耳…)"[48]

그러나 백제가 숭신왕조와 외교관계를 맺는다고 해서 당장 왜땅에서 자신들의 터전을 마련하기는 쉽지 않았을 것이다. 먼저 진출한 가야계와 신라계, 영산강집단이 규슈와 혼슈서부 일대에서 기득권을 형성한 상태이기 때문이다. 백제인들의 열도행은 신공 재위시기를 건너뛰어 응신천황 집권기가 되면서 집중적으로 확인된다.

일본서기 응신 14년(2주갑 인상하여 보정하면 AD 403)조에 "궁월군이 백제로부터 120현 사람들을 거느리고 (일본으로)귀화하려 하였으나 신라의 방해로 가라국에 머물고 있다."는 기사가 있고, 2년 뒤인 응신 16년 8월에는 "목토숙녜(木菟宿禰) 등이 정병을 보내 신라의 경계에 이르렀다. 신라왕이 겁이 나서 죄를 시인하였다. 그래서 궁월군이 백성들을 거느리고 돌아왔다."는 기사가 이어진다. 일본서기를 그대로 믿을 수는 없지만 당시 많은 백제인이 열도로 이주하였음을 시사하는 대목으로 충분하다. 또 응신 20년(2주갑 올려서 보정하면 AD 409)에는 아지사주(阿知使主)와 그 아들 도가사주(都加使主)가 17현의 무리와 함께 귀화하였다는 기사가 있다. 137현(120현+17현)의 백성

---

48. 전용신, 일본서기, 일지사, 2006, p163.

이라면 어림짐작으로도 수만 명의 백제인이 열도로 삶의 터전을 옮겼다는 의미이다.

5세기 초, 응신집권기에 백제인들이 대거 일본열도로 진출한 이유는 고구려 광개토대왕의 남정(南征)으로 백제의 여러 고을이 전화(戰禍)를 입은 데서 찾을 수 있을 것이다. 거듭 말하지만 백제인들은 가야계와 신라계, 영산강세력이 먼저 터를 잡고 있던 규슈나 이즈모·기비 등 혼슈서부보다는 개간이 덜 된 기나이지역으로 밀려들었다고 짐작된다. 백제인들의 기나이행은 당연한 선택으로 볼 수 있다.

기나이는 나라분지와 가와치평야를 비롯한 넓은 평원지대를 보유하고 있었으나 유능한 농사꾼이 적어 농경지 확장과 경제성장 면에서 장애를 안고 있었다고 판단된다. 인구가 늘면 곧바로 열도의 중심이 될 수 있는 잠재력을 갖춘 지역이다. 농민포로 사냥이 인구증대의 단기처방이 될 수 있겠지만 한반도와 가까운 규슈인근에서, 3세기 이전의 소국체제에서나 통할 수법이었다. 반면 백제는 인구과다 문제에 시달렸다. 광개토대왕의 남정으로 인한 한성과 북부지방 피난민의 존재는 부담이었을 것이다. 국가 차원의 이민 정책이 필요하였다. 백제는 북방의 피난인구를 보내야 할 대안지로 기나이를 주목한다. 정리를 하면 다음과 같다. ①기나이지역의 농업인구 과소 고민을 해소할 대안이 있었으니 백제였다. ②인구 과다로 고민하던 백제는 농민의 대량이민을 통해 문제를 해결할 수 있었다. 397년 열도로 간 백제 전지태자의 최고 급선무는 백제농민의 일본 이주대책이었을 것으로 사료된다.

AD 400년 이후 기나이 지역에 백제계 이주민이 대거 진출하였다

는 것은 과학적으로도 뒷
받침된다. 인간의 머리를
위에서 내려보았을 때 가
로폭에 비해 앞뒤(세로)가
긴 두상을 장두형(長頭形)
이라 하고 세로가 짧은 두
상을 단두형(短頭形)이라
고 분류한다. 한반도인은

■ 82.0(단두)
■ 81.0~81.9(중두)
□ ~80.9(장두)

일본 지역별 단두형·중두형·장두형 두상 특징

세계에서 유례가 드물 정도로 대표적인 단두형이다. 반면 일본에서는
장두형과 중두형, 단두형이 골고루 분포돼 있는데, 기나이 지역은 열
도의 대표적인 단두형 지역이다. 기나이 사람들의 얼굴모습이 한국사
람과 가깝다는 것은 잘 알려진 사실이다.[49]

1960년, 오사카대학 코하마 모토츠쿠(小兵基次) 교수가 일본 성인
남녀 56,495명을 상대로 조사하여 발표한 '생태계측학적으로 본 일
본인의 구성과 기원에 관한 고찰'이라 논문에도 단두의 중심은 단연
기나이였다. 단두 지역은 대마도에서 세토나이카이를 거쳐 기나이를
지나서 간토지방까지 연장되는 선상에 집중적으로 분포한다. 중두군
은 토호쿠(東北)과 키타간토(北關東)·호쿠리쿠(北陸)·산인(山陰)과 북규
슈 지역이다. 규슈는 중두가 많지만 남규슈와 동규슈에서는 단두가
많다.[50]

49. 하니하라 가즈로(土直原和郎), 배기동 역, 일본인의 기원, 학연문화사, pp17~21.
50. 이시와타리 신이치로, 백제에서 건너간 일본 천황, 지식여행, 2002, pp76~81. 최봉렬 편역, 일본인의
조상은 고대조선의 도래인이었다, 일주문, 1989, pp94~96.

이는 한반도 계통이 기나이 일대로 대량이주하였다는 강력한 방증이 된다. 한반도인의 기나이행은 오래되고 다양한 흐름이 존재하였지만 그중에서도 백제계의 '파도'가 가장 컸다고 봐야 한다. 대량이주의 계기가 분명하기 때문이다. 위에서 언급한 AD 400년경 광개토대왕의 남정 외에 475년 장수왕의 한성 침공, 554년 성왕이 전사한 대(對)신라 전역, 660년 사비성 함락, 663년 백촌강 전투 패배 등이 백제인들의 기나이행을 강요한 중첩적인 계기라고 하겠다.

백제에서 일본 기나이행은 멀고도 험한 길이다. 머나먼 육로와 해로를 타고 가야 하는 것은 물론이고 신라와 규슈 세력 등의 방해도 만만치 않았을 것이다. 원거리 이주는 위험하고 지난한 일이지만 일단 물꼬가 터지면 나름의 지원시스템이 구축되는 만큼 더 많은 사람이 줄을 잇게 마련이다. BC 3세기부터 AD 3세기까지의 야요이시대에 한반도의 해인족과 포상국이 행하였던 '비(非)시스템적 도해'(포로사냥을 통한 강제이주 등의 전통적인 도해방식을 말한다.)와는 질적으로 다르다. 국가가 주도하는 이민정책의 결과 거대한 인간집단을 열도로 보낼 수 있었다. 전쟁 참화를 피할 수 있고 농사 잘되는 땅이 널려 있다는 소문을 듣고 수많은 백제인이 스스로, 또는 귀족층의 결정에 따라 항구로 몰려들었고 비싼 뱃삯을 내고 대한해협을 건넜을 것이다. 1960~70년대 한국인들의 해외이민 붐을 감안하면 이해가 쉬울 것 같다.

농업인구가 늘어나면 황무지를 개간하여 세수가 늘어나니 열도의 권력자들이 제 발로 찾아오는 농민들을 마다할 리 없다. '궁월군 집단의 도해를 방해하는 신라에 정병을 보내 위협했다'는 응신조의 기사에서 보듯이 열도의 정치권력자들은 백제인의 이주를 환영하는 입장이었을 것이 분명하다.(그러나 백제인들은 왜국사회에 쉽게 동화되지 않고 상당 기간 정체성을 유지하였다고 짐작된다. 백제왕실은 이민집단을 조직화하여 새로운 담로소국을 건설하였고, 나아가 담로국을 기지로 삼아 숭신왕조를 전복하기에 이른다. 따라서 숭신왕조 입장에서 백제 이주민 수용은 단견이었던 셈이다. 6장에서 언급하는 경행천황 28년의 기사, 즉 "나니와(難波)의 백제신(柏濟神)은 화근"이라는 실토는 당시 백제인들에 대한 숭신왕실의 솔직한 평가라고 여겨진다.)

세월은 빠르게 흘러가고 일본에 거주하는 '백제 교민' 숫자도 가파르게 늘어난다. 백제 이주민들의 국적은 이제 왜국(숭신왕조)으로 바뀌었지만 고대의 느슨한 행정시스템을 감안하면 한동안은 자치적이고 반(半)독립적으로 살아가고 있었다고 보아야 한다. 한마디로 이주 1~2세대까지는 언어와 풍습, 문화, 정치의식 등에서 백제인의 정체성을 유지하였을 것이란 의미이다. 이런 집단이주민 사회는 점차 백제의 담로국으로 성장·발전해 나갔다는 것이 국내 여러 학자들의 견해이다.

백제 이주민의 첫 지도자는 궁월군(弓月君)이 분명하다. 120현민(縣民)이라는 수많은 추종자를 거느렸으니 그들의 지도자는 당연히 많은 활동을 하게 마련이다. 군호(君號)가 담긴 이름으로 보아 '궁월군'은 백제왕족 출신으로 여겨지며 아지사주(阿知使主)와 아들 도가사주(都加使主)는 '사주' 직위를 지닌 귀족으로 짐작된다. 어쨌든 궁월군과 아지사주 부자가 이끌고 도해한 137현(120현+17현)의 무리는 열도사회를 크게 바꿔버리는 에너지를 지니고 있었을 것이다. 그러므로 일본서기에는 궁월군 등의 후속 행적에 대한 기사가 뒤따라야 마땅하다. 특히 120현의 주민을 이끌고 일본으로 간 궁월군은 '이집트 탈출'을 기획하고 실행한 이스라엘의 지도자 모세의 행적을 떠올리게 한다. 그 자체로 거대한 역사이며 그에 따른 파장은 심대했을 게 분명하다. 그런데도 일본서기는 백제계 이주민이 열도사회에 가한 충격과 이주민 지도자의 행적에 대해 침묵하고 있다. 응당 존재해야 할 후속기사가 누락됐을 때는 이유가 있을 것이다. 이는 궁월군이 다른 이름의 군주로 둔갑하여 그의 활약상이 타인의 행적으로 분식(粉飾)되었음을 암시한다. 누구로? 바로 응신천황으로 변신(變身)됐다는 것이 필자의 주장이다.(참고로 응신천황 재위기에 도일한 대표적인 백제인으로는 궁월군이 있고 웅략천황 치세에 도일한 인물로는 백제 곤지왕자가 있다. 궁월군이 곧 응신이요 곤지가 웅략이라는 암시가 아닐까?) 궁월군=응신천황 가설은 시기로 보거나 정치적 역할로 보거나 이주에 따른 파급효과로 보거나 '조건'에 크게 어긋나지 않는다. 궁월군과 아지사주 등이 이끈 거대한 인구집단은 세월의 흐름과 함께 담로국으로 발전하였고 훗날 응신왕조로 이어졌다고 짐작된다.

물론 궁월군이 당대에 '천황'으로 등극했다고 보기는 어렵다. 120현의 백제인들을 이끌고 일본으로 건너간 다음, 집단거주지를 구축하여 새로운 삶의 터전을 제시한 '왕족 출신 지도자'로 추정된다. 생전의 정치적 위상은 '백제계 이주민집단의 수장'이었겠지만 훗날 고사기와 일본서기를 편찬하면서 왕통을 새로 정비할 때 '도해(渡海)의 지도자' 이자 왕조의 태조(太祖)격인 궁월군을 응신천황으로 추존하였다고 추정한다. 필자는 응신천황을 '여러 인물의 행적과 사건이 복합된 군주'

라고 간주하는데, 백제인 다수를 지휘하여 도일한 이후 그들의 지도자로 군림하였을 궁월군의 후일담은 응신모델에 비중 있게 포함됐다고 여긴다. 즉 일본서기의 '응신천황 행적' 가운데 상당 부분은 궁월군의 성과를 왜곡하고 부풀려 기록했을 것이란 시각이다.(일본서기의 핵심출연자인 응신천황과 웅략천황, 신공황후, 무내숙녜 등은 특정인 한 명이 아니라 복합인물로 보아야 한다는 것이 필자의 소견이다. 당대의 기록과 과거·후대의 여러 사건과 인물의 이야기를 짜깁기하여 새로운 인물로 종합하는 술작을 한 것으로 풀이된다. 이 점은 해당 인물을 서술할 때 계속 언급할 것이다.)

궁월군과 아지사주 등의 도일작업이 성공적으로 이뤄지고 수십 년이 흐른 5세기 중반, 백제왕실은 자국민 집단거주지의 잠재력을 주목한 것 같다. 백제는 어느 순간부터 열도에 담로국을 건설할 계획을 추진한다. 이는 당연한 수순이라고 할 수 있다. 백제가 처음 세운 열도내 담로는 이름부터 담로도인 아와지시마로 추정한다.(아와지시마를 첫 담로도 보는 이유는 다음 절에서 소상히 설명한다.) 백제는 이어 기나이의 가와치와 나니와 등지에 국력을 기울이다시피 투자하였다. 그 결과 기나이 일대를 '제2의 백제'로 재편하였고 나아가 열도의 패권세력을 창출하였다. 백제의 일본열도 투자는 가야·신라에 비해 가장 나중에 이뤄졌지만 가장 큰 성공으로 이어진 셈이다.

목만치(木滿致)와 곤지(昆支) 열도로 가다

백제의 '기나이 경영'은 5세기 중반경 본격화된 것으로 짐작된다.

귀족무장 목만치와 백제왕자 곤지의 일본행이 대표적인 사례이다. 목만치는 백제의 대성팔족(大姓八族) 가운데 하나인 목(木)씨 가문 출신이다. 목만치라는 이름은 일본서기에 등장하고 한국 사료에서는 보이지 않는데 삼국사기에 등장하는 목협만치(木劦滿致)와 동일인물로 보는 설이 있다. 이 설에 따를 경우 목만치는 403년에 출생하여 475년까지 생존한 셈이다.

일본서기 응신기(應神紀)는 '백제기'를 인용해 목만치를 목라근자(木羅斤資)의 아들로 기록하고 있다. 목라근자 역시 삼국사기엔 등장하지 않고 일본서기에만 나오는 백제인이다. 그는 근초고왕 24년, AD 369년에 백제·왜 연합군이 신라를 치고 가야지역을 평정할 때 백제군을 지휘한 장수인데 이때 신라여자를 얻어 목만치를 낳았다고 전하고 있다. 목만치는 아버지 목라근자의 공으로 가야(임나)의 일을 도맡아보며 백제와 왜 양국을 오갔으며 응신천황 25년〈보정연대 AD 414년〉에 직지왕(直支王 전지왕을 말함)이 죽고 구이신왕이 어린 나이로 즉위하자 국정을 장악하였다. 왕모(王母 구이신왕의 모친인 팔수부인)와 간통하여 온갖 나쁜 행동을 저지르는 등 권세를 휘두르자 응신천황이 목만치를 왜로 불러들였다고 기록돼 있다.(왕모와의 간통사건 등으로 정치적으로 궁지에 몰린 목만치가 궁월군=응신천황이 터 잡고 있던 왜지(倭地)의 담로로 몸을 피한 것을 암시하는 것은 아닐까?)

삼국사기 백제본기(百濟本紀) 개로왕(蓋鹵王) 21년(AD 475년) 조에는 목협만치(木劦滿致)라는 인물이 등장하고 있다. 고구려 장수왕이 위례성을 침공하자 개로왕이 죽음 직전에 목협만치로 하여금 왕자 문주(文周)를 호위해 남쪽으로 피난하게 한다.

1971년 일본의 사학자 가도와키 데이지(門脇禎二)가 처음으로 목만치를 소가씨(蘇我氏)의 시조인 소가노마치(蘇我の滿智)와 동일인물이라고 주장하였다. 나아가 목만치와 목협만치를 동일인물로 추정하는 설도 제기되었다. 결국 목만치(木滿致)=목협만치(木劦滿致)=소가노마치(蘇我の滿智)라는 이야기이다. 시기가 겹치고 이름이 비슷한 데다 백제계라는 공통점이 있어 이 가설에 동조하는 사람도 많다.

그러나 목만치가 소가노마치와 동일인물인가 하는 점에 대해서는 몇 가지 의문이 제기된다. 첫째, 백제의 명문씨족인 목만치가 군이 자신의 성을 버리고 소가씨를 자칭한다는 것은 부자연스럽다는 점, 둘째, 5세기경에는 백제계 귀족이 자신의 출자를 숨길 이유가 없었다는 것(일본에서 도래계 호족이 출자를 위조하는 것은 8세기 이후의 일이다.) 등을 이유로 현재는 소수의 학자들만이 목만치=소가노마치설을 지지하고 있다.

목만치와 소가노마치가 동일인인지는 확정하기 어렵지만 백제의 거물급 인사가 열도로 진출하였고 당시의 숭신왕조에서 정치적 영향력을 발휘한 것은 사실로 여겨진다. 목만치로 표상되는 백제계 거물은 당연히 백제 이주민들과 관계를 맺었을 것이다. 필자는 목만치가 왕모와의 간통사건 등으로 적이 많아지면서 궁지에 몰렸고 정치적으로 패하자, 11년 전(응신천황 14년 보정연대 403) 궁월군이 먼저 건너가 자리잡은 왜땅으로 합류해 새로운 기회를 도모한 것으로 짐작한다.(처벌 대신 조건부 추방의 가능성을 짐작해 본다.) 백제의 정치거물이 심심해서 해외로 갈 리도 없거니와 왜국 왕실이 징계목적에서 소환했다는 일본서기 기록도 믿기 어렵다. 어쨌든 백제본국이 화려한 가문 배경과 정치력을 지닌 '거물'을 열도에 보냈을 때는 어떤 의도가 있었을 것이다. 이후의 역사전개를 근거로 할 때, 목만치는 담로소국을 지도할 후왕(侯王)으로 열도에 파견(또는 조건부 추방)된 것으로 추정해 본다. 기나이 일대의 이주민집단은 본국 출신 거물을 중심으로 담로국 체제를 강화해 나갔다고 여겨진다. 백제가 열도에 담로를 설치했다는 단서는 일본서기 중애천황 조에서 발견된다.

〈중애 2년 2월〉

"각록(角鹿 쯔누가, 현재의 동해안 쯔루가만으로서 신라와 뱃길로 이어지는 곳이다.)에 갔다. 행궁을 세워서 머물렀다. 이를 사반궁(筍飯宮)이라 한다. 이달에 담로둔창(淡路屯倉)을 정하였다.(行角鹿 即興行宮而居之 是謂 筍飯宮 即月 定淡路屯倉)"[51]

"이달에 담로둔창을 정하였다."는 기사가 앞뒤 맥락도 없이 뜬금없이 출현하고 있는데, 기록은 없지만 이전에도 담로둔창이 계속 설치돼 왔음을 암시받을 수 있다. 만약 담로둔창이 특별한 것이었다면 자세하고 대대적인 내용이 실려야 하겠지만 위의 기사는 다분히 심드렁한 기술이다. 담로둔창이 '꽤 흔한 물건'이란 느낌마저 든다. 이는 곧 백제가 일본열도 곳곳에 담로를 활발히 건설한 것을 암시한다. 일본서기에서 중애천황은 응신천황의 아버지로 기술돼 있지만 믿기 어렵다. 중애천황은 '만세일계의 왕통' 창조과정에서 계보상 응신의 부왕

---

51. 전용신, 일본서기, 일지사, 2006, pp144~145.

(父王)으로 안배되었지만 실상은 응신보다 60~70년 후대의 인물로 보아야 한다.(응신과 중애 등의 천황계보 문제는 8장에서 언급한다.)

어쨌든 담로둔창을 설치하는 등으로 일본에 백제의 정치적 영향력을 부식시킨 주도세력은 목만치와 같은 귀족무장일 것이다. 목만치의 열도행 기록이 나타나고 일정한 세월이 흐른 뒤 백제계가 분명한 소가씨 가문이 열도의 권력자로 등장한다. 소가씨는 6세기부터 7세기 전반까지 100여 년간 천황을 능가하는 권력자로 군림하였다. 훗날 막부시대 쇼군(將軍)을 떠올리게 하는 실권자이다. 목만치의 열도행과 비슷한 시기에 출현한 소가씨 가문이야말로 훗날 백제·응신왜국 연합을 만든 산파(産婆)가 아니었을까?

목만치의 열도행이 다소 불분명한 점이 있다면 5세기 후반, 백제왕자 곤지(昆支)의 일본행은 역사기록이 보다 분명하다. 일본서기 웅략 5년(AD 461)조에 개로왕이 아우인 곤지(군군(軍君)이라고도 부른다.)를 왜에 보낸 기사가 실려 있다.(곤지의 열도행 시기는 461년 설과 462년 설이 있다. 일본서기에는 웅략 5년, 461년에 도일한 것으로 나오지만 열도행 와중에 태어났다는 무령왕의 무덤 지석에는 462년 탄생한 것으로 기록돼 있다.) 삼국사기에는 곤지를 개로왕의 아들로 기록하고 있는 반면 일본서기에는 동생으로 나오는데 아우설이 최근 대세이다. 곤지의 열도행과 관련해 일본서기에는 아무런 배경 설명 없이 "개로왕이 '너는 일본으로 가서 천황을 섬기라'고 말했다."라고만 나온다.

곤지왕자가 일본으로 향한 것은 단순한 외교사절로 보기 힘들다. 곤지가 백제로 일시 귀국했음을 암시하는 삼국사기 기록이 있지만 최종적으로 열도에서 뿌리를 내리고 살아간 사실을 감안하면 개인으로

나 국가적으로 커다란 결단이고 모험이었다. 일국의 왕자가 삶의 터전을 바꾼 이유는 뭘까? 귀족장수 목만치의 열도경영 성공에 고무된 백제왕실이 급이 더 높은 왕자를 파견하여 담로국에 대한 장악을 강화하려 했을 가능성도 짐작된다. 어쨌든 국왕이 아우를 머나먼 이역(異域)으로 떠나보낼 때에는 대단히 중대하고 본질적인 배경이 있을 것이다. 이즈음 한반도와 일본열도의 국제정치 상황을 감안하여야 한다.

AD 427년, 고구려 장수왕은 도읍을 압록강변 국내성에서 대동강변 평양성으로 옮겼다. 평양은 장수왕의 증조부 고국원왕이 백제와 싸우다 죽은 원한서린 도시였다. 고구려의 중심이 평양으로 이동한 사실이 갖는 국제정치적 의미는 작지 않다. 백제와 신라, 가야는 물론이고 일본에도 매우 불길한 뉴스였다. 그 이후 계속된 장수왕의 남진정책에 한반도 남부제국은 비상이 걸렸다. 서북부 중원으로부터의 위협을 감소시킨 천도 조치는 고구려가 남쪽에 흥미를 두고 있음을 의미하였다. 30년 전, 광개토대왕의 5만 군대에게 당했던 공포의 기억이 다시 살아났을 것이다. 장수왕의 남진정책은 한반도 남부와 일본열도에 커다란 파장과 극심한 스트레스를 불러일으켰다. 장수왕은 기가 세고 끈질긴 인물로 여겨진다. 백제를 완전히 부숴버릴 심산에서 인내심을 갖고 작전을 실행하였다. 개로왕이 바둑을 좋아한다는 첩보를 입수하고는 승려 도림(道琳)을 스파이로 파견하였다는 이야기를 액면 그대로 믿을 수는 없지만 장수왕의 장기작전을 시사해 주는 대목이다.

백제 개로왕은 암군(暗君)이 아니었다. 고구려의 국력이 갈수록 강성해지고 백제를 마음에 두고 있는 것이 분명해지는 만큼 장차 벌어질 전쟁을 염려하지 않았을 리 없다. 싸워 이겨 나라를 보전할 수도 있지만 패전하여 망국의 위기를 맞을 가능성도 있었다. 장수왕의 침공 3년 전인 472년에는 북위(北魏)에 국서를 보내 지원을 요청하였지만 소기의 성과를 거두지는 못하였다. 장수왕의 올가미는 날카롭고도 끈질 겼으니 개로왕은 475년, 고구려에 패하여 참수되는 비극을 맞이한다. 이런 엄혹한 상황에서 왕실의 일부를 안전지대로 보내어 훗날에 대비하자는 플랜B, 왜땅에 분조(分朝)를 설립하려는 시도가 곤지의 열도행이 지닌 본질적 의미라고 하겠다. 462년경 곤지가 열도로 향한 것은 백제계 담로소국을 조직화하여 제2의 터전으로 삼고자 하는 의도라고 짐작된다. 475년 고구려의 침공으로 한성이 함락되고 개로왕의 목이 달아나지만 백제는 멸망하지 않고 웅진에서 재기하였으니, 열도에서 10여 년간 기반을 갖춘 곤지의 도움이 적지 않았다고 여겨진다. 곤지의 열도행은 백제로서는 적절한 사전대책이었다고 하겠다.

숭신왕조가 동서 양쪽의 도전세력에 대응하느라 내부단속에 소홀한 사이, 기나이에서 기초를 다진 백제담로국은 본국이 전수하는 선진문물을 적극적으로 흡수하며 하루가 다르게 쑥쑥 자라났을 것이다. 실력과 위상이 커진 담로국을 기반으로 하여 백제왕자 곤지는 숭신왕조의 중신으로 입지를 굳혔고 마침내 477년경 쿠데타를 통해 정권을 장악하고 새로운 왕조를 열었다고 필자는 간주한다.(7장에서 상세히 기술한다.) 물론 숭신왕조의 지구력도 만만치 않아 열도의 서쪽에서 잔여세력이 일정기간 저항하지만 6세기 초중반에는 곤지의 후예가 이룩한 응신왕조가 열도의 최강자로 등장한다. 이 같은 정치변화가 숙성돼 가는 와중에 기나이의 담로국은 백제의 부용국에 다름 아

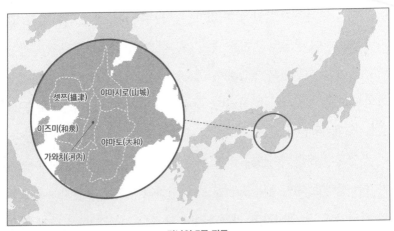

기나이 5국 지도

니었고 담로국의 수장은 백제의 후왕(侯王)이었다고 하겠다.

곤지의 가와치(河內)·나라(奈良) 진출 의미는?

현재의 오사카 인근인 가와치 평야에 곤지가 진출한 의미는 지대하다. 같은 기나이 권역이지만 전통적으로 5개의 소지역으로 구분되었다. 즉 나라분지의 야마토(大和, 大倭)를 중심으로 야마시로(山城), 가와치(河內), 이즈미(和泉), 셋쯔(攝津) 등이 존재하였다. 지도로 나타내면 위와 같다.

숭신왕조의 대왕(大王)은 열도의 패권자였지만 전지역을 직접통치하는 수준은 아니었다고 알려져 있다. 즉 지역별 거점세력의 존재와 위상을 인정한 바탕에서 간접통치하는 방식이었기에 지역소국의 실체는 여전하였고 정치적 자율성도 상당했다는 의미이다. 5세기에는 이미 일본의 정치중심이 된 기나이 지역 역시 숭신왕조에 부용하면서

곤지의 열도행 항해 경로 추정도

도 나름의 자율성을 지닌 여러 정치체가 난립하고 있었다고 짐작된다. 즉 곤지가 열도로 건너갈 당시 기나이의 정치질서는 단순하지 않았으니, 나니와 항구 근처인 이즈미와 셋쯔, 가와치, 나라분지의 야마토, 교토지역인 야마시로 등 여러 소국이 치열한 통합경쟁을 벌이고 있었다.

AD 461년(또는 462년) 백제를 출발한 곤지일행은 규슈의 북쪽 해상을 횡단하여 규슈와 혼슈 사이의 혈문(穴門 간몬해협)을 거쳐 세토나이카이를 항해하였다고 추정한다. 곤지는 일단 기나이의 관문인 아와지시마, 즉 담로도에 도달하여 닻을 내렸을 것이다. 이곳은 이름 그대로 백제의 '담로'였을 것이다. 백제국의 2인자인 곤지왕자가 단순히 배 1~2척으로 열도로 향하지는 않았을 것이니 인근의 지역소국을 제압할 정도의 해군력은 갖췄다고 봐야 한다.

곤지가 아와지시마에서 얼마나 머물렀으며 무엇을 준비했는지를 판단할 자료는 없다. 다만 '일본 탄생의 포(胞)'로 규정된 사실에서 열도 평정의 기지(基地)였음을 충분히 짐작할 수 있다. 아와지시마에 닻을 내린 곤지는 백제왕자라는 신분과 배경을 활용하여 당시 일본을 지배하던 숭신왕조의 군왕에게 접근하였을 것이다. 백제의 선진물자를 제공하고 학문과 제도를 이식해주는 대가로 숭신왕조의 중신으로 활동하였다고 짐작된다. 아울러 '아와지시마 기지'의 힘을 키우는 한편 열도내 제반 정치세력을 협력대상과 공격대상을 구분하면서 새로운 도약을 준비하였을 것이다. 일본의 건국신화에서 백제풍의 담로도, 아와지시마가 '1번 국토'로 기록된 데는 그만한 이유가 있을 것이다.(바로 이어지는 절에서 상세히 언급한다.)

곤지는 아와지시마, 담로도에만 머물지 않고 현재의 오사카 권역인 가와치로 진출한 것은 분명하다. 가와치 일대에는 지금도 곤지신사를 비롯하여 곤지계통의 행적이 다수 발견된다. 오사카의 남부의 하비키노시(羽曳野市)에 아스카베신사(飛鳥戶神社)가 자리잡고 있다. 신사 주변에는 백제의 후예라는 '아스카베노 미야스코'라는 일족이 살고 있는데, 아스카베신사는 그들의 조상신을 모신 신사이다. 문제의 조상신이 바로 백제의 곤지왕이다.

곤지가 가와치를 떠나 최종적으로 정착한 곳은 나라분지의 야마토 지역이다. 해안 근처인 가와치에서 방어하기 유리한 내륙의 나라분지로 진출한 것으로 여겨진다. 나라평원의 야마토가 '왜경(倭京)'이란 이름을 얻은 것은 의미가 있다. 즉 야마토가 기나이왜국의 정치중심이 되었고 곤지와 그의 후예(또는 곤지계와 제휴한 세력)가 열도의 왕권을 확보하였음을 사후적으로 포착할 수 있다.

그런데 숭신왕조의 수도가 야마토지역(나라분지)이라는 일본학계의 공식학설을 수용한다면 곤지는 숭신왕조가 아직 굳건하던 시기에, 숭신왕조의 도읍보다 서쪽(가와치)에 근거지를 마련한 셈이다. 훗날의 역사 전개상황을 보면 곤지의 후예인 응신왕조는 동쪽에 위치한 반면 숭신왕조는 규슈 등 서쪽에 기반을 두고 있다. 이런 점을 감안하면 곤지가 숭신왕조 전성기의 수도보다 서쪽인 가와치로 진출한 사실이 언뜻 이해가 되지 않는다. 곤지가 숭신왕조의 영역을 찢고 들어갔다는 의미이기 때문이다.

그러나 이런 풀이는 당대 상황조건과 모순되지 않는다. 곤지가 처음 진출할 당시에는 아와지시마와 가와치 일대는 숭신왕조의 지방세력으로서 백제계 도래인의 집단거주지이자 담로였다. 곤지는 숭신왕조에 부용(附庸)하던 담로국의 지도자로 출발하였다는 말이다. 물론 숭신왕조가 웅번(雄藩)인 백제담로와 이즈모왜, 기비왜 등의 잠재력에 대해 스트레스를 받았고 견제구도 날렸을 개연성은 있지만 늘상 적대적이지는 않았다고 봐야 한다. 곤지의 담로국은 표면적으로는 '왕실에 충성하는 집단'으로 행세하였을 것이기에 숭신왜는 곤지의 가와치 진출을 용인하였다고 여겨진다. 특히 가와치는 '하내(河內)'라는 한자 지명에서 보듯이 농사짓기 힘든 저습지대였기에 치수능력이 뛰어난 백제인의 손길을 필요로 했을 가능성이 다분하다.

하지만 가와치는 점차 숭신왕조의 목을 조이는 전략적 요충지의 면모를 보여준다. 곤지의 응신왕조가 훗날 숭신왜를 타도할 수 있는 지리적 우월성은 바로 이 대목에서 비롯한다고 여긴다. 어쨌든 곤지의 가와치와 나라분지 진출은 단순한 이주의 흔적이 아니다. 외부에서 이주해온 세력이 특정국가의 핵심부를 온통 차지하는 법은 없다. 필자는 곤지가 정변을 일으켜 일본의 정치중심지를 장악한 결과라고 파악한다. 곤지의 쿠데타는 역사서에 나오지 않는데 너무 앞서간 추정이 아니냐고? 일본서기에 그 해답이 담겨 있다.(7장에서 상세히 다룬다.)

아와지시마, 담로도(淡路島)가 1번국토가 된 까닭은?

혼슈와 시코쿠 사이에 위치한 바다, 즉 세토나이카이의 최동단인 오사카 앞바다에 아와지시마, 한자로 담로도라는 섬이 있다. 아카시해협대교(明石海峽大橋)와 오나루토교(大鳴門橋)의 두 다리로 혼슈, 시코쿠와 이어진다. 면적 591km²로 거제도의 1.5배쯤 되는 섬이다.(아와지시마, 담로도 인근 지도는 p137쪽을 참고하기 바란다.)

일본서기 신대에 이자나기(伊奘諾尊)와 이자나미(伊奘冉尊)가 낳은 국토생성신화가 기록돼 있는데 대팔주(大八洲 일본국을 구성하는 8개 지방)를 낳은 포(胞), 즉 태반이 아와지시마(淡路島)이다. 대일본풍추진주(大日本豊秋津洲)라고 표현한 혼슈보다 순번이 앞선다.

"아이를 낳을 때에 이르러서 먼저 담로주를 포(胞)로 하였다. 마음에 들지 않았다. 그래서 담로주라고 하였다. 다음으로 대일본풍추진주를 낳았다…(중략)…이로써 비로소 대팔주국의 이름이 생겼다.(及至産時 先以淡路洲爲胞 意所不快 故名之曰淡路洲 迺生大日本豊秋津洲…(중략)…由 是 始起大八洲國之號焉)"[52]

52. 전용신, 일본서기, 일지사, 2006, pp4~5.

고사기에도 비슷한 기사가 나온다. 즉 이자나기신(伊邪那岐神)과 이자나미신(伊邪那美神)이 결합하여 국토를 낳는 내용이다.

> "…다시 결합해 낳은 아이는 아와지노호노사와케섬(淡道之穗之狹別島 아와지섬淡路島)이며 다음으로 이요노후타나섬(伊豫之二名島 시코쿠四國)…(중략)…을 낳았다. 이렇게 먼저 낳은 8개 섬을 오야시마국(大八島國)이라고 한다.(…竟而御合 生子 淡道之穗之狹別島 次生伊豫之二名島…(중략)…因此八島先所生 謂大八島國)"[53]

별로 대단하지 않은 작은 섬이 왜 국토를 만드는 포(胞), 즉 태반이 되거나 최초로 탄생한 국토로 지목된 것일까? 담로라는 섬 명칭에 해답이 담겨 있다. "담로주를 포로 한 것이 마음에 들지 않았다.(淡路洲 爲胞 意所不快)"는 일본서기 기록은 결정적 힌트이다. 일본국이 백제의 담로로 시작된 사실을 숨기고 싶었던 것이다.

아와지시마의 한자 이름 담로(淡路)가 백제의 담로(檐魯)와 소릿값이 동일하다는 점이 중요하다. 백제는 담로(檐魯) 체제를 갖췄다고 기록돼 있다. 담로란 통치를 위한 행정단위인데 남제서(南齊書)를 보면 '매라왕' '벽중왕' '도한왕' '아조왕' '면중왕' '불중후' '불사후' '면중후' '팔중후' 등 담로수장들의 직함이 보인다. 백제의 담로체제는 느슨한 연방제와 비슷하였으니 고구려·신라의 중앙집권체제와 대비된다. 백제는 자국출신이 집중적으로 거주하는 기나이 일원에 담로제를 이

---

53. 오노 야스마로, 강용자 역, 고사기, 지식을만드는지식, 2014, pp15~17, p283.

식할 계산을 세웠다고 여겨진다.

이런 맥락에서 담로도(淡路島)는 곧 백제의 해외영토를 의미한다. 아와지시마가 국토를 탄생시킨 포이자 1번 국토라는 일본의 신화는 백제가 열도에 만든 '첫 담로'임을 암시한다. 양나라 세자가 만든 화첩인 양직공도(梁職貢圖)를 보면 백제는 여러 부용국가를 거느린 것으로 나오는데 대부분 '담로'이다. '담로를 포로 한 것이 마음에 들지 않았다'는 일본서기 기록은 훗날(일본서기를 저술한 8세기경) 해당 섬의 이름을 백제식의 '담로'라고 발음하지 않고 열도식의 '아와지시마'라고 고쳐 읽었음을 의미하는데 이는 담로도가 백제의 담로(擔魯)로 출발하였음을 실토하는 대목이다.[54]

일본의 건국신화에서 아와지시마가 '1번 국토'로 언급된 데는 그만한 이유가 있다. 기나이왜, 야마토조정의 중대한 비밀이 담겨 있는 대목이다. 비밀의 큰 줄기는 아와지시마를 확보한 열도 외부세력이 기나이왜를 정복하고 야마토조정을 창건했다는 내용이다. 열도 내부세력, 예컨대 규슈나 기비왜 또는 이즈모왜가 자력으로 야마토조정을 세웠다면 아와지시마를 중시할 이유가 없다. 자신들의 터전을 1번국토로 명명했을 것이다. 그런데도 기나이 앞바다의 아와지시마를 1번국토를 삼았다는 것은 열도 바깥에서 돌발적으로 진입한 세력이 기나이를 정복하였음을 시사한다.

일본열도 외부에서 바닷길을 타고 진입한 세력은 아와지시마를 우선 장악해 군(軍) 기지로 삼은 다음 기나이를 정복하는 수순을 밟았다

---

54. 김성호, 비류백제와 일본의 국가기원, 지문사, 1982, pp166~167.

고 여겨진다. 섬을 근거로 삼았으니 '문제의 외부세력'은 군선(軍船)을 이용해 아와지시마로 진출했을 것이 틀림없다. 아울러 이 섬의 이름이 백제의 담로(檐魯)와 음가가 통하는 담로도(淡路島)라는 사실은 백제계가 이곳을 기반으로 하여 열도의 패권을 쥐었음을 의미한다.

앞서 필자는 백제인 120현민을 이끌고 열도로 도해한 궁월군의 행적이 시기적으로나 정치적 무게로나 응신천황을 떠올리게 한다고 언급하였다. '최초의 (백제)담로 개척자'인 궁월군=응신이라는 가설이다. 기나이 앞바다의 담로도는 '일본 내 최초의 백제 담로'로서 응신왕조 태동의 무대였다는 시각에서 보면 건국신화에서 1번국토로 지목된 것은 불합리하지 않다. 궁월군에 이어 열도로 진출한 목만치 등이 아와지시마(=백제담로)의 후왕으로 짐작된다. 그리고 나중에 도일한 곤지왕자는 이 섬과 인근 나니와 등지의 백제인 집단을 단단히 결속시킨다. 이어 백제계의 힘으로 나라의 숭신왕조를 평정하고 야마토 조정을 출범시킨다. 훗날 백제계 야마토왕실은 정치적 고향인 아와지시마·담로도를 많이 아낀 듯한데 국토생성 신화에서 '태반의 땅' 내지 '1번 국토'라는 영광을 안겨준 것은 이런 이유일 것이다. 일본서기를 세밀히 독서해 보면 아와지시마, 담로도가 군사무대였음을 암시하는 사례를 제법 찾을 수 있다. 응신 13년(AD 282, 실제는 120년 후인 AD 402년으로 보정.) 9월의 사냥기사는 매우 유명한 대목이다.

〈응신 13년 9월〉

"그때 천황은 담로도에 사냥하러 갔다. 천황이 서쪽을 바라보니 수십 마리의 사슴이 바다에 떠서 오고 있었다. 그러더니 파마(播磨)의 녹자

수문(鹿子水門)으로 들어왔다. 천황이 좌우에 일러 '무슨 사슴인가? 넓은 바다에 떠서 많이 온다'고 말하였다. 좌우가 다 같이 보고서 이상하게 여겨 사람을 보내 알아보게 하였다. 사자가 이르러보니 모두 사람이었다. 다만 뿔이 붙어 있는 사슴의 가죽을 의복처럼 입고 있을 뿐이었다. '누구냐?'고 물었더니 대답하길 '제현군우(諸縣君牛)는 지금 나이가 들어 치사하였지만 조정을 잊을 수가 없습니다. 그래서 저의 딸 발장원(髮長媛)을 바칩니다'라고 말하였다. 천황이 기뻐하며 불러서 배에서 섬기게 하였다. 사람들이 그들이 온 해안을 녹자수문이라 하였다. 무릇 뱃사공을 녹자(鹿子)라고 하는 것이 이때부터라고 한다.(時天皇幸淡路嶋 而遊獵之 於是 天皇西望之 數十麋鹿浮海來之 便入于播磨鹿子水門 天皇謂左右曰 其何麋鹿也 泛巨海多來 爰 左右共視而奇 則遣使令察 使者至見 皆人也 唯以著角鹿皮 爲衣服耳 問曰 誰人也 對曰 諸縣君牛 是年耆之 雖致仕 不得忘朝 故以己女髮長媛而貢上矣 天皇悅之 即喚令從御船 是以 時人號其著岸之處 曰鹿子水門也 凡水手曰鹿子 蓋始起于是時也)"[55](문정창은 '한국사의 연장 일본고대사'에서 위의 기사를 근거로 응신은 곧 부여의 의라왕(依羅王)이라고 풀이한다. 의라가 일본열도에서 나라를 얻은 지 13년 만에 사슴과 여우, 너구리, 담비가죽을 입은 부여의 옛 신하들이 찾아왔다는 증거라고 보았다. 그러나 중국 역사서는 의라가 AD 285년 옥저로 피했다가 이듬해 귀국해 왕위에 올랐다고 기술하고 있는 만큼 문정창의 가설에 동의하기는 어렵다.)

응신은 담로도에 자주 사냥을 갔다. 응신 22년 9월의 사냥 기사에

55. 전용신, 일본서기, 일지사, 2006, pp175~176.

는 담로도에 대한 찬사가 담겨 있다.

〈응신 22년 9월〉

"천황이 담로도에 사냥을 갔다. 이 섬은 바다에 가로누어 나니와(難波 난파)의 서쪽에 있다. 봉우리같은 바위가 무수히 많고 능선과 계곡이 연속되어 있다. 아름다운 풀이 무성하고 물이 기세 좋게 흐른다. 또 사슴과 오리, 기러기들이 그 섬에 많이 산다. 그래서 천황이 자주 갔다.(天皇狩于淡路嶋 是嶋者横海 在難波之西 峯巖紛錯 陵谷相續 芳草薈蔚 長瀾漭漾 亦麋鹿梟鴈 多在其嶋 故乘輿屢遊之"[56]

응신이 담로도에서 사냥한 기록은 2번뿐이지만 위의 기사에서 '천황이 (섬에)자주 갔다'고 하였으니 담로도를 찾은 사례는 더 많았을 것이 분명하다. 담로도에서 사냥하기는 응신만이 아니다. 이중천황 5년 9월과 윤공 14년 9월에도 사냥 기사가 나온다. 역대 응신왕조 천황들의 사냥기사가 9월에 집중되고 있는 점이 흥미롭다. 모든 사냥을 역사서에 일일이 등재하지는 않았을 것이므로 위의 4건의 기사를 통해 '담로도 사냥은 매년 9월의 연례행사였다'는 통찰을 얻게 된다. 고대 군왕의 수렵은 군사훈련이나 군대활동과 관련이 깊다. 응신왕조의 역대 군주가 '9월에 담로도에서 사냥을 하였다'는 일본서기 기록들은 이 섬이 응신왕조가 태동하게 된 군사적 기반이었음을 강하게 암시한다.(숭신에서 수인, 경행, 성무, 중애로 이어지는 숭신왕조의 경우 아와지시마,

---

56. 위의 책, p179.

담로도에서 사냥을 하거나 다른 활동을 한 기사가 없다. 숭신왕조에게 담로도는 크게 중요하지 않은 평범한 섬이었던 모양이다.)

일본서기는 또 18대 반정천황(反正天皇)이 담로궁(淡路宮)에서 태어났다고 기록하였다. 반정(反正)이란 이름이 정치적 격변을 상징한다는 점에서 필자는 '담로궁 출생'을 담로도에 기반을 둔 세력이 반정, 즉 쿠데타로 집권한 사실을 은유한 것으로 짐작한다. 7장에서 상세히 기술하지만, 반정천황은 담로도에 기반을 두고 정변을 일으켜 백제계 왕조를 개창한 곤지왕자와 동일인일 가능성도 배제할 수 없다.

아와지시마, 담로도를 장악하면 기나이를 차지할 수 있다는 믿음은 훗날에도 확인된다. 제명천황(齊明天皇) 4년, AD 658년에 모반을 일으켰다 잡혀 죽은 유간황자(有間皇子)는 측근들에게 쿠데타 계획을 이렇게 나열하였다. "먼저 궁궐을 불태우고 500인으로 하룻낮과 이틀밤 동안 모루진(牟婁津)을 막아낸다. 그리고 빠른 수군으로 담로국을 차단하려고 한다. (천황을)옥에 가둔 것처럼 하면 일은 쉽게 성사될 것이다." 비록 실패하였지만, 유간황자의 쿠데타 계획은 아와지시마, 담로도를 차단하여 기나이 조정을 장악한 과거사에서 학습한 것이 아닐까?

열도 내 백제파워의 원천은 철(鐵)이었나?

곤지로 대표되는 백제왕실은 도대체 무엇으로 숭신왕조의 환심을 사게 되었을까? 대륙계 선진문물을 감안할 수 있지만 근본 동력은 바로 백제의 우수한 철 자원일 것이다. 일본서기에 출현하는 '곡나(谷那)

의 철'을 제공하는 조건으로 왜의 여러 정치세력과 접촉에 나섰다는 말이다. 5세기 당시까지 일본열도에서는 약간의 사철(沙鐵)만 생산될 뿐 무구류와 농기구를 만들기 위한 대량의 철산지는 발견되지 못하였다. 열도에 제공되는 철자원의 대부분은 가야산이었는데 이는 숭신왕조가 통제하고 있었다.

현대의 원유나 원자력에 비유되는 철자원 지대와의 거리가 멀었던 까닭에 기나이 지역은 규슈보다 넓은 평야지대를 갖고 있음에도 불구하고 한동안 후진지대로 머물렀던 것이다. 이런 상황에서 5세기 중후반부터 백제가 열도에 새로운 철자원 제공국가로 등장한 것이다. '곡나의 철'은 품질과 생산력 면에서 가야철에 뒤지지 않았으니 결국 백제계가 가야계를 대신하여 열도의 패권을 장악할 수 있는 근본동력이 되었다. 곡나는 황해도 곡산설과 전라도 곡성설, 충청도 충주설 등으로 다양한데 필자는 백두대간 일대로 추정한다. 백두대간 지역은 고대부터 철산지로 유명한데 백제는 주로 이 일대에서 철제품을 생산하였다.

백제의 제철유적으로는 충청북도 진천군 덕산면 석장리유적이 유명하다. 1994~1997년까지 국립청주박물관에서 실시한 4차례 발굴조사를 통해 면모가 드러났다. 석장리유적에서는 원료에서 제품 생산까지의 연속적인 철 생산 공정을 보여주는 30여 기의 시설과 취사·제사 관련 유구들이 확인되었다. 특히 지상식상자형로(爐)와 반(半)지하식원형로 등 다양한 제철로 26기가 확인되었다. 석장리의 대형제철로는 고도로 발달된 백제의 제철실력을 보여주는데 일본의 고대 제철로와 형태가 유사하다. 백제의 제철기술이 일본으로 전해졌음을 보여주는 증거로 평가된다. 진천 구산리와 충주 칠금동, 청원 연제리 등지의 제철유적도 백제와 관련 깊은 것으로 분석된다.

백제의 철 생산능력을 상징적으로 보여준 계기가 바로 칠지도의 제공이다. 앞에서 언급하였지만 칠지도 명문은 백제 왕세자가 일본열도의 후왕에게 하사한 내용으로 풀이하는 것이 자연스럽다. 칼은 사람을 찌르는 흉기이므로 대체로 아랫사람이 올리기보다는 윗사람이 하사하는 법이다. 윗사람이 아랫사람에게 '나라를 위해 흉적을 무찌르라'는 메시지를 담아 건네는 게 통상적이다. 아랫사람이 칼을 헌상한 경우는 도검 제작자가 칼 주인에게 전달할 때 외는 드물다. 하지만 아랫사람이 윗사람에게 칼을 바치지 말란 법은 없는 만큼 결론을 내리기 쉽지 않다.(사실 짧은 글에서 백제와 왜국의 위상을 한눈에 파악하기란 쉬운 일이 아니다. 설령 백제가 높은 위치에서 하사했을 경우에도 외교용어로는 정중할 수밖에 없는 만큼 진상은 왜곡되기 쉽다.)

칠지도가 하사품인지 조공물품인지를 밝히는 것보다 더 중요한 일은 백제가 칼을 보낸 이유일 것이다. 다양한 풀이가 나오지만 필자는 백제가 자신들의 철제품을 홍보하고 다양한 제조능력을 과시하기 위한 목적이 가장 컸다고 풀이한다. '백문(百聞)이 불여일견(不如一見)'이란 말처럼 '우리 백제는 이처럼 단단하고 날카로우며 제작하기 힘든 철제품을 생산할 수 있는 국가이다. 더 이상 가야산 철에 연연할 필요 없이 백제와 교류하면 충분하다'는 메시지를 당시 열도인들에게 홍보할 목적에서 제작해 후왕에게 보낸 것이 칠지도라는 판단이다. 백제계 응신왕조의 핵심부는 물론이고 기나이 일대의 소국들도 백제산 선진문물에 열광하였고 적극 협력하였을 것이다. 백제는 곡나에서 생산

한 철을 무기로 하여 열도에서 지지
세력을 확충하였다고 여겨진다.

인물화상경(人物畵像鏡 스다하치만경)

칠지도와 관련해서는 다음의 변
수들을 고려할 필요가 있다. 우선
기나이의 석상신궁에서 보관하고
있었던 만큼, 규슈에 중심지를 두
었던 정치체보다는 기나이지역 국
가를 백제의 칠지도를 받은 교섭
대상으로 볼 수 있다. 그런데 제작연도인 '태화 4년'을 둘러싸고 369
년설과 408년설, 468년설, 501년설 등으로 의견이 엇갈린다. 당초
369년설이 대세였지만 동양사학자인 교토대 미야자키 이치사다(宮
崎市定) 교수가 태화 4년은 468년이라고 주장한 이후 분위기가 바뀌
었다.[57]

나는 칠지도를 보낸 시기를 501년 등극한 무령왕 시대에 무게를 둔
다. 김병훈은 510년 경 무령왕시기에 칠지도와 '인물화상경(人物畵像
鏡 스다하치만경)'이란 거울을 보냈을 것으로 추정하였는데 필자의 의
견과 비슷하다.(인물화상경에 대해서는 7장에서 상세히 언급한다.)

백제가 접촉한 왜는 4세기 말에서 5세기 중반까지는 숭신왜였지만
5세기 후반부터는 응신왜로 바뀐다.(응신왜는 백제계가 왕권을 장악한
왕조라고 여기는데 그 이유는 7장 '곤지의 쿠데타…백제왕실의 열도왕권
장악'에서 상세히 설명한다.) 왜국 왕조의 변천과 별도로 칠지도는 백제

---

57. 이진희, 강재언, 한일교류사, 학고재, 1998, pp47~48.

에 대한 왜의 충성을 유인하는 물품 가운데 하나로 보아야 한다.

5세기 말~6세기 초 숭신왜와 응신왜의 총제적 힘은 팽팽하였다고 여겨지지만 군사력과 농업생산력 등 잠재적인 국력은 응신왜가 더 커져가는 시기였다. 백제로서는 가야와 한 몸처럼 움직이는 숭신왕조와는 적대하는 대신 백제후예가 왕권을 잡은 응신왜국에 적극 투자하기 시작하였다. 고대에도 정치의 세계는 비정하다. 아무리 백제계가 왕권을 잡았다고 하더라도 국가정책은 냉정하게 마련이다. 칠지도는 백제본국이 기나이 응신왜국에 계속 투자하고 성의를 보여준 증거자료이다. 백제는 철 자원과 함께 불교와 한문학, 농사법, 양잠과 베짜기 등 발전된 문물도 함께 전수해 줌으로써 낙후된 기나이의 생활수준을 획기적으로 발전시켜 나갔다. 어린 기나이왜는 (백제계가 권력을 쥔 탓도 있겠지만)핵심자원인 철과 선진물품을 공급받기 위해서라도 본국과 밀착하면서 본국의 요구에 충실히 부응하였다고 짐작한다.

5세기 벽두부터 수십 년간 투자한 백제의 승부수는 성공하였다. 5세기 말이 되면 기나이왜는 열도에 존재하는 동(東)백제로 기능하였고, 빠르게 실력을 키워나간 끝에 6세기 초반에는 숭신왜를 압도하게 되었다. 백제계가 이룩한 기나이 응신왜국의 성장은 숭신왕조는 물론이고 가야(임나)에게도 좋지 못한 소식이었다.(이어지는 6장과 7장, 8장에서 다루게 된다.) 장수왕의 대공세에 가까스로 살아남은 백제가 2백년 가까이 왕실을 유지할 수 있었던 비결은 바다 건너 기나이를 개척해 그 힘을 반도에서의 세력 다툼에 활용한 덕분으로 볼 수도 있다.

6장
흔들리는 숭신왕조 위험한 도박

5세기 중반 즈음부터 가야·숭신왜국연합은 각종 악재를 한꺼번에 맞이하고 있었다. 일본열도 내에서는 기나이의 골칫거리 백제담로국 (응신왜국)이 힘을 키워가며 연합왕국의 인내심을 시험하기 시작하였다. 이즈모와 기비왜는 기나이 응신왜의 부상을 지켜보면서 숭신왜국의 리더십에서 이탈해 가고 있었다.

숭신왕조는 5세기 후반, 백제계가 일으킨 정변으로 결정적인 타격을 입게 되고 기나이와 동국을 상실한 채 규슈와 혼슈서부 등지로 국세가 위축된 것으로 여겨진다. 특히 6세기 들어서면서 숭신왕조의 총체적인 국력은 기나이의 응신왕조에 확연히 밀리게 되었다. 백제의 전폭적인 지원을 받은 응신왕조는 신속히 발전한 반면 숭신왕조는 안팎의 도전 속에 제대로 된 국가발전을 이룩하지 못하였다. 열도에서의 양자대결은 궁극적으로 숭신왕조의 몰락과 응신왕조의 패권 장악으로 귀결되는데, 여러 이유가 있겠지만 필자는 지원세력의 차이(가야·백제)와 함께 지리적 위치에서 숭신왕조가 불리했던 점을 근본원인으로 본다.

한반도의 사정은 더욱 열악하였다. 전통의 라이벌 신라는 국력을 빠르게 키워가며 숭신왜국의 본향인 가야연맹을 호시탐탐 압박해 나가고 있었다. 응신왕조의 후원자인 백제 또한 숭신왜의 우호세력인 가야연맹에 대해 공세의 손길을 늦추지 않고 있었다. 답답해진 숭신왕조는 중국에 구원의 손길을 내미는가 하면 숙적 신라와 연대를 시도하는 등 위험한 도박을 벌이며 좌충우돌하였다. 그 이유를 짐작하기 힘들었던 왜5왕 견사조공의 비밀은 바로 여기에서 찾을 수 있다.

한왜연합왕국, 가야·숭신왜국의 약점

4세기 후반 열도로 진출한 것으로 짐작되는 기마민족은 잘 훈련된 기병대로 열도를 힘차게 정복하였다고 사료된다. 규슈에서 세토나이카이를 거쳐 기나이와 동국에 이르는 일본의 핵심부를 평정하고 숭신왕조를 개창하기까지는 '중단 없는 성공'의 역사를 썼다. 하지만 무적의 기마군단에도 한계는 있었다. 무엇보다 군대의 규모가 크지 않았던 것으로 짐작된다. 앞서 언급했듯이 코벨은 기병 500명, 보병 700명 정도가 한반도에서 규슈로 상륙했을 것으로 보았다. 이 정도 병력이면 당시 일본을 정복하기에 충분한 규모였다는 것이다. 앨런 코벨의 추정에 명확한 근거가 있는 것이 아니며 필자는 그보다는 많은 병력이 동원되었을 것으로 추정하지만 당시의 해상수송능력을 감안할 때 열도에 상륙한 기마군단의 숫자는 한계가 있었다고 여겨진다. 결국 적은 병력과 그에 따른 느슨한 조직력으로 넓은 열도를 장악한 탓에 '통치의 공백지대'를 허용하지 않을 수 없었다. 이는 곧 지역 간의 정치적 분열로 이어지게 된다. 한마디로 주요 거점들을 연결하는 영역국가적 성격이 강했기에 생겨난 한계라고 하겠다.

5세기 중반 이후 일본열도는 '전국구'인 숭신왕조와 '기나이웅번'인 응신왜국(=백제담로국) 사이에 팽팽한 세대결이 이어졌다고 사료된다. "새로운 강국이 부상하면 기존의 강국이 이를 두려워하게 되고 결국 전쟁이 발발한다."는 '투키디데스의 함정'은 일본열도의 패권경쟁에서도 예외없이 작동한 셈이다. 특히 5세기 초반부터 백제계 인구비중이 급상승한 기나이의 지리적 우월성은 숭신왕조에 부담이 되었을 것이다. 기나이는 규슈보다 훨씬 넓은 평야와 배후지를 갖추고 있었다. 서쪽·동쪽으로의 진출도 용이하였다. 그 때문에 열도의 정치중심이 될 만한 지리적 요건을 갖추고 있었지만 철산지인 가야와 거리가 먼 데다 대륙 선진문물을 제대로 수입하지 못한 관계로 일정 기간 규슈에 중심지 기능을 양보한 셈이다.

5세기 당시 한반도 남부의 4개 세력(백제-신라-가야-영산강)과 열도의 4대 거점(규슈-이즈모-기비-기나이) 등 8개 세력은 복잡하게 얽힌 갈등과 협력관계를 구축하고 있었다. 열도의 4개 지역거점 가운데 최동쪽에 위치해 불리했던 기나이는 5세기 후반 백제가 본격적으로 관심을 보이면서 도약의 기회를 잡았다. 한반도와 열도의 8개 세력 가운데 최서쪽의 백제와 최동쪽의 기나이는 전략적인 제휴를 맺고 중간에 위치한 가야와 영산강세력, 규슈의 정치체를 압박한 셈이다. '원교근공(遠交近攻)의 법칙'은 동서고금의 외교무대에서 공통적으로 나타나는 현상이다.

가야·숭신왜국연합의 체제위협은 내부문제가 아니라 외적환경에서 비롯된 측면이 강하다. 5세기 중반경 기나이의 백제담로국이 실력(實力)을 확보한 이후, 바깥에서부터 조이기 시작한 것이다. 일본서기에 임나사현으로 기록된 호남동부는 원래 가야(임나)의 영역이었지만 백제·응신왜국연합에 빼앗겼다. 일본서기에는 "동한(東韓)지역을 백제에 할양하였다."고 기록돼 있다. 참고로 5세기 이후 일본서기에 나오는 '한(韓)'은 대체로 가야가 아니라 백제를 의미한다. 백제와 응신왜국은 여세를 몰아 영산강유역에 대한 압박을 강화한다. 3부에서 다루지만 영산강유역 전방후원분의 등장은 백제의 남진위협에 따른 자구책의 성격이 강하다. 열도에서는 기나이의 응신왜(백제담로국)가 규슈와 혼슈서부를 근거지로 삼은 숭신왜를 강하게 몰아붙였다.

바깥에 강한 적을 두게 된 가야·숭신왜국연합은 백제와 응신왜국의 공세에 전략적인 대응을 하지 못하고 상호경쟁과 비전략적인 반응을 보이다 몰락의 길로 접어들었다. 최종적으로 가야는 신라에 합병되었고 규슈 일대로 쪼그라든 숭신왕조는 응신왜국에 정복당하였다. 숭신왜를 정복한 응신왜국은 여세를 몰아 가야(임나)까지 눈독을 들였으나 신라의 전략적인 행보 때문에 성공하지 못하였다. 가야와 연합왕국체제를 유지하였던 숭신왕조는 5세기 들어 남중국에 사신을 보내고 조공을 바치는 등 대(對)중국 외교를 중시한 것으로 여겨진다.

5세기 왜5왕의 특징

AD 266년 야마타이국의 비미호(卑彌呼 히미코) 여왕과 일여(壹與 이요) 기록을 끝으로 일본은 140여 년간 중국 사서에 등장하지 않았다. 그러다가 413년 남중국의 동진(東晉)에 왜국왕 찬(贊)이 사신을 보내면서 다시 출현한다. 찬(贊), 진(珍), 제(濟), 흥(興), 무(武)… 외자 이름을 쓰는 5명의 왜국왕은 잇따라 중국 남조에 조공하며 왕호와 장군호를 요청하였다.

문제의 5왕 기사는 중국 사서에만 출현할 뿐 일본의 역사서에는 일절 언급이 없다. 그래서 5왕의 실체를 둘러싼 논쟁이 분분하였지만 진상은 여전히 흐릿하다. 일본사학계는 5왕을 야마토왕조의 역대 천황에 비정하기 위해 비장한 노력을 기울였으나 별무성과였다. 왜5왕은 과연 누구인가? 급할수록 돌아가야 한다. 먼저 5왕 관련 기록을 시대순으로 정리해 보자.

413년 동진에 사신을 보내며 국제무대에 등장한 찬은 420년 동진이 망하고 송나라가 들어서자 421년과 425년, 430년 연이어 사신을 보내고 조공을 바쳤다.(2장 p50에서도 언급했지만 신라왕자 미사흔이 박제상의 도움을 받아 본국으로 탈출한 418년은 왜국왕 찬의 재위기에 해당한다.) 찬이 처음 조공한 413년은 왜가 고구려 대방계를 침공했다가 실패한 404년에서 불과 9년 뒤이다. 중국의 힘을 빌려 고구려에 앙갚음하고픈 의도가 대중(對中)외교에 나선 계기임을 의미한다. 그러나 세월이 흘러가면서 왜왕들의 요구는 자신의 직급을 높여주고 군사적 관장 범위를 넓혀달라는 쪽으로 바뀐다.

찬은 438년 사망하였고 왕위는 동생 진(珍)이 계승하였다. 진은 438년 송에 사신을 보내 스스로를 '사지절 도독 왜백제신라임나진한모한 육국제군사 안동대장군 왜국왕(使持節 都督 倭百濟新羅任那秦韓慕

韓 六國諸軍事 安東大將軍 倭國王)'으로 자칭하고 이를 인정해 줄 것을 요청하였으나 거절당하고 '안동대장군 왜국왕'의 직위만 받았다.

진을 뒤이은 제(濟)는 선왕과의 관계가 불명확하다. 아들인지 동생인지 알 수가 없는데 왕위를 찬탈했을 가능성도 제기된다. 443년 송나라에 사신을 보내 '안동대장군 왜국왕'의 지위를 받았다. 이후 451년 '사지절 도독 왜신라임나가라진한모한 육국제군사(使持節 都督 倭新羅任那加羅秦韓慕韓 六國諸軍事)'에 임명되고 그의 신하 23인은 군(軍)과 군(郡)을 제수받았다. 왜왕 제가 임명된 작위 중 '육국제군사'는 진이 희망한 작호 중에서 백제가 빠지고 가라가 추가된 차이가 있는데, 어쨌든 송으로부터 길다란 직위를 받아냈다. 제의 몰년은 알 수 없지만 그의 아들인 흥(興)이 462년 송에 사신을 보내는 점으로 미뤄 462년 이전에 사망한 것으로 보인다.

왜왕 흥에 대해 송서는 제의 세자(世子)로 기록하고 있다. 462년 (460년 설도 있음) 송에 사신을 보내 아비의 직위를 승계받았다. 477년 사망하고 동생인 무(武)가 왕위를 이었다고 돼 있다.

무는 흥의 동생이라고 돼 있으니 제의 아들인 셈이다. 477년 형왕(兄王)이 사망하자 '사지절도독 왜백제신라임나가라진한모한 칠국제군사 안동대장군 왜국왕(使持節都督 倭百濟新羅任那加羅秦韓慕韓 七國諸軍事 安東大將軍 倭國王)'을 자칭했다. 이듬해(AD 478) '개부의동삼사(開府儀同三司)'라는 문관 최고품위의 관직을 자칭하고 이를 인정해 달라고 송나라에 요청했다. 하지만 백제는 빠지고 '육국제군사'로 수정해 받게 된다. 무는 479년 남제(南齊)에서 진동대장군(鎭東大將軍)으로 진급하였으며 502년에는 양(梁)나라에서 정동대장군(征東大將軍)으로 승격되었다.

어쨌거나 중국에 견사조공한 왜5왕 관련기록들을 보면 흥미로운 특징들이 발견된다. 첫째, 왜5왕은 한반도 남부에 강한 집착을 보여준다. 백제와 신라, 가야, 임나는 물론이고 예전의 마한과 진한까지 자신들의 관할범위 내에 있음을 내세우고 있다. 고구려에 대한 견제를 핑계로 한반도 남부에 대한 왜의 군사적 권리를 중국 측에 요구한 것인데 왜왕의 출자(出自)가 한반도 남부임을 암시하는 대목으로 풀이할 수 있다.

둘째, 중국에 공손하다. 5왕은 중국 중심의 조공책봉체제에 다분히 순응적이다. 책봉시 높은 계급을 받고자 하는 욕망을 강하게 표출한다. 조공책봉체제에 대한 이해도가 높다는 의미이다. 일본 역사에서 100년 가까이 연속적으로 중국에 조공을 바치고 책봉을 희망하기는 '5왕 시대'가 처음이자 마지막이다. 대륙출신의 정복자들은 이미지와 달리 중원문화에 대한 이해와 조예가 깊었다. AD 337년 모용황이 연왕(燕王)이라고 칭하면서 진나라에 사신을 보내어 왕호 인정을 요청한 사실에서 보듯 특히 모용선비는 조공책봉체제에 대한 이해도가 높았다.

셋째, 이름이 외자인데 중원의 복성(複姓) 체제에서 흔히 볼 수 있는 사례여서 주목된다. 5세기 왜왕의 이름과 7세기 왜왕의 이름은 체계가 완전히 다르다. 5세기 왜왕은 찬·진·제·흥·무라는 중원풍의 외자인 반면 7세기 수나라에 사신을 보낸 왜왕은 '아매(阿每) 다리사비고(多利思比孤)'라는 열도식 이름으로 바뀐다.

넷째, 5번째 왕인 무(武)가 송나라에 보낸 국서에서 자신들의 선조가 일본열도를 동서로 활발하게 정복하였다고 밝히면서 선주민을 '모인(毛人)' 내지 '중이(衆夷)'라고 표현한 사실도 중요하다. 무의 국서는 7장에서 상세히 언급하겠지만 여기서는 앞부분만 인용해 본다.

"신이 봉해진 땅은 먼 곳이어서 외번(外藩 바깥쪽 번신)이 되고 있습니다. 옛날부터 조상들(祖禰)은 몸소 병기를 들고 산천을 누비기에 편안한 곳이 없었습니다. 동쪽으로는 모인 55국을 정벌하였고 서쪽으로는 여러 오랑캐 66국의 항복을 받았습니다. 그리고 바다 건너 북쪽나라 95국을 평정하여 왕도가 무르익어 태평하였거니와 땅을 넓혀 기(畿 황제의 땅)가 아득히 멀어졌습니다…(封國偏遠 作藩于外 自昔祖禰 躬擐甲冑 跋涉山川 不遑寧處 東征毛人五十五國 西服衆夷六十六國 渡平海北九十五國 王道融泰 郭土遐畿…)"**58**

미리 밝히면 필자는 무의 계보가 앞의 4왕과 달라진다고 생각하지만(이어지는 7장에서 상세히 언급한다.) 당시의 국서는 왜국 조정의 관습적이고 상투적인 언술(言述)을 담았을 것이란 점에서, 이전의 4왕 시절에도 무의 국서와 유사하게 인식하고 표현하였을 것임을 미루어 짐작할 수 있다. 더욱이 무는 중국황제에게 기존의 왜국왕통을 계승하는 것으로 내세우는 입장이었기에 이전 4왕의 국서 표현과 크게 달라지지 않았을 것이 분명하다. 그런 만큼 중국에 보낸 국서에서 자신

---

58. 왜왕 무의 국서, 출처 송서 왜국전. '소진철, 백제 무령왕의 세계―왕의 세상은 해양대국·대백제, 주류성, 2008, pp116~121'을 많이 참고하였다.

들이 정복한 열도인들을 오랑캐로 묘사한 것은 소홀히 취급할 문제가 아니다. 체모가 많고 외모마저 특이한 아이누계 에조(蝦夷 하이)들을 모인(毛人)으로 지칭하는 것은 그렇다고 하더라도 야요이 계통인 서일본의 소국들까지 '여러 오랑캐〈衆夷〉'로 적은 것은 특이하다. 스스로를 선주민들과 출자(出自)가 다른, 우월한 존재라고 인식하는 선민의식을 지녔음을 시사하는 대목이다. 이는 정복주체인 '무의 선조들'이 열도출신이 아니라는 비밀을 실토한 셈이다. 국서를 받는 송나라 황제의 입장을 감안해 '오랑캐'라고 썼다고 풀이할 수도 있고 왜가 자국민을 하대시한 '겸양의 표현'이라고 주장할 수도 있을 것이다. 하지만 왜5왕의 왕실이 수백 년간 열도에서 살아왔다면 동족(同族)을 오랑캐라고 폄하하는 것은 아무래도 자연스럽지 않다. 나는 무의 국서에서 언급한 '중이(衆夷)'라는 표현이야말로 5세기의 왜왕들이 외부에서 진입한 세력임을 보여주는 강력한 증거로 간주한다.

이즈음에서 『한일 고대사의 재건축②』의 4장(모용선비에서 신라김씨로)에서 언급한 모용한의 발언을 떠올려봐야 한다. 모용황이 내린 사약을 받고 죽을 때 모용한은 "나는 항상 스스로 맹세하길 더러운 오랑캐를 없애버려 위로는 선왕의 유지를 이루고 아래로는 산해(山海)의 질책에 사죄할 뜻을 품었다."라고 말하였다. 모용선비 왕실은 선민의식이 강했으며 다른 족속을 오랑캐라고 낮춰 불렀음을 알 수 있다. 무의 국서에서 열도의 선주민을 오랑캐라고 표현한 것과 유사한 의식체계이다.

위의 4가지 특징으로 볼 때 '왜왕들'은 그 뿌리를 한반도 남부에 두고 있으며 일본열도보다 오히려 한반도 정세에 더 관심이 크다고 결론지어도 무방하다. 이런 맥락에서 문제의 왜왕들은 '그리 오래되지 않은 이전 시기에 외부, 즉 한반도 남부에서 열도로 진출한 정복자의 후예'라고 여겨진다. 왜왕들이 보여준 여러 특징을 종합할 때 모용선비 기마민족의 후예일 가능성을 배제할 수 없다는 것이 중간결론이다.

왜5왕과 숭신왕조·응신왕조의 패권경쟁

왜5왕 관련 기사 역시 한일 역사전쟁의 한 무대이다. 일본 사학계는 5왕이 신라·임나·가라 등을 포괄한 '도독 제군사(都督 諸軍事)' 칭호를 요청한 데 대해 당시 열도세력이 한반도 남부에 군사적으로 진출한 방증이라고 주장한다. 반면 한국 사학계는 왜왕들이 한반도 사정을 잘 모르는 중국 남조에 일종의 국제사기를 쳐서 작위를 얻어낸 것으로 해석하고 있다.

그러나 필자는 왜5왕이 한반도 남부에 대한 '도독 제군사' 칭호와 고위 장군호에 집착하는 이유는 다른 곳에 있다고 여긴다. 중국으로부터 '왜국왕'으로 공식책봉을 받고 고위 장군계급을 획득할 경우 군주의 위상과 권위는 높아진다. 이는 다분히 '열도내 경쟁세력'을 의식한 계산된 행보라고 본다. 당시 5왕의 왕조는 누군가에게 쫓기고 있었다. 바로 기나이에 터전을 잡은 백제계를 위시한 지방거점세력의 급부상이었다. 왜5왕이 중국에 한두 번 조공한 것으로 그치지 않고 잇달아 사신을 보내고 고위직 호칭을 받고자 한 배경에는 백제담로국 등과의 경쟁의식이 자리잡고 있다고 본다.

4세기 말~5세기 초에 이뤄진 정복전의 결과 숭신왕조는 이즈모와 기비를 넘어 기나이와 동국에 이르는 광대한 지역에 걸쳐 지배권을 확보했던 것으로 여겨진다. 하지만 규슈(북부)와 이즈모, 기비 등 서부는 그런대로 장악한 데 비해 기나이와 동국지방은 '제압은 했지만 통치력의 강도는 (상대적으로)떨어지는 상태'였다고 짐작된다. 규슈의 구마소가 수시로 반발한 것도 중요한 요인이었을 것이다. 그 결과 숭신왕조는 동쪽지방 경영에 소홀할 수밖에 없었고 그 같은 통치 공백을 백제계가 철저히 활용한 것이다. 숭신왜국 입장에서 기나이의 백제담로국은 고분고분하지 않고 제멋대로 구는 '웅번(雄藩)'이었다. 훗날 응신왜국으로 발전하는 백제의 담로국은 숭신왕조의 리더십을 수시로 시험하였다.

그러나 숭신왜국은 '불량(不良)한 백제담로'를 제대로 응징하지 못하였고 결국은 자신이 소멸당하는 처지로 몰리게 된다.(AD 477년 이후 숭신왜국은 백제담로국에서 출발한 응신왕조에 밀린다고 본다. 이후 6세기 초반까지 약 50년의 일본역사는 서부의 숭신왜와 동부의 응신왜 간의 패권다툼의 기록으로 짐작된다. 이에 대해서는 이어지는 7장과 8장에서 상세히 다룬다.) 열도의 서쪽 끝에 위치하여 발전할 배후지가 얕았던 규슈를 중시한 것이 결정적인 패착이었다고 짐작한다. 숭신왕조가 더욱 발전하기 위해서는 동국으로 확장하는 것이 필수적이었지만 규슈를 비롯한 서부 경영에 지나치게 몰두한 것이 문제였다. 특히 구마소 평정에 국력을 낭비한 것은 최대 악수(惡手)였다.

반면 본국의 도움을 받아가며 착실히 실력을 기른 백제담로국은 5세기 말에 숭신왕조를 기나이에서 몰아내고 숭신왜를 능가하는 국력을 지닌데 이어, 6세기 초에는 규슈일대로 쪼그라든 숭신왕조를 완전히 소멸시키고 열도의 패권을 장악한 것으로 분석된다. AD 527~528년의 '반정의 전쟁'이 최후의 힘겨루기였을 것이다. 이후 응신왕조의 부용국이 되어 명맥만 유지하던 규슈의 숭신왕조 잔당은 길게 잡아도 7세기에는 최종 소멸된 것으로 짐작된다.

응신왕조의 군주로 여겨지는 이중천황(履中天皇) 기사를 보면 '규슈의 신(神)이 천황에게 항의하였다'는 내용이 나온다. 규슈의 신이 야마토왜국의 천황에게 열을 냈을 때는 그만한 이유가 있을 것이다. 이중 5년(이중 5년은 AD 404년으로 비정되지만 일본서기는 시대착란이 심한 탓에 정확한 기년은 알기 힘들다. 필자는 내용상 약 100년 뒤인 6세기 초의 사정을 다룬 기사로 파악한다.) 3월의 기록이다.

"축자(築紫 규슈)에 있는 세 신(神)이 궁중에 나타나 '어찌하여 우리 백성을 수탈하는가? 나는 지금 그대를 부끄럽게 만들겠다'라고 말하였다. 이에 기도를 하고 제사는 지내지 않았다.(於築紫所居三神 見于宮中 何奪我民矣 吾今慚汝 於是 禱而不祠)"[59]

이 기사는 앞뒤 관련성도 없이 느닷없이 출현하고 있다. 규슈의 신이 '우리 백성'이라고 언급한 부분이 중요하다. 규슈에 독자적인 정치체가 존재하였음을 의미하기 때문이다. 규슈의 정치체에 대해 침묵하는 일본서기에 문제의 기사가 기재된 것은 특이하다. 아마도 5~6세기, 규슈와 기나이 간에 누락할 수 없는 대형 갈등이 있었기에 에둘러

---

59. 전용신, 일본서기, 일지사, 2006, p211.

표현한 것으로 짐작된다. 즉 6세기 즈음, 규슈 인근으로 영역이 축소된 숭신왜국이 기나이를 중심으로 일취월장하던 백제계 응신왕조로부터 상당한 스트레스를 받고 있었음을 암시하는 대목으로 본다.

8세기 들어 고사기와 일본서기를 편찬하는 과정에서 야마토조정은 숭신왕조와 응신왕조가 한동안 공존한 사실을 삭제하였다고 사료된다. 숭신왕조의 역대 군주를 응신에 앞선 왕들로 편년을 조작한 결과 숭신왜의 역사가 지나치게 상향조정된 것이다. 숭신왕조의 역대군주 가운데 중애까지는 천황으로 인정하여 일본서기에 기술한 반면 중애 천황 이후의 왕들은 아예 삭제했을 것이다. 숭신왕조의 최후 군왕인 반정은 천황이 아닌 반역자로 처리하여 이름이라도 남긴 반면 중애에서 반정에 이르는 왕통은 사라져버렸다.

한편, 숭신왕조의 역사 가운데 가야(임나) 등 한반도와 관련한 활동은 응신왕조의 성과로 왜곡해 기록하되 숭신왕조의 외교사나 기나이 조정과의 대결역사는 모두 삭제해 버린 듯하다. 특히 숭신왜국이 중국과 관련한 접촉의 역사는 철저히 인멸하였다. 열도의 상황을 소상히 아는 중국의 기록을 날조했다가는 응신왕조의 정체가 드러날 것을 우려했기 때문으로 풀이할 수 있다.

특히 왜5왕의 기사가 중국사서에만 나오고 일본서기에는 발견되지 않는다는 사실이 핵심이다. 중국에 조공을 바친 왜왕들이 응신왕조의 야마토왜국이 아니고 숭신왜국의 왕들이었기 때문으로 풀이된다. 필자의 억측이 아니다. 이종항과 이노우에 히데오(井上秀雄) 등 상당수 사학자들은 5왕은 기나이가 아니라 규슈왜국의 왕으로 간주한 바 있다.(필자는 이종항, 이노우에 등과 달리 규슈왜국이 따로 있었다고 보지는 않는다. 하지만 숭신왕조가 후기에는 규슈 일대로 영토가 축소되었다고 보는데, 정치체의 위치와 규모를 감안하면 규슈왜국설과 유사한 셈이다.)

그런데 앞의 찬·진·제·흥 4왕은 숭신왕조의 군주임이 분명하지만 5번째인 무(武)의 실체에 대해서는 의견이 엇갈린다. '무는 누구인가?'를 둘러싼 질문은 오래전부터 제기되었다. 일본학계 주류는 무를 웅략천황으로 비정하면서 '윤공천황의 5남'이라는 일본서기를 당연히 신뢰한다. 반면 다수의 한국연구자와 소수의 일본학자들은 무는 이전 4왕과 계통이 달라진다고 여긴다. 구체적으로는 백제계 왕통이라는 주장이다. '무'가 중국에 보낸 국서를 면밀히 풀이하면 이전 4왕과 혈연이 달라지며 백제계라는 결론이 도출된다. 이는 필자의 유별난 주장이 아니라 적잖은 연구자들이 이미 언급한 내용이다.

백제왕자 곤지가 '왜왕 무'라는 주장들이 많이 제기되었다. 이시와타리 신이치로는 곤지가 숭신왕조의 데릴사위가 되어 열도의 군왕이 되었으며 그가 바로 왜왕 무라는 논지를 제시하였다. 이시와타리는 곤지를 무라고 여기면서 웅략천황이 아니라 응신천황으로 판단한다. 즉 '곤지=무=응신'의 등식을 주장한다.[60]

한국연구자들 사이에서 이시와타리의 가설의 인기는 꽤 높은 편이다. 그러나 '곤지=왜왕 데릴사위'설과 '곤지=무=응신'설은 선뜻 동의하기가 망설여진다. 필자는 곤지가 숭신왕조의 사위가 아니라 쿠데타적인 정변을 거쳐 왕권을 전복시켰다고 판단한다.(곤지의 정변 가설은 7장에서 상세히 언급한다.) 또 곤지보다는 조카이자 양아들인 사마(斯

60. 이시와타리 신이치로, 안희탁 옮김, 백제에서 건너간 일본천황, 지식여행, 2002, pp397~399.

麻)가 무(武)일 가능성에 더 주목하며, 왜왕 무는 응신이 아니라 웅략 천황에 비정된다고 여긴다. 즉 '사마=무=웅략'이다.('무=웅략'으로 보 는 점에서는 필자와 일본학계 주류의 시각이 일치한다. 왜왕 무의 실체에 대해서는 이어지는 7장에서 소상히 설명한다.) 열도의 권력은 곤지가 장 악하였지만 본인은 등극하지 않고 '규슈에서 출생한 아들'(사마)을 군 왕으로 세웠다는 시각이다. 즉 훗날에 백제 무령왕이 되는 사마가 본 국으로 귀국하기에 앞서 20여 년간 '무'라는 이름으로 열도의 군주로 재위하였다는 가설이다.(이 점 역시 매우 중요한데 7장에서 언급한다.) '무령왕=왜왕 무'라는 가설은 원광대 소진철 교수가 이미 제시한 바 있다. 소진철은 "무령왕(武寧王)이라는 시호는 왜왕 시절의 무(武)와 중 국에서 받은 영동대장군(寧東大將軍)의 머릿글자를 합친 개념이다."라 고 풀이하였는데 설득력이 높다.[61] 결론적으로 말해 5세기 후반인 AD 477년 즈음 백제왕실인 무가 열도의 군왕이 되었고 중국에도 자신의 이름을 알렸다고 본다. 반면 숭신왕조는 '477년경 곤지의 쿠데타' 이 후 규슈와 혼슈서부로 위축된 상황에서 약 50년간 응신왕조에 대결하 지만 결국은 처참하게 패배한다.

웅번(雄藩) 백제담로국, 숭신왕조와 경쟁하다

일본서기 웅략 5년(AD 461) 조를 보면 백제 개로왕이 아우인 곤지 를 왜에 보낸다. 궁월군과 아주사지 등이 백제 137현의 주민들을 열

---

61. 소진철, 백제 무령왕의 세계-왕의 세상은 해양대국·대백제, 주류성, 2008, pp124~128.

도로 이주시킨 지 50~60년의 세월이 흐른 뒤의 사건이다. 삼국사기에는 곤지를 개로왕의 아들로 기록하고 있는 반면 일본서기는 백제신찬을 인용하여 동생으로 기술하는데 아우설이 대세이다. 필자는 아우라고 본다.(곤지를 위시한 백제와 응신왜국의 왕실 계보에 대해서는 7장에서 소상히 언급한다.) 일본서기에는 아무런 배경 설명 없이 개로왕이 아우인 곤지에게 "일본으로 가서 천황을 섬기라고 했다."고 나온다. 하지만 왕이 동생을 머나먼 이역으로 파견하였을 때에는 중요하고 실질적인 이유가 있었을 것이다. 곤지왕자가 본국을 떠난 배경과 관련해 5장에서 '고구려의 평양 천도에 담긴 장수왕의 남정(南征) 야심을 간파한 백제왕실이 안전지대에 분조를 설립하려는 시도'라고 풀이한 바 있다.

AD 5세기, 즉 400년 이후 기나이 지역에는 백제계 이주민들이 활발히 진출하고 있었다. 400년, 경자년에 광개토대왕의 고구려군이 한반도 남부를 대대적으로 정벌하는 와중에 백제와 가야의 수많은 백성이 터전을 잃고 열도로 건너갔음이 분명하다. 앞서 언급한 것처럼 기나이 일대가 일본에서 대표적인 단두형 지역이란 사실이 확고한 방증이다. 462년경 곤지가 열도로 향한 것은(곤지의 도일 시기는 일본서기로는 461년이지만 무령왕릉 지석으로 판단하면 462년이다.) 백제계 담로소국을 더욱 정비하고 강화하여 제2의 국가터전으로 삼고자 하는 의도라고 짐작된다. 당시 백제는 고구려의 남진정책에 집단적 스트레스를 받고 있었다. 475년 고구려군의 침공으로 한성이 함락되고 개로왕의 목이 달아나지만 백제는 멸망하지 않고 웅진에서 재기하였으니, 열도에서 10여 년간 기반을 갖춘 곤지의 도움이 적지 않았다고 여겨진다. 곤지의 열도행은 백제로서는 적절한 사전대책이었다고 하겠다. 담로국의 후왕이 된 곤지는 백제거류민 집단을 묶어 강력한 정치체로 재편하는 한편, 숭신왕조의 중신(重臣)으로 봉사하며 입지를 넓혀 나간 것으로 짐작된다. 곤지의 합류와 함께 열도의 백제계는 강력히 뭉쳤고 숭신왕조와 어깨를 나란히 할 만한 웅번으로 성장해 나간다. 이 담로국이 훗날 응신왕조로 발전하였고 일본 역사서에 천신으로부터 열도의 주인공으로 선정됐다고 기록된 야마토왕조의 시작이라고 필자는 믿고 있다.

물론 '곤지=담로국 후왕=야마토왕조 개조(開祖)' 가설을 입증할 문헌상의 증거나 고고학적 방증은 아직 발견되지 않았다. 그러나 이런 시각에서 일본고대사를 주시할 경우 지금껏 이해되지 않았던 수많은 에피소드들이 비교적 합리적으로 설명된다는 점에서 허무맹랑한 소설로 치부되지 않기를 희망한다. 필자는 응신천황으로부터 시작하여 인덕, 윤공, 안강, 웅략, 계체천황으로 이어지는 왕통이 바로 응신왕조이며 이들은 백제계가 분명하다는 입장이다.(다만 윤공천황은 일본의 학자들 대부분이 인정하듯이 친(親)신라 행보가 역력하다. 야마토왕조의 왕통을 늘리기 위한 의도에서 신라계 이즈모왜나 기비왜국의 전승을 끼워 넣은 것으로 짐작한다.) 특히 웅략천황 이전의 응신왕조 군주들은 '숭신왕조의 지방 봉신(封臣)이자 백제담로국의 후왕(侯王)'이었지만 훗날 역사서를 편찬하면서 천황으로 추존·격상됐다고 하겠다. 응신왕조는 숭신왕조와 상당 기간 병존한 것이 분명해 보이지만 일본서기는 야마토왕조의 '만세일계(萬世一系)'를 완성하기 위해 숭신왕조를 뒤이은 것으로 왕통과 편년을 개작했다고 생각된다.

백제계 담로국은 본국의 전폭적인 지지에 힘입어 빠르게 성장하였다. 백제계 농민집단 자체가 앞선 정치경제문화를 수혜받은 선진층인데다 특히 5세기 후반, 백제왕자 곤지의 도일(渡日)은 많은 백제계 이민그룹을 하나로 결집시킨 계기가 되었다고 짐작한다. 곤지가 합류한 담로소국은 애당초 아와지시마, 담로도에 착근(着根)한 세력으로 짐작되는데 숭신왕조를 몰락시킨 백제계 파워의 출발지라고 하겠다.

필자가 개념화한 응신왕조는 숭신왕조와 병존하는 기간 대부분을 '기나이의 웅번'으로서 숭신왕실도 함부로 대하지 못하는 위상을 지녔고 그에 걸맞은 대접도 받았다고 짐작된다. 기나이 담로국의 지도자였던 곤지가 숭신왕조에서 대신으로 활약한 흔적이 보인다는 점에서 그러하다.(신공황후의 대신 무내숙녜가 곤지와 동일인으로 사료된다. 이 점은 7장에서 서술한다.) 백제계 담로국은 열도 전체의 패권을 쥐었던 숭신왕조를, 한편으로는 떠받들면서 다른 한편으로는 경쟁하는 양면성을 지녔다고 여겨진다. 근세일본의 '도쿠가와 막부(德川幕府)' 체제에서 혼슈서부의 조슈번(長州藩)과 규슈남부의 사쓰마번(薩摩藩)과 같은 웅번들이 막부의 리더십을 수시로 시험했던 사례를 감안하면 이해가 쉽겠다.

숭신왕조인 경행천황 시대, 열도의 정치지형이 일본서기에 언급돼 있어 주목된다. 경행천황의 아들인 일본무존(日本武尊)은 규슈의 구마소를 평정한 이후의 '남은 적'들에 대해 이렇게 보고한다.

〈경행 28년 2월〉

"일본무존이 구마소〈熊襲〉를 평정한 상황을 상주하기를 '신이 천황의

194

위광에 힘입어 군사를 한번 움직여 구마소의 괴수를 죽여 그 나라를
모두 평정하였습니다. 때문에 서주(西洲 규슈)는 가라앉았고 백성들은
무사합니다. 오직 기비의 혈제(穴濟)의 신(神)과 나니와(難波)의 백제(柏
濟)의 신(神)만이 나쁜 마음을 가지고 독기를 품어 길가는 이를 괴롭혀
서 화근이 되었습니다. 그러므로 나쁜 신을 모두 죽여 수륙의 길을 열
었습니다.'라고 말하였다.(日本武尊 奏平熊襲之狀曰 臣賴天皇之神靈 以兵
一擊 頓誅熊襲之魁帥者 悉平其國 是以 西洲旣謐 百姓無事 唯吉備穴濟神 及難
波柏濟神 皆有害心以放毒氣 令苦路人 並爲禍害之籔 故悉殺其惡神 並開水陸
之徑)"[62]

　　일본무존의 발언은 매우 중요하다. 숭신의 손자인 경행천황 집권기
에 규슈 남부의 구마소는 평정되었지만(그러나 구마소는 곧바로 반항
하였으니 일본무존의 진단은 틀렸다.) 기비와 나니와는 한동안 제압되
지 않아 숭신왕조의 두통거리였음을 알 수 있다. 기비는 신라·가야계
통으로 짐작되는 기비왜국의 본거지이며 나니와는 오사카의 항구로
서 인근 가와치와 함께 백제계의 본거지이다. 특히 나니와의 적당이
'백제의 신(柏濟神)'이라는 대목은 소홀히 다룰 수 없다. 한반도의 백제
(百濟)와 발음이 일치하고 한자도 비슷하기 때문이다. 필자는 '경행천
황 시절의 나니와는 백제계의 통치지대로서 숭신왕조에 고분고분하
지 않았다는 방증'으로 주목한다. 훗날 야마토왜(大和倭)라고 불리는
백제담로국, 즉 응신왕조는 곤지왕자가 합류한 이후 열도의 정치권

---

62. 전용신, 일본서기, 일지사, 2006, pp131~132.

력을 장악하기 위한 거대한 모험을 시작한다. 응신왕조의 뒤에는 막강한 백제가 버티고 있었으니 숭신왕조는 백제·응신왜 연합에 위험을 느꼈을 것이 분명하다. 갈수록 커져 가는 위기감 속에 숭신왜국은 새로운 외교적 활로를 모색하게 된다.

숭신왕조의 신라 접근과 실패

AD 5세기 후반~6세기 초, 가야·숭신왜국 연합의 상황은 최악이었다. 일본열도에서는 기나이의 응신왕조가 급부상하여 숭신왕조를 규슈 방면(서쪽)으로 밀어내고 있었다. 이즈모와 기비지역은 응신왜의 눈치를 살피면서 숭신왜국의 리더십에서 점차 이탈해 가고 있었을 것으로 짐작된다. 특히 6세기 들면서 숭신왕조의 국력은 응신왜국에 확연히 밀리게 되었다.

한반도쪽 사정은 더욱 열악하였다. 전통의 라이벌 신라는 지증왕과 법흥왕이라는 영민한 군주의 등장과 함께 국력을 빠르게 키워가며 가야권역을 파괴하기 시작하였다. 기나이 응신왕조와 연결된 백제 역시 숭신왜의 동맹인 가야땅을 야금야금 파먹기 시작하였다.

5세기 후반 이후 백제·응신왜 연합과 신라라는 두 방면의 적에게 시달리던 가야·숭신왜 연합은 6세기 접어들 무렵에 결단을 내렸다. 숙적 신라와 손을 잡기로 한 것이다. 소지왕 22년(AD 500년)을 끝으로 해적〈倭寇〉이든 정규군이든 왜의 신라침공이 사라지는 현상이 그 방증으로 여겨진다. 가야·숭신왜 연합을 주도한 규슈 정치체의 입장에서 볼 때 '발등의 불'은 신라보다는 백제와 연합한 응신왜국이었다.

힘이 커진 기나이 백제담로국(=응신왜)은 기비왜를 영향권 내에 집어넣은 데 이어 규슈와 혼슈서부 일대로 위축된 숭신왜국까지 모조리 집어삼키려 드는 악성세력이었다. 숭신왕조로서는 신라에게 일부 양보조치를 취하고서도 백제·응신왜 연합에 대항할 계산을 했을 수 있다. 지증왕대부터 시행한 농경장려 등의 개혁조치로 힘을 키운 신라의 실력도 충분히 감안했을 것이다.

당시 신라의 영민한 군주 법흥왕(재위 514~540)은 율령을 반포하고 불교를 공인하는 등의 개혁을 통해 국력을 정비해 나가고 있었다. 강성해진 신라가 백제를 견제할 경우 기나이 응신왜에 대한 외부지원을 약화시키는 효과가 있다. 5세기 말~6세기 초, 백제와 신라는 나제동맹을 이룩한 관계였지만 국익 앞에서 동맹은 언제든지 깨어질 수 있다. 숭신왜국도 그 정도는 계산할 수 있었을 것이다.

"이번 기회에 신라가 원하는 무언가를 제공하고서라도 양측 간의 오랜 갈등을 해소한다. 그런 다음, 신라로 하여금 이즈모왜(出雲倭) 세력(친신라계였다.)을 움직이게 만든다면 기나이 응신왜의 서진을 저지하는 효과를 거둘 수 있다."

아마 이런 계산이었을 것이다. 다급해진 숭신왜는 구원(舊怨)을 씻고 신라와 제휴하고자 시도한다. 숭신왕조의 행보는 약한 가야를 대신해 신라와 손잡고 백제·응신왜 연합에 대항할 계산으로 풀이된다. '모종의 양보조치'를 하고서라도 오랜 적수 신라와 손을 잡으려는 위험한 도박이었다. 527년 '반정의 전쟁' 명분으로 신라와 규슈 정치체의 결탁을 맹비난하는 일본서기가 이를 시사한다. 이는 곧 신라외교의 승리인 셈이다.

뒤에서 다루겠지만 비슷한 시기, 한반도의 가야제국 역시 신라와 연대해 새로운 활로를 모색하고자 시도한다. 520년대 이뤄진 신라와 대가야 간의 결혼동맹은 이 같은 상황의 결과물로 풀이된다. 그러나 신라의 국가정책은 냉혹하고 현실적이었다. 신라는 백제·응신왜 연합의 압박에 몰린 가야·숭신왜 연합의 약점을 정확히 간파하고 있었다. 숭신왜국이 응신왜국에 쫓기면서 한반도에 대한 관심과 지원력이 약화된 국면을 십분 활용해 신라는 소백산맥 동쪽의 가야땅과 그 백성 전체를 자신의 소유로 만드는 데 성공한다.(이때 가야는 소백산맥 동쪽뿐 아니라 서쪽인 호남지역에도 상당한 영역을 확보하고 있었다. 서부가야는 510~540년대에 백제의 차지가 된다. 이 점은 『한일 고대사의 재건축①』의 12장에서 잠시 언급한 바 있으며 이어지는 『한일 고대사의 재건축③』 3부에서 상세히 기술한다.) 신라의 가야소국 흡수는 양측 간의 실력 격차에 따른 단순사건이 아니라 일본열도의 복잡한 정세와 백제라는 변수까지 계산한 고차방정식의 역사였던 것이다.

어쨌든 AD 520년경, 규슈·혼슈서부에 기반을 둔 숭신왜가 예상을 넘어 신라와의 연대를 시도하자 이번에는 응신왜국에 비상이 걸렸다. 신라와 가야·숭신왜 연합이 손을 잡는다는 것은 열도 내 팽팽한 권력관계에 결정적인 변화를 야기할 위험성을 의미하기 때문이다. 그럴 경우 신라계 이즈모는 물론이고 기비의 호족들까지 다시 신라·가야·숭신왜 연합 쪽으로 붙어버릴 공산이 컸다. 기나이 응신왕조로서는 손을 써볼 여지도 없이 열도의 패권을 규슈에 넘겨야할 처지였다. 기나이왜는 빠르게 움직였다. 응신왜국은 나라의 운명을 걸고 규슈 숭신왕조와 한판 대결에 나선 것이다. '반정(磐井 이와이)의 반란'이라고 이름 붙였지만 실제로는 열도의 패권과 왕조의 운명을 걸고 치른 전쟁이었다. 주전장(主戰場)은 반정의 근거지 규슈였으니, 기나이 응신왜국이 숭신왜국을 선제공격하였음을 알 수 있다.

AD 527년 기나이의 응신왜국은 '반란 토벌'이라는 구호를 내걸고 규슈의 숭신왜국과 전격전을 벌였고 국운을 건 싸움에서 승리하였다. 반면 숭신왜는 열도의 패권이 걸린 큰 싸움에서 패배하면서 신라와 손잡을 기회를 놓쳤는가 하면 우군인 가야제국까지 상실하면서 몰락의 길을 걷게 된다.

7장
'곤지의 쿠데타'…
백제왕실의 열도왕권 장악

　백제와 열도의 백제담로국(응신왕조)은 전략적으로 행동하였고 마침내 숭신왕조의 왕권을 차지하기에 이른다. 열도로 진출한 백제계는 궁극적으로는 가야계 숭신왕조를 타멸하게 되는데 7장에서는 5세기 후반, 백제계가 당시 열도의 패권을 쥐고 있던 왕조(숭신왕조)의 왕권을 탈취하는 과정을 집중적으로 묘사한다.

　'새로운 역사'를 만든 원동력은 백제왕자 곤지가 열도로 건너가 기존의 담로소국을 강력한 '혁명기지'로 성장시킨 데서 찾아야 한다는 것이 나의 시각이다. 백제담로국의 후왕이던 곤지는 다른 한편으로는 당대 숭신왕조 군주의 중신으로 활동하며 지분을 키워나간 끝에 군왕의 사망을 정치적 도약의 계기로 활용하였다고 판단된다. 그가 군주를 해쳤을 개연성도 배제할 수 없다. 아마도 곤지는 전격적인 쿠데타로 기나이의 왕권을 장악하였을 것이다. 정변에 성공한 곤지는 자신의 아들을 '왜국왕'으로 세우는 방식으로 새로운 왕조를 튼튼히 구축해 나간 것으로 짐작된다.

일본의 역사서는 곤지의 도일 경위만 기술할 뿐 막상 열도에서의 활동상에 대해서는 철저히 침묵하고 있다. 그의 실제행적은 편년을 100년가량 상향조정하여 4세기 말~5세기 초 신공황후·응신천황 시기 대신(大臣)의 활동상으로 왜곡돼 있다고 판단한다. 이 점은 필자가 일본서기를 세밀히 독서한 후 내린 결론이다. 나는 일본서기에서 이를 암시하는 수수께끼를 찾은 것 같다. 6장에서 잠깐 언급한 것처럼 곤지의 양아들 사마는 왜5왕 가운데 마지막인 무(武)이며 왜국의 웅략천황이자 백제 무령왕이란 것이 필자의 결론이다. 많은 논란을 부를 수 있는 추론이지만 열린 마음으로 가설을 평가해 주기를 바란다. 본문에서 충실히 설명할 예정이다.

이시와타리 신이치로 등 일본의 연구자들은 곤지가 숭신왕조의 데릴사위로 들어가 평화롭게 왕권을 계승하였다는 시각을 갖기도 하는데 동의하기 어렵다. 몸만 들어오는 데릴사위라면 또 모를까, 강력한 배경을 지닌 사위(곤지는 백제의 왕자이다.)에게 왕권을 통째로 넘기는 멍청한 왕조는 없다. 더욱이 왕위를 계승할 왕자들이 건재한 상황에서 그런 일은 일어나지 않는다. 곤지를 중심으로 한 백제계는 치밀한 계산과 과감한 행동에 기반한 무자비한 권력투쟁을 거쳐 숭신왕조의 왕권을 빼앗았다고 보아야 한다. 이번 7장은 백제왕자 곤지의 도일에서부터 시작하여 왕권을 획득하는 과정을 극화한 단락이 되겠다.

왜왕 무(武)의 미스터리

앞의 6장에서 5세기 남중국에 사신을 보내어 조공한 왜5왕 이야기를 언급하였다. 거듭 말하지만 일본서기에는 5왕이 중국과 교류한 기록이 전혀 나오지 않는다. 그래서 문제의 5왕을 역대 천황계보에 비정하는 일은 일본 고대사학계의 큰 고민거리이다. 앞의 4왕이 누군가에 대해서는 응신·인덕 등등으로 의견이 분분하여 확립된 설이 없는 반면 5번째인 무는 웅략천황이라는 것이 일본학계의 상식이다. 에도시대의 국학자인 마쓰시다 겐린(松下見林)이 처음으로 '무=웅략' 설을 주창한 이후 큰 이설은 나오지 않았다. 웅략의 일본식 시호는 '대박뢰유무존(大泊瀨幼武尊 오하쓰세와카타케루노미코토)'인데 이름 가운데 '무(武)'가 들어가는 점을 중요한 근거로 여긴다. 흔한 글자인 '힘쓸무(武)'가 겹치는 것을 동일인의 증거로 삼는 것은 빈약하지만 웅략의 행적에서 과단성 넘치는 정략가의 면모가 확인된다는 점에서 필자도 '무=웅략'설에 동의한다.

다만 웅략의 활동시기가 문제이다. 일본서기는 웅략의 재위기간을 AD 457~479년으로 적시한 반면 왜왕 무는 송나라에 보낸 국서에서 자신이 477~478년에 등극한 것으로 설명하고 있는 점이 일본학자들을 괴롭히고 있다. 나는 '왜왕 무=웅략'설에 동조하면서도 재위기간은 일본서기가 틀리고 송서가 맞다는 입장이다. 무는 478년경 등극하여 501년까지 열도의 군주로 활동한 인물로 사료된다.(무의 왕통 변화와 재위 기간은 매우 중요한 문제이다. 뒤에서 천천히 설명해 나갈 것이다.)

송서 왜국전에는 무가 AD 478년 송나라 순제에게 보낸 국서가 실려 있다. '무의 상표문(上表文)'으로 유명한 이 국서는 일본인이 쓴 문장 가운데 가장 오래된 것으로 알려져 있다. 상표문에서 무는 자신의 아비와 형이 중국(宋)과의 교섭을 방해하는 고구려를 정벌하려 했다고 주장한다.

"신이 봉해진 땅은 먼 곳이어서 외번이 되고 있습니다. 옛날부터 조상
들(祖禰)은 몸소 병기를 들고 산천을 누비기에 편안한 곳이 없었습니
다. 동쪽으로는 모인 55국을 정벌하였고 서쪽으로는 여러 오랑캐 66
국의 항복을 받았습니다. 그리고 바다 건너 북쪽나라 95국을 평정하
여 왕도가 무르익어 태평하였거니와 땅을 넓혀 기(畿 황제의 땅)가 아
득히 멀어졌습니다. 여러 대를 이어오는 조종을 이어받아 한 번도 죄
를 짓지 않았습니다. 신이 비록 우직하나 선조의 베푸신 뜻을 이어받
아 무리를 몰아 나라를 통일하여 하늘 끝까지 닿게 하고 싶습니다. 백
제에 가는 길은 멀어 큰배(船舫)로 가야 하는데 무도한 고구려가 우리
를 삼키려 합니다. 그리고 변예(邊隷 '변방의 종'으로서 문맥상 백제를 지
칭한 듯)를 침공하고 약탈하여 근심이 적지 않습니다. 이렇게 매양 일
이 막히고 거슬리어 어진 풍속을 잃었습니다. 비록 나갈 길은 보이지
만 때로는 통하고 때로는 통하지 않습니다. '신의 죽은아비 제'(신망
고제(臣亡考濟)라고 기술된 대목이다. 이를 두고 통설은 '신의 죽은아비 제
(濟)'라고 풀이하는 반면 소진철은 '망하는 백제를 생각해서'라고 해석한다.
망고(亡考)는 '돌아가신 부친'을 지칭한다는 점에서 필자는 통설에 따른다.
소진철 식으로 풀이하려면 '신망고제'가 아니라 '신고망제(臣考亡濟)라고 썼
을 경우에 가능하다.)가 도적(=고구려)이 천로(天路 중국으로 통하는 길)를
막는 것에 크게 화를 내자 백만군사들이 의로운 외침에 감격하여 장
차 큰 싸움을 일으키려 하였습니다. 그런데 갑자기 아버지와 형을 잃
어 일을 이루려는 공이 마지막 흙 한 줌에 무너지고 말았습니다. 이로

부터 신은 양암(諒闇 군왕이 상중(喪中)에 거처하는 방 또는 상중 기간)에 거처하여 군사를 움직이지 못했기 때문에 그들을 이기지 못했습니다. 그러나 이제 때가 되었으니 병기를 연마하고 군사를 훈련하여 부형의 뜻을 펴보고자 합니다. 의롭고 용맹스런 군사들이 모두 공을 이루려고 합니다. 이제 흰 칼날이 앞에 다가와도 두려울 것이 없습니다. 만일 황제의 덕이 널리 온 누리를 덮으셨다면 이 강한 적을 꺾고 어지러운 무리를 이겨 전대의 공적에 손색이 없을 것입니다… 하오니 저에게 개부의동삼사의 작호를 주시고 나머지에게도 모두 직함을 내리시어 그 충성된 절개를 권장하여 주십시오… 이에 (중국 황제가)조서를 내려 무(武)로 하여금 '사지절도독 왜신라임나가라진한모한 육국제군사 안동대장군 왜왕'으로 삼았다.(封國偏遠 作藩于外 自昔祖禰 躬擐甲冑 跋涉山川 不遑寧處 東征毛人五十五國 西服衆夷六十六國 渡平海北九十五國 王道融泰 郭土遐畿 累葉朝宗 不愆于歲 臣雖不愚 添胤先緒 驅率所統 歸崇天極 道遙百濟 裝治船舫 而句驪無道 圖欲見吞 掠抄邊隸 虔劉不已 每致稽滯 以失良風 雖曰進路 或通或不 臣亡考濟 實忿寇讎 壅塞天路 控弦百萬 義聲感激 方欲大擧 奄喪父兄 使垂成之功 不獲一簣 居在諒闇 不動兵甲 是以偃息未捷 至今欲練甲治兵 申父兄之志 義士虎賁 文武效功 白刀交前 亦所不顧 若以帝德覆載 推此彊敵 克靖方難 無替前功… 竊自假開府儀同三司 其余咸假授以勤忠節… 詔除武使持節都督 倭新羅任那加羅秦韓慕韓 六國諸軍事 安東大將軍 倭王)"[63]

왜왕 무의 국서는 절절하고도 가련한 호소를 담은 명문이지만 그의

---

63. 출처 '송서 왜국전', 무의 상표문은 '소진철, 백제 무령왕의 세계-왕의 세상은 해양대국·대백제, 주류성, 2008, pp116~121'을 많이 참고하였다.

왕국에 도움이 되지는 못하였다. 중국 남조가 바다 반대쪽에 자리잡은 북방의 강자 고구려를 응징할 현실적 수단이 없었기 때문이다. 다만 고구려의 무도함을 국제사회에 유통시킴으로써 고구려왕의 심기를 불편하게 만드는 정도의 제한적 효과를 거뒀다고 여겨진다.

무의 국서에서 핵심은 국제정치적 영향력 문제가 아니다. 국서내용에 중대한 하자가 발견되는 만큼 차분히 분석할 필요성이 있다. 우선 무가 국상을 치른 대상자들(아비 '제'와 형님 '흥')의 사망시점이 중요하다. 478년에 전달된 국서인 만큼 무가 국서를 쓴 시기는 477년이나 478년이다. 당시 국상은 삼년상인데 상이 끝났다고 했으니 부형이 죽은 해는 475년 즈음이다. 무는 '저의 (죽은)아비는 제(臣亡考濟)'라고 분명히 밝히고 있다. 그런데 송서에는 제의 세자이자 무의 형인 흥이 462년(460년 설도 있음)에 사신을 보내 부왕의 직위를 승계받은 사실이 나온다. 송서에 따르면 무의 아비라는 왜왕 제는 462년 이전에 사망한 것이 분명하다. 그러므로 475년경에 부형이 사망했다는 무의 국서내용은 송서와 부합하지 않는다. 그러므로 무의 국서는 부형의 사망시기와 관련하여 중대한 착오가 담겨 있는 셈이다. 이는 단순한 착오가 아니라 왜국의 왕통에 변화가 생겼음을 의미한다.

어쨌든 무의 국서에서 핵심은 '이제 때가 되었으니 부형의 뜻을 펴고자 한다'는 마지막 단락이다. 그동안은 상중이어서 '양암에 거처하느라' 전쟁을 못했지만 이제는 국상이 끝났으므로 부형의 뜻을 이어 고구려와 전쟁을 하겠다는 것이다. 그러면서 중국 역시 고구려를 징치해 달라고 호소하고 있다.

상표문을 비판적으로 살펴보자. 고구려가 비록 강대한 나라로서 남쪽에 관심을 두고 있다고 해도 대한해협 건너편인 일본열도, 그것도 규슈에서 멀리 떨어진 기나이까지 노린다고 보기는 어렵다. 교통이 불편했던 고대에 거리가 멀다는 것은 국가이익을 놓고 갈등하거나 충돌할 사안이 적다는 것을 의미한다. 원교근공(遠交近攻)이란 말이 나온 것도 그 때문이다. 그런데도 무는 고구려에 강한 적대의식을 표명하고 있다. 이런 태도는 쉽게 이해가 가지 않는다. 무가 고구려를 심하게 견제한다는 것은 그의 선조들이 고구려와 크게 충돌하였음을 의미한다. 특히 '국상 종료'를 계기로 고구려에 복수를 다짐한 것은 무의 부형이 대(對)고구려 전쟁에서 사망하였음을 시사한다. 그런데 이즈음 고구려와의 싸움으로 왕과 왕자가 사망한 경우는 왜나 신라, 가야에서는 없었고 백제에서만 있었다. 일본서기 웅략 20년(AD 475)조에 이런 기록이 나온다.

"백제기(百濟記)에서 이르기를 개로왕 을묘년(475)에 맥(貊 고구려)의 대군이 와서 대성(大城 위례성)을 친 지 7일7야에 왕성이 함락되어 드디어 위례를 잃었다. 국왕과 대후(大后) 왕자 등이 적의 손에 죽었다.(百濟記云 蓋鹵王乙卯年 貊大軍來 攻大城七日七夜 王城降陷 遂失尉禮 國王及大后王子等 皆沒敵手)"[64]

한마디로 왜왕인 무가 백제왕자가 할 이야기를 하고 있으니 미스터리가 아닐 수 없다. 당시 왜국이 기나이에 중심을 둔 통일정권이라는

---

64. 전용신, 일본서기, 일지사, 2006, p254.

일본학계의 통설을 따를 경우 무의 호소는 도대체 설명이 되지 않는다. 이런 점에서 무의 국서는 앞의 4왕과의 왕통 변화를 시사할 뿐 아니라 무가 백제왕실과 깊은 관련성을 갖고 있음을 암시한다. 즉 백제 개로왕의 왕자가 왜국의 왕위를 찬탈하고서는 왕통의 정통성을 위하여 제의 아들, 흥의 아우로 위장하였다는 것이 합리적인 결론이다.

그런데 477~478년 당시 '일본에 머물고 있는 백제 개로왕의 아들'이라면 왜왕 무는 사마라는 이름을 가진 무령왕 외에 상정하기 힘들다. 나의 독단적인 추리가 아니다. 왜왕 무를 백제 무령왕으로 보는 시각은 한국의 여러 학자들이 이미 제기한 바 있다. 원광대 소진철 교수가 그러하였고, 김운회 동양대 교수가 유사한 주장을 펼친 바 있다.(인물화상경(스다하치만경)의 명문을 근거로 하여 김운회 동양대 교수는 '무령왕과 계체는 형제 사이'라고 추정하였다. 취할 만한 견해이다.) 즉 백제 무령왕이 소년 시절에 '왜왕 무'의 이름으로 남중국에 조공하였다는 주장이었다. 어떻게 그런 일이 있을까? '왜왕 무=웅략천황'이라는 일본학계의 통설을 수용한다면 백제 무령왕은 곧 웅략천황이란 말인가? 황당하다는 반응이 나올 수 있다. 그러나 흥분은 금물이다. 이는 매우 합리적인 추론이다. 이제 백제와 일본 고대사의 거대한 비밀로 진입할 단계가 되었다. 개로왕의 아우인 백제왕자 곤지의 일본행부터 살펴야 한다.

곤지의 도일(渡日) 에피소드와 '거대한 비밀'

5장에서 언급하였듯이 백제 21대 개로왕은 재위 8년(AD 462)에 아우 곤지를 일본으로 파견하였다. 곤지는 개로왕 4년(458) 남중국 송나라로부터 '정로장군 좌현왕(征虜將軍 左賢王)'에 봉해진 백제왕실의 2인자이다. 곤지의 도일 기사는 삼국사기에는 나오지 않지만 일본사서에는 제법 상세하게 기술돼 있다.(곤지가 일본에 간 시기에 대해 일본서기에는 웅략 5년, AD 461년으로 나오지만 1971년 무령왕릉의 지석이 발견되면서 462년으로 확정되었다. 곤지의 도일 중에 태어났다는 무령왕의 출생연도가 462년이기 때문이다.) 일본서기에 기록된 군군(軍君), 즉 곤지의 일본행 경위부터 살펴보자.

〈웅략천황 5년 4월〉

"백제의 가수리군(加須利君 개로왕)은…이에 아우 군군(軍君 곤지왕자)에게 '너는 일본으로 가서 천황을 섬겨라'고 말하였다. 군군이 대답하여 '상군(上君)의 명을 어길 수 없습니다. 원컨대 왕의 부인(君婦)을 주시고 그런 후에 나를 보내 주십시오'라고 말하였다. 가수리군은 임신한 부인을 군군에게 시집보내어 '내 임신한 부인은 이미 출산할 달이 되었다. 만일 도중에서 출산하면 같은 배를 태워서 어디에 있든지 속히 나라로 돌려보내도록 하라'라고 말하였다. 드디어 헤어져 조정(왜국)에 보냈다. 6월 1일에 임신한 부인은 과연 가수리군의 말대로 규슈(築紫 축자)의 가카라시마(各羅道 각라도)에서 출산하였다. 그래서 그 아이의 이름을 도군(島君)이라 하였다. 그래서 군군은 배 한 척을 마련하여 도군을 백제에 돌려보냈다. 이를 무령왕이라 한다. 백제인은 이 섬을 주도(主島)라 불렀다. 7월에 군군이 (왜국)서울에 들어왔다. 이미 5명의 자식이 있었다.〈백제신찬에서 말하였다. 신축년, 개로왕이 아우 곤지군을 보내어 대왜(大倭)에 가서 천왕을 모시게 하였다. 형왕의 수호를 닦았다.〉(夏四月 百濟 加須利君〈蓋鹵王也〉…乃告其弟軍君〈昆支也〉曰 汝宜往日本以事天皇 軍君對曰 上君之命不可奉違 願賜君婦 而後奉遣 加須利君則以孕婦嫁與軍君曰 我之孕婦 旣當産月 若於路産 冀載一船 隨至何處 速令送國 遂與辭訣 奉遣於朝 六月丙戌朔 孕婦果如加須利君言 於築紫各羅嶋産兒 仍名此兒曰嶋君 於是 軍君卽以一船 送嶋君於國 是爲武寧王 百濟人呼此嶋曰主嶋也 秋七月軍君入京 旣而有五子〈百濟新撰云 辛丑年, 蓋鹵王 遣弟昆支君 向大倭 侍天王以脩兄王之好也〉)"[65]

　기사를 찬찬히 살펴보면 곤지의 열도행은 의문투성이로 가득하다. 먼저 곤지는 형왕(兄王)의 임신한 부인을 자신에게 달라고 요구하였고 개로왕은 흔쾌히 들어준다. 왕비가 아니라 군부(君婦)로 기록돼 있어 후비라고 짐작된다. 개로왕은 '출산을 하면 아들과 함께 같은 배에 태워 다시 보내주는 조건'으로 임신한 부인을 곤지에게 출가시켰다. 열도로 가던 도중 개로왕의 부인이자 곤지의 새 아내가 산기를 느껴 규슈 북쪽 해상의 가카라시마(各羅嶋)라는 섬에 정박하여 왕자를 출산하였다. 훗날 백제 무령왕이 되는 이 아기의 이름은 섬에서 태어났다고 하여 사마라고 지었다. 곤지는 (자신에게 시집 온)개로왕의 부인과 아들을 배에 태워 다시 백제로 보냈다고 일본서기는 적고 있다.

　위의 기사는 앞뒤가 맞지 않는 스토리의 종합이다. 우선 곤지가 임신한 형왕의 후비를 자신에게 시집보내라고 요구한 대목이 수상하다.

65. 위의 책, pp237~238.

부여의 형사취수제(兄死娶嫂制)가 백제왕실에도 전해졌을 개연성은 있지만 '살아 있는 형'의 여인을 노렸다가는 봉변을 당하기 십상이다. 출산하면 아기와 함께 돌려보내주는 조건으로 형의 부인을 달라고 한 곤지의 행태는 보편성이 없다. 백제에서 '임신부를 태우면 안전항해가 가능하다'는 미신이 있었다는 증거도 없다. 개로왕도 마찬가지이다. 자신의 아기를 밴 만삭의 임신부를 동생에게 시집보낸 다음 '출산 이후 다시 돌려받기로 했다'는 기사대로라면 개로왕의 정신상태는 온전하다고 보기 어렵다. 왕자를 임신한 부인에게 위험한 장거리 선박여행을 강요한 이유는 합리적으로 설명이 되지 않는다. 일본서기의 기사대로라면 개로왕과 곤지의 행위는 '임신부와 신생아 학대'일 뿐 아무런 의미가 없게 된다.

그러므로 곤지의 일본행 기사는 그대로 믿을 수 없다. 백제 국왕과 2인자의 행위를 '매우 비정상적으로' 묘사하기 때문이다. 고대인들도 최고지도층은 대단히 이성적인 존재들이다. 말이 안 되는 일은 행하지 않는다. 먼 항해를 하는 배에 만삭의 임신부를 합리적인 이유 없이 태우지는 않았을 것이라는 뜻이다. 결론적으로 곤지의 일본행 관련 기록은 타당한 사유를 생략하는 등 많은 손질이 가해진 기사라고 보아야 한다.

필자는 곤지 기사야말로 일본역사 최대의 비밀을 담고 있다고 여긴다. 하지만 워낙 많이 꼬아놓은 탓에 자칫하면 정신줄을 놓치기 쉽다. 신속은 금물이고 신중이 미덕이다. 한발씩 천천히 진상으로 접근해가야 한다. 다행히 일본서기 편찬자들도 양심을 지닌 지식분자인 탓에 진상을 암시하는 단서들을 곳곳에 흘려놓았다. 작은 조각들을 맞쳐나가야 큰 수수께끼가 풀릴 것이다. 위에서 살펴본 '요상한 기사'를 사서에 기재했을 때는 나름의 이유가 있었을 것이다. 나는 편찬자가 역사적 진상을 완벽하게 숨기지 않고 슬쩍 흘려놓은 단초라고 주목한다.(미리 말한다면 곤지는 야마토왕조의 태조이자 개창자로서 비중이 큰 인물이기에 백제후예인 일본서기 편찬자가 곤지의 도일기사를 남겨둔 것으로 본다.) 지식인들이 흔히 범하는 지적 사치이자 작은 양심의 발로라고 보는 것이다. '권력의 검열'을 피해 후대인에게 남겨둔 암호일 수도 있다.

어쨌든 위의 기사에서 뽑아낼 수 있는 합리적인 진상을 말한다면 '곤지는 산부와 신생아를 백제로 다시 보내지 않았을 것이다.'라는 점이다. 출산을 하느라 약해진 여인과 갓난아기를 다시 배에 태워 머나먼 백제로 보내는 것은 위험한 일이다. 역사기록이 소략하여 진상은 알기 어렵지만, 개로왕은 자신의 후사 한 명쯤은 안전지대(일본)로 보낼 필요가 있다고 보아 임신한 후비를 아우에게 시집보내면서 아기와 어미를 부탁했을 것으로 추정한다. 이런 맥락에서 필자는 곤지의 새 아내와 갓난아기는 일본으로 동행하였다고 본다. 섬에서 태어나 '사마(斯麻)'라는 이름을 얻은 개로왕의 왕자는 숙부(곤지)를 양아버지로 하여 일본에서 성장하였고 훗날 본국으로 귀국하여 무령왕이 된 것으로 보아야 합리적이다.(필자는 곤지와 새 아내, 갓난아기를 '일본 고대사를 뒤흔든 3인방'으로 간주한다. 특히 개로왕의 후비, 곤지의 새 아내를 주목해야 한다. 개로왕의 후비 관련한 기록은 일본서기에서 더 이상 재론되지 않는다. 그러나 이 부인을 '출산을 앞두고 느닷없이 도련님에게 시집을 간 다음 일본행 배를 타고 항해를 하다가 작은 섬의 컴컴한 동굴에서

규슈 가카라시마(각라도) 위치도

몸을 푼 불쌍한 여인'으로 간주하면 오산이다. 나오는 기록이 전부가 아니다. 개로왕의 부인과 그녀가 낳은 아들, 그리고 이들을 열도로 데려간 곤지…거대한 비밀을 지닌 거인(巨人)들의 이야기는 중요하게 언급할 예정이다.)

또 다른 의문은 백제왕의 후비(=곤지의 새 아내)가 작은 섬에서 출산한 이유이다. 가카라시마(各羅島)는 규슈에서 멀지 않다. 왕의 부인이 왕자를 출산하려는 상황이라면 곤지의 선단은 응당 규슈라는 큰 섬의 안전지대에 배를 대는 것이 상식이다. 그리하여 임신부가 편안한 상황에서 최고 의료진의 도움을 받아 출산하도록 배려하는 것이 정상이다. 그런데 곤지는 귀한 왕자를 작은 섬의 동굴에서 출산토록 조처하였다. 미천한 백성의 아기도 이런 곳에서 받지는 않을 것이다. 곤지 일행이 한적한 곳에서 왕자를 출산한 데는 규슈인의 눈을 피해야 할 이유가 있지는 않았을까? 백제왕자 출산의 비밀을 가능한 숨기려 했을 개연성이 짐작되는데 구체적인 이유는 확정하기 힘들다.(필자는 문제의 왕자를 '왜땅에서 태어난 천황의 아들'로 포장할 의도가 아니었을까 추정해 본다. 뒤에서 다룬다.)

평범하게 살다가 죽은 백제왕자라면 곤지의 열도행은 일본 입장에서 그리 중요한 국사(國事)가 아니다. 게다가 그의 일본행 기록은 설득력이 없는 내용들로 점철돼 있다. 겉보기에 중요하지도 않고 정확하지도 못한 기사가 일본서기에 버젓이 기재된 이유는 뭘까? '말이 안되는 이유'(일본행을 수용하는 조건으로 곤지가 형왕의 임신한 후비를 요구한 것은 합리적이지 않다.)와 '설득력 없는 행적'(출산한 후비와 신생아를 다시 백제로 보냈다는 행적은 믿기 어렵다.)을 역사서에 올린 것은 나름의 노림수가 있을 것이다. 말이 되는 이유와 실제 행적을 숨기거나 또는 암시하려는 의도이다. 편찬자가 심심했던 탓이 아니다. 거듭 말하지만 곤지와 새 아내, 사마왕자는 일본 고대사에 획을 긋는 거대한 역할을 담당하였다고 본다. 그러므로 '말이 되지 않는 곤지의 열도행 기사'는 3인의 실제 행적을 제대로 기록하지 못하고 변죽만 울릴 수밖에 없었던 일본서기 편찬자의 지적 고통의 결과라고 판단한다. 덕분에 후대인이 일본 고대사의 진상을 암호풀이 방식으로나마 재구성할 수 있게 된 것이다. 이제 곤지의 열도행 기사에서 손질이 가해진 부분을 발라내고 진상을 드러내 보기로 하자.

규슈에서 군왕(君王)을 출산한 두 여인…개로왕 후비와 신공황후

일본 고대사에서 가장 비중이 큰 인물을 꼽으라면 아마도 신공황후(神功皇后)일 것이다. 일본서기에 묘사된 그녀의 행적은 한일 고대사 전쟁의 핵심이기도 하다. 그런데 중애천황의 황후이자 응신천황의 어머니로 기록된 신공이지만 도대체 언제적 인물인지, 누구인지조차도 불분명하다. 다만 일본서기에 신라를 정벌하고 백제와 고구려의 항복을 받은 여걸로 묘사돼 있어 일본의 한반도 통치를 정당화하는 역사적 인물로 추앙받았다. 신공은 실존 인물이 아니라 가상의 인물인 만큼 실제 역사에서 그녀의 존재를 확인하기란 불가능하다. 현대 일본인 가운데 정신이 온전한 사람은 신공의 삼한정복설을 사실이라고 노골적으로 주장하지는 않는다. 하지만 내심으로는 '어떤 역사적 근거가 있을 것'이라며 신공의 행적을 이리저리 뜯어보곤 한다.

신공이 가공인물이라는 증거는 일본서기 자체에 고스란히 담겨 있다. 신공 섭정전기(AD 320) 10월의 '신라 정복 기사'는 한일 역사전쟁의 핵심으로서 유명하다. 신공기에 따르면 이때 신라뿐만 아니라 백제와 고구려도 신공황후의 군대에 대항할 수 없음을 알고 항복한다. 그래서 고구려·백제·신라의 삼한이 모두 내관가둔창(內官家屯倉)이 되었다. 그런데 신공 47년(AD 367)의 기사에는 백제가 왜국에 처음으로 조공하여 외교관계를 맺었고 2년 뒤(AD 369)에는 백제·왜연합군이 신라와 가라 7국을 평정했다고 나온다. 320년 이미 신공에게 항복했다는 백제가 47년 뒤에 새로 외교관계를 맺었다는 기사는 모순으로서 신공황후의 실존성을 스스로 부정하는 증거이다.

'가공의 인물' 신공황후는 어떻게 만들어졌을까를 두고 많은 연구가 이뤄졌다. 신공황후의 설화를 면밀하게 살펴보면 몇몇 실존인물의 행적을 종합하여 만든 인물임을 눈치챌 수 있다. 신공을 AD 2~3세기 야마타이국의 여왕 비미호(卑彌呼 히미코)로 비정하는 의견이 일본 학계의 정설처럼 굳어져 있고 동조하는 학자도 많다. 일본서기 신공황후 40년조와 43년조 기사는 '위지(魏志)'를 인용하면서 AD 240년을 전후하여 중국〈魏〉에 조공하였던 비미호의 행적을 거론하고 있다. 즉 신공=비미호를 연상케 하는 대목을 일본서기에 슬쩍 끼워 넣은 것이다. 백제 멸망 후인 663년 백촌강(白村江)에 구원군을 파견한 제명천황(齊明天皇)을 모델로 하였다는 풀이도 있다. 결론적으로 신공황후의 행적은 백제를 지원하여 신라와 싸운 7세기 제명천황과 일치하며 활동시기로는 3세기 야마타이국의 여왕 비미호와 부합한다는 풀이가 일반적이다.[66]

필자는 신공황후의 모델과 관련한 기존의 설명을 수용하면서도 또 다른 참고사례들이 있다고 본다. 하나는 중국에서 여성으로 유일하게 황제가 된 측천무후(則天武后)의 성공담이다. 당나라 고종의 황후로 출발하여 690년 국호를 주(周)로 고치고 황제위에 올라 15년간 통치한 측천무후의 삶은 고사기와 일본서기를 편찬할 당시에는 동시대인의 행적이었다. 황제의 비에서 출발하여 끝내는 황제가 된 여걸의 스토리는 일본의 지식사회에도 잘 알려져 있었을 것이고 흥미로운 자극제가 됐을 만하다. 그래서 중국의 측천무후와 비견할 일본의 여성지도자로 창조한 인물이 신공황후라고 보는 것이다. 측천무후의 스토리는 신공을 사실상의 천황인 '섭정'으로 기술하게 만든 시대적, 국제정치적 환경이라고 하겠다.

또 다른 모델은 백제 개로왕의 후비이자 곤지의 새 아내이며 사마왕의 모친이다. 신공의 행적 가운데 가장 극적으로 묘사된 '응신천황

---

66. 박호균, 칠지도 명문, 북랩, 2016, pp94~95.

출산'과 관련한 설화는 곤지왕자의 일본행 기사에서 비롯된 것이 분명하다. 신공황후는 임신한 상태에서 돌로 배를 눌러 출산을 늦추고는 신라를 정벌한 다음 축자(규슈)로 귀환해서 아기를 낳았다고 돼 있다. 뱃속에서부터 열도의 주인으로 예약된 탓에 태중천황(胎中天皇)으로도 불리는 응신은 야마토왕조의 '실질적인 시조'라는 점에서 그의 출생 스토리는 일본사에서 비중이 높다.

〈신공 섭정전기, 중애 9년 9월〉

"그때 황후는 산달이었다. 황후는 돌을 집어 허리에 차고 기도하여 '일이 끝나서 돌아올 때에 이 땅(일본)에서 태어나게 해 주소서'라고 말하였다.(于時也 適當皇后之開胎 皇后則取石插腰 而祈之曰 事竟還日 産於 玆土)"

〈신공 섭정전기, 중애 9년 12월〉

"호무다천황(응신천황)을 축자(규슈)에서 낳았다.(生譽田天皇於築紫)"[67]

그런데 응신의 출생기사는 어딘가 낯이 익은 느낌이다. 그렇다. 신공과 그녀의 아들 응신천황의 설화는 백제왕자 곤지의 일본 도래과정에서 그 단초를 찾을 수 있다. 특히 규슈의 작은 섬에서 무령왕을 출산한 백제 개로왕의 부인이 신공황후의 구체적인 모델이라고 여긴다.

'삼한(백제)에서 아기를 임신한 상태에서 배를 타고 열도로 향하던 중 규슈에 딸린 섬에서 훗날의 군주(백제 무령왕)을 출산'한 개로왕 후

---

67. 전용신, 일본서기, 일지사, 2006, pp152~153, pp155~156.

비의 이야기는 신공황후의 응신천황 출산설화와 기본얼개가 동일하다. 신공의 여러 행적 가운데서 적어도 출산설화와 관련한 모델만큼은 개로왕의 후비로 보아야 마땅하다. 일본 역사서에 등재된 수많은 기사들 중에서도 개로왕 후비와 신공의 출산만큼 닮은 경우는 없다. 나는 개로왕 후비의 출산 스토리가 모티브가 되어 신공의 응신천황 출산설화가 만들어졌다고 판단한다.

'규슈에서 훗날의 군왕을 출산'하였다는 점 외에도 두 여인의 인생 스토리에는 공통점이 많다. 개로왕 후비의 본남편(개로왕)과 신공의 남편(중애천황)은 전쟁에서 사망한다. 두 여인은 각기 새로운 남자를 갖게 되는데, 개로왕 후비는 곤지에게 시집을 가고 신공황후는 대신(大臣) 무내숙녜(武內宿禰)와 '특수관계'로 발전한다. 두 여인의 스토리를 세밀히 살펴보면 사실은 동일인의 이야기라는 느낌이 든다. 그래서 필자는 두 여인의 새로운 남자(곤지와 무내숙녜)도 동일인이라고 간주한다. 이는 매우 중요한 문제인데 뒤에서 상세히 재론할 방침이다.

일본 고대사에서 신공황후는 숭신왕조와 응신왕조를 심각한 패권 다툼을 벌인 적대세력이 아니라 일계화(一系化)시킨 '접착제'이다. 신공의 남편인 중애천황의 사망은 숭신왕조의 멸망을, 신공의 아들 응신의 탄생은 응신왕조의 성립을 의미한다.[68] 신공이라는 '중간계(中間界)'를 설정함으로써 숭신왜국의 역사와 왕통을 응신왜국의 선조(先祖)로 분식시킬 수 있었다. 신공은 일본천황의 왕조사를 만세일계로 화해시키는 안전장치로 활용된 셈이다. '숭신왕조 최후의 황후'이자

---

68. 이시와타리 신이치로, 안희탁 역, 백제에서 건너간 일본천황, 지식여행, 2002, p53.

'응신왕조 태조의 어머니'로서 일본열도 패권싸움을 종식시킨 화합의 상징인 신공이다. 이는 삼국지 왜인전에 기록된 '왜국대란 종결자' 비미호의 행적과 극히 유사하다.

전체적으로 보아 신공 설화는 백제가 멸망한 이후, 백제와 밀접한 일본 왕실에서 신라에 대한 적개심과 보복심리, 정신승리 차원에서 창작한 냄새가 물씬하다. 기장족희(氣長足姬), 즉 '기장발(=벌) 계집'이란 신공의 이름부터 예사롭지 않다.(기장은 동래의 해변에 있는 지명으로 지금은 부산광역시 기장군(機張郡)으로 남아 있다. 기장족희의 기장(氣長)과 기장군의 기장(機張)은 소릿값이 같은 동일지명이다. 족(足)은 곧 '발'인데, 들판을 의미하는 '벌(伐)'을 차용한 글자로 여겨진다.)[69] 기장은 최초 임나지역에 포함되는데 신라에 밀려 열도로 진출한 이곳 출신의 후예들은 신라에 강한 적개심을 갖고 있었을 것이다. 이런 적대감이 '기장벌 출신 계집이 신라에 복수를 했다'는 동화같은 이야기를 만든 동력이 되었다고 본다. 즉 최초 임나지역 후예들의 신라에 대한 복수 원념(怨念)이 신공황후 동화의 원초적 배경이라고 추정한다. 다만 구체적인 모델은 개로왕의 후비이자 곤지의 새 아내, 무령왕의 모친으로 여긴다.

신라 정벌, 실제로는 AD 397년 왜군의 금성 포위전쟁은 숭신왕조가 실행한 '좋은 일(일본 입장에서 볼 때는 성공사례이다.)'이지만 숭신조의 공적(功績)으로 돌리고 싶지 않아서 응신왕조의 대모(大母), 즉 신공의 활약상으로 꾸민 것이다. 결론적으로 응신왕조를 낳은 어머니로

69. 김성호, 비류백제와 일본의 국가기원, 지문사, 1984, p186.

극화된 신공황후는 곤지의 여인이 된 개로왕 후비의 가카라시마 출산에서 그 아이디어가 생겨난 것으로 보인다. 일본서기에서 곤지의 열도행 과정을 '말이 되지 않으면서도 소상하게' 적어둔 것은 실상을 아는 편찬자가 후대인에게 남겨놓은 수수께끼가 아닐까?

곤지와 무내숙녜 '시대를 달리한 동일인 행적'

신공황후는 중애천황의 비(妃)로 기록돼 있지만 실제로 마음을 터놓고 대사(大事)를 논의한 남자는 무내숙녜라고 보아야 한다. 필자의 헛된 주장이 아니라 일본서기를 꼼꼼히 읽어보면 그런 결론에 도달하게 된다.

이제는 '일본 고대사의 거물' 무내숙녜에 대해 살펴볼 단계가 되었다. 과거 1엔 지폐의 인물로 나왔던 무내숙녜에 대한 일본의 공식평가는 '야마토조정이 열도를

1엔 지폐의 인물 무내숙녜

통일하는 데 커다란 업적을 올린 인물'이다. 실제로 일본 고대사의 주요 고비마다 무내숙녜가 관여하지 않은 일은 거의 없다. 야마토조정의 대표적인 호족은 갈성(葛城 가즈라키)씨, 기(紀 키)씨, 평군(平群 헤구리)씨, 허세(許勢 코세)씨, 소아(蘇我 소가)씨 등인데 모두가 무내숙녜의 후손으로 기록돼 있을 정도이다.

일본서기의 오류는 새삼스러운 일이 아니지만 무내숙녜는 특히 황당한 점이 많다. 무엇보다 너무 오랫동안 살았다. 경행천황의 아들로 태어났다는 무내숙녜가 300년 가까이 흐른 인덕천황 시절까지 활동

한 것으로 기록돼 있다. 몇몇 관련 기사들을 모아본다.

경행(景行) 3년(AD 73) 무내숙녜를 낳았다.

경행(景行) 27년(AD 97) 2월에 무내숙녜가 동국(東國)에서 돌아왔다.

성무(成務) 3년(AD 133) 무내숙녜를 대신(大臣)으로 하였다.

중애(仲哀) 9년(AD 200) 중애천황이 타계하자 신공황후가 무내숙녜와
    장례를 의논하였다.

응신(應神) 9년(AD 278) 무내숙녜가 동생의 참소를 받았다.

인덕(仁德) 50년(AD 362) 천황이 무내숙녜와 노래로 화답하였다.

역대 천황의 생존시기나 재위기간(신뢰하기 어렵지만 그대로 인정한다면)은 경행 57년, 성무 60년, 중애천황 9년, 신공황후 섭정 69년, 응신천황 41년, 인덕천황 87년 등이다. 그런데 경행 3년에 출생했다는 무내숙녜가 인덕 50년까지 활동한 것으로 기술돼 있으므로 일본서기에 따르면 그의 최소 생존기간은 289년에 이른다. 한마디로 무내숙녜가 300살 가까이 살았다는 이야기인데 사실일 수 없다. 일본의 사학자 쓰다 소오기치(津田左右吉)가 무내숙녜를 가공의 인물로 규정하고 그가 출현하는 기사의 실재성을 부정하는 것도 이해가 된다.

한일 역사학계의 대세는 '무내숙녜는 고대 왜국 대신(大臣)의 상징으로서 여러 사람의 행적이 중첩됐다'고 본다. 무내숙녜 기사는 한 사람의 행적이 아니라는 뜻이다. 이와 관련해 필자는 중애천황~신공황후~응신천황 시대의 무내숙녜 기록은 백제왕자 곤지의 활동상에서 비롯됐을 것이라고 판단한다. '신공황후=개로왕 후비'라는 도식을 대입한

결과이다. 일본서기는 백제왕자 곤지의 도일 이후 행적은 철저히 침묵하고 있지만 장기간에 걸친 무내숙녜의 활약상이야말로 곤지의 활동상을 대변한다고 판단한다. 특히 신공황후의 기도에 천신이 응답하는 내용을 담은 신공 47년 4월조 기사를 보면 무내숙녜가 '대(對)백제 교섭의 책임자'임을 알 수 있다. 이는 무녜숙녜가 백제 출신임을 암시하는 대목이다. 중애~신공~응신기의 무내숙녜는 곤지의 아바타라는 것이 필자의 결론이다. 황당한 가설이 아니다. 우선 무내숙녜와 신공황후의 관계를 살펴보자. 두 사람은 대신과 황후의 관계가 아니라 실질적인 애인이며 응신천황의 부모라고 할 수 있다. 일본서기 자체가 증거이다.

응신의 계보상 부친은 중애천황이지만 생물학적 아버지는 아니다. 응신의 생부는 무내숙녜로 보아야 한다. 관련 기록을 검토해 보면 이런 결론은 당연하다. 중애천황은 2월에 사망한다. 중애가 죽기 직전에 신공이 회임했다고 해도 9개월 후인 11월에는 출산해야 옳다. 흔히 임신 10개월에 아기가 출산하는 것으로 돼 있지만 실제로는 월경기간 1개월을 더하는 만큼 수정이 된 지 9개월 만에 출산한다. 임신기간은 정확히 266일이라는 것이 현대과학의 정설이다.

> "통계적으로 임신기간은 수정일로부터 평균 266일, 즉 38주이다. 마지막 월경의 첫째 날로부터는 평균 280일, 즉 40주이다. 이는 월경 후 배란이 되고 수정이 될 때까지 약 14일이 소요되기 때문에 생기는 차이이다."[70]

---

70. 네이버 지식백과에서 인용.

일본서기는 신공황후가 9월에 산월(産月)을 맞았으나 돌로 배를 눌러 출산을 3개월 늦춰 12월에 호무다(譽田 응신천황)를 낳은 것으로 기술하고 있다. 출산이 며칠씩 늦어지는 사례는 왕왕 있지만 3개월씩 늘어나는 경우는 없다. 만약 그랬다면 산모와 아기는 틀림없이 죽었을 것이다. 응신은 12월에 출생하였으니 일러야 3월에 회임이 되었을 것이다.(조산을 했을 경우에는 회임시기가 더욱 뒤로 미뤄진다.) 그런데 중애천황은 이미 2월에 사망하였으므로 응신의 생부가 될 수 없다. 중애가 죽고 한 달이 지난 3월에 신공을 임신시킬 수 있는 인물은 누구일까? 일본서기는 무내숙녜임을 강하게 암시하고 있다. 중애천황의 사망을 전후하여 무내숙녜는 신공황후의 옆을 지켰고 단둘이 있는 시간이 많았다고 기술하고 있다.

⟨중애천황 9년 2월⟩

"천황이 갑자기 몸이 아프더니 다음날 붕어하였다. 그때 나이 52세였다. 신의 말을 듣지 않아서 일찍 붕어하였다는 것을 알았다.(일설에는 천황이 친히 구마소를 쳤는데 적의 화살에 맞아 붕어하였다고 하였다.) 황후와 무내숙녜는 천황의 상(喪)을 감추고 천하에 알지 못하게 하였다…(중략)…몰래 천황의 시신을 거두어 무내숙녜에게 주어 해로로 혈문(穴門)에 옮겼다. 그리고 풍포궁에 빈(殯)을 설치하고 불을 때지 않고 지냈다. 갑자일(22일)에 대신 무내숙녜는 혈문에서 돌아와 황후에 보고하였다.(天皇忽有痛身 而明日崩 時年五十二 卽知 不用神言而早崩⟨一云 天皇親伐熊襲 中賊矢而崩也⟩ 於是 皇后及大臣武內宿禰 匿天皇之喪 不令知天下…竊收天皇之屍 付武內宿禰 以從海路遷穴門 而殯于豊浦宮 爲無火殯斂 甲子

大臣武內宿禰 自穴門還之 復奏於皇后)"

〈중애천황 9년 3월〉

"황후는 길일을 택하여 재궁(齋宮)에 들어가 친히 신주(神主)가 되었다. 무내숙녜에게 명하여 거문고를 타게 하였다…(皇后選吉日 入齋宮 親爲 神主 則命武內宿禰令撫琴…)"[71]

신공황후와 무내숙녜는 군주의 사망을 감추는 등 위험천만한 비밀을 공유하는 사이이다. 무내숙녜가 중애의 시신을 혈문의 풍포궁에 몰래 안치한 다음, 신공황후에게 은밀한 곳에 숨겼다고 보고할 때 다른 사람은 곁에 두지 않았을 것이다. 일본서기 기록으로도 두 남녀가 내밀한 시간을 보냈음을 실토하고 있는 것이다. 결론적으로 중애천황 생전에 신공이 임신하였고 아들의 출산을 늦추기 위해 자궁을 돌로 막았다는 일본서기 기록은 허위임이 저절로 드러난다. 거듭 말하지만 신공은 중애가 사망하고 한 달이 흐른 3월에 응신을 임신하였고 정해진 기간을 채운 뒤에 출산하였을 것이다. 3월이라면 일본서기 기사처럼 '(신공)황후가 길일을 택하여 재궁(齋宮 군왕이 제사 지내는 건물)에 들어가 신주가 되고 무내숙녜에게는 거문고를 타게 한' 그 즈음이다. 따라서 응신천황의 생물학적 아버지는 무내숙녜라고 보아야 합리적이다. 이 점은 현대 일본학계에서도 공공연히 거론되고 있다.

고대인들도 임신과 출산의 상식을 갖고 있었다고 할 때, 일본서기는 '응신천황의 계보상 부친은 중애이지만 생부는 무내숙녜'라는 메

---

71. 전용신, 일본서기, 일지사, 2006, pp147~148, pp149~150.

시지를 사실상 노출시키고 있는 셈이다. 중애천황은 신탁마저 무시하는 고집 세고 모자란 인물로 그려진 반면 무내숙녜는 용기와 지략을 갖춘 인물로 묘사된 것에서 일본서기 편찬자의 의중은 대체로 다음과 같이 풀이된다.

"위대한 응신천황이 멍청한 중애의 아들이 될 수는 없다. 왕통의 만세일계를 위하여 응신천황을 중애의 친자로 기술하지만 실제 생부는 무내숙녜이다."

호무다(譽田), 즉 응신천황은 태중천황(胎中天皇)이라는 별칭을 얻으며 '일본을 크게 건설한 군주'로 추앙받고 있다. '신공황후=개로왕 후비'라는 필자의 도식을 대입해 보면, 응신의 성공 스토리는 곧 개로왕의 후비가 낳은 백제 사마왕(=무령왕)과 양부(養父)인 곤지의 성공담을 시사하는 대목이다. 바꿔 말해 사마왕의 스토리가 응신천황 출생의 모델이라는 뜻이다. 이는 일본의 패권을 쥐게 된 야마토왕조, 응신왜국의 출발이 백제의 담로국이었으며 그 결정적인 계기가 백제왕자 곤지의 일본행에서 비롯되었음을 강하게 암시한다고 여긴다.

삼한(백제)에서 가진 아기를 규슈에서 출산한 개로왕의 후비와 삼한을 정벌한 뒤 규슈에서 출산했다는 신공황후의 스토리가 통하는 것처럼, 군왕(개로왕)의 후비를 아내로 삼은 곤지와 군주(중애천황)의 후비(뒤에서 언급하지만 신공은 제3비였다.)를 자신의 여인으로 만든 무내숙녜의 행위는 상통한다. 그러므로 삼한정벌 후 규슈에서 (뒤늦게)출생했다는 응신천황의 실질적인 부친은 무내숙녜이며 그는 곤지의 아바타라고 볼 수 있다.

무내숙녜, 즉 곤지는 일본 고대정치를 실질적으로 주무른 거인이다. 그의 손에서 일본 고대사의 많은 일들이 이뤄졌다. 중애천황이 사망한 이후 무내숙녜는 중애의 두 왕자를 제거한다. 필자는 이 대목을 '곤지의 쿠데타'로 해석한다. 정변에 성공한 무내숙녜는 자신의 애인 신공황후를 섭정으로 만들었는가 하면 궁극적으로는 자신의 아들(응신천황)을 군왕으로 세운다.

곤지의 쿠데타…기나이 왕권을 빼앗다

앞에서 필자는 '300년가량 확인되는 무내숙녜의 역대기록 가운데서 중애~신공~응신기의 주인공은 곤지의 아바타'라고 언급한 바 있다. 이런 시각에서 보면 신공황후를 섭정으로 만든 무내숙녜의 행적은 곧 곤지의 활동상이 된다. 중애가 사망한 뒤, 무내숙녜(=곤지)는 군대를 일으켜 중애의 왕자 2명을 제거하였다. 시기는 AD 477년으로 추정한다.(필자는 중애가 5세기의 왜5왕 가운데 4번째인 흥(興)일 가능성을 주목한다. 흥이 사망하고 무(武)가 뒤를 잇는 해가 477년이다. 이때가 곤지의 쿠데타 시기일 것이다. 그렇게 보는 이유는 뒤에서 서술한다.) 구체적인 쿠데타 과정은 묘사하기 어렵다. 다만 일본서기 신공황후기에 출현하는 '중애의 두 왕자 제거작전'은 곤지의 군사적 결행을 시사하는 대목으로 추론할 수 있다.

참고로 신공황후는 중애천황의 제3비이다. 신공이 중애의 비가 되기에 앞서 왕자 2명과 1명을 각기 생산한 정비와 제2비가 있었음을 일본서기는 말해준다. 일본서기는 중애의 두 아들이 '무모하게도' 신공황후에 대적한 것처럼 묘사하고 있지만 실제로는 왕위계승의 정통성을 지닌 정비 소생의 왕자들을 무내숙녜가 힘으로 제압한 쿠데타였다.

이 대목에서 짚고 넘어가야 할 사안은 '곤지 데릴사위설'이다. 곤지가 기존 숭신왕조의 데릴사위가 되어 권력을 순조롭게 승계하였다는 가설이다. 예컨대 이시와타리는 '곤지=응신천황'으로 보는 입장인데 경행천황 계통의 데릴사위로 왕권을 인수했다고 생각한다.[72] 필자는 왕권을 사위에게 물려준다는 논리에 동의하기 힘들다. 군주의 아우와 조카 등 승계예비군이 즐비한 왕실에서 '굴러들어온 외부인'에게 왕권을 양보하기란 설득력이 없다. 신라에서 사위 승계가 제법 확인되지만 사위가 같은 왕족인 경우여서 곤지의 케이스와는 다르다.(석탈해가 남해왕의 사위로서 왕위를 계승한 것으로 돼 있지만 신라의 왕권이 굳어지기 전 소국시기 일이다.) 권력운용의 일반법칙으로 보거나 당시 열도의 정치상황으로 보거나 곤지는 데릴사위로서 평화롭게 집권한 것이 아니라 비상수단으로 권력을 잡았다고 간주하는 것이 합리적이다.

이제 '무내숙녜 기사'를 통해 곤지의 정변과정을 유추해보자. 중애천황 9년 2월에 군왕이 타계하였지만 무내숙녜와 신공황후는 그 죽음을 비밀로 하였다. 그런 상황에서 10월에 신라를 침공하여 정복하고 백제·고구려의 항복도 받았다고 기술하고 있다.(물론 신뢰하기 힘든 동화이다.) 무내숙녜는 신공이 규슈에서 응신을 출산(12월)하고 석 달이

72. 이시와타리 신이치로, 안희탁 역, 백제에서 건너간 일본천황, 지식여행, 2002, pp283~295.

흐른 이듬해 2월에야 중애천황의 사망을 공식화하였다. 그러고는 바닷길을 따라 기나이의 서울〈京〉로 향하였다. 군선(軍船)을 대거 동원한 내전의 시작인 셈이다. 이때 중애의 정비 소생인 미판왕(麛坂王)과 인웅왕(忍熊王)이 반발하여 군대를 일으킨다. 일본서기의 내용은 이러하다.

〈신공 섭정전기 2월〉

"…(신공황후는)…(중애)천황의 유해를 거두어 바닷길로 경〈京〉으로 향하였다. 그때 미판왕과 인웅왕은 천황이 붕어하고 황후가 서쪽을 쳤으며 황자가 새로 태어났다는 것을 듣고 몰래 모의하여 '지금 황후는 황자가 계시고 여러 신하가 다 따르고 있다. 반드시 서로 의논하여 어린 주인을 세울 것이다. 우리들은 어찌 형으로서 아우에 따라야 하는가'라고 말하였다. 그리고 (중애)천황의 능을 만든다고 속여 파마(播磨 하리마. 현재의 효고현 고베시 인근)에 가서 산릉을 적석(赤石 아카시, 파마국의 지명)에 세웠다. 선단을 편성하여 담로도(淡路嶋)로 건너갔으며 그 섬의 돌을 운반해 와서 능을 만들었다. 사람마다 무기를 잡게 하여 황후를 기다렸다. 견상군의 선조 창견별(倉見別)과 길사의 선조 오십협모숙녜(五十狹茅宿禰)는 다 같이 미판왕에 붙었다. 그래서 장군으로 삼아 동국(東國)의 군사를 일으켰다…두 왕이 임시로 지은 집에 있었다. 붉은 산돼지가 갑자기 나와 그 집에 올라가 미판왕을 물어 죽였다. 군사들은 모두 두려워하였다. 인웅왕은 창견별에게 '이는 괴상한 일이다. 여기서 적을 기다리지 말아야 하겠다.'라고 말하였다. 즉시 군사를 거느리고 다시 주길(住吉)에 주둔하였다. 그때 황후는 인웅왕이 군사를 일으켜 기다리고 있다는 것을 듣고 무내숙녜에게 명하여 황자를 안고(=보호한 채) 우회하여 남해로 나아가 기이수문에 정박하게 하였다…(皇后…即收天皇之喪 從海路以向京 時麛坂王忍熊王 聞天皇崩 亦皇后西征 幷皇子新生 而密謀之曰 今皇后有子 群臣皆從焉 必公議之立幼主 吾等何以兄從弟乎 乃詳爲天皇作陵 詣播磨興山陵於赤石 仍編船絚于淡路嶋 運其嶋石而造之 則毎人令取兵 而待皇后 於是 犬上君祖倉見別與吉師祖五十狹茅宿禰共隷于麛坂王 因以 爲將軍令興東國兵…二王各居假庪 赤猪忽出之登假庪 咋麛坂王而殺焉 軍士悉慄也 忍熊王謂倉見別曰 是事大怪也 於此不可待敵 則引軍更返屯於住吉 時皇后聞忍熊王起師以待之 命武內宿禰 懷皇子 橫出南海 泊于紀伊水門…)"[73]

위의 기록에서 흥미로운 대목은 미판왕과 인웅왕이 '선단을 편성하여 담로도로 건너갔으며 그 섬의 돌을 운반해 와서 능을 만들었다'는 내용이다. 중애의 왕자들이 급박한 시기에 선단을 편성해 담로도로 건너간 이유가 산릉에 쓸 돌을 캐기 위해서라는 설명은 선뜻 따르기 힘들다. 일본서기에서 실상을 숨길 때 흔히 쓰는 암호이다. 5장에서 언급하였듯이 담로도가 백제계의 근거지라고 할 때, 미판왕과 인웅왕은 무내숙녜와의 충돌에 앞서 적의 군사기반을 훼손할 목적으로 섬을 공격한 것은 아닐까? 이런 시각에서 보면 중애의 왕자들이 전투를 앞두고 선단을 담로도로 파견한 이유가 합리적으로 설명된다. 아와지시마, 담로도는 백제계의 군사기지였다고 이미 설명한 바 있다. 함께

73. 전용신, 일본서기, 일지사, 2006, pp157~158.

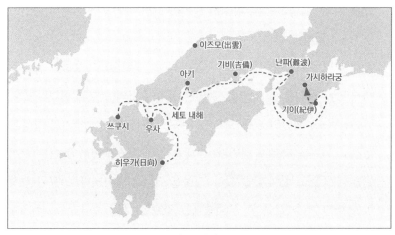

신무동정 지도

언급할 사안은 신공과 무내숙녜 등이 인웅왕의 군대를 피하여 '남해
로 우회하여 기이(紀伊)'로 항해하였다는 점이다. 즉 세토나이카이에
서 오사카 방면(난파=나니와 難波)으로 직공하여 나라분지로 향한 것
이 아니라 기이반도를 우회하여 나라분지를 타격했다는 뜻이다. 이는
신무천황의 동정 코스와 동일하다. 초대 신무천황의 기사에 후대의
스토리가 첨가되어 있음을 시사한다. 이어 무내숙녜는 중애의 왕자를
'가볍게 처리'한다.

〈신공 섭정전기 3월〉

"무내숙녜와 화이신의 선조 무진웅에 명하여 수만의 군사를 거느리고
인웅왕을 치게 하였다. 무내숙녜 등은 정병을 골라서 산배(山背)로 나
아갔다…그때 무내숙녜는 삼군(三軍)에 호령하여 모두 머리를 올려 묶
게 하였다. 그리고 '각각 여분의 시위를 머릿속에 숨기고 또 나무칼(木

刀)을 차라'고 명하였다. 황후의 명이라 하면서 인웅왕을 꾀어 말하기를 '나는 천하를 탐하는 것이 아니다. 다만 어린 왕을 안고 군왕에 따를 뿐이다. 어찌 방비할 것이 있겠는가'라고 하였다…그리고 군사들에게 모두 시위를 끊고 칼을 풀어 강물 속에 던져 넣도록 명령하였다. 인웅왕이 그 꾀임의 말을 믿고 모든 군사에게 명하여 무기를 강물에 버리고 시위를 자르게 하였다. 무내숙녜는 삼군에 명하여 여분의 시위를 다시 얹고 진짜 칼을 찼다. 강물을 건너 진격하였다. 인웅왕은 속임을 당한 것을 알았다…무내숙녜는 정병을 내어 쫓아갔다. 봉판(逢坂)에서 만나 격파하였다…인웅왕은 도망하여 들어갈 곳이 없었다…뢰전(瀬田)의 나루터에서 물에 빠져 죽었다. 그때 무내숙녜는 노래를 불렀다…(命武內宿禰和珥臣祖武振熊 率數萬衆令擊忍熊王 爰武內宿禰等 選精兵從山背出之…時武內宿禰 令三軍悉令椎結 因以號令曰 各以儲弦藏于髮中 且佩木刀 旣而乃擧皇后之命 誘忍熊王曰 吾勿貪天下 唯懷幼王 從君王者也 豈有距戰耶…則顯令軍中 悉斷弦解武內宿禰刀 投於河水 忍熊王信其誘言 悉令軍衆 解兵投於河水 而斷弦 爰武內宿禰令三軍 出儲弦 更張 以佩眞刀 渡河而進之 忍熊王知被欺…武內宿禰出精兵而追之 適遇于逢坂以破…忍熊王逃無所入…沈瀬田濟而死之 于時 武內宿禰歌之…)"[74]

위의 두 정변기사를 보면 중애의 왕자인 미판왕과 인웅왕을 제거하는 작전은 전적으로 무내숙녜가 주도하였음이 드러난다. 신공황후가 무내숙녜에게 명령을 내린 것으로 돼 있긴 하지만 진압작전을 지휘한

74. 전용신, 일본서기, 일지사, 2006, pp158~160.

구체적인 사례는 없다. 참고로 무내숙녜가 인웅왕을 유인한 작전은 1614~1615년 '도쿠가와 이에야스〈德川家康〉'가 '도요토미 히데요시〈豊臣秀吉〉'의 아들 '도요토미 히데요리〈豊臣秀賴〉'에게 오사카성의 해자를 흙으로 메우는 조건으로 강화한 다음 약조를 깨고 침공했던 작전과 유사하다.(적의 말을 믿는 것은 어리석은 행위이다. 도요토미 히데요리는 아마도 무내숙녜 기사를 읽어보지 못했던 모양이다.) 어쨌든 무내숙녜는 그럴듯한 언사로 적을 속이는 꽤나 영악한 작전을 펼치는데, 우직한 승부를 겨루는 후진사회 출신이 아니라 음모와 술수가 판치는 복잡한 정치판을 경험한 인물임을 암시한다.

중애의 아들과 측근들을 제거하는 '내전과 다름없는 대규모 정변'에 성공한 무내숙녜는 자신의 연인 신공황후를 섭정으로 만들었는가 하면 친생자로 짐작되는 응신을 황태자로 세웠다. 이제 일본열도는 무내숙녜(=곤지)의 차지가 된 것이다.

〈신공 섭정 원년 10월〉

"여러 신하들이 황후를 높여서 황태후라고 하였다…섭정 원년이다.(群臣尊皇后曰皇太后)"[75]

여러 신하들〈群臣〉이 황후를 높여 황태후로 만든 것으로 기록돼 있지만 대신 무내숙녜가 주도하였을 것이 분명하다. 무내숙녜는 이어 신공이 낳은 호무다를 황태자로 만들었다.

---

75. 위의 책, p160.

<신공 섭정 3년 1월>

"호무다황자를 황태자로 하였다.(譽田別皇子 爲皇太子)"[76]

곤지의 아바타인 무내숙녜는 이 같은 정변과 왕권교체를 통해 '새로운 조정'의 실권자가 되었다고 추정한다. 미판왕와 인웅왕을 따르던 무리 등 숭신왕조의 잔당들은 먼 곳으로 달아났을 것이다.

곤지의 쿠데타는 일본서기의 또 다른 대목에서도 찾을 수 있을 것 같다. 바로 웅략천황의 기록이다. 별칭이 대악천황(大惡天皇)인 웅략천황은 매우 과감하고 포악한 군주로 묘사되고 있다. 웅략은 정변을 일으켜 친형제와 4촌 형제까지 닥치는 대로 살해하였다. 그런데 웅략이 정변을 일으킨 이유가 허술하기 짝이 없다.

일본서기에서 웅략의 직전 군주는 안강천황(安康天皇)인데 윤공천황의 제2자라고 기록돼 있다. 웅략은 윤공천황의 제5자라고 돼 있으니 안강은 웅략의 형님인 셈이다. 그런데 안강이 재위 3년 8월에 미륜왕(眉輪王)이라는 7살 어린이에게 피살되는 사건이 일어났다. 웅략은 다른 형님들(제3자, 제4자)의 소행으로 의심하여 '갑옷을 입고 칼을 차고 군사를 이끌고 스스로 장군이 되어<被甲帶刀 率兵自將>' 정변을 일으켰다. 먼저 팔조백언황자(八釣白彦皇子)라는 동모형(同母兄)을 찾아가니 이 황자는 죄가 없는데도 '위해를 입을 것을 미리 알고 말없이 묵묵히 앉아서<見其欲害 嘿坐不語>' 칼을 받았다. 또 다른 형님인 판합흑언황자(坂合黑彦皇子)와 미륜왕이 '원대신(圓大臣)'의 집으로 피

---

76. 위의 책, p160~161.

하자 웅략은 원대신의 집에 불을 질러 모두를 죽였다. 두 형과 미륜왕을 척살한 웅략은 10월에는 4촌인 시변압반황자(市邊押磐皇子)도 살해하였다. 안강천황이 생전에 시변압반황자에게 왕위를 물려주려 한 점을 원망해서 그를 사냥터로 유인하여 활을 쏘아 죽였다고 기술하고 있다.

그런데 위의 정변기록은 그대로 믿기 어렵다. 7살 코흘리개가 천황을 척살한 것도 황당하지만 웅략의 동모형이 해명도 하지 않고 묵묵히 칼을 받은 것도 이상하다. 4촌인 시변압반황자를 죽인 이유가 안강이 친형제들을 제쳐두고 4촌형제를 후사로 선택했기 때문이라고 했는데, 그렇다면 웅략은 별로 친밀하지도 않았을 안강천황의 죽음에 왜 그렇게 흥분하여 동모형들을 닥치는 대로 죽였을까? 의심이 꼬리를 물게 된다. 이렇게 허술한 기록이 역사서에 오른 것도 나름의 이유는 있을 것이다. 편찬자들이 '이 기록은 믿지 말라'고 말하는 것과 다르지 않다. '정변의 진짜 이유는 따로 있다'는 실토라고 풀이한다.

필자는 웅략에게 잡혀죽은 친족들이 사실은 숭신왕조의 왕실 인물들이 아닌가 짐작한다. 정변 대목에서의 웅략은 곧 곤지를 말함인데 (웅략은 복합인물로 짐작되는데 정변 기사는 곤지, 군왕 기사는 주로 사마의 행적이라고 여긴다. 뒤에서 설명한다.) 백제계 군력을 배경으로 기존 숭신왕조의 정적들을 과감하게 제거한 행보라고 풀이하면 합리적으로 설명이 된다. 그래야 웅략의 형님이 '해를 입을 것을 미리 알고 묵묵히 칼을 받은' 행위가 타당성을 지니게 되는 것이다.

웅략은 지방세력도 탄압하였다. 웅략 7년 8월에는 "길비하도신전진옥(吉備下道臣前津屋)이 작은 수탉을 천황의 닭이라고 하고 큰 수탉을 자기 닭으로 하여 싸움을 붙이고는 작은 닭이 이길 경우에는 죽인다는 이야기를 듣고 전진옥(前津屋) 등 일족 70인을 죽였다."는 기사가 있다. 같은 해, 웅략이 길비상도신전협(吉備上道臣田狹)의 처를 빼앗자 전협이 신라로 달아나 저항하였다는 기사가 나온다. 웅략이 기비의 호족을 처단한 것이다. 또 웅략 18년에는 "물부토대숙녜(物部菟代宿禰), 물부목련(物部目連)을 보내어 이세의 조일랑(朝日郎)을 쳤다."는 기록도 있다. 이세는 이세신궁으로 유명한 나라분지 동쪽의 미에현(三重縣)을 말한다. 웅략이 기비씨를 처단한 기사는 (기나이)서쪽 공격을 시사하고, 이세를 친 기록은 (기나이)동쪽 공략을 의미한다. 이는 곧 왜국의 왕권을 장악한 백제계가 숭신왕조에 충성하던 기비왜·동국세력과 격렬히 충돌하고 제압한 방증이 아닐까?

이시와타리 신이치로 같은 연구자는 이론적 도약을 거쳐, 곤지=응신천황=왜왕 무라는 등식을 성립시키고는 그가 새로운 '백제계 왜왕조'의 시조라는 입장을 취한다. 곤지는 실권자로서 군왕의 역할을 수행하였으므로 '복합인물 응신'의 기록에는 그의 행적이 다소간 묻어 있을 수는 있다. 하지만 활동연대와 백제왕실 계보 등을 감안할 때 곤지를 응신으로 곧바로 비정하기에는 머뭇거려진다. 필자는 5장에서 밝혔듯이 응신의 기본모델은 4세기 초에 백제의 120현민을 거느리고 도일한 궁월군이며 곤지와 사마왕의 행적은 약간씩 가미돼 있다고 짐작한다. 곤지는 중애~신공~응신기의 대신 무내숙녜와 5세기 말 웅략천황의 아바타로서, 그가 이룩한 거대한 행적은 일본서기에 시대별로 다양하게 분산돼 기록된 것으로 판단한다.

문정창, 김운회를 비롯한 한국의 일부 연구자들은 '곤지=왜왕 무'라는 주장을 펼친다. 필자는 굳이 반박하지 않는다. 오히려 유사한 의견

웅략 재위기 지방 공략 상황

이다. 다만 명목상의 왕위는 열도에서 태어난 양아들 사마에게 맡기는 대신, 곤지 스스로는 섭정왕이 됐을 개연성을 짐작한다.(섭정이 되었다는 신공황후 관련 기록이 '섭정왕 곤지'의 행적을 암시하는 것은 아닐까?) 곤지의 양아들인 사마는 남중국 송에 국서를 보낸 '왜왕 무'로 여겨지며, 웅략천황의 기록에는 곤지와 사마의 활동상이 모두 담겨 있다고 본다.(사마는 훗날 본국(백제)으로 건너가 무령왕이 된다.) 즉 일본서기 웅략기(雄略紀)에는 실권자 곤지와 명목상의 군주인 사마의 행적이 혼재돼 있다고 간주한다. 대악천황이라는 별칭은 군군으로 불린 곤지가 정변과정에서 보여준 무자비함을 상징하는 것은 아닐까? 웅략, 웅대한 책략의 의미를 담은 시호도 곤지의 행적과 잘 어울린다는 생각이 든다.

곤지 후예, 백제와 열도의 왕통을 독점하다

중애천황의 적통왕자를 제거한 뒤 자신의 애인(신공황후)을 섭정으로 앉히고, 궁극적으로는 자신의 아들(응신)를 군주로 만든 무내숙녜의 행적은 곤지의 쿠데타를 '편년을 상향조정하는 방식으로 기술'했다는 것이 필자의 시각이다. 안강 3년, AD 456년의 일로 묘사된 웅략천황의 정변 기사 역시 곤지의 실제행동보다는 다소 앞선 사건으로 기록되었다고 본다.

그렇다면 곤지의 쿠데타는 언제쯤 일어났을까? 475년 고구려 장수왕이 남침으로 백제 수도 한성이 함락되고 개로왕이 참수당한 대사건 이후라고 짐작한다. 본국이 사실상 망하는 극한적인 상황에서 목숨을 건 과감한 결단이 가능했을 것이다. 아울러 475년 이후 상당수의 백제인들이 일본으로 몸을 피했다고 여겨지며, 기나이에는 백제계 세력이 더욱 늘었다고 짐작된다. 곤지의 쿠데타 시기는 AD 477년일 것이다. 477년이란 구체적인 연도를 지목하는 것은, 그 즈음에 왜5왕 가운데 4번째인 흥(興)이 죽고 무(武)가 등극하기 때문이다. 흥은 중애천황이고 무는 곤지의 양아들, 사마(斯麻 훗날 백제 무령왕)라는 것이 필자의 시각이다.

한성이 함락되고 개로왕이 살해된 지 2년이 지난 477년, 고구려에 대한 복수전을 꿈꾸던 곤지와 백제계는 본국을 도울 군력을 징발할 목적에서 (숭신)왜국의 정권을 장악하기 위한 정변을 결행한다. 아와지시마, 담로도의 기지에서 발진하여 가와치 일대의 백제계를 규합한 다음 숭신왕조의 수도 '나라'를 급습하는 방식이었을 것으로 추정한다. 곤지와 백제계는 대(對)고구려 전선에 나서자는 자신들의 요구에 부응하지 않는 숭신왕조의 마지막 군주(중애천황)를 죽이거나, 또는 군주가 지방(규슈)에서 사망한 것을 기회삼아 권력을 장악하는 데 성공한 것이다.

정변이 성공하고 일정한 시일이 흘러 정국이 안정되자 곤지는 아들 사마(사실은 개로왕의 아들로서 곤지에게는 조카이자 양자이다.)를 열도의 군주로 삼는다. 중국사서에 '왜왕 무'로 출현하는 군왕이자 일본서기에 웅략천황으로 기재된 인물이다. 나는 사마가 왜국왕이 된 시기를 AD 478년, 곤지의 쿠데타 이듬해로 짐작한다. 웅략천황의 '재위기간 23년'이 해답의 열쇠이다.(실상이 왜곡돼 있고 편년도 혼란한 웅략조의 기사지만 23년이라는 재위기간은 비교적 합리적이어서 신뢰할 수 있다.) 사마는 501년, 백제 동성왕이 시해되자 '웅략천황 역할을 그만두고' 본국으로 귀국하여 무령왕으로 등극하는데 23년을 거슬러보면 478년에 열도의 군주(웅략천황)가 되었음을 암시한다.

큰 판을 설계한 곤지는 쉴 새가 없었다. 475년 개로왕이 살해된 뒤 웅진으로 천도하여 왕위에 올랐던 문주왕이 477년 병관좌평 해구(解仇)에게 살해되었는가 하면, 479년에는 문주왕의 아들로서 13살에 왕위에 올랐던 삼근왕(三斤王)이 사망했기 때문이다. 15살 소년왕의 죽음은 자연사가 아니라 아비와 마찬가지로 살해됐을 개연성이 다분하다. 본국의 어지러운 상황을 타개하기 위해 곤지는 둘째아들 모대(牟大)를 백제왕에 올리는 강공책을 편다. 모대를 백제왕으로 보내는 상황에 대한 일본서기의 기록은 다음과 같다.

〈웅략 23년 4월〉

"백제의 문근왕(文斤王 삼근왕)이 타계하였다. 천황이 곤지왕의 다섯 아들 중 두 번째인 말다왕(末多王)이 젊고 총명하므로 칙하여 궁중에 불렀다. 친히 머리를 쓰다듬으며 타이르심이 은근하여 그 나라의 왕으로 하였다. 무기를 주고 아울러 축자국의 군사 500인을 보내 나라에 호송하였다. 이를 동성왕이라 한다.(百濟文斤王薨 天王 以昆支五子中第二末多王 幼年聰明 勅喚內裏 親撫頭面 誠勅慇懃 使王其國 仍賜兵器 幷遣築紫國軍士五白人 衛送於國 詩爲東城王)"[77]

위 기록에서 모대의 머리를 쓰다듬은 사람은 당시 18살의 사마가 아니라 실권자인 곤지였을 것이다. 거듭 말하지만, 웅략천황기의 기사는 '실권자 곤지'와 '명목상 군주 사마'의 행적이 혼재돼 있다고 여겨진다. 곤지는 어린아들 모대를 '본국이지만 위험한 정치현장'으로 떠나보내야 했기에 머리를 쓰다듬는 애정표현으로 '안타까운 심정'을 드러냈다고 짐작된다. 이처럼 백제본국과 기나이왜국의 왕통을 좌우하는 등의 대형 정사(政事)는 '부여씨 왕실의 큰 어른' 곤지가 주도하였다고 생각한다.

곤지가 열도의 군주로 세운 사마는 여러 얼굴을 지녔다. 첫째, 규슈의 작은 섬에서 태어난 사마의 출생 스토리는 편년을 상향조정하여 응신천황의 탄생설화로 일부 이전되었다고 짐작된다. 둘째, 5장에서 언급하였듯이 담로궁에서 출생했다는 반정천황(反正天皇)의 실제 모습일 개연성도 있다. 담로궁에서 태어난 반정은 '담로도에 기반하여 왕조를 개창한 군왕의 상징'으로서 (왕실역사를 늘리기 위해)곤지나 사마의 행적에 기반하여 만든 가공의 군주가 아니냐는 혐의가 든

---

77. 위의 책, pp255~256.

다.(반정(反正)이란 거창한 왕호와는 달리 반정천황은 구체적인 업적 없이 즉위 5년 만에 타계한다. 그의 집권 기록은 "풍우가 때를 맞추어 오곡이 잘 익었다. 백성이 부유하고 천하가 태평이었다.〈風雨順時 五穀成熟 人民富饒 天下太平〉"는 상투적인 내용뿐이어서 실재성이 의심된다.) 셋째, 사마는 왜5왕 가운데 5번째인 무라고도 여겨진다. 이번 7장 서두의 '왜왕 무의 미스터리' 절에서 기술하였지만 '무'가 송나라에 조공하고 국서를 보낸 것은 사마가 왜국왕으로 재위하던 시기의 행적임을 암시한다. 열도의 군주가 중국에게 고구려 정벌을 호소하는 것은 선뜻 이해하기 힘들지만, 왜왕 무가 백제 개로왕의 아들이자 문주왕의 동생이라는 시각에서 보면 고구려를 향한 적개심은 충분히 설명된다. 소진철은 '무령(武寧)'이라는 왕호를 왜왕 시절의 '무(武)'와 중국으로부터 받은 '영동대장군(寧東大將軍)'의 머릿글자를 딴 합성어로 설명하는데 취할 만한 견해이다.

왜왕 무(武)로 짐작되는 사마왕은 열도의 군주로 오랫동안 머물지는 못하였다. 501년 동성왕이 백가(苩加)라는 세력가에 의해 살해되는 정변이 백제에서 발생했기 때문이다.

〈백제본기 동성왕 23년(AD 501)〉

"11월에 웅천의 북쪽 벌판에서 사냥하였고 또 사비의 서쪽 벌판에서 사냥하였는데 큰 눈에 막혀 마포촌(馬浦村)에 묵었다. 이보다 앞서 왕이 백가(苩加)로 하여금 가림성(加林城)을 지키게 하였다. 백가는 가지 않으려고 병을 핑계 삼아 사양하였으나 왕이 허락하지 않았다. (백가는)왕을 원망하였는데 이때에 사람을 시켜서 왕을 칼로 찔렀다. 12월

에 이르러 (왕이)죽었다. 시호를 동성왕이라 하였다.(獵於熊川北原 又田
於泗沘西原 阻大雪 宿於馬浦村 初王以苩加鎭加林城 加不欲往 辭以疾 於不許
是以怨王 至是 使人刺王 至十二月乃薨 諡曰東城王)"[78]

일본서기에는 조금 다르게 설명돼 있다. 동성왕이 포학한 짓을 많
이 하여 백제의 백성들이 일제히 제거하였다는 내용이다.

〈일본서기 무열천황 4년〉

"이해 백제의 말다왕(末多王 동성왕)이 무도하여 백성에게 포학한 짓을
하였다. 국인이 제거하고 도왕(島王)을 세웠다. 이를 무령왕(武寧王)이
라 한다.〈백제신찬에 말하였다. 말다왕이 무도하여 백성에게 포학한
짓을 하였다. 국인이 같이 제거하였다. 무령왕이 섰다. 휘는 사마왕(斯
麻王)이다. 이는 곤지왕자의 아들이다. 즉 말다왕의 배다른 형이다…〉(是
歲 百濟末多王無道 暴虐百姓 國人遂除 而立島王 是爲武寧王 〈百濟新撰云 末多
王無道 暴虐百姓 國人共除 武寧王立 諱斯麻王 是琨支王子之子 則末多王異母
兄也…〉)[79]

본국에서 정변이 일어나자 '23년간 왜왕(왜왕 무)으로 재위하면서
정치력이 검증된' 사마가 긴급히 투입된다. 곤지는 이즈음 60~70대
의 노년으로 짐작되는데, 이때까지 생존했다면 사마의 귀국이라는

---

78. 김부식, 이병도 역주, 삼국사기(하), 1997, 을유문화사, pp75~84.
79. 전용신, 일본서기, 일지사, 2006, pp281~282.

'커다란 정치적 결단'은 곤지의 의중이 크게 작용했을 것으로 볼 수 있다. 어쨌든 사마왕은 501년, 본국으로 건너가 무령왕이 되었다. 462년생이니 40살의 장년에 백제대왕에 등극한 셈이다. 477년 곤지의 쿠데타 이듬해인 478년부터 23년간 군림했던 열도의 군주 생활은 끝이 난다. 거듭 말하지만 일본서기에 기록된 웅략천황의 재위기간은 23년이다.

백제-왜 왕실의 큰 어른인 곤지는 사마를 백제왕으로 보내고 공석이 된 기나이왜 군주 자리는 자신의 3남 오호도(男大迹)를 앉힌다. 그가 계체천황이다. 이 같은 거대공정을 완수한 다음 곤지는 천수를 누리고 사망한다. 곤지의 혼백은 나라의 아스카베신사(飛鳥戶神社)에서 영면에 들었다.

참고로 웅략천황 이후의 계보를 보면, 청녕천황(淸寧天皇), 현종천황(顯宗天皇), 인현천황(仁賢天皇), 무열천황(武烈天皇) 등 4인이 뒤를 이은 다음 AD 507년에 계체천황(繼體天皇)이 군주 위에 오른다. 청녕 5년, 현종 3년, 인현 11년, 무열 8년으로 재위기간이 유독 짧은 데다 유의미한 활동상도 없다. 가공의 군주들이라는 의심이 들 정도이다.(청녕~무열 4인은 가공의 군주이거나 적대세력인 숭신왕조의 군주를 웅략과 계체 사이에 배치한 것은 아닐까? 왜 그렇게 보는지에 대해서는 8장의 '숭신-응신왕조 병존기의 왕력 복원 시도' 절에서 상세히 언급한다.) 그래서 필자는 웅략을 뒤이은 응신왕조의 실제 군주는 계체라고 짐작한다. 계체(繼體)라는 시호 자체가 '왕통을 계승하였다'는 의미가 담겨 있다. 계체는 곤지의 3남인 오호도(男大迹)인데 큰 형님이 백제왕이 되어 열도를 떠나자 그 뒤를 계승한 것으로 여긴다.

오호도가 사마의 뒤를 이어 열도의 계체천황이 되었고 두 사람이 형제관계라고 하는 추정이 가능해진 것은 '인물화상경(人物畵像鏡)'이란 이름이 붙은 청동거울 덕분이다. 오사카 남쪽인 와카야마현(和歌山縣) 하시모토시(橋本市)의 스다하치만신사(隅田八幡神社)에서 1834년 지름 19.8cm의 청동거울이 발견됐다. 둥근 거울에는 말을 탄 왕과 신하를 묘사한 인물들이 조각된 그림이 새겨져 있어 인물화상경이란 이름이 붙었다. 소장 신사의 이름을 따 '스다하치만경'이라고도 불리는 거울의 바깥둘레에 48자의 명문이 새겨져 있다.

"癸未年八月日十大王年男弟王在意柴沙加宮時斯麻念長壽遣開中費直 穢人今州利二人尋取白上同二百旱作此竟"(명문에서 男弟王(남제왕)의 글자가 선명하지 못하다. 孚弟王(율제왕)이나 부제왕(孚弟王)으로 읽기도 하는데 남제왕으로 보는 것이 자연스럽다.)

명문의 글자를 비정하는 문제와 문맥의 해석을 둘러싸고 의견이 분분하지만 대체적인 풀이는 "계미년 8월 10일, 대왕의 시대에 남제왕(男弟王)이 의시사가궁(意柴沙加宮 오시사카궁)에 있을 때 사마가 장수를 염원하며 보낸다. 개중비직(開中費直 '개중'은 오사카 인근인 가와치(河內)를 의미하며 '비직'은 지역을 다스리는 지도자로 풀이된다.)과 예인(穢人) 금주리 등 두 사람이 최고급 구리 200한으로 이 거울을 만들었다."는 내용이다.

심상찮은 글귀가 새겨져 있지만 일본학계 주류는 열도 내의 정치세력 간에 주고받은 거울로 해석하고 있다. 사마를 백제왕으로 본다면 곤란한 일이 많기 때문이다. 하지만 시대상황을 감안하여 거울의 명문을 해석할 경우 사마는 백제 무령왕, 남제왕은 계체천황, 계미년은 AD 503년으로 보는 것이 합리적이다. '사마=무령왕'으로 간주할 경우 '계미년'과 '사마'라는 2가지 단서의 아귀가 정확히 들어맞는다. 한마디로 스다하치만경은 백제 무령왕이 왜국왕이 된 아우 계체의 건강과 장수를 기원해 보내준 동경이다. 이렇게 보면 무령왕과 계체천황과 친형제이며 백제가 형님나라이고 왜는 동생나라라는 해석이 가능해진다.(다만 국내학자들은 무령왕을 계체천황의 형님으로 보는 반면 이시와타리는 계체의 조카라고 간주하고 있어 차이가 있다.)[80] 1500년 세월을 녹슬지 않고 견뎌온 청동거울이 사마와 계체가 형제사이라는 무서운 비밀을 세상에 폭로한 셈이다.

백제 왕통은 무령에 이어 성왕이 계승하며, 왜의 왕통은 계체에 이어 그 아들 흠명(欽明)으로 연결된다. 모두가 곤지의 아들·손자로 왕실 계보가 이어진다고 할 때, 곤지는 백제와 왜국 왕실의 중흥조(中興祖)가 된 셈이다. 일본서기 웅략 5년 7월조를 보면 곤지에게 5명의 아들이 있음을 친절하게 밝히고 있다. 곤지의 아들들은 백제와 왜국의 군주 자리를 형제상속으로 승계한 거물이기에 암호처럼 남긴 흔적으로 풀이해본다. 일본서기는 곤지의 도일을 무심한 듯 기술하면서도 핵심정보는 모두 전하고 있는 셈이다.

이런 시각을 깔고서 백제왕실과 열도의 숭신-응신왕조 군주들의 재

---

80. 홍윤기, 일본 천황은 한국인이다, 효형출판, 2000, pp174~180. 이시와타리 신이치로, 안희탁 역, 백제에서 건너간 일본천황, 지식여행, 2002, pp420~430.

위·활동시기를 재조정할 필요가 제기된다. 우리는 2개의 명확한 기준점을 알고 있다. 백제 삼근왕이 477년에 13살 어린 나이로 등극했다는 삼국사기 기사와 523년에 타계한 사마왕이 62세였다는 무령왕릉의 지석(誌石) 기록이다.

개로왕의 손자인 삼근왕은 477년에 13살로 즉위하였으니 465년생이다. 삼근왕은 문주왕의 장자라고 여겨지는 만큼 문주는 440~445년경에 출생하였다고 보인다. 475년에 문주가 구원병을 얻기 위해 신라에 파견되었는데, 30~35살 정도면 적당한 나이이다. 문주왕 역시 장자라고 할 때, 부왕 개로왕은 420년경에 출생하였다고 볼 수 있다. 475년 고구려에 패하여 살해당할 때는 50대 중반으로 짐작된다. 개로왕의 동생인 곤지는 430~435년 정도에 출생한 인물로 볼 수 있다. 462년 형님 개로왕의 지시에 따라 일본으로 파견되었을 때는 30살 안팎의 연부역강한 시기라고 하겠다. 사마왕(무령왕)은 462년생으로 확인되니 아버지 개로왕이 40대, 후비인 어머니는 20대였을 때 회임되었을 개연성이 높다.

백제 동성왕에 오르는 모대(=末多王)는 곤지가 일본으로 건너간 뒤에 출생했을 것으로 여겨지는데, 왕위에 오르는 479년에 '유년(幼年)'이었다는 일본서기를 감안하면 사마왕보다 2~3세 늦은 460년대 중반에 출생한 것으로 짐작된다. 곤지의 3남인 오호도, 즉 계체천황은 460년대 후반에 출생하여 30대인 501년~507년 즈음에 등극한 것으로 짐작된다.

'응신 모델' 창조와 응신왕조의 개창

5장에서 이미 밝혔듯이 응신천황의 기본모델은 AD 403년 백제 120현민을 이끌고 도일한 궁월군이라고 짐작한다. 궁월군과 아지사주 등은 아와지시마(淡路島 담로도)와 나니와(難波 난파)항구 등지로 상륙한 다음 새로운 백제계 이주민 집단을 형성하였을 것이다. 다만 응신의 시호에 군사정복자에게 부여하는 '귀신 신(神)'이 들어간 점으로 보아 이주민을 지휘한 궁월군의 행적은 조금 부족하지 않느냐는 반론이 나올 수도 있다. 그러나 궁월군에서 비롯된 백제계가 궁극적으로 일본의 왕통을 장악한다고 할 때, 고사기와 일본서기를 편찬한 야마토조정이 '태조'에게 정복자의 존칭을 올린 것은 결코 과도하지 않다고 필자는 풀이한다. 사실 "시호에 귀신 신 자가 들어간 4명의 천황-초대 신무천황(神武天皇), 10대 숭신천황(崇神天皇), 신공황후(神功皇后), 15대 응신천황(應神天皇)-은 군사적 정복자를 의미한다."는 일본학계의 통설이 크게 틀리지는 않겠지만 뭔가 허전하다. 실존성이 떨어지는 신무를 제외하면 모두가 대한해협을 횡단한 공통점이 파악된다는 점에서 오히려 '대륙(高天原=한반도)에서 열도로 진출한 군주를 표상하는 존호(尊號)'라고 풀이해본다. 궁월군을 '기본 모델'로 하고 사마왕의 행적 중 일부를 합성해 만든 응신천황은 백제에서 일본으로 건너간 인물이 분명하기에 '귀신 신(神) 자'를 받을 요건은 충족한 셈이다.

어쨌든 궁월군의 도일과 함께 형성된 백제계 이주민 집단은 점차 담로국으로 성장발전한다. 백제담로국은 성장과정에서 숭신왕조의 견제도 받았지만 본국에서 제공하는 철자원 등에 힘입어 위치를 굳혔다고 여겨진다. 담로국의 지도자, 즉 후왕은 백제본국에서 파견한 것이 틀림없을 것이다. 역대 후왕 가운데서도 곤지왕자의 위상은 특별하다. 왕의 아우로 백제국의 2인자로 활동하다가 파견되었기 때문이다. 곤지는 굳건한 위상을 활용하여 담로국을 열도평정의 기지로 재편하였고, 마침내 정변을 일으켜 숭신왕조를 전복하기에 이른다고 짐작한다. 이후 새로운 왕통을 수립한 곤지 등 백제계는 이전의 담로국 역대 후왕들을 천황으로 격상시켜 왕조의 역사를 장구하게 늘려간다.

응신왕조의 초대군주는 당연히 응신천황인데 기본모델은 궁월군과 사마왕이다. 그렇게 본다고 해서 응신은 가공의 군왕이며 그의 행적 기록은 모두 믿을 수 없다는 과격한 주장을 펼 생각은 없다. 다만 응신기에 출현한 백제기사를 감안할 때, 2주갑 인하하면 대체로 사실에 부합한다는 일본학계의 상식을 넘어서는 '어떤 비밀'의 의혹을 제기하는 것뿐이다. 즉 신공기·응신기의 에피소드 중 일정부분은 후대의 사건이 이전 시기로 분식됐다고 보는 것이다. 대표적인 사례가 응신의 탄생설화이니, 왕통의 신성화를 위해 규슈의 작은 섬에서 출생한 사마왕의 스토리를 각색하였다는 것이다. "응신은 실제 군주이며 그와 관련한 역사는 일본서기에 기록된 그대로 인정해야 한다."고 주장하는 작자와는 입 아프게 논쟁할 필요가 없다. 신공황후가 섭정에 오르기 전에 출생했다는 응신이 신공섭정 69년을 경과한 뒤에 등극했다고 하니 70세 때의 일이다. 그로부터 40년간 재위하였다는 것이 응신천황조의 기록인데 사실로 믿을 수 있냐고 되묻는 것으로 충분하다.

훗날, 일본서기를 편찬하면서 왜국의 왕통을 대대적으로 조작한 것은 나름의 합리적인 이유가 있을 것이다. 응신왕조의 역사를 장구하게 늘리고 숭신왕조의 성과를 응신조의 것으로 분식하기 위한 목적이라고 하겠다. 다만 후대인들은 왜곡된 왕통이라는 프리즘을 통해 일본고대사를 대하는 만큼 착시현상을 제대로 극복하지 못하는 것이다.

8세기에 편찬한 일본서기에서 응신왕조와 100년가량 병존하였던 숭신왕조를 '응신왕조보다 앞선 왕통으로 왜곡'한 이유는 충분히 짐작가능하다. 일본서기는 신라에 멸망당한 백제후예들이 편찬을 주도한 역사서로 왜왕실의 위상을 높이는 한편, 신라를 왜의 부용국으로 묘사하여 '정신적 복수를 하는 것'이 주요목적이었던 역사서이다. 그런데 8세기의 사서에서 왜가 5~6세기에 신라를 정복했다고 쓰면 설득력이 없고 우스개가 된다. 불과 200~300년의 과거는 기록이 충분히 남아 있어 반박당할 가능성이 크다. 그런데 500~600년 전에 일어난 역사라고 우기면 먹혀들 소지가 많다. 신라도 수백 년전의 기록은 부실할 것이기 때문이다. 5세기 말에 활동한 백제인(곤지)의 활약상을 '왜국 중신(무내숙녜)의 성과로 원초적으로 왜곡'하기 위해서는 그의 아바타격 인물의 활동시기를 위로(선대로) 밀어올리는 것이 가장 확실하다. 아울러 백제와 신라의 왜국에 대한 사대·섬김의 역사가 더욱 오래됐음을 담을 수도 있다. 한마디로 편년 상향조정은 일본서기를 편찬한 야마토조정의 위엄에 여러모로 도움이 되는 것이다.

8장
응신왕조의 승리,
일본열도 패권 확립

　열도의 양대세력 간의 패권전쟁은 응신왕조의 승리와 숭신왕조의 소멸로 귀결된다. 6세기 초반에 일어난 2개의 전쟁이 결정적 계기가 되었다. 일본서기 계체기(繼體記)에 '반파국(伴跛國)의 난'에 대한 기술에 이어 곧바로 '반정(磐井 이와이)의 반란' 기사가 나온다. 둘 다 기나이왜의 적대세력에 관한 기사인데, 사실은 반란이 아니고 전쟁이었다. 한반도에서는 백제와 대가야 간에 '반파의 전쟁'이 벌어졌고 일본에서는 응신왕조와 숭신왕조 사이에 '반정의 전쟁'이 치열하였다. 국가운명이 걸린 2개의 전쟁에서 가야·숭신왜 연합왕국은 백제·응신왜국 연합에 처절하게 패배하였다. 패전의 결과는 참혹하였다. 한반도의 가야와 일본열도의 숭신왕조는 나라가 해체되는 비운을 맞게 되었다.

　반파의 전쟁은 계체 8년(AD 514) 3월부터 계체 10년 5월까지 2년 넘게 진행되었다. 반정의 전쟁은 계체 21년(AD 527) 6월에 시작돼 이듬해 11월까지 1년 넘게 지속되었다. '2개의 전쟁'이 일어나기 40~50년 앞서, 5세기 후반부터 가야권역의 상황은 좋지 못했다. 475

248

년, 고구려 군대가 한성을 점령하고 백제 개로왕을 참수한 사건의 파장은 크게 전달됐을 것이다. '백제의 대왕이 목이 잘려 죽었다'는 소문은 반도 남부와 일본으로 확산되었고 각국의 대응은 비상하였을 것이 분명하다. 실상을 상세히 모르는 제3자는 상황을 더욱 위협적으로 느끼기 마련이다. 70년 전 고구려군의 가공할 위력은 귀에 못이 박히도록 들었던 터라 광개토대왕의 아들이 시작한 2차 남정의 공포감은 실제 이상으로 증폭돼 전해졌을 것이다. 가야·숭신왜 연합은 혹시 모를 고구려의 남하를 저지하기 위해 총력을 기울였다고 여겨진다. 479년 가라 하지왕의 남제 조공은 이 같은 엄혹한 국제정세와 무관치 않을 것이다.

그러던 중 열도의 정치질서가 크게 달라졌다. 477년경 '곤지의 정변'을 계기로 하여 가야의 뒷배이던 숭신왜가 백제계 응신왕조에 쫓겨 서쪽으로 밀려난 것이다. 이후, 응신왕조와 한편이던 백제는 가야를 강하게 압박하며 생살을 파먹기 시작했다. 인내하던 가야는 AD 514년, 행동에 나서지 않을 수 없었다.

'반파(伴跛)의 전쟁'과 한반도·일본열도의 정치질서 변화

반파국(伴跛國)이 어디인지를 놓고 설들이 분분하다. 경북 고령에 위치하였던 대가야의 별칭이란 것이 학계의 통설이지만 인근의 성주가야라는 설과 전북의 장수가야라는 새로운 학설이 팽팽하다. 가야제국 가운데 반파가 어느 나라인지는 좀 더 연구가 필요해 보인다.

『한일 고대사의 재건축①』의 12장에서 기술한 것처럼, AD 512년 임나사현을 백제에 빼앗긴 데 이어 이듬해에는 기문(己汶 기문에는 상기문과 하기문이 있다. 기문이 '긴물'의 음차와 유사한 만큼 훗날 '장수(長水)'로 한역(漢譯)됐을 가능성이 엿보인다. 그런 점에서 상기문은 장수, 하기문은 남원 운봉설이 유력하다.)[81]과 대사(帶沙 경남 하동에 비정)까지 백제에 넘겨주자 반파국이 반발한 것으로 일본서기에 기술돼 있다. 이로 미뤄 볼 때 반파는 '가야서부권의 유력국가'임은 분명하다. 이즈음 가야권의 주도권이 대가야로 넘어간 상황임을 감안하면 '반파=대가야'설은 여전히 설득력이 높다. 어쨌든 일본서기 계체 7년(AD 513) 11월에 '기문과 대사를 백제국에 주었다'는 기사가 있고 4개월 뒤에 반파국의 반란 기사가 출현한다.

〈계체 8년, AD 514년〉

"삼월에 반파(伴跛)가 자탄(子呑 경남 거창 또는 진주에 비정)과 대사(滯沙 다사(多沙)라고도 함. 경남 하동에 비정)에 성을 쌓아 만해(滿奚 경남 함양군 안의면에 비정)와 연결하고 봉수와 군수창고를 설치해 일본에 대비하였다. 또 이열비(爾列比)와 마수비(麻須比)에 성을 쌓고 마차해(麻且奚), 추봉(推封 경남 밀양으로 비정)에 연결하였다. 군사와 병기를 모아서 신라를 핍박하였다. 남녀를 약취하고 촌읍을 약탈하였다. 흉적이 가는 곳에 남는 것이 드물었다. 포학사치하고 괴롭히고 침략하고 살상하는 것이 매우 많았다. 상세히 기록할 수가 없었다.(三月 伴跛築城 於子呑滯沙 而連滿奚 置烽候邸閣 以備日本 復築城於爾列比麻須比 以絙麻且奚

81. 서동인, 미완의 제국 가야, 주류성, 2017, p423 참고.

推封 聚士卒兵器 以逼新羅 駈略子女 剝掠村邑 凶勢所加 罕有遺類 夫暴虐奢侈
惱害侵凌 誅殺尤多 不可詳載)"[82]

일본서기는 반파의 영역이던 기문과 대사를 왜가 백제에게 넘겨
주자 반파국이 반란을 일으킨 것처럼 기술하고 있다. 실상은 반파국
이 백제·기나이왜 연합과 전쟁을 벌인 것이다. 일본서기는 왜의 영토
인 기문과 대사를 백제에 할양해준 것처럼 묘사하였지만 사실은 반파
의 영역이었다. 본래부터 왜의 땅을 백제에 주었다면 반파가 격렬하
게 저항할 이유나 명분이 없다. 일본서기의 거짓말이 저절로 드러난
경우이다. 어쨌든 임나사현에 이어 기문·대사까지 백제가 점령하자
반파는 강력히 반발하였다. 반파로서는 자국 영토를 야금야금 파먹는
백제에 더 이상 인내할 수 없어 승산이 높지 않은 전쟁을 벌인 것이다.
　반파가 열을 받아 전쟁을 일으켰지만 성공하기란 쉬운 일이 아니었
다. 반파는 지원세력이 없는 독불장군 처지였다. 당시 반파의 우군은
규슈 등지에 기반을 둔 숭신왜국이 유일하였으나 숭신세력도 '내 코
가 석 자'인 상황이었기에 도울 처지가 못 되었다. 응신왜의 압박이 갈
수록 커져가면서 숭신왜국은 코너에 몰렸던 것이다. 일본서기를 보면
반파는 백제·왜와 대적하는 것은 물론이고 신라까지 공박하는 등 좌
충우돌하는 양상을 보여준다. 반파는 아무래도 스스로의 역량을 과대
평가했던 모양인데 전쟁의 결과는 참혹했을 것이 틀림없다. 사방이
적인 상황에서 반파가 기문과 대사를 되찾기란 요원한 일이었다.

---

82. 전용신, 일본서기, 일지사, 2006, pp293~294.

반파의 전쟁이 실패로 끝난 직후 대가야는 친신라 정책을 본격화한다. 대가야 이뇌왕(異腦王)은 '반파의 난'이 종식되고 6년이 지난 522년에 신라의 법흥왕과 결혼동맹을 맺는다. 신라의 이찬 비조부(比助夫)의 딸(누이라는 설도 있음)과 혼인하여 월광태자(月光太子)를 낳았다. 백제·응신왜 연합에 밀린 반파(대가야)는 오랜 숙적 신라와 손을 잡은 것이다.

그러나 529년경, 비조부의 딸을 수행한 종자 100명이 신라복식을 입은 문제를 놓고 가야와 신라 간에 큰 갈등이 발생하였다.(일본서기 계체 23년조에 그 실상이 나온다.) 아마도 신라가 복식문제로 도발하여 갈등을 조장한 느낌이다. 이때 대가야는 우호세력이 전무하였다. 숭신왜국세력이 527~528년 '반정의 전쟁' 패배로 몰락하였기 때문이다. 신라는 마음에 없던 결혼동맹을 파기하고 가야를 본격적으로 공취하기 시작하였다. 신라는 532년에 금관가야를 합병한 데 이어 562년에는 대가야도 공격해 멸망시킨다.

'반정의 전쟁'에서 승리한 이후부터 응신왜국은 숭신왕조를 평정한 자신들이 가야(임나)지역에 대한 기득권을 계승했다고 간주하였다. 6세기 이후 신라에 대해 '임나의 조(調)'라는 명목으로 가야땅 합병과 관련한 보상을 수없이 요구한 것은 이 같은 권리의식의 발로였을 것이다. 그러나 신라는 응신왜국의 요구를 배격하였다.

'반정(磐井)의 전쟁'과 숭신왕조의 소멸

516년경 반파의 전쟁이 실패로 귀착되고 11년이 지난 시점, 이번에는 '이와이'라고 훈독되는 '반정(磐井)'의 전쟁이 발발한다. 일본서기는 이 또한 '반정의 난'으로 격하하고 있다. 먼저 반정이 숭신왕조 후예인지 아닌지 규명할 필요가 있다. 물론 그 진상을 알기란 쉬운 일이 아니다. 다만 규슈〈築紫〉는 가야에서 발진한 '숭신왕조의 태조'가 열도에서 처음으로 터전을 잡은 풍패지향(豊沛之鄕)이란 점에서 축자국조(築紫國造)라고 표현된 반정은 왕실과 밀접한 인물로 짐작된다. 즉 숭신왕실의 직계왕손이거나 '왕실 본향(本鄕)에 분봉(分封)한 왕족'으로 볼 여지는 충분하다.

어쨌든 필자가 숭신왕조 최후의 군왕으로 주목하는 반정이 기나이 응신왕조와 치른 전쟁의 파장은 '반파의 전쟁'보다 심대하였다. 반정의 전쟁 이후 숭신왕조는 몰락하고 응신왕조가 일본의 패권을 쥐게 된다. '반정의 난'과 관련한 일본서기의 기록도 '반파의 난'에 대한 기술보다 훨씬 상세하다. 반정의 전쟁 승패가 기나이(응신)왜국의 국가 운명에 그만큼 강력하게 작용한 흔적으로 보아야 한다.

그런데 열도의 두 강자 간의 전쟁은 피할 길이 없었을까? 공존은 가능하지 않았을까? '투키디데스의 함정'이 대답이 될 것 같다. 이 용어는 고대 그리스의 장군이자 역사가인 투키디데스(Thukydides BC 460?~BC 400?)가 저술한 '펠로폰네소스 전쟁사'에서 비롯됐다. BC 5세기경 기존맹주이던 스파르타는 아테네의 급성장에 불안을 느꼈고 이에 두 나라는 지역패권을 놓고 전쟁을 벌이게 됐다고 투키디데스는 주장하였다. 여기에서 유래된 '투키디데스의 함정'은 급부상한 신흥 강국이 기존의 패권국을 위협할 경우 결국 무력충돌로 이어지는 현상을 설명하는 용어가 되었다. '규슈의 숭신왜'와 '기나이 응신왜'는 투키디데스의 함정에 빠져 갈등을 벌였고 최종적으로는 반정의 전쟁에 돌입하였으니 왕조의 운명과 열도의 패권이 걸린 전쟁에서 양보란 있을 수 없다. 응신왜국 계체천황이 반정과 싸우는 장수(물부대련추록화 物部大連麁鹿火)에게 규슈의 지배권을 양도하겠다고 약속할 정도였다.

① 반정의 전쟁 발발〈계체 21년(AD 527) 6월〉

"근강모야신(近江毛野臣)은 6만의 군사를 이끌고 임나에 가서 신라에 패한 바 있는 남가라(南加羅)와 녹기탄(喙己呑)을 회복하고 부흥시켜 임나에 합치고자 하였다. 이때 축자국조(筑紫國造 국조란 지방수장을 뜻하는데, 축자국조는 결국 규슈왜국왕을 낮춰 부른 단어이다.) 반정(磐井)이 반역할 것을 음모하였으나 유예하여 몇 해를 지냈다. 일이 성공하기 어려울 것을 두려워하고 항상 틈을 엿보았다. 신라가 이를 알고 몰래 뇌물을 반정(磐井)에게 보내어 모야신의 군대를 막으라고 하였다. 이때에 반정이 화국(火國 규슈 서쪽의 나가사키)과 풍국(豊國 규슈 동쪽의 오이타)의 두 나라에 세력을 펼쳐서 직무를 집행하지 못하게 하였다. 밖으로는 해로를 차단하여 고구려·백제·신라·임나 등이 해마다 공물을 보내는 배를 가로막고 안으로는 임나에 보낸 모야신의 군대를 차단하였다…(중략)…천황이 대반대련금촌(大伴大連金村), 물부대련추록화(部大連麁鹿火), 허세대신남인(許勢大臣男人) 등에 조하여 '축자의 반정이 모반하여 서융의 땅과 연락하고 있다. 이제 누가 장군이 되겠는가?'라고 물었다. 대반대련 등이 '정직인용(正直仁勇)하고 군사의 일에 능통하기를 추록화의 위에 설 자가 없습니다'라고 대답하였다. 천황이 좋다고 하였다.(近江毛野臣 率衆六萬 欲往任那 爲復興建新羅破 南加羅·喙己呑

而合任那 於是 築紫國造磐井 陰謀叛逆 猶豫經年 恐事難成 恒伺間隙 新羅知是

密行貨賂于磐井所 而勸防遏毛野軍 於是 磐井掩據火豊二國 勿使修職 外邀海路

誘致高麗百濟新羅任那等國年貢職船 內遮遣任那毛野臣軍…天皇詔大伴大連金

村物部大連麁鹿火許勢大臣男人等曰 築紫磐井反掩 有西戎之地 今誰可將者 大

伴大連等僉曰 正直仁勇通於兵事 今無出於麁鹿火右 天皇曰 可)"[83]

②계체 - 추록화대련 대화〈계체 21년(AD 527) 8월 〉

"(천황이)조하여, 아 대련이여. 반정이 복종하지 않는다. 그대는 가서
치라고 말하였다. 물부추록화대련(物部麁鹿火大連)이 재배하여 '아, 반
정은 서융의 교활한 자입니다. 냇물이 험한 것을 등지고 조정에 승복
하지 않습니다. 산이 험한 것에 의지하여 난을 일으켰습니다. 덕에 반
하고 도에 어긋납니다. 남을 얕보고 저만 잘났다고 합니다…(중략)…
어찌 삼가 치지 않겠습니까'라고 하였다…(중략)…천황이 친히 부월을
잡아 대련에게 주며 '장문이동(長門以東 장문이란 규슈와 혼슈 사이의 혈
문(穴門)해협을 말한다. 결국 장문이동은 혼슈와 시코쿠가 된다.)은 짐이 다
스리고 축자이서(築紫以西 규슈를 의미함.)는 그대가 다스려라. 상벌을
마음대로 행하여라. 자주 주하여 번거롭게 하지 말라'고 하였다.(詔曰
咨 大連 惟玆磐井弗率 汝徂征 物部麁鹿火大連再拜言 嗟 夫磐井西戎之奸猾 負
川阻而不庭 憑山峻而稱亂 敗德反道 侮嫚自賢…能不恭伐…天皇親操斧鉞 授大
連曰 長門以東朕制之 築紫以西汝制之 專行賞罰 勿煩頻奏)"[84]

---

83. 전용신, 일본서기, 일지사, 2006, pp295~296.

84. 위의 책, pp296~297.

③ 반정의 전쟁 결과〈계체 22년(AD 528) 11월〉

"대장군 물부대련추록화(物部大連麁鹿火)가 친히 적장 반정(磐井)과 축자(규슈)의 어정군(御井郡 미이군)에서 교전하였다. (양군의)깃발과 북이 마주보고 티끌이 상접하였다. 결정적인 기회가 두 진영 간에 생겨나는 가운데 (서로가)만 번 죽을 곳〈萬死之地〉을 피하지 않았다.(치열한 전투과정을 묘사함) 드디어 반정을 베고 결과로 경계를 정하였다.(大將軍物部大連麁鹿火 親與賊帥磐井 交戰於築紫御井郡 旗鼓相望埃塵相接 決機兩陣之間 不避萬死之地 遂斬磐井 果定疆場)"[85]

기나이 응신왕조는 1년 이상 소요된 반정의 전쟁에 승리하며 마침내 숭신왕조를 타멸하는 데 성공하였다. ②의 기록에서 계체천황이 장문이동(長門以東), 즉 혼슈와 시코쿠만 차지하여도 만족스럽다고 한 것은 장문의 동쪽인 혼슈 극서부 등지는 당시에 응신왜국의 영역이 아니었다는 반증이다.(다음 절에서 다룬다.) 예전의 일본학자들은 '반정의 난은 야마토조정의 한반도 출병에 따른 규슈지역의 부담 증대에 대한 반발'이라고 설명하였으나 최근에는 통일국가 형성과정에서 발생한 영토통합전쟁이었다는 관점이 우세하다. 한마디로 열도 내 주요 거점세력이 통일국가를 지향하는 과정에서 충돌한 사건이란 분석이다.

또 하나 간과할 수 없는 대목이 바로 신라와 규슈세력 간의 연대 움직임이다. 일본서기는 ①기사에서 신라가 반정(이와이)에게 뇌물을 주었다는 식으로 왜곡·폄하하고 있지만 사실은 복잡한 국제

---

85. 위의 책, p297.

정치가 작동한 결과이다. 반정은 숭신왜의 독자생존과 응신왕조와의 전쟁에 대비하기 위해 숙적 신라와 손을 잡기로 결심한 것이었고, 신라는 백제와 연계된 응신왜국이 열도의 패권을 쥘 경우에 초래될 외교안보적 부담을 감안하여 규슈 세력과 결탁한 것이다. 그러나 열도의 동서 두 세력이 정면충돌한 반정의 전쟁에서 기나이측이 최종승리하면서 규슈의 숭신왜국은 소멸단계로 진입하게 된다. 반파의 난과 반정의 난은 가야·숭신왜 연합과 백제·응신왜 연합이 한반도와 열도에서 격돌한 두 전쟁을 지칭한다. 즉 한반도에 위치한 백제가 가야(임나) 서부의 사현과 기문·대사를 잠식하였다면 기나이 응신왜는 규슈의 숭신왜를 먹어 치운 것이다. 결국 반파의 전쟁과 반정의 전쟁은 6세기 초에 발생한 백제·응신왜 연합의 연승 기록인 셈이다.

말기 숭신왕조의 영역은 어디까지였나?

'반정의 전쟁' 관련 기사들을 꼼꼼히 살펴보면 흥미로운 정보가 도출된다. 계체 21년(AD 527) 8월조의 ②기사에서 '장문이동은 짐이 다스리고 축자이서는 그대가 다스리라(長門以東朕制之 築紫以西汝制之)' 하는 부분이 핵심이다. 위의 기록을 통해 2가지 정보를 파악할 수 있다. 첫째, 규슈는 원래부터 응신왜국 계체천황의 소유가 아니라는 것을 의미한다. 둘째, 최후의 시기에도 숭신왜국의 영역은 규슈에 한정된 것이 아니라 혼슈에까지 상당 부분 확장돼 있었음을 알 수 있다.

위 기사는 매우 중요하므로 한 가지씩 소상히 따져볼 필요가 있다.

계체천황이 규슈(축자이서) 전역을 물부대련추록화에게 넘기겠다고 말하는 것은 애당초 규슈는 기나이왜의 영역이 아니었음을 의미한다. 자신이 기존에 다스리던 영토였다면 부하에게 넘겨줄 리가 없다. 계체가 규슈를 추록화에게 양도하겠다는 것은 '미확정 이익'이기 때문이다. 반란을 평정하였다고 해서 자신의 영토를 부하에게 떼어주는 군주는 없다. 만약 계체천황이 자신의 영토를 추록화에게 넘길 정도로 마음씨가 좋았다면 굳이 반정에게는 주지 못할 이유가 없고, 그랬다면 반정의 반란(전쟁)은 애당초 일어나지도 않았을 것이다. 즉 규슈가 계체천황의 기존영토라고 볼 경우에는 '반정의 반란'이라는 일본서기 기록 자체가 모순이 된다. 결론적으로 당시 규슈는 계체천황의 영토가 아니라 반정의 전쟁을 계기로 새로 얻게 될 땅이었다. 이 대목에서도 기나이에 중심을 둔 왜국과 구분되는 '또 다른 왜'의 실재성을 거듭 확인할 수 있다.

기나이(응신)왜국의 계체천황이 추록화에게 약속한 장문이동-축자이서 발언은 '반정의 국토를 나와 그대가 나눠 가지자'라고 풀이하는 것이 자연스럽다. 여기서 두 번째 정보, 즉 '반정의 왜국'의 영토가 규슈 전역과 함께 혼슈(장문이동)에도 규슈 못지않은 크기였을 것이라는 암시를 받게 된다. 군주인 계체가 부하인 추록화보다 더 큰 보상을 갖는 것이 정상적이라면 반정의 국토에서 장문이동, 즉 혼슈와 시코쿠 쪽이 축자이서, 즉 규슈보다 더 넓었다고 볼 수 있다. 지도로 그린다면 대략 다음의 모양새가 되겠다.

혹자는 장문, 즉 규슈섬과 혼슈섬을 가르는 혈문이 규슈왕국과 기나이왜의 기존 경계선이었고 계체천황이 다급한 나머지 새로 얻을 영

응신왕조 vs 숭신왕조 세력권 추정도

토를 전부 부하에게 주겠노라 약속했다고 풀이할지 모르겠다. 그러나 이럴 경우라면 계체천황은 장문을 굳이 언급할 이유가 없다. 군주나 물부추록화대련 모두에게 기존 국경은 상식이기 때문이다. 그랬더라면 계체는 장문이동과 이서를 구분하지 않은 채 "새로 얻을 반정의 땅(규슈) 전부를 그대에게 주겠노라."라고 말하여야 마땅하다. 계체가 장문의 동과 서를 언급한 것은 그곳을 새로운 획정선으로 삼았기 때문이다. 즉 정복할 '반정왕국의 영토'를 분배하는 선으로 장문을 언급했다고 보아야 합리적이다. 가야(임나)에서 발진한 숭신과 그 후예가 이룩한 숭신왜국의 전성기 영역은 본향인 가야는 별개로 하더라도 꽤 넓었다고 짐작한다. 즉 규슈와 시코쿠, 혼슈의 이즈모와 기비, 기나이, 동국(현재의 도쿄를 비롯한 간토(關東)지방)에 이르기까지 광범위하였으나 477년경 곤지의 쿠데타 이후에는 기나이와 동국을 상실하고 지배 범위가 대폭 축소됐을 것으로 짐작한다. 하지만 '장문이동과 축자이서'라는 계체천황의 영토분할 발언으로 보아, 숭신왜국은 반정의 집권기에도 규슈뿐만 아니라 혼슈 극서부와 시코쿠 방면에 일정한 영토를 유지하고 있었다고 사료된다. 다만 몰락기 숭신왜국의 수도는 규슈에 있었기에 일본서기는 반정을 '축자국조'라고 평가절하한 것으로 보인다.

한가지가 더 있다. 정치와 권력의 작동원리를 감안할 때도 '장문 국경 가설'은 설득력이 약하다. 장문이 기존 국경이라면 계체는 규슈세력을 타멸한 이후에도 영토상의 성과가 전혀 없다는 말이 된다. 즉 반정의 전쟁에서 군주는 새로운 이득이 전무한 반면 부하(=추록화대련)가 전승이익의 100%를 차지한다? 이는 권력과 정치의 생리를 모르고 하는 소리이다. 상관(上官)보다 더 큰 포상을 받게 된 부하는 마음이 불편하여 실력을 제대로 발휘하기 힘들다. 군주를 모시던 고대인이든 회장님을 모시는 현대기업인이든, 윗사람보다 큰 대가를 갖게 되었다고 기분이 좋아서 열심히 일한다면 조금 모자라는 녀석이다. 모든 장수들은 전쟁에서 이겨 많은 전리품을 받기를 즐겨하지만 군왕보다 더 큰 이익을 갖기를 바라는 바보는 없다. 보상의 크기는 적당해야 한다. 군주가 승전의 대가를 모조리 주겠다고 약속하면 장수로서는 지나치게 큰 선물을 받는 셈이다. 현명한 장수라면 마음이 불안하고 불편해서 제대로 싸우지 못할 뿐 아니라 군주의 약속 자체를 의심하게 된다.

거듭 말하지만 '장문이동은 짐이 다스리고 축자이서는 그대가 다스리라'는 계체의 발언은 숭신왜국의 땅을 물부추록화대련과 '적절하게 양분하겠다'는 의미로 풀이하는 것이 자연스럽다. 그런 만큼 반정의 전쟁에서 얻을 천황의 이득은 추록화대련보다 더 크거나 비슷했다고 판단해야 합리적이다. 즉 천황이 얻을 '장문이동의 땅'은 추록화에게 주겠다는 '축자이서(규슈)'보다 광대하거나 유사한 크기였음을 암시한다. 최소한 작지는 않아야 한다. 그래야 규슈를 얻게 될 추록화가 심적 부담없이 전쟁에 임할 수 있다. 지도자는 부하에게 합당한 정도의 대가를 지급해야 하고 그렇게 할 때 신뢰를 얻을 수 있다. 지도자가 못 믿을 공약을 남발하면 부하는 약속 자체를 근본적으로 불신하게 된다.

웅략을 뒤이은 계체의 집권기(AD 507~531)에는 응신왕조가 서쪽으로 기비왜까지는 확보하고 있었을 것으로 짐작된다. 웅략천황 재위기에 이미 '기비지역 호족들의 반란을 진압했다'는 일본서기 기록을 감안할 때 그러하다. 반정의 전쟁이 시작된 527년, 집권 20년을 맞은 계체의 자신감은 절정에 이르렀고 내친 김에 숭신왕조를 완전히 소멸시킬 꿈을 꾸었던 모양이다. 대업을 완성한 이후에는 혼슈와 시코쿠의 땅을 모두 차지할 계산이었고 규슈지역만 추록화에게 (일단)선사할 의도였다고 짐작된다.(그러나 종전 후 계체천황은 규슈를 추록화에게 넘기지 않은 것으로 사료되는 만큼 식언한 셈이다.) 이렇게 보아야 군주와 신하 간에 비교적 합리적인 분배약속이 된다.

말이 길어졌지만 계체천황의 '영토분할 언급'이야말로 최후의 순간까지 숭신왜국의 지배영역이 혼슈나 시코쿠에도 상당한 규모로 존재하고 있었음을 암시해 준다. 6세기 초 소멸의 시기, 숭신왕국의 동쪽 국경은 신라계 이즈모왜를 넘어 기비왜와 접하고 있었을 것으로 짐작한다. 또 이즈음의 일본서기에서 시코쿠의 호족을 어떻게 처분하였는지에 대한 기록이 따로 없는 점을 감안할 때, 기존 패권국(숭신왕조)에 줄을 대는 세력이 상당하였다고 여긴다. 규슈와 혼슈서부, 시코쿠를 포함한 영토라면 숭신왜국은 가야는 물론이고 백제나 신라보다 영역이 더 넓었고 만만찮은 역량을 지닌 정치체였다고 추론할 수 있다.

'기나이(응신왕조)-규슈(숭신왕조) 패권경쟁 가설'을 뒷받침할 문헌 증거는 아쉽게도 없다. 다만 5세기 후반 이후 50년가량, 일본에서 기나이 양식과 구분되는 규슈식 고분문화가 광범위하게 관찰되는 고고학적 성과를 중시할 필요가 있다. 규슈식 전방후원분은 횡혈식석실(橫穴式石室)과 함께 석실내부를 적색안료로 화려하게 채색하는 것이 특징이다.[86] 규슈식 고분은 혼슈 등 규슈 바깥에서도 널리 확인되고 있다. 일본학계의 주류는 5세기 후반 이후 한동안 기나이 야마토왕권의 장악력이 느슨해지고 규슈세력이 강력해진 증거라고 풀이해왔다.

> "북부 규슈세력의 흥기는 5세기 후엽에서 6세기 전엽에 걸쳐 돌연 세토나이카이(瀨戶內海) 연안과 산인(山陰)·호쿠리쿠(北陸)·토카이(東海) 등의 지역에 이 지역계(규슈계) 석실의 확산과 화려한 장식벽화 고분으로 상징된다. 이 북부 규슈세력이 흥기하는 배경은 이제까지 설명되지 못하였으나, 역시 영산강유역의 전방후원분 피장자와 그 모집단이 북부 규슈의 호족세력이 백제의 선진 문물을 도입하는 창구역할에 기인하는 것으로 판단된다."[87](영산강유역 전방후원분의 실체에 대해서는 3부에서 집중서술한다.)

규슈 바깥인 세토나이카이연안과 산인·호쿠리쿠·토카이 등지에서

---

86. 박천수, 새로 쓰는 고대 한일교섭사, 사회평론, 2007, p29.
87. 위의 책, p293.

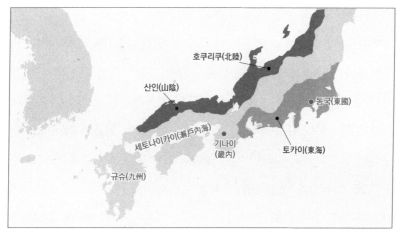

산인(山陰)·호쿠리쿠(北陸)·토카이(東海) 지도

규슈식 고분이 확인되는 현상에 대한 필자의 해석은 일본학계와 정반대이다. 지방세력인 규슈의 파워가 '외부로 확장된 결과'가 아니라, 열도의 광범위한 영역에서 횡혈식석실고분을 조성하던 전국세력이 '규슈 등지로 축소된 결과'라고 본다. 이 부분은 정밀하게 검토해야 한다. 일본 지도가 필요하다.

세토나이카이는 혼슈와 시코쿠 사이의 내해(內海)이고 산인(山陰)은 현재의 돗토리현과 시마네현에 해당한다. 또 호쿠리쿠(北陸)는 니가타현과 도야마현·후쿠이현을 말하고 토카이(東海)는 태평양에 면한 아이치현·시즈오카현 일대이다. 5세기 후반~6세기 초반, 규슈식 고분이 확인되는 지역이 당시 일본의 역사무대 가운데 (기나이를 제외하고)거의 전역을 커버한다는 의미이다. 비록 규슈가 흥기했다 하더라도 일개 지방세력이 전 열도에 고분문화를 확산시키기란 어렵다. 오히려 '전국적인 문화전파력을 지닌 세력이 갑자기 규슈로 후퇴하면서 생겨난 착시현상'이라는 풀이가 더 설득력이 있다.

필자 식의 해석에도 의문은 제기될 수 있다. '숭신왕조가 서쪽으로 후퇴했다는 추정과 열도전역에서 규슈식 고분문화가 발견되는 현상이 양립 가능한가?'라는 문제이다. 특히 호쿠리쿠와 토카이는 기나이보다도 동쪽이니 규슈(숭신)왕조의 영역으로 보기 힘들지 않느냐는 의구심이 들 수 있다. 그러나 이는 불합리하지 않다. 응신왕조가 비록 왕도(王都 기나이)와 중심부를 장악했다 하더라도 주변부, 즉 세토나이카이와 산인·호쿠리쿠·토카이 등지에는 기존왕조(숭신왜)에 충성하는 호족집단이 일정 부분 존재하게 마련이고 그들이 구(舊)왕실과 계속 교류·접촉하며 그들의 묘제를 따르는 것은 어색하지 않다.

물론 세토나이카이와 산인, 호쿠리쿠, 토카이를 모조리 숭신왕조의 세력권으로 간주할 수는 없다. 동서고금의 역사를 보면 정치적 격변기에 중앙보다 지방의 정치질서가 더 복잡한 경향이 있다. 중앙의 정치싸움은 극히 치열하고 결판도 일찍나는 반면 주변부에서는 신·구 패권 어느 쪽에 설 것인가를 둘러싼 눈치싸움이 심하고 그래서 정치질서도 한동안 혼란스럽기 일쑤이다. 5세기 후엽~6세기 전엽의 일본열도에서 기나이와 규슈가 패권전쟁의 양대 중심이었다면 세토나이카이와 산인, 호쿠리쿠, 토카이 등지의 주변부에는 친응신-친숭신 세력이 뒤죽박죽 혼재돼 있었다고 짐작된다. 기나이 응신왕조로서야 '지방 잔당들'을 일거에 소탕하고 싶었겠지만 규슈 방면 숭신왜국과의 결전에 힘을 쏟아야 하는 만큼 지방의 혼란상을 한동안 인내할 수밖에 없었을 것이다.(산인·호쿠리쿠·토카이 등지에서도 응신파와 숭신파 간의 소규모 패권경쟁이 진행되었을 개연성이 있다.) 결론적으로 기나이를 차지한 곤지계와 규슈·혼슈서부를 확보한 숭신왕조 잔존세력 사이에 양보할 수 없는 패권투쟁이 5세기 후엽부터 50년가량 지속되었으며 최종적으로 곤지의 후예, 응신왕조가 승리한 것으로 판단된다.(5세기 후반의 규슈식 고분은 영산강유역 전방후원분과 유사성이 많다. 이는 규슈의 정치체와 영산강세력 간의 연대 가능성을 시사한다. 이에 대해서는 3부에서 집중적으로 언급한다.)

통일군주 와카다케루 대왕(獲加多支鹵 大王)과 응신조의 규슈평정

'와카다케루(獲加多支鹵 획가다지로) 대왕'의 이름이 적힌 검이 일본열도의 동과 서에서 출현하였다. 1968년 도쿄 북쪽인 혼슈의 사이타마(埼玉)현 이나리야마고분(稻荷山古墳)에서 와카다케루 대왕이 보낸 검이 출토되었다. 이나리야마고분의 검에는 모두 115자의 명문이 상감돼 있는데 1978년, X선을 이용하여 글씨를 모두 판독하게 되었다.

이에 앞서 1873년에 규슈 구마모토(熊本)현의 에다후나야마(江田船山)고분에서 발굴된 은상감 철검에는 '獲○○○鹵 大王'이라는 글자가 새겨져 있어 설들이 분분하였다. 한국학자들은 '로(鹵)'자에 주목하여 백제 개로왕(蓋鹵王)이 하사한 검이라고 주장하기도 하였지만 이나리

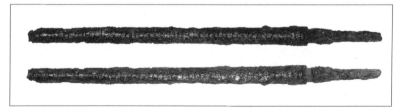

이나리야마고분(稻荷山古墳) 출토 검

야마고분의 검명을 통해 '획가다지로', 즉 와카다케루 대왕으로 확정된 셈이다. 이나리야마 검의 앞뒷면에는 모두 115자의 명문이 새겨져 있는데 앞면에는 57자가 적혀 있다.

辛亥年七月中記 乎獲居臣 上祖名意富比垝 其児多加利足尼 其児名㐤已加利獲居 其児名多加披次獲居 其児名多沙鬼獲居 其児名半㐤比

신해년 7월에 기록한다. 호획거신(乎獲居臣 오와케노오미)의 상조(上祖 최초 조상) 이름은 의부비궤(意富比垝 오호히코)이고 그 아들은 다가리족니(多加利足尼 다카리스쿠네)이다. 그 아들 이름은 대이가리획거(㐤已加利獲居 테요카리와케)이고 그 아들의 이름은 다가피차획거(多加披次獲居 다카하시와케)이다. 그 아들의 이름은 다사귀획거(多沙鬼獲居 타사키와케)이고 그 아들 이름은 반대비(半㐤比 하테히)이다.

검의 뒷면에는 다음과 같은 58자가 상감되어 있다.

其児名加差披余 其児名乎獲居臣 世世為杖刀人首 奉事来至今 獲加多支鹵大王寺在斯鬼宮時 吾左治天下 令作此百練利刀 記吾奉事根原也

그 아들의 이름은 가차피여(加差披余 카사히요)이고 그 아들의 이름은 호획거신(乎獲居臣 오와케노오미)이다.〈결국, 검의 주인은 호획거신(乎獲居臣 오와케노오미)인데 의부비궤(意富比垝 오호히코)의 8대손이라는 뜻이다.〉나는 세세토록 큰 칼을 만드는 대장장이의 우두머리가 되어 봉사하여 오늘에 이르렀다. 획가다지로(獲加多支鹵 와카타케루) 대왕의 사원(寺)인 사귀(斯鬼 시키)의 궁전에 있을 때 나는 천하의 다스림을 보좌하고 백번 단련한 칼을 만들도록 하여 내가 봉사한 근원을 적는다.

검명의 '와카다케루 대왕'이 누구인지가 쟁점으로 떠올랐다. 일본의 대세는 웅략천황이다. 웅략의 일본식 시호는 '대박뢰유무존(大泊瀬幼武尊)'인데 이는 '오하쓰세와카타케루미코토' 또는 '오호하츠세와카타케루노스메라미코토'로 읽는다. 앞부분의 관형사격인 '오하쓰세'내지 '오호하츠세'를 제외하면 '와카다케루'가 남는다. 그래서 일본학자들은 대체로 웅략이라고 밀고 나간다. 또 칼을 제작한 연도인 신해년을 AD 471년으로 보아 웅략의 재위기와 일치한다는 점을 내세운다.

그런데 웅략으로 비정하면 어긋나는 점이 허다하다. 웅략은 하츠세궁(長谷宮 장곡궁)에 살았는데 고분 피장자의 시키궁(斯鬼宮 사귀궁)과는 엄연히 다르다. 시키궁은 일본서기에서 숭신천황과 수인천황이 살았던 시키궁(師木宮 사목궁)을 말한다. 따라서 '시키궁의 와카타케루'는 '하츠세궁의 와카타케루'가 되기 어렵다. 그런데도 일본학계 다수는 와카타케루를 웅략천황으로 비정하고 송서의 왜왕 무까지 연결시키고 있다. 송서에 출현하는 무의 재위기는 AD 478~502년인 데 반하여 일본서기의 웅략천황은 456년~479년 재위한 만큼 통치기간이 다르고 일본서기에 웅략이 중국에 사신을 보낸 기록도 나오지 않는다. 일본서기 기록을 그대로 인정할 경우에도 '와카다케루=웅략'설은 성립할 수 없다.

답답하던 상황에서 이시와타리 신이치로(石渡信一郎)가 획기적인 가설을 제시하였다. 그는 신해년을 AD 471년으로 보는 통설을 거부하고 1갑자(60년) 뒤인 AD 531설을 제시한 것이다. 신이치로는 토기의 형식과 목재의 연륜(年輪 나이테), 해수면의 변동 등 다양한 과학적 근거를 대고 있는데 가장 신뢰할 만한 증거로는 와카다케루(獲加多支鹵)의 첫 번째 글자인 '획(獲)' 자가 AD 6세기에 한시적으로 사용된 이체자(異體字)인 사실이다. 정자체인 獲은 '풀초 머리'가 있는 반면 이나리야마 검에 쓰인 글자는 풀초 머리가 없는 획(獲)자이다. 풀초 머리가 없는 '획(獲)'자는 520년대 이후에 중국에서 쓰였다는 점을 들면서, 이런 글자는 백제를 통해 일본에 전해졌을 것으로 보고 있다. 그런 만큼 이나리야마 검명에 적힌 신해년은 531년으로 보아야 한다고 역설한다.

신이치로는 '신해년=531년 설'을 주장할 뿐이지만 그의 해석을 수용할 경우 여러 의문점이 풀리면서 필자의 숭신-응신왕조 패권경쟁설에 힘이 붙게 된다. 527~528년의 '반정의 전쟁'에서 백제계 응신왕조가 가야계 숭신왕조에 승리하여 전(全)열도의 패권을 장악하였음을 웅변하는 증거물이 되는 것이다. 결론적으로 검이 제작된 신해년은 웅략천황 시절이 아니라 계체천황 집권기로 보아야 하며 와카다케루 대왕 역시 웅략이 아니라 계체천황이라는 정보가 획득된다.

이나리야마고분의 검이 531년에 제작됐다고 하면 '獲○○○齒 大王'이라는 글자를 새긴 철검이 출토된 규슈의 에다후나야마고분도 비슷한 시기에 조성됐다고 볼 수 있다. 에다후나야마고분이 자리잡은 규슈 지역은 전통적으로 구마소(熊襲)로 불리던 반골(反骨)의 영역으로서 숭신왕조를 오랫동안 괴롭혔다. 숭신왕조는 수시로 이곳을 평정하기 위한 전쟁을 펼쳤다.

에다후나야마고분의 부장품은 한반도계통이 뚜렷하다. 대부분 위

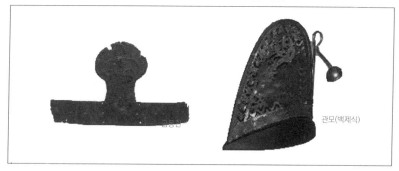

에다후나야마(江田船山)고분에서 출토된 금동관과 백제식 관모
- 두 개를 합쳐서 쓰는데 나주의 금동관 형식과 비슷하다.

판갑은 압정(리벳식)으로 박은 횡장판갑이다.
이를 통해 에다후나야마고분은 5세기 중기 이후 내지 6세기 이후의 고분임을 알 수 있다.

세품은 대가야 계통의 유물인데 신발과 관모는 백제와 관련이 깊어 보인다. 일본 고분시대의 식륜(埴輪 하니와)들을 보면 대략 5세기 중반 부터 가야식 왕관을 자체적으로 소화한 가운데 신라식 금제관모의 변형품도 더러 발견된다. 하지만 에다후나야마처럼 백제식 관모가 나온 고분은 유례가 없다. 이곳이 웅략집권기인 471년경에 조성됐다는 일 본학계의 통설을 수용하면 야마토조정의 '와케다케루 대왕'에게 봉사 한 인물이 백제식 관모를 쓰고 묻혀 있다는 말인데 모순점이 적지 않다.

결국 에다후나야마고분의 출토품을 보더라도 531년을 전후한 시기, 백제계 응신왕조가 규슈 정치체까지 장악한 이후에 한반도계통의 부장품을 넣은 고분을 조성했다는 가설은 일정한 설득력을 갖게 된다.

527~528년 '반정의 전쟁'에서 승리한 기나이왜는 규슈 보듬기를 강화한다. 일본서기 선화천황(宣化天皇 반정의 전쟁을 수행한 계체천황의 차남) 조를 보면 축자(규슈)에 곡물을 대거 비축하는 기사가 나온다. 참고로 반정의 전쟁 이후, 즉 숭신왜국이 타멸된 후의 일본서기 기사는 이전에 비해 신뢰성이 높아진다.

〈선화 원년(AD 536) 5월〉

"조칙을 내려 말하길, 먹는 것은 천하의 근본이다. 황금 만관이 있더라도 배고픔을 낮게 할 수 없다. 백옥이 천 상자가 있더라도 어찌 추위를 막을 수 있겠는가? 축자국은 원근의 나라가 조공하는 곳이자 왕복하는 관문이다. 그러므로 해외의 나라는 해류의 풍파를 지켜보아 오고 하늘의 날씨를 바라보고 공헌한다. 응신천황으로부터 짐에게 이르기까지 곡식을 수장하고 양식을 비축하였다. 멀리 흉년에 대비하고 좋은 손님을 접대하였다. 나라를 편안케 하는 데 이보다 나은 방법이 없다. 고로 짐은 아소잉군(阿蘇仍君)을 보내 하내국(河內國)의 자전군(茨田郡)의 둔창의 곡물을 운반하게 한다. 소아대신도목숙녜(蘇我大臣稻目宿禰)는 미장련(尾張連)을 보내 미장국(尾張國)의 둔창의 곡물을 운반하게 하라. 물부대련추록화(物部大連麁鹿火)는 신가련(新家連)을 보내 신가(新家)의 둔창의 곡물을 운반하게 하라. 아배신(阿倍臣)은 이하신(伊賀臣)을 보내 이하국(伊賀國)의 둔창의 곡물을 운반하게 하라. 관가(官

家)를 나진(那津 규슈의 지명)의 포구에 건조하라. 또한 축자, 비(肥), 풍(豊) 삼국(모두 규슈의 지역명이다.)의 둔창은 멀리 떨어진 곳에 있어 운반하기 매우 어려울 것이다. 막상 필요할 때 불시에 대비하기 어려울 것이다. 그래서 여러 군(郡)에 명하여 각자 곡식의 일부를 옮겨서 나진의 포구에 모아두어 비상에 대비하여 백성의 생명으로 하라. 빨리 군현에 하달하여 짐의 마음을 알리라고 하였다.(詔曰 食者天下之大本也 黃金萬貫 不可療飢 白玉千箱 何能救冷 夫築紫國者 遐邇之所朝屆 去來之所關門 是以 海表之國 候海水以來賓 望天雲而奉貢 自胎中之帝 泊于朕身 收藏穀稼 蓄積儲糧 遙設凶年 厚饗良客 安國之方 更無過此 故 朕遣阿蘇仍君 加運河內國茨田郡屯倉之穀 蘇我大臣稻目宿禰 宜遣尾張連 運尾張國屯倉之穀 物部大連麁鹿火 宜遣新家連 運新家屯倉之穀 阿倍臣 宜遣伊賀臣 運伊賀國屯倉之穀 修造官家那津之口 又其築紫肥豊三國屯倉 散在懸隔 運輸遙阻 儻如須要 難以備率 亦宜課諸郡分移 聚建那津之口 以備非常 永爲民命 早下郡縣 令知朕心)"[88]

소아대신목도숙녜, 물부대련추록화, 아배신 등으로 하여금 각자의 영지에 소재한 둔창의 곡식을 축자(규슈)로 옮기라는 지시이다. 반정의 전쟁이 종식되고 8년이 흐른 뒤 기나이왜 조정에서 축자에 관가, 즉 행정기구를 설치하고 막대한 곡물을 저장하려는 이유는 숭신왜국의 본거지였던 규슈를 확실히 챙기겠다는 심산이다. 규슈를 기지로 삼아 한반도 제국과의 관계를 유리하게 구축하겠다는 심모원려가 파악된다. 아울러 기나이왜에 곱지 않은 시각을 지닌 규슈 주민들에 경

---

88. 전용신, 일본서기, 일지사, 2006, pp310~311.

제적 지원을 함으로써 그들의 마음을 돌리려는 의도도 엿보인다. 이같은 물질적 조치를 통해 기나이왜는 규슈에 대한 지배력을 공고히한 것으로 짐작된다.(위의 기사를 통해 당시 규슈지역은 식량을 자급자족하지 못하고 있었다는 정보를 얻을 수 있다. 이는 곧 기나이의 지원이있기 전, 열도의 동서 패권전쟁 시기에는 규슈의 정치체가 부족한 곡식을 '다른 곳'으로부터 확보했을 것임을 암시한다. 어디일까? 필자는 영산강유역을 주목하는데 '규슈의 부족한 곡식과 영산강유역 전방후원분' 사이에밀접한 관련이 있다고 여긴다. 이 점에 대해서는 3부 12장에서 집중적으로 서술한다.)

AD 527~528년 '반정의 전쟁'으로 규슈 일대의 숭신왜국을 제압하고 대륙과의 안정적인 외교루트를 확보한 기나이 응신왜는 곧이어 가야(임나)와 신라, 백제 등과의 관계에서 과거 숭신왜가 지녔던 위상을대신하려는 시도를 본격화한다. 백제에 대한 '갑질'이 시작된 것도 같은 맥락이다. 흠명 4년(AD 543) 11월, '임나하한에 있는 백제 군령·성주를 일본부에 귀속하게 하라'는 요구가 대표적인 사례이다.(백제에대한 기나이왜의 갑질에 대해서는 『한일 고대사의 재건축①』의 11장에서이미 언급한 바 있다. 본서인 『한일 고대사의 재건축③』의 11장에서도 재론할 예정이다.)

숭신-응신왕조 병존기의 왕력 복원 시도

AD 527년 반정의 전쟁을 기점 삼아 시간을 50년 과거로 되돌려보자. 477년 곤지(무내숙녜)의 쿠데타로 숭신왕조는 기나이의 왕권을 상실하였지만 완전히 몰락한 것은 아니다. 숭신왕조의 잔존세력은 서쪽으로 기반을 옮겨 웅략-계체로 이어지는 새로운 왕조(응신왕조)와 대립하였다고 짐작된다. 숭신왕조 후예들은 규슈와 혼슈서부를 기반으로 하면서 가야(임나)와의 기존 연합은 유지하였다고 하겠다. 477년 곤지의 쿠데타 이후 528년 반정의 전쟁이 끝나기까지 50년은 '숭신-응신왕조 대결사'라고 필자는 판단한다.

이 같은 가설에 대한 문헌상의 증거를 찾기란 쉽지 않지만 짐작할 단서가 전혀 없는 것은 아니다. 7장에서 언급하였듯이 친형제를 죽이고 4촌형제도 살해한 웅략천황의 기록이 그 방증이 아닐까 싶다. 웅략에게 죽은 친족들은 사실은 숭신왕조의 왕실인물들로서 웅략이 정적들을 과감하게 제거한 방증이라고 풀이하면 합리적으로 설명이 된다.

웅략이 기비와 이세의 호족들을 제거한 것은 숭신왕조를 따르던 지방세력을 제압한 과정을 암시한다고 풀이해 본다. 기비씨 일족을 처단했다는 기사는 (기나이)서쪽 공격을 시사하고 이세를 친 기록은 (기나이)동쪽 공략을 의미하는 것이 아닐까 싶다. 왜의 왕권을 장악한 백제계가 숭신왕조에 충성하던 기비왜·동국 세력과 충돌한 방증으로 해석하는 것이다. 웅략과 계체로 이어지는 응신왕조는 '반정의 전쟁'에 앞서 동국과 기비세력을 굴복시켰을 것이다. 시기적으로는 520년 이전의 일로 짐작된다. 그런 다음 서쪽에 위치한 대형 정치체인 숭신왜국을 공격하는 것이 순서에 부합한다.

AD 477년경, 중애천황이 사망한 이후 숭신왕조의 왕통은 일본서기에서 모조리 삭제됐을 것인 만큼 복원하기란 쉬운 일이 아니다. 웅

웅략 재위기 열도의 정치 질서 추정도

략천황에 이어 청녕천황, 현종천황, 인현천황, 무열천황 등 4인이 뒤를 잇는다. 그런데 청녕은 5년, 현종 3년, 인현 11년, 무열 8년으로 재위기간이 유독 짧은 데다 유의미한 활동상도 거의 없다. 순전한 추정이지만 웅략과 계체 사이에 등장하는 4명의 군주들은 활동상이 거의 없다는 점에서 가공의 군왕이거나 응신왕조와 대결했던 숭신왕조의 군주가 아닌지 의심한다. 의혹을 제기하는 이유는 대략 3가지이다. 첫째, 4명 천황의 재위기록들은 실재 역사라고 보기 힘들 정도로 그 존재감이 미약하다. 둘째, 하나같이 멍청하거나 악독하게 묘사된 점에서 하나의 왕통이 단절되는 것을 암시한다. 셋째, 웅략천황과 계체천황은 형제간으로 여겨지는데 형제승계 와중에 4명의 다른 군주가 존재하는 것은 어색하다. 한 명씩 살펴보자.

우선 청녕천황은 웅략의 제3자인데, 슬하에 아들이 없어 부친(웅략천황)이 집권과정에서 처단한 시변압반황자(市邊押磐皇子)의 두 아들인 억계(億計)와 홍계(弘計)를 황태자와 황자로 삼았다고 돼 있다. 청녕천황과 억계·홍계는 6촌 관계로 그리 가깝지도 않다. 청녕에게는 친

274

형제가 있었으니 친조카가 없지 않았을 것인데, 굳이 부왕(父王 웅략천황)과 원수지간인 시변압반황자의 아들을 황태자로 삼은 것은 이해하기 힘들다. 청녕은 거론할 만한 행적이 없다. "조서를 내려 개와 말, 장난감을 바치지 말라 하였다.(詔 犬馬器翫 不得獻上)"〈청녕 3년 10월〉 "크게 술 마시기를 5일 동안 하였다.(大酺五日)"〈청녕 4년 윤5월〉 등의 무의미한 기사들만 생산하다가 재위 5년에 죽은 것으로 돼 있다.

현종천황과 인현천황은 웅략의 정변과정에 희생된 시변압반황자(市邊押磐皇子)의 아들로서 단바국(丹波國 현재 교토시와 효고현 인근)과 하리마국(播磨國 현재의 효고현)에서 숨어 난을 피한 인물들로 묘사돼 있다. 나라분지에 살던 기존의 숭신왕족들이 '웅략의 정변(=곤지의 쿠데타)'을 피하여 외곽으로 몸을 피했음을 암시하는 대목은 아닐까?

어쨌든 현종천황(=홍계)은 웅략에게 죽은 아버지의 유골을 찾아낸 일과 복수를 위해 웅략의 무덤을 파헤치려다 주변의 만류로 포기했다는 내용이 주목을 끄는 정도이고 나머지는 '신하들과 연회를 하였다'는 유형의 기사뿐이다. 다만 임나(가야)에 사신을 보낸 기사와 임나에 머물던 기생반숙녜(紀生磐宿禰)가 삼한의 왕이 되려고 시도하다 백제국과 전쟁을 벌였다는 기록이 특이하다. 현종천황의 나라가 임나와 친밀한 관계임을 시사하는데, 임나(가야)와 친근한 정치체는 숭신왕조라는 점에서 현종은 '숭신왜의 군주가 아닐까?'라는 의심이 생겨난다.

인현천황이 된 억계의 재위기간은 11년으로 돼 있지만 유의미한 행적은 없다. "오곡이 풍성하고 누에와 보리를 잘 거두었다. 원근이 평화롭고 호구는 더욱 번식하였다.(五穀登衍 蠶麥善收 遠近淸平 戶口滋殖焉)"〈인현 8년 10월〉 등등 있으나마나한 기사들의 연속이다.

무열천황은 최악의 군주라고 할 만하다. '임신한 부인의 배를 갈라 그 태(胎)를 보았다' '사람의 생손톱을 뽑고서 산마를 캐게 하였다' '사람의 머리털을 뽑고 나무 위에 올라가게 하였다' '여자를 발가벗겨 말(馬)과 교접을 시켰다' 등등 사이코패스 내지 변태성욕자로 묘사돼 있어 그렇게까지 비하한 이유가 궁금하다. 일본서기는 역대 천황의 행적을 미화하기 바쁜데도 중애와 함께 위의 4명은 멍청하거나 행실이 형편없는 군왕으로 묘사하고 있어 다른 천황들과 구분이 된다. 적대감마저 묻어난다. 쓰다 소오기치(津田左右吉)은 무열을 폭군으로 기술한 것은 중국의 걸왕·주왕의 고사(古事)와 유사하다고 보았는데 취할 만한 견해이다.[89] 거듭 말하지만 청녕~현종~인현~무열은 무의미한 재위기록들만 생산한 군주들로서 하나의 왕통이 소멸되는 것을 암시한다. 그래서 4명의 군왕은 가공의 군주이거나 숭신왕조 몰락기의 군왕들일 수 있다는 의심이 든다. 즉 응신왕조의 편년을 늘리기 위해 웅략과 계체 사이에 집어넣는 대신 '엉터리 행적들'을 기재한 것으로 풀이하는 것이다.

존재감이 미약한 4군주 이후, AD 507년에 계체천황이 군주 위에 오르는데 이때부터 일본서기의 신뢰성이 부쩍 높아진다. 편년도 중국·한국의 역사서와 거의 일치한다. 다만 사마왕(=웅략)이 백제로 떠나간 501년과 계체가 등극한 507년 사이에는 6년의 편차가 발생하는데, 실체는 알기 어렵지만 왜왕실의 내부사정이 있었음을 암시받는다. 내분이나 갈등이 있었을 개연성도 있다. 어쨌든 곤지의 쿠데타 직

89. 전용신, 일본서기, 일지사, 2006, p281에서 재인용.

후인 웅략천황 집권기에 이미 기비와 이세까지 세력을 뻗친 응신왕조는 규슈 등 서쪽으로 쪼그라든 숭신왜국에 비해 유리한 고지를 차지한 셈이었다.

곤지의 정변으로 크게 위축은 되었겠지만 숭신왕조의 후예들은 일정기간 규슈와 혼슈 서부를 기반으로 나름의 국체를 유지하였을 것으로 짐작한다. 규슈의 정치체가 바다에서 고구려와 충돌한 흔적이 일본서기에 나온다. 웅략천황 23년(AD 479)의 기사이다.

> "축자(築紫)의 안치신(安致臣), 마사신(馬飼臣)들이 수군을 거느리고 고구려를 쳤다.(築紫安致臣馬飼臣等 率船師以擊高麗)"[90]

이 기록은 선뜻 신뢰하기 힘들다. 광개토대왕 비문에 나오는 '영락 14년(AD 404)년 왜의 대방계 침공(十四年甲辰 而倭不軌 侵入帶方界)'을 연상시키기 때문이다.

광개토대왕 시절에 이어 70여 년이 흐른 장수왕 재위기에 왜가 고구려와 전투를 벌였다면 대서특필할 만한 중대사건이다. 그런데 몇 월에 일어난 사건인지가 불분명하고 병력 수나 전투 장소도 언급하지 않는다. 이는 일본서기를 편찬한 기나이 응신왕조의 행적이 아니라는 뜻이다. 기나이 정치체로서는 멀리 떨어진 고구려와 갈등할 이유가 별로 없다. '축자(築紫)의 안치신, 마사신'이라는 표현에서 보듯 싸움의 주체는 규슈세력이 분명하다. 규슈와 고구려의 해상충돌은 사안

---

90. 위의 책, p255~257.

이 중하기에 일본서기에 슬쩍 기재하였지만 응신왜(야마토조정)의 행적이 아니므로 구체적인 정보를 담지 못하고 얼버무린 것이다. 어쨌든 규슈의 정치체가 수군을 동원하여 고구려와 맞설 정도의 독자적인 무력을 지니고 있었음을 짐작할 수 있다.(이 대목에서 언급할 것은 동성왕이 백제로 귀국할 당시 웅략천황이 규슈의 병사 500명을 호위병으로 딸려 보냈다는 기록이다. 이 기록대로라면 기나이의 군주는 규슈의 병사를 마음대로 부릴 수 있는 권력을 지니고 있다. 하지만 웅략이 동성왕을 귀하게 대접할 것이라면 처음부터 기나이의 군사로 하여금 호위하게 하는 것이 옳다. 굳이 규슈의 병력을 보낼 이유는 뭔가? 진상을 알 길은 없지만 당시 규슈에 독자무력이 존재하였고, 웅략은 이를 자기 뜻대로 부리고 싶었다는 희망을 피력한 대목으로 풀이해 본다.)

이상의 내용들을 종합하여 필자는 일본서기가 숨겨왔던 정치체, 숭신왕조가 존재하였고 응신왕조(야마토왕조의 전신)와 50~100년가량 병존하였다는 결론을 내린다. 이제는 열도의 패권을 두고 경쟁한 숭신왕조와 응신왕조의 왕력을 복원해 보자. 정확한 복원은 애초에 불가능하다. 그렇지만 필자의 가설을 독자들에게 조금 더 선명하게 이해시키기 위해 '무리함을 무릅쓰고' 왕통의 복원을 시도하는 것이다.

필자가 보는 숭신왕조는 ①숭신 ②수인 ③경행 ④성무 ⑤중애…(왕통 단절)…⑥청녕 ⑦현종 ⑧인현 ⑨무열 ⑩반정의 순서이다. AD 370년 즈음부터 일본열도로 진출하여 약 100년간 군림하다 중애의 타계와 함께 몰락기로 접어든다. 즉 중애의 사망 직후 벌어진 '곤지의 쿠데타'로 왕실의 많은 인재를 잃고 왕도(王都)인 나라분지에서 쫓겨났으며 왕통이 단절된 상태로 '일정한 시일'이 지난 이후 ⑥청녕천황 등이

제3의 장소(혼슈극서부나 규슈)에서 왕조를 재건하였다고 짐작한다. 웅략의 정변 이후 살아남기 위해 교토와 효고현 등지로 피난하였다는 현종천황과 인형천황 형제의 스토리는 이들의 도주루트를 암시한다.

필자는 AD 5세기 남중국에 견사조공한 왜5왕 가운데 앞의 4왕은 숭신왕조 군주이며 마지막 왜왕 무(武)는 응신왕조라고 간주한다. AD 413년 왜왕 찬이 동진에 조공을 보낸 이후 시작된 5왕의 중국교류는 진과 제, 흥, 무로 이어진다. 앞의 4왕의 집권기는 대체로 수인~경행 ~성무~중애기에 해당할 것이라고 필자는 짐작한다. 다만 일본서기의 왕력과 재위기간 기록은 심하게 과장·왜곡되어 있어 4왕을 특정군주 로 비정하는 시도는 애당초 가능하지 않다. 일본서기에 기록된 숭신 왕조 역대천황의 재위기간은 아래와 같다.

① 숭신 : 재위 68년(120세 사망)

② 수인 : 재위 99년(140세 사망)

③ 경행 : 재위 60년(106세 사망)

④ 성무 : 재위 60년(107세 사망)

⑤ 중애 : 재위 9년(52세 사망)

중애를 제외하고 숭신~성무의 재위기간은 그대로 믿기 힘들다. 거 품빼기를 시도해보자. ① 숭신천황기를 보면 재위 17년의 '선박 건조 령' 다음에는 31년을 훌쩍 뛰어 재위 48년의 '후계자 지정' 기사가 나 오더니 재위 60년 '이즈모〈出雲〉의 신보(神寶)' 이야기로 이어진다. 신 뢰성 있는 기록이 17년까지라고 보면 대략 20년을 재위하였다고 간주한다. ②수인천황은 즉위 39년까지는 기사가 꾸준히 이어지다가 갑자기 50년을 건너뛰어 재위 87년으로 연결된다. 말년의 기사들은 보물과 과일 이야기 등으로서 실체적인 사건 기록이 아니다. 따라서 수인은 대략 40년 재위로 판단할 수 있다. ③경행천황은 재위 28년까지는 기사들이 촘촘히 나오다가 즉위 40년 '일본무존의 동국 평정' 기사로 건너뛴다. 그다음은 즉위 51년에서 60년까지의 기록이 촘촘하게 이어진다. 경행의 집권기는 결론짓기가 조심스러운데 일단 30년 정도로 간주해 본다. ④성무천황은 재위 5년에 지방행정 체제를 정비한 기사가 나온 이후 갑자기 43년을 건너뛰어 즉위 48년에 조카를 후계자로 삼았다는 기사와 60년에 타계하였다는 기사뿐이다. 따라서 성무의 실제 재위기간은 5~10년 정도라고 보는 것이 합리적이다. ⑤중애천황의 행적은 즉위 2년, 8년과 9년의 타계 기사로 이어지는 만큼 비교적 신뢰성이 높다. 신빙성 있는 기사의 출현 시기를 감안하여 역대 군왕의 재위기간을 조정해 보면 다음과 같이 바뀐다.

①숭신 : (일본서기)재위 68년→ (실제)재위 20년 내외
②수인 : (일본서기)재위 99년→ (실제)재위 40년 안팎
③경행 : (일본서기)재위 60년→ (실제)재위 30년 내외
④성무 : (일본서기)재위 60년→ (실제)재위 5~10년 추정
⑤중애 : (일본서기)재위 9년 → (실제)재위 9년

숭신 20년, 수인 40년, 경행 30년, 성무 5~10년, 중애 9년을 산술적으로 덧셈하면 104년~109년이 된다. 기마군단이 가야(임나)에서

도일을 시작한 시기로 추정하는 AD 370년경부터 중애가 사망한 477년까지 100여 년에 이르는 숭신왕조 역사와 비슷하게 대응한다. 숭신왕조 역대군주의 집권기간을 거칠게 복원하면 이런 정도이지만 중국 역사서에 출현한 왜5왕의 왕력이나 재위기간과 일치하지는 않는다. 숭신의 도일시기를 특정할 수 없는 데다 역대 군왕의 재위기간뿐만 아니라 왕통 계보나 왕력에 첨삭이 적지 않았을 것이기에 그러하다.

이에 반해 응신왕조는 ①응신 ②인덕 ③이중 ④윤공 ⑤안강 ⑥웅략(=반정) ⑦계체 ⑧안한 ⑨선화 ⑩흠명 등으로 이어진다고 간주한다.(반정은 ③이중과 ④윤공 사이의 천황으로 돼 있지만, 백제담로를 암시하는 담로궁(淡路宮)에서 출생한 것으로 돼 있는 데다 '반정(反正)'이라는 대형 정변을 시사하는 왕호와 달리 아무런 업적이 기록되지 않은 점에서 왕력을 늘리기 위해 만든 가공의 군주라고 여긴다. 실제로는 웅략과 동일인물로 본다. 5장과 7장에서 언급한 바 있다.) 태조격인 응신천황의 출생설화는 사마의 스토리에서 모티브를 딴 것으로 간주하지만 응신이 곧 사마왕이라고 여기지는 않는다. 응신의 기본모델은 AD 403년경(일본서기에는 응신천황 14년~16년의 일로 나오지만, 당시 열도의 실제 군왕은 숭신왕조 수인천황일 것이다.) 120현의 백제인들을 거느리고 열도로 넘어간 궁월군으로 짐작한다.(일본서기 응신천황기에 궁월군 기사가 출현하는 것은 '궁월군=응신'이라는 암시이며 웅략천황조에 백제왕자 곤지의 도래기사가 나오는 것은 '곤지=웅략'의 암시라고 본다.) 궁월군과 아지사주 등은 백제계 이주민들을 거느리고 아와지시마와 가와치 일대에서 새로운 터전을 세운 지도자들이다. 이런 시각에서 응신왕조는 백제의 담로국이자 숭신왕조의 지방세력으로 첫출발했다고 볼 수 있다. 궁월군에 이어 백제왕실이 파견한 후왕(侯王)들이 줄지어 담로소국을 다스렸을 것이다. 이중과 윤공, 반정은 형제관계라고 기록돼 있지만 실존인물인지는 알기 어렵다.

그러다가 477년 '곤지의 쿠데타'를 계기로 담로소국의 수장급을 넘어 열도전체를 호령하는 왕권을 확보한 이후, 새로운 (백제계)왕통의 왕력과 역사성을 강조할 필요성이 제기된다. 그리하여 역대 담로국 후왕(侯王)들에게 응신과 인덕, 윤공, 안강 등의 묵직한 왕호를 붙여가며 '천황으로 추존'하였다는 것이 필자의 소견이다. 조선왕조가 개창된 이후 이성계의 고조할아버지를 목조(穆祖), 증조를 익조(翼祖), 조부를 도조(度祖), 부친을 환조(桓祖)라고 추존한 사례를 참고하면 이해가 쉽다. 어쨌든 백제담로국의 역대 수장을 천황으로 추존하는 과정에서 응신과 인덕의 재위기간은 과감하게 늘렸다. 일본서기 기록대로라면 응신과 인덕은 사람이 아니다.

①응신 : 재위 41년(110세 사망, 응신은 모친인 신공황후가 섭정이 되기 전해에 출생하여 69년의 섭정기간을 끝내고 타계한 후에 등극한다. 70세에 등극하여 41년간 재위했다는 셈이다.)
②인덕 : 재위 87년(142세 사망)

응신왕조의 역사에서 ①응신~②인덕~③이중~④윤공~⑤안강 재위시기는 아와지시마〈淡路島〉와 가와치(河內) 일대에 위치했던 백제담로이자 '나라분지에 왕도(王都)를 둔 숭신왕조의 부용세력'에 불과하였다고 본다. 그러므로 ①응신~⑤안강 재위기간은 숭신왕조와 겹치기는 하지만 '병존(竝存)'이라는 표현을 쓰기가 다소 민망하다. 숭신왕조의 지방세력으로 보아야 마땅하며, 응신~안강은 군주라기보다 수장이라는 지칭이 적절해 보인다. 반면 ⑥웅략~⑦계체 시기는 숭신왕조와 직접적으로 충돌하여 경쟁자를 서쪽으로 몰아붙인 '대왕(大王)의 시대'라고 풀이할 수 있겠다.

숭신왕조와 응신왕조를 비교하면, 상대적으로 숭신조 군주들의 활동영역이 넓고 현실적인 반면 응신조 군왕들은 활동범위가 좁고 허구적인 기사가 더 많은 느낌이다. 특히 숭신~중애의 숭신왕조 군주들은 실존성이 느껴지며 그들의 행적은 역사적 사건을 비교적 충실히 반영한다고 판단된다. 왕실의 활동영역은 기나이를 중심으로 극동인 동국과 극서인 규슈에 이르기까지 광역이며 수시로 정복전쟁을 펼친다. 신라·가야와 관련된 기사가 상당히 많은 반면 백제 관련 기사는 거의 없다. 다만 '천황가 만세일계(萬世一系)' 차원에서 숭신조의 군왕들을 응신왕조의 조상으로 편년을 상향조정한 결과 시대상황이 실제보다 과거로 올라간 문제점이 느껴진다.

반면 응신~안강 재위기 응신왕조의 기사들은 실제사건이라기보다 특이한 신체나 괴력 소유자, 뱀의 횡포 저지, 황후의 질투 등 창작냄새를 풍기는 경우가 많다. 백제 기사는 수시로 등장하는 반면 신라·가야 기사는 소략하다.(윤공기를 제외하면, 신라는 조공을 바쳤다가 그만두기를 반복하는 나쁜 나라일 뿐이다.) 응신조 군주들의 활동범위는 기나이 인근에 한정돼 있으며 광범위한 정복활동은 확인되지 않는다. 응신왕조의 탄생지로 주목하는 아와지시마(淡路島 담로도) 관련 기사가 자주 보이는데 특히 담로도에서 사냥한 기사들(응신 13년, 22년, 이중 5년,

윤공 14년 등)은 이 섬에서 행해진 군사훈련을 암시한다. 다만 웅략과 계체천황 시기가 되면 전국적인 리더십을 가진 군왕의 면모가 확연해진다.

일본서기의 숭신왜국 말살…응신왕조 패권의 완성

규슈에 최후의 거점을 마련했던 숭신왕조는 '반정의 전쟁'이 발발한 527년까지는 지속된 것이 분명하다. 특히 4세기 후반 기마민족의 진출부터 5세기 중반까지는 일본열도는 물론이고 한반도 남부에까지 영향력을 투사할 정도의 강국이었다고 짐작된다. 그러나 규슈에 자리 잡았던 정치체의 역사는 일괄적으로 말살되었다. 응신왜국, 야마토조정에 패배했기 때문이다. 응신왕조의 패권승리는 이념적인 측면에까지 완성된 셈이다.

분립·병존시기 숭신왜국과 응신왜국의 영역변화를 단순화하면 5세기 초에는 95:5 정도였지만 점차 응신왜의 비중이 커져 가다가 5세기 후반, 477년경으로 추정되는 곤지의 쿠데타 이후 40:60으로 응신왜가 역전하고, 최종적으로 527년 '반정의 전쟁'으로 숭신왜는 소멸하는 구조라고 하겠다. 응신왜국의 발전경로를 도식화하면 다음과 같다.

①5세기 초, 백제계 이주민들이 숭신왜국 치하에서 아와지시마(淡路島 담로도)에 첫 번째 담로(擔魯)를 건설한 다음 ②5세기 중반 즈음, 백제계 인구가 늘면서 가와치와 나라분지 등지로 영역을 확대한다. ③백제계 담로국은 한동안 숭신왕조의 지방세력으로 존재하며 세금과

충성을 바치는 시늉을 보인다. ④AD 462년경 곤지왕자가 도일한 이후 담로국 체제를 더욱 정비하고 백제 교민사회의 전체 파워를 강화한다. ⑤5세기 후반인 477년경, 구마소 전쟁 와중에 중애천황이 사망한 사건을 활용하여 '곤지의 쿠데타'로 숭신왕실을 제압한 백제계가 가와치와 나라분지 등 기나이 일대의 리더십을 확보한다. ⑥칸토 등지의 동국을 평정한 데 이어, 기비의 반란을 평정한다는 명분에서 서쪽으로 응신왜의 지배영역을 계속 확장한다. ⑦최종적으로 6세기 전반, AD 527~528년 '반정의 전쟁'을 통해 규슈로까지 밀린 숭신왜의 잔당을 소탕하여 열도의 패권을 장악한다. ⑧일본서기에는 이 같은 대결의 역사를 삭제하고 2개 왕조의 기사를 일렬로 배열하되, 길어진 역사는 과거로 몇 주갑씩 올려서 해결한다. 그 결과 가공의 군주와 허위기사, 시대착란은 불가피하게 된다. 사건의 앞뒤가 바뀌는 것이 예사가 되면서 뒤죽박죽 역사가 되었다.

응신왕조의 야마토왜는 숭신왕조가 타멸되고 200년이 흐른 뒤인 8세기 초, 고사기와 일본서기 등 역사서를 편찬하면서 숭신왜의 활동상 가운데 편찬목적에 부합되는 기사는 모조리 자신들의 행적으로 날조·왜곡하였다. 특히 편년조정을 통해 숭신왜국의 영광을 응신왜국의 역사인 것처럼 체계적으로 이관하였다. 일정 기간 응신왜국과 병존하며 패권을 다퉜던 숭신왕조의 군주들을 만세일계의 이념에서 응신왕조의 선대 군왕들로 안배한 것이다. 이로 인하여 숭신천황에서 중애천황에 이르는 숭신왕조의 역사가 터무니없이 상향조정되었다. 즉 AD 4~5세기 군왕들이 기원 전후의 인물로 묘사된 것이다.

한편 숭신왜국의 존재를 용인하는 사관은 강력히 배격되었다. 고사기와 함께 일본서기의 편찬을 주도한 백제계 역사가 오노 야스마로(太安萬侶 태안만려)의 이름이 일본서기와 속일본기에서 누락된 이유가 '야마토 조정과 다른 왜국의 존재를 기술하려고 했기 때문'이라는 해석이 유력한 증거이다.

사실 필자는 오노 야스마로가 후세에 남겨준 '야마토왜와 다른 왜국의 암호'를 발견한 것 같다. 계체천황 25년의 사망 기사가 그것이다. 매우 흥미롭고도 많은 것을 암시하는 내용인 만큼 신중하게 독서해야 한다.

〈일본서기 계체천황 25년(AD 531) 2월〉

"천황의 병이 깊었다. 정미(7일)에 천황이 반여옥수궁(磐余玉穗宮)에서 붕하였다. 나이는 82세였다.(天皇病甚 丁未天皇崩于磐余玉穗宮 時年八十二)"

〈일본서기 계체천황 25년(AD 531) 12월〉

"병신삭 경자(5일)에 남야릉(藍野陵)에 장사지냈다. 어떤 책에는 천황이 (재위)28년 갑인년(甲寅年)에 붕어하였다고 하였다. 그런데 여기에서 25년 신해년(辛亥年)에 붕어하였다고 한 것은 백제본기의 글을 인용하였기 때문이다. 그 글(백제본기)에서 말하기를 신해년 3월에 군사가 안라에 가서 걸탁성(乞乇城)에 주둔하였다. 같은 달에 고구려왕 안(安 안장왕)이 살해됐다. 또 들으니 일본의 천황과 태자, 황자가 모두 다 죽었다고 하였다. 이에 따라 말하면 신해년은 (계체천황)25년에 해당한다. 훗날에 감교(勘校 교정)하는 자는 알 것이다.(冬十二月丙申朔庚子 葬于藍野陵 或本云 天皇二十八年歲次甲寅崩 而此云 二十五年歲次辛亥崩者

286

取百濟本記爲文 其文云 太歲辛亥三月 軍進至于安羅 營乞乇城 是月高麗殺其王
安 又聞 日本天皇及太子皇子俱崩薨 由此而言 辛亥之歳 當二十五年矣 後勘校
者 知之也)"[91]

위의 계체천황 사망기사는 횡설수설에 가깝다. 일본서기를 펴낸 8
세기의 왜가 아무리 허접한 나라라고 해도, 채 200년이 안 된 선대왕
의 사망연도를 몰라서 타국의 기록을 인용한 것부터 설득력이 떨어
진다. 계체천황을 뒤이은 안한천황이 갑인년(AD 534)에 즉위한 만큼
'계체가 재위 28년인 갑인년에 사망했다'는 혹본(或本 어떤 책)의 기
록이 더 타당한데도 굳이 외면하고 3년의 왕통공백이 생기는 신해년
(AD 531) 사망설을 고집한 것은 이해하기 힘들다. 아울러 백제가 왜
국왕의 사망 소식을 입수했다는 경로도 상식적이지 못하다. 당시 백
제와 왜는 긴밀한 관계였기에 왜국왕의 부고는 정중한 외교경로를 통
해 전달되게 마련이다. 그런데 백제본기는 안라에 갔던 군사를 통
해 왜국왕의 사망 소식을 들었다고 돼 있다. 비정상적인 사망연도
와 비상식적인 정보입수 경로를 공공연히 밝혀둔 것은 이 기록은 그
대로 믿지 말라는 뜻이나 다름없다. '훗날에 감교(勘校 올바르게 교정)
하는 자는 알 것이다'라는 요상한 암시까지 적어두었다. 필자는 그래
서 '천황과 태자·황자가 모두 죽은 신해년(531)의 사건'은 야마토왕
조 계체천황과 무관한 일로 판단한다. 계체 말년에 정변의 흔적이
없는 만큼 그는 어떤 책〈或本〉의 기록처럼 갑인년(534)에 숨졌을 것

---

91. 전용신, 일본서기, 일지사, 2006, pp303~304.

이다. 그러면 신해년의 왕실인사 집단사망은 어떤 사건일까? 야마토조정 외에 또 다른 왜국이 있었고 그 왕실이 일시에 제거됐음을 알려주는 '숨은 그림'으로 주목한다. 즉 숭신왜국의 군주와 태자·황자가 527~528년 '반정의 전쟁'에서 패배하고 3년이 흐른 531년(신해년) 집단자살했거나 집단처형된 결과라는 이야기이다. 이런 내밀한 정보는 비밀루트를 통해 숭신왜의 동맹국 가야권에 전달됐고, 안라에 주둔한 백제군 스파이가 입수해 본국에 보고한 것으로 보면 자연스럽다. 어쨌든 계체천황 사망기사야말로 3년의 공위기간(空位期間)을 만드는 위험을 감수하면서까지 숭신왕조 멸망의 암호를 담고자 했던 지식인(오노 야스마로라고 추정된다.)의 지적양심이 녹아 있는 대목이라고 주목한다.

결론적으로 일본의 역사편찬자들이 '약간의 암호' 외에 숭신왜와 응신왜의 병존·패권전쟁 일체를 말살한 데다 한반도와 중국의 역사서도 열도 내의 정치세력을 규슈와 기나이로 구분하지 않고 모두 '왜'로 표현하였기에 야마토조정의 역사왜곡은 성공할 수 있었다. 제법 비중 있는 결과를 쌓아 올린 나라의 역사가 철저히 소멸된 대표적인 경우가 바로 숭신왕조가 아닐까 싶다. 타인(=응신왜국)의 조상으로 둔갑하여 엉뚱한 시대의 주인공으로 기록돼 있을 뿐이다. 그런 점에서 숭신왜국의 역사는 가야의 역사보다 더 비극적이다. 숭신왕조 최후의 거점이 되었던 규슈는 기나이의 지방사, 종속지역으로 왜곡되고 말살돼 사람들의 기억에서 사라졌다. 527~528년 '반정(磐井)의 전쟁'의 패전 결과는 이토록 무서웠다.

숭신왕조를 비롯한 규슈지역 정치체의 역사는 한국에서도 관심 밖이었다. 삼국사기와 삼국유사는 '왜인'이라고 지칭된 해변인의 활동상을 철저히 외면하였다. 그 결과 규슈를 중심으로 활동하였던 해인족, 즉 왜에 관한 지적재산권은 일본으로 넘어갔고 왜인의 역사는 한국사에서 분리되었다. 같은 맥락에서 해인족과 연대하여 열도로 진출한 기마민족의 역사도 누락시켰다. 반면 일본서기는 '반도에서 열도로' 향한 해인족의 족적을 '열도에서 반도'로의 진출로 거꾸로 기술하면서 한일 역사전쟁의 씨앗이 뿌려졌다.

사라진 규슈 정치의 역사를 복원하는 일은 지난한 작업이지만 반드시 필요하다. 규슈 정치체(①AD 4세기 이전, 야마타이국을 비롯하여 규슈에 중심을 두었던 소국연맹체와 ②4세기 후반~5세기 초 일정기간 숭신군단의 규슈 체류기, ③5세기 말~6세기 초 규슈 인근에 최후거점을 두었던 숭신왕조라는 3가지 의미를 포괄한 개념이다.)는 한일공동사의 영역으로서 그들의 활동상을 정리함으로써 '왜의 본질'을 드러낼 수 있기 때문이다. 말살된 숭신왕조, 규슈 정치체의 역사를 복원하는 일은 한일 고대사 영역에서 가장 시급한 과제라고 필자는 생각한다.

일본서기는 '규슈 정치체'의 역사도 필요에 따라서는 제한적으로 살려두었다. 기나이 정치체와 규슈 정치체가 공동으로 관련된 '일반 왜국' 기사는 기나이(응신왕조)의 활동으로 기술하였다. 예컨대 건국신화나 한반도 제국과의 교류접촉의 역사는 모조리 야마토계 조상들의 행적처럼 기록한 것이다. 그러나 '규슈(에 최후의 거점을 두었던) 정치체'가 중국과 교섭한 내용은 엄격히 선별하여 기술하고 있다. 중국과의 외교적 교섭은 중국의 역사서에 소상히 기록되게 마련이므로 어설픈 왜곡은 발각될 위험성이 다분하다. 그런 만큼 숭신왜국의 행적이 분명한 대(對)중국 교섭은 응신왕조의 활동으로 왜곡하지 못하고 아예 침묵하는 방법으로 임하였다.

기나이의 야마토왜가 AD 8세기에 편찬한 일본서기를 보면 백제와의 깊은 관계는 수없이 확인된다. 백제본기와 백제기, 백제신찬 등 백제삼서(百濟三書)를 집중적으로 인용한 까닭에 일본 사서인지 백제 역사서인지 혼란스러울 정도이다. 특히 흠명기는 흠명천황보다 백제 성왕의 발언이 더 많이 실려 있다. 이런 사실을 감안해 최재석은 야마토 조정은 백제의 속국이라고 주장하였다. "일본서기가 중국의 왕이나 고구려, 신라왕의 거취에는 관심이 없고 유별나게 백제왕들에게만 관심을 두어 기록한 것은 대화왜(야마토조정)는 백제가 경영하는 속국 내지 속령이기 때문이다."[92]

응신왕조에서 비롯한 야마토조정은 백제왕실과 사실상 동일체였다. 백제 멸망기 야마토왕조의 반응은 이들의 정체성을 실감나게 보여준다. 제명천황(齊明天皇)은 노구를 이끌고 2만 7천 명의 백제부흥군을 파견하였다. 당시 왜의 국력을 총동원한 셈인데 일본학자들의 논리, 즉 '속국에 대한 지원설'은 동의하기 어렵다. 백제가 왜의 본국이며 백제왕실을 야마토왕실의 종가(宗家)라고 보아야 이해되는 행동이다. 6~7세기 백제와 왜의 관계가 얼마나 밀접했는지에 대해서는 선학(先學)들의 수많은 연구가 존재하기에 재론할 필요가 없다. 다만 백제 멸망 직후의 '일본 백성들' 반응은 거론하지 않을 수 없다.

---

92. 최재석, 일본 고대사연구 비판, 일지사, 1990, p284.

〈제명천황 6년(AD 660) 5월〉

"또 온 나라 백성들이 까닭없이 무기를 들고 도로를 왕래하였다. 나이
든 노인들은 '백제국이 설 곳을 잃을 징조인가?'라고 말하였다.(擧國百
姓 無故持兵 往還於道 國老言 百濟國 失所之相乎)"[93]

백제의 멸망 소식을 들은 '온 나라 백성들'이 무기를 들고 도로를
왕래한 이유는 뭘까? 나라분지와 가와치 등지의 주민 대다수가 이때
까지도 '백제인'이라는 정체성을 지니고 있었기 때문이다. 본국이 패
망했다는 청천벽력 같은 소식에 멘붕이 된 '백제인들'이 적을 맞아 싸
우고 싶다는 원념에서 병장기를 들고 거리를 쏘다녔다는 뜻이다. 이
런 분위기는 왜국왕실도 다르지 않았을 것이니, 2만 7천 대군을 백촌
강(白村江)으로 파견한 이유가 합리적으로 설명된다.[94] 일본서기에는
이처럼 백제 관련 기록은 풍성한 반면 '규슈 정치체'의 행적은 철저히
누락돼 있다. 규슈를 최후기반으로 하였던 숭신왕조의 성과를 흡수해
자신들의 역사로 왜곡하였기 때문이다. 특히 숭신왜국의 역대 왕들이
중국에 조공한 기록은 모조리 삭제하였다. 왜5왕을 역대 천황계보에
비정해 보려는 시도가 지금까지도 성공하지 못하는 것은 당연하다. 5
왕은 기나이 응신왕조(야마토조정)가 아니기 때문이다.(5번째 왜왕인
무(武)는 응신왕조로 보이지만 이전 4왕 체제의 계승자로 자처한 탓에 실
체를 밝히기 어렵게 되었다.)

---

93. 전용신, 일본서기, 일지사, 2006, p470.
94. 승천석, 백제의 장외사 곤지의 아스까베왜국, 책사랑, 2009, pp424~427.

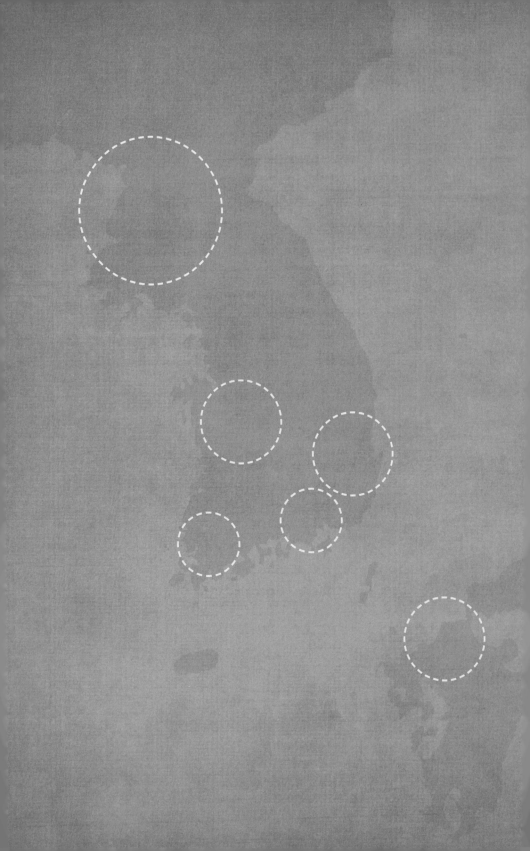

3부
•
영산강 전방후원분의 비밀

● 韓日 古代史 再建築

영산강유역은 한국 고고학계의 보고(寶庫)라고 할 수 있다. 문헌의 기록은 불비한 반면 고고학적 발굴성과는 대단하기 때문이다. 나주와 광주, 함평 등지 대형고분에서 기대치를 웃도는, 예상치 못한 유물들이 쏟아져 나왔다. 특히 나주는 경주 못지않은 고분도시이다. 고분군만 해도 대안리고분, 덕산리고분, 신촌리고분, 장동리고분, 송제리고분, 복암리고분, 영동리고분, 가흥리고분 등으로 다양하다. 옹관묘와 석실분, 전방후원분 등 종류도 많다. 규모 또한 장대하니 경주 대릉원에 비견할 정도이며 백제 왕릉급 고분을 능가한다.

　석실분(돌방무덤)은 백제식 무덤으로 다른 지역에서도 확인이 되지만 독무덤이라고 불리는 옹관묘는 나주 등 영산강유역에서 성행한 독특한 묘제이다. 특히 수장층을 부장한 대형옹관묘는 영산강유역에서만 확인된다. AD 5세기 후반에서 6세기 초반에 조영된 전방후원분(前方後圓墳)도 한반도에서는 영산강유역에서만 발견된다. 전방후원분이야말로 이 지역에 유력한 정치체가 존재하였음을 증거하는 가장 뚜렷한 물증이다. 전통악기인 장고를 닮았다 하여 장고분(長鼓墳)이라고 에둘러 표현하기도 하였지만 '앞쪽은 네모지고 뒤쪽은 둥근' 전방후원분이 분명하다. 전방후원분은 일본열도의 특징적인 묘제이다. 왜계 묘제(倭系 墓制)가 영산강유역에서 여럿(현재까지 16기) 발견된다는 것은 영산강세력이 열도의 정치체와 밀접한 관계였음을 의미한다.

그러나 영산강 전방후원분에 대해 국내 사학계는 적잖이 당혹해하는 분위기이다. 2021년 2월 말, 전라남도 해남군 북일면 방산리의 장고봉고분을 발굴한 지 4개월 만에 덮어버린 사건은 '학계의 불편한 심기'를 대변한다. 무덤 양식과 천장·벽체를 빨간색으로 칠한〈朱漆〉 사실, 입구를 막기 전에 지낸 제사 흔적 등이 규슈의 전방후원분과 흡사한 것이 문제였다. 일본 학계에서 임나일본부설의 근거로 삼을 수 있다는 우려가 제기되면서 서둘러 덮었다고 신문은 보도한다.(2021년 3월 18일(목) 한겨레신문 17면) 거듭 말하지만 반일(反日)감정과 같은 현대인의 시각으로 고대역사를 재단해서는 곤란하다. 아울러 '영산강 전방후원분'이 임나일본부설을 뒷받침할 우려가 있다는 시각도 올바르지 않다. 채 100년이 못 되는 기간 동안, 1기씩 산재된 형태로 확인되는 영산강유역 전방후원분은 일본의 정치체가 이곳을 지배한 증거라 해석될 수 없다. 오히려 바다 건너편의 실력자를 자기네 땅으로 불러들일 수 있는 정치권력이 영산강유역에 존재하였다는 실증이다.

영산강 정치체가 열도인들을 초빙한 것은 그럴 만한 사정이 있었을 것이다. 여기에 영산강 전방후원분의 진실이 숨어 있다. 영산강유역과 공동운명체로 얽혀진 한반도와 일본열도의 정치체를 추적하다 보면 한일 고대사의 실체를 더욱 선명하게 묘사할 수 있을 것이다.

9장

'비운의 왕조'
영산강 정치체

한국고대사에서 영산강유역은 정치적 공백지대나 다름없다. 삼국사기나 삼국유사에서 영산강을 기반으로 한 고대국가가 성립되어 활동한 흔적을 찾을 수 없다. 일본측 사료에도 영산강유역의 정치체에 관한 언급은 미미하다. 다만 중국 남조사에 '신미제국(新彌諸國) 등이 조공한 기록'이 전해지고 있다. 신미제국은 영산강 권역의 소국으로 짐작되지만 고대국가로 성장한 증거는 보이지 않는다. 문헌학적으로만 보면 영산강유역이 정치적 공백지대라는 주장을 마냥 배척할 수 없다.

그러나 고고학적 증거는 판이하다. 영산강유역은 결코 한가한 영역이 아니다. 나주와 함평, 광주 등지에서 규모 큰 고분들이 상당 기간 지속적으로 조영되고 있다. 고대국가의 대왕(大王)에 비견할 만한 정치적 수장의 무덤이 분명하다. 한마디로 영산강유역에 백제·신라·가야에 견줄만한 정치권력이 존재하였음을 시사하고 있다.

동서고금을 막론하고 인간이 생존하는 지역이면 힘의 공백지대란 존재할 수가 없다. 농업과 어로 생산력이 높고 많은 인구를 포괄하였을 영산강유역에 정치체가 없었다면 오히려 비정상적이다. 이곳에 한국 고대사의 비밀과 그 비밀을 풀 열쇠가 숨겨져 있다고 보아야 마땅하다. 영산강유역을 비롯한 호남 일대가 고고학적으로 뚜렷한 독자성을 유지하면서도 문헌사적으로 공백지대가 된 이유는 뭘까? 두 가지 정도를 들 수 있겠다. 첫째, 영산강세력이 최종적으로 백제에 병합되면서 자체 기록이 실전(失傳)되었다. 둘째, 우호관계인 가야와 숭신왕조도 중간에 소멸돼 영산강세력과의 교섭기록을 후대에 전하지 못하였다.(가야와 숭신왕조를 영산강의 우호세력으로 본 이유는 뒤에서 서술한다.) 그 결과 한반도의 삼국사기나 열도의 일본서기 모두 영산강세력의 활동상에 대해 침묵해버린 것이다.

어쨌든 수백 년간 쌓아 올린 수많은 사연들을 상실한 채 숨을 죽이고 있는 비운의 왕조가 영산강 정치체이다. 수많은 물증 속에서도 남긴 말이 없는 영산강 정치체는 어떤 존재인가? 그들이 경험하고 일궈낸 역사는 어떠했는가? 한반도의 다른 곳에서는 찾아보기 힘든 옹관묘와 전방후원분이 밀집한 사실에서 보듯이 영산강유역의 정치체는 한반도의 타지역과 구분되는 많은 비밀을 담고 있는 것이 분명하다.

농경·어로 복합지역 영산강유역

영산강유역은 지리학적으로 물과 뭍이 잘 어우러진 독특한 영역이다. 서해바다가 영산강 물줄기를 타고 내륙 깊숙이 진입한 특이한 지형이다. 지금은 영산강 하구둑에 막혀 있지만 과거에는 나주 영산포까지 뱃길이 통하였다. 한반도에서 이곳처럼 육지와 바다가 잘 어우러진 곳은 없다. 영산강 인근의 해안은 곡률(曲率)이 특히 심한데, 반도(半島)와 해만(海灣)이 들쭉날쭉 교차하는 복잡한 지형이라는 뜻이다.

유속 느린 영산강 본·지류를 통해 내륙에서 쓸려온 퇴적물이 켜켜이 쌓인 충적토가 강 주변에 폭넓게 형성되었다. 농사에 적합한 문전옥답이 널려 있었다는 뜻이다. 농사만 발달한 것이 아니었다. 나주시 동강면의 '수문패총(水門貝塚)'에서 출토된 많은 어패류를 통해 짐작할 수 있듯이 바다와 갯벌에서 생산된 풍성한 해산물 또한 영산강유역의 경제수준을 높이는 데 도움이 되었다.

육지 깊숙이 형성되었던 내만(內灣)을 현지의 향토사학자들은 '영산 지중해'라고 부르기도 한다. 영산 지중해는 큰 간만 차로 인하여 간석지가 발달하였고, 그 결과 이곳에서는 농민과 어민의 구분이 모호하였다. 농경과 어로가 병행적으로 이뤄진다는 뜻이다. 농사를 짓는 와중에 갯벌에 나가 조개를 캐고 낙지를 잡는다. 지금도 서남해 일대에서는 각종 물고기와 새우, 게, 조개 등으로 만든 젓갈이 부식의 상당 부분을 차지한다. 한마디로 물산이 풍부할 뿐 아니라 고대정치학적으로는 농민과 어민의 구분이 모호하였고 두 직업군 간의 갈등이 적었다는 것을 시사한다.

'농사짓는 포상국'이라고 할까? 이곳의 정치체는 내륙농경국과 포상국이 잘 결합된 양식으로 생각된다. 농경과 어로, 해상무역을 병행하는 경제…서남해 영산강유역에서 솟아오른 소국들의 모습은 이러하였을 것이다. 덕분에 영산강유역은 비교적 풍족한 삶을 살았던 것 같고 중국 남조정권, 멀리 베트남지역과도 접촉하고 교역했던 것으로 추정된다.(영산강유역에서 활발히 발견되는 대형 옹관묘는 베트남의 그것과 극히 유사하다. 남중국을 매개로 두 지역 간의 교류·교역이 적지 않았음을 암시한다.) 사실 영산강유역의 지형적·기후적 특징은 중국 장강(長江 양쯔강)의 하류, 오나라와 월나라의 땅이었던 강소성(江蘇省 장쑤성)·절강성(浙江省 저장성) 일대와 유사하다. 한마디로 물이 풍부한 땅이다. 사람들이 이주를 할 때는 대체로 기존의 거주지와 유사한 조건을 갖춘 지역으로 옮겨간다. 나는 영산강유역의 주민 가운데 일부는 중국 강남의 강안(江岸)과 해안에서 벼농사와 갯벌작업으로 살아가던 와중에 해류를 타고 동진해 온 사람들이 아닐까 추정한다. 중원에서 역사가 열린 이래 오월(吳越)지역에서도 수많은 왕조가 명멸하였으니, 비정한 전쟁에서 패배한 무리가 해외로 몸을 피하는 것은 충분히 가능하다. 한반도에서 강남인(江南人)의 비중이 가장 높은 지역이라면 영산강유역이 분명할 것이다. 아파트형고분으로 불리는 나주 복암리 3호분과 오월의 토돈묘(土墩墓)에서 공히 추가장의 요소가 확인되는 것은 결코 우연이 아니다.

왕건이 점령했던 영산강유역

고려 태조 왕건(王建)이 아직 궁예의 장군이던 시절에 나주를 비롯한 영산강유역을 장악한 것은 잘 알려져 있다. 송악의 해상세력 출신인 왕건은 AD 903년, 후고구려의 수군(水軍)을 이끌고 남하하여 금성(錦城)을 공략하고 인근 10여 군현을 점령하였다. 이후 금성에 병력을 상주시켜 거점화하고 지명도 나주(羅州)로 개칭하였다.

이때 나주지역의 호족들은 왕건의 수군과 싸우기보다는 오히려 환영하였다고 한다. 왕건은 현재의 신안군 압해면 고이도를 점령해 군사기지로 삼은 다음 영산강을 거슬러 가는 전략을 취하였다. 당시 왕건은 나주의 호족 오다련(吳多憐)의 도움을 받았다. 오다련은 많은 선박을 가진 서해무역상단의 주인으로서 나주를 사실상 지배하고 있었다. 오다련은 왕건의 군대에게 군량미와 군수물자를 제공한다. 결국 왕건은 910년 오다련의 딸과 혼인하니 훗날의 장화왕후(莊和王后)이다. 왕건과 오다련의 딸의 만남은 물바가지에 버들잎을 띄워놓아 왕건이 물을 마시다 체하지 않도록 배려하였다는 전설로 남아 있다. 왕건은 서남해 일대의 섬과 영산강유역의 패권을 놓고 견훤과 거센 다툼을 오랫동안 벌였다. 909년의 염해현(鹽海縣 무안군 해제면 임수리) 전투에서 왕건이 승리하면서 진도가 확실히 태봉(후고구려)의 차지가 되었다. 이후 왕건은 후백제가 중국에 보낸 조공선을 나포하는 등으로 견훤을 괴롭혔다. 서해 해상세력의 대표주자이던 왕건은 나주·영산강유역을 확보함으로써 후백제로 하여금 남북 두 방면에서 적을 맞이하게 만들어 전력을 분산시켰다. 나아가 후백제의 해상진출을 봉쇄함으로써 후고구려는 결정적 우위를 확보할 수 있었다.

그런데 개성 일대의 해상력을 이끌던 왕건이 적경(敵境)인 영산강유역을 과감히 점령하기로 결심한 배경은 뭘까? 역사학계는 위에서 언급한 결과론적 성과에 집중하여 왕건의 나주 진출을 해석하는 경향이 다분하다. 그러나 왕건이 먼 뱃길을 타고 위험한 공세를 취한 근저에는 성공 가능성을 확신하는 요인이 있었을 것이다. 필자는 후삼국 시절만 해도 나주 일원과 여타 후백제 지역 간에는 일정한 이질성이 존

재하고 있었고, 이를 간파한 왕건이 그 이격(離隔)을 정확히 때려 영산
강유역을 후백제로부터 분리해 낸 것이 아닌가 여긴다.

왕건이 고려를 건국하기 이전에 장악한 나주·금성 일대는 전방후원
분 조성지역과 묘하게 중첩된다. 현재는 실전(失傳)되었지만 왕건 시
대만하더라도 영산강유역이 나머지 후백제권역과 구분되는 역사적 유
래와 사정이 견지되고 있었을 개연성이 상정된다. 그것은 무엇일까?

신미제국(新彌諸國)과 침미다례(忱彌多禮)

영산강유역에 자리잡고 있던 고대왕국으로 '신미국(新彌國)'이란 국
호가 전한다. 신미국을 위시한 여러 소국이 3세기 후반인 AD 282년,
20여국 연명으로 진(晉)에 사신을 파견하고 조공함으로써 중국 역사
서에 그 흔적을 남긴 것이다.

> "동이 마한의 신미제국은 산에 의지하고 바다를 접하고 있는 나라이
> 다. 유주(幽州 현재의 베이징 인근지역)에서 4,000여리 거리에 있다. 역
> 대로 (중국에)귀부하지 않았던 20여 국가가 나란히 사절을 보내 조공
> 을 바쳤다.(東夷馬韓 新彌諸國依山帶海 去州四千餘里 , 歷世未附者二十餘
> 國 , 並遣使朝獻) 9월에 동이 29국이 귀화하여 방물을 바쳤다.(九月 東夷
> 二十九國 歸化 方物)"[95]

신미국은 서남해변에 위치한 마한의 소국으로 짐작되는데, 대체로

---

95. 진서(晉書) 장화전(張華傳).

전남 해남군 주변에 존재하였을 것으로 추정한다. 머나먼 중국과 바닷길로 통할 수 있는 항해능력을 보유하려면 아무래도 해상력이 발달한 서남해안에 위치했을 것이기 때문이다. 서남해안 일대에서 일찍부터 해양문화가 활발했던 지역이 해남 인근이기에 신미국도 그곳에 위치했을 것으로 추정하는 것이다.

해남의 해양문화가 오랫동안 지속되고 발전했음을 보여주는 역사유적으로는 송지면 군곡리(群谷里)패총이 유명하다. 패총의 범위는 너비 200m, 길이 300m로 서남해안에 일대에서 최대 규모이다. 군곡리패총은 BC 1세기 초에 형성되어 AD 3~4세기까지 지속된 초기철기시대 유적이다. 1986년부터 1988년까지 국립광주박물관과 목포대학교박물관이 발굴조사하였다. 경질무문토기와 석기, 골각기, 복골(卜骨 점치는 도구), 철기, 유리장신구 등 선사시대부터 철기시대까지의 다양한 유물들이 나왔는데 특히 중국 신나라(AD 7~23)의 화폐인 화천(貨泉)이 발견돼 화제를 모았다. 중국~한반도~일본열도를 잇는 고대 해상교역망에서 군곡리 일대가 중간기착지로 포함돼 있었다는 증거이기 때문이다. 그 결과 군곡리패총이 들어선 백포만(白浦灣) 일대가 중국과 교류한 해양강국 신미국의 중심지라는 시각이 생겨났다.

그러나 신미라는 국명은 이후 다시 등장하지 않는다. 다만 일본서기 신공황후 49년(AD 369)조 '가야 7국 등 정벌기사'에서 '침미다례(忱彌多禮)'라는 유사한 국명이 거론되어 주목된다.(『한일 고대사의 재건축②』 8장에서 상세히 언급한 바 있다.) 일본서기에 대해 국내에서는 왜곡과 창작이 많다며 평판이 낮지만, 지명에 관한한 크게 불신할 필요가 없다. 국명이나 지명을 날조·왜곡할 이유는 높지 않기 때문이다.

"봄 3월에 황전별(荒田別 아라다와케)과 녹아별(鹿我別 가가와케)을 장군으로 삼아 구저(久氐 백제인) 등과 함께 군사를 정돈하여 탁순국(卓淳國)에 이르러 장차 신라를 습격하려고 하였다. 이때 어떤 사람이 말하기를 '군대가 적어서 신라를 깨뜨릴 수 없으니 다시 사백(沙白)·개로(蓋盧)를 보내어 군사를 늘려 주도록 요청하십시오.'라고 하였다. 그래서 목라근자(木羅斤資)와 사사노궤(沙沙奴跪)에게 정병(精兵)을 이끌고 사백·개로와 함께 가도록 명하였다. 함께 탁순국에 모여 신라를 격파하고 비자발(比自烌)·남가라(南加羅)·녹국(喙國)·안라(安羅)·다라(多羅)·탁순(卓淳)·가라(加羅)의 7국을 평정하였다. 군사를 옮겨 서쪽으로 돌아 고해진(古奚津)에 이르러 남쪽 오랑캐 침미다례(忱彌多禮)를 무찔러 백제에게 주었다. 이에 백제왕 초고(肖古)와 왕자 귀수(貴須)가 군대를 이끌고 와서 만났다. 이때 비리(比利)·벽중(辟中)·포미지(布彌支)·반고(半古) 4읍이 스스로 항복하였다…(春三月 以荒田別鹿我別爲將軍 則與久氐等 共勒兵而度之 至卓淳國 將襲新羅 時或曰 兵衆少之 不可破新羅 更復 奉上沙白蓋盧 請增軍士 即命木羅斤資沙沙奴跪〈是二人 不知其姓人也 但木羅斤資 百濟將也〉領精兵 與沙白蓋盧共遣之 俱集于卓淳 擊新羅而破之 因以平定 比自烌·南加羅·喙國·安羅·多羅·卓淳·加羅 七國 仍移兵 西廻至古奚津 屠南蠻忱彌多禮 以賜百濟 於是 其王肖古及王子貴須 亦領軍來會 時比利·辟中·布彌支·半古 四邑 自然降服…)"[96]

위의 신공 49년조 기사는 한일 고대사전쟁의 핵심소재 가운데 하나

96. 전용신, 일본서기, 일지사, 2006, pp165~166.

로서 매우 유명한 대목이다. 이 기사와 관련해 한일 양국에서 생산된 논문의 양은 헤아릴 수 없는 분량이다. 일일이 소개할 이유가 없지만 정복전쟁의 주체와 관련한 논란은 알아둘 필요가 있다. 일본학자들은 당연히 왜국을 주체로 꼽지만 당시 철제무기도 제대로 갖추지 못한 열도 소국들이 바다를 건너 한반도를 평정한다는 것은 가공(架空)의 설화에 불과하다. 반면 국내 학자 대부분은 백제를 주체로 본다. 왜국 설보다는 설득력이 높아 보이지만 곧장 결론을 내릴 필요는 없다. 신 공황후기의 한반도 남부 정벌기사에 대한 분석은 다음에 이어지는 10 장 '영산강 정치체와 가야(임나)'에서 상세히 다루기로 한다.

지금, 9장에서 필자의 관심은 정벌전의 실상이 무엇이며 그 주체가 누구냐에 있지 않다. '침미다례'라는 이름을 가졌던 소국의 실체가 진짜 관심사이다. 가야에서 서쪽으로 가면 나타난다는 고해진(古奚津)에 대해서는 전남 강진설이 유력하다. 고해진에서 왜·백제연합군이 무찌른 '남만(南蠻) 침미다례'는 제주도설과 해남설이 팽팽하였는데 배를 타고 바다를 건넜다는 표현이 없다는 점에서 최근에는 육지쪽 해남설에 무게가 쏠리고 있다. 필자도 해남설에 동의한다.

해남의 군곡리패총은 4세기경부터 조성이 중단된다고 한다. 침미다례 도륙 기사와 시기적으로 근접했다고 볼 수 있다. 이를 근거로 신미제국의 중심지였던 군곡리 일대가 4세기 후반 침미다례라는 이름으로 역사에 다시 등장하였으나 백제군에게 도륙당해 멸망했다고 보는 해석이 제기되었다.[97] 그러나 군곡리를 포함한 영산강유역에서 백

---

97. 강봉룡, 바닷길로 찾아가는 한국고대사, 경인문화사, 2016, pp62~67.

제와 구분되는 독자적인 고분문화가 6세기 초까지 지속된다는 점에서 침미다례가 4세기 후반에 백제에 완전히 복속됐다고 판단하는 것은 경솔하다. 설령 369년경 침미다례가 외력에 의해 멸망했다 하더라도 곧바로 백제의 지방화로 되지 않고 한동안 독자노선을 걸었다고 여겨진다.

3세기 중국에 조공한 신미국(新彌國)과 4세기에 도륙을 당한 침미다례(忱彌多禮)는 지리적으로 인접해 보이고 소릿값도 유사하지만 동일한 국명인지 결론내리기는 쉽지 않다. 연구가 더 필요해 보인다.(신미(新彌)와 침미(忱彌)에서 미(彌)는 '물〈水〉'을 의미하는 고대한국어로 짐작된다. 삼한의 소국명 가운데 유독 '미'자가 많은 것은 고대인의 삶에서 물이 가장 중요했기 때문일 것이다. 신 또는 침은 '세다, 강하다'의 뜻을 담은 글자라고 추정한다. '(힘이)세다'는 사투리로 '시다'라고 발음되기도 한다. '신'은 곧 '센'이고 '미'는 '물'이니 신미는 '센물'이란 뜻이다. 센물의 유래와 관련해 '강한 조수(潮水)'가 주목된다. 해남과 진도 사이의 명량(鳴梁)해협은 조수가 세기로 유명하다. 그러므로 명량 인근에 위치했던 포국(浦國)이 '신미(=센물)'라는 이름을 얻는 것은 자연스럽다. 고대한국어 '신미'의 소릿값을 한자로 '新彌' 내지 '忱彌'로 표현했을 것으로 추정해 본다. 참고로 침미다례에서 '다례'는 땅을 의미하는 고어 '달'에서 유래한 것으로 짐작된다.) 다만 그보다 중요한 것은 영산강유역이 결코 역사의 공백지대가 아니라는 사실이다. 오히려 한일고대사에서 가장 다양하고 중대한 사연을 안고 있는 지역이 영산강유역임을 강조하고 싶다. 흐릿하기만 한 영산강유역의 비밀을 푸는 일이야말로 한일고대사의 오랜 수수께끼를 해결하는 지름길이라고 필자는 믿고 있다.

영산강유역, 해인족 최후의 집결지인가?

영산강 정치체의 본질은 뚜렷하지 않다. 국내에서는 마한의 잔존세력이라는 설이 유력하다. 반면 일본의 역사학자들을 중심으로 삼국지 동이전에서 언급한 '마한의 남쪽에 있는 왜〈南與倭接〉'로 보는 시각도 존재한다. 조선후기 실학자 안정복(安鼎福)은 동사강목(東史綱目)에서 '과거 왜의 중심지는 대방주(帶方州)였다'라고 기술하였다. 당이 백제를 멸망시킨 직후 웅진(熊津)·마한(馬韓)·동명(東明)·금련(金蓮)·덕안(德安) 등 5개의 도독부를 설치했다가 665년에는 웅진도독부를 중심으로 7주(州) 51현(縣)을 설치하였는데, 그중에 대방주(帶方州)가 나온다. 대방주는 과거 왜의 세력이 있었던 곳으로 나주 일원으로 비정된다. 안정복은 본래 죽군성(竹軍城)인 대방주의 6개현을 기록한 삼국사기 지리조를 참고해서 "죽군성은 백제의 두힐(豆肹)이니 지금의 나주 회진현(會津縣)이다."라고 하였다.[98] 당이 나주 일대에 왜와 관련된 대방주라는 지명을 붙인 것은 역사적 근거가 있기 때문일 것이다.

사실 영산강유역은 '한반도 해인족' 최후의 집결지로 추정된다. AD 3세기 초 포상팔국의 전쟁에서 신라·가야 연합군에 패배해 영남 해안지대에서 터전을 상실한 해상세력의 상당수는 대한해협 건너편 규슈와 혼슈 서부로 도주한 것으로 상정된다. 아울러 남해의 서쪽 방면, 즉 영산강유역으로 피난한 집단도 적지 않았을 것이다. 따라서 AD 3세기 이후 영산강유역에서 해인족, 즉 '한반도 왜인'의 인구비중이 더 높

---

98. 이덕일·이희근, 우리 역사의 수수께끼1, 김영사, 2000.

아졌다고 생각된다.(『한일 고대사의 재건축①』8장에서 언급한 바 있다.)
영산강유역인 나주시 다시면 영동리고분의 피장자와 규슈인의 DNA
가 일치한다는 현대과학의 발견은 예사롭지 않다. 영산강세력은 규슈
로 도주한 해인족과 고대시절부터 교류협력하는 등 양측 간에 깊은
관련성이 확인된다. 결과적으로 영산강유역은 북방계 농경민과 강남
계 후예, 그리고 해인족이 잘 버무려진 땅이라고 하겠다.

그 원류가 어찌됐든 영산강세력은 고단한 역사를 경험하였다. 동쪽
의 가야와 북쪽의 백제로부터의 계속된 압박 탓이다. 가야 방면으로
부터의 침공은 일본서기 신공 49년(보정하여 AD 369)의 기사가 대표
적이다. 즉 가야 7국을 평정한 왜가 군대를 서쪽으로 돌려 호남일대를
정복하였다는 기사이다. 신공 49년 기사의 핵심은 이 대규모 군사작
전의 주체가 누구냐 하는 점이다. 일본학자들은 당연히 (야마토)왜군
을 드는 반면 국내학자 주류는 백제군을 이 공격주체로 들고 있다. 이
에 대해 나는 『한일 고대사의 재건축②』의 8장에서 언급하였듯이 제3
의 군대, 즉 모용선비 군단을 작전주체로 지목한다. 가야를 평정한 모
용선비군단이 호남 정복을 시도하다 백제군의 남하에 부딪쳐 뜻을 이
루지 못하고 대체로 노령산맥을 경계로 휴전한 사건의 전승(傳承)으로
풀이하는 것이다.

이후 백 수십 년이 흐르는 와중에 백제는 집요하게 남하를 시도하
였고 그 결과 AD 5~6세기에 영산강유역을 비롯한 전라남도 일대가
백제의 영향권에 편입된 것은 동의할 수 있다. "백제와 왜가 침미다례
(枕彌多禮), 현남(峴南), 지침(支侵), 곡나(谷那), 동한지지(東韓之地)를 주
고받았다."는 일본서기 신공-응신조 기사가 중요한데, 백제가 전남일

대로 진출한 정황을 암시한다.(전남지역을 놓고 백제와 영토분쟁을 한 왜(倭)에 대해 필자는 모용선비군단에서 비롯한 숭신왜로 본다. 11장에서 상세히 언급한다.) 백제의 전남지역 진출을 인정함에도 불구하고 고분 문화 등에서 뚜렷한 독자성이 확인된다는 점에서 5~6세기의 영산강 유역을 '백제의 보통지방'으로 규정하는 것은 경솔해 보인다. 백제에 복속돼 공납(貢納)의 의무를 지게 됐지만 정치·문화적 자율성을 완전히 상실하지는 않았다고 판단된다.

영산강유역은 백제 못지않게 가야·숭신왜연합과 친밀하게 교류하고 영향을 받았다. 호남에서 가야의 흔적은 상식보다 진하다. 남원과 장수, 여수, 순천, 광양 등 호남동부는 가야의 영역이었음이 고고학적으로 입증되며 호남중부인 장성과 담양은 물론이고 서해상의 신안군 안좌도에서도 가야산 유물이 산견(散見)된다. 백제에 복속된 것으로 표현되는 영산강세력이지만 가야권과의 관계 또한 끈끈하였던 것이다. 결국 5~6세기 영산강유역은 '자치권을 지닌 채 백제-가야 모두와 교류하는 양속(兩屬) 정치체'의 특징을 지녔다고 여겨진다. 이런 상황에서 백제의 힘이 약해질 때마다 '독립'을 시도하고 나섰다고 짐작한다.

그러나 6세기 전반 백제에 합병되면서 '영산강 독립'의 꿈은 사라지게 된다. 백제는 영산강유역을 흡수하기 위해 응신왕조를 적극 활용하는 정책을 취한 것으로 사료된다. 영산강유역의 우군인 '규슈 숭신 왜국'을 견제하고 그 발목을 잡아버린 '기나이 응신왜국'의 도움이 없었다면 백제의 영산강유역 흡수는 쉽지 않았을 것이다. 백제는 임나 사현과 기문·대사에 이어 (영산강유역으로 짐작되는)임나하한까지 성공적으로 합병하였는데, 이 과정에서 응신왜국의 외교적 지원이 적지 않았다고 여겨진다.(여기에 대해서는 이어지는 10장과 11장에서 상세히 다룬다.) 일본서기에서 임나사현과 기문·대사, 임나하한을 백제에게 할양 내지 선물한 것처럼 기술한 것은 분명 과장이지만, 응신왜국이 그렇게 주장할 수 있는 최소한의 명분은 있었다고 볼 수도 있다. 응신왕조는 백제왕실과 혈연을 공유하는 데다 일본열도 내 패권전쟁에서 전폭적인 협력·지원을 기대하는 입장이었기에 백제의 영산강유역·임나(가야) 진출과정에 적극 협조하였다고 볼 수 있다.

5~6세기 영산강유역, 백제의 변방 아닌 반(半)독립지대

AD 5~6세기 영산강유역을 비롯한 전남일대가 백제의 변방인지 독자권역인지를 놓고 상충된 의견이 존재하고 있다. 과거에는 당연히 백제의 영역으로 알려져 있었지만 최근의 고고학적 성과는 예전 통설과 차이가 적지 않다. 나는 6세기 초까지 전남일대는 백제의 간섭을 받으면서도 정치문화적 자율성을 지닌 권역으로 판단한다.

전남대 임영진 교수는 전남의 독자성을 강조하는 학자이다. 임영진은 중국의 양서(梁書)에 "백제는 전국에 22개 담로를 두고 왕자나 왕족을 보내 다스리게 했다."는 기록을 중시한다. 22개 담로는 백제 사신이 551년에 양나라에 전한 내용이다. 하지만 100여 년이 흐른 660년, 백제가 멸망할 당시의 지방행정조직은 37군으로 확대된다. 임영진 교수는 '22개 담로'와 '37개 군'의 차이를 근거로 6세기 중엽에 마한이 백제에 병합되고 마한 땅이 백제지방조직으로 편제됐을 가능성을 제기했다. 즉 병합 이전의 22개 담로를 그대로 군으로 편제하고 새로 획득한 마한 땅에 15개 담로를 추가 설치했다는 해석이다.

신라 9주 5소경

신라는 삼국통일 후 전국을 9주5소경으로 재편하고 백제 지역에는 웅주(熊州)와 전주(全州), 무주(武州) 등 3개 주를 설치했다. 웅주는 지금 충청도와 영역이 비슷하고 전주는 전북, 무주는 전남과 겹쳐진다. 통일신라는 웅주에 13개 군, 전주에 10개 군, 무주에 13개 군을 설치해 백제지역에 모두 36개 군을 두는데 백제 멸망기의 37개 군과 불과 1개 차이가 난다. 신라는 백제의 지방 조직을 크게 바꾸지 않았다. 이 가운데 웅주와 전주의 군을 합치면 23개군으로 양서의 22담로와 비슷하다. 백제가 양나라로 사신을 파견한 551년까지 전라남도(통일신라의 무주) 지역은 백제에 병합되지 않았을 가능성을 시사하는 대목이다.(다만 후기백제에 웅주와 전주만 포함된다면 그 영역이 지나치게 좁다. 475년 장수왕의 남정으로 개로왕이 참수당한 이후, 고구려-백제의 국경이 어디냐에 대해서는 확립된 견해가 없다. 지도처럼 웅주·한주 경계선이 국경이라면 백제의 강역이 지나치게 협소하여 신라-고구려에 대응할 역량마저 의문이 든다. 그래서 필자는 백제가 475년의 패전으로 한성(漢城)을 잃었지만 554년 신라와의 전쟁에서 패해, 되찾았던 한강유역을 완전히 상실하기 이전까지의 북쪽 국경은 관악산-청계산을 잇는 산악 선상으로 짐작한다. 웅주와 한주 사이에 작은 삽교천 외에 별다른 자연경계선이 없는 점도 이런 가설을 떠올리게 하는 요인이다.)

임영진은 영산강유역과 전북 서남부 등 마한의 최후영역에 13~14개 군이 있었다고 해석했다. 이는 통일신라시대 무주 13개 군과 부합한다. 따라서 지금의 전남과 전북 서남부는 백제의 22개 담로에 편성되지 않고 독자적인 마한문화권을 형성했다고 본다. 임영진은 경기·충청지역에서 출발한 백제가 남하하면서 마한은 지속적으로 남쪽으로 밀려났고 마한인들은 최종적으로 영산강유역에 정착하거나 일본으로 망명했다고 해석했다. 즉 영산강세력은 마한의 유민으로서 6세기 초반까지 독자성을 유지하는 가운데 중국문화를 수용하고 고대일본에 문화를 전파하는 역할을 하였다는 것이 임영진의 지론이다.[99] 임영진의 논리에는 동의하기 어려운 내용도 있지만 공감할 부분 또한 적지 않다. 5~6세기의 영산강 정치체는 독립과 예속의 중간단계, 반(半)자립 상태를 유지하였다고 여겨진다. 백제 등 인근세력이 강할 때는 공물을 바치면서 부용하고 약화되면 독립을 지향하는 유동성이 큰 정치체였다는 의미이다.

영산강유역의 운명이 크게 달라진 최대 계기는 AD 475년 백제가 고구려 장수왕의 남정에 치명상을 입고 한강유역을 상실한 채 웅진으

---

99. 마한이 백제에 앞서 고대 일본의 원류를 형성했다, 공감신문 김인영 칼럼, 2016년 3월 22일자에서 재인용.

로 천도한 사건이다. 백제의 남진이 본격화되면서 재앙이 시작된다. 영산강유역에 대한 백제의 압박은 동성왕 시절에 분명하게 파악된다. 동성왕 20년(AD 498)의 기사를 주목할 필요가 있다.

> "8월에 탐라(耽羅)가 공부(貢賦)를 바치지 않으므로 왕이 친히 정벌하여 무진주에 이르렀다. 탐라가 이를 듣고 사신을 보내어 죄를 청하므로 그만두었다.[탐라는 탐모라이다.](八月 王以耽羅不修貢賦 親征至武珍州 耽羅聞之 遣使乞罪 乃止[耽羅卽耽牟羅])"100

특별한 증거가 없다면 문헌의 내용은 원전대로 존중돼야 마땅하지만 앞뒤가 맞지 않을 때는 손질이 불가피하다. 그런 점에서 위의 기사는 논리적 타당성이 없는 만큼 문헌대로 수용하기 어렵다. 탐라가 제주도라면 바다 가운데 섬이다. 섬나라를 공격하거나 압박하려면 내륙인 무진주(현재 광주광역시)로 갈 것이 아니라 웅진 근처 항구에서 수군(水軍)을 이끌고 발진해야 한다. 수군을 동원하면 군비도 적게 들고 병력의 이동시간도 줄일 수 있다. 금강하구에서 배를 띄워 서해안을 따라 남하할 경우 바람이 좋으면 수일 만에 남해안에 도달한다. 수군선단이 떠야 탐라가 실질적인 위험을 느끼고 아꼈던 공부(貢賦)를 바치게 마련이다. 그런데 느닷없이 육지 한복판으로 군대를 끌고 간 것은 탐라에 대한 무력과시와 전혀 부합하지 않는다. 탐라 섬사람들이

---

100. 김부식, 이병도 역주, 삼국사기 下, 을유문화사, 1997. 백제본기 동성왕 20년(AD 498)조, pp73~74, p84.

백제내륙으로 기동하는 정벌군의 행보를 어찌 알고 두려움을 느끼겠는가? 동성왕과 백제군 지휘부가 모조리 바보가 아니라면 위의 기사는 오류임이 분명하다. 출정루트와 공세의 방향을 감안하면 백제군의 타깃은 제주도(탐라)가 아니라 광주(무진주) 부근의 육지이다.

백제사서(百濟史書)의 원전에는 아마도 "남만(南蠻)이 공부(貢賦)를 바치지 않으므로 왕이 친정하여 무진주에 이르자 남만이 사자를 보내 죄를 청하므로 공격을 그쳤다."라는 식으로 기술돼 있었을 것 같다. 원전은 동성왕이 전남일대를 압박한 내용이지만 고려시대 삼국사기 편찬과정에서 두찬(杜撰)이 이뤄진 듯하다. 삼국사기 편집진은 '호남은 응당 백제땅'으로 알고 있었기에 관련 원전을 보고 '동성왕이 혼낸 상대는 탐라인 모양이다'라고 착각해 이런 비논리적인 기록을 남긴 것으로 추정된다. 진상을 밝히기란 애당초 어려운 일이지만, 동성왕이 무진주로 진군한 것이 사실이라면 백제가 군력을 과시하며 위협한 상대는 제주도가 아니라 광주 이남의 육지, 구체적으로는 영산강유역으로 판단해야 합리적이다. 위의 동성왕 20년 기사는 '웅진백제가 정치적 목적에서 영산강유역을 겁박한 사례'임이 분명해 보인다.

영산강에 대한 백제의 압박을 동성왕 시대로 한정할 이유는 없다. 고구려에 빼앗긴 북지(北地)를 벌충하고자 백제는 계속해서 남쪽으로 힘을 뻗쳤을 것이다. 웅진백제의 잇단 공세에 소멸위기를 느낀 영산강세력은 전통적 우방인 숭신왜국을 끌어들인다. 영산강유역에서 다수 확인되고 있는 규슈식 전방후원분은 규슈 정치체(규슈 일대로 영역이 축소된 후기 숭신왕조를 말한다.)의 군대를 빌린 증거일 수 있다고 짐작한다.(12장에서 상세히 언급한다.)

5~6세기 백제와 영산강 정치체는 단순하게 표현하기 어려운, 복잡미묘한 관계였다고 짐작된다. 백제는 영산강유역을 자신들에게 복속된 '지방'으로 간주하였겠지만 영산강세력의 생각은 달랐다고 사료된다. 백제의 지방통치가 연방제와 유사한 담로제(檐魯制)로서 현지세력의 자율성을 폭넓게 인정하는 느슨한 시스템이었다는 사실도 감안해야 한다. 영산강세력은 웅진정권의 현실적인 파워를 인정하면서도 자신들을 '백제와 엄연히 구분되는 정치체'로 인식하였다고 사료된다. 백제와 완전히 다른 고분문화는 그 방증이다. 독자적인 고분문화가 6세기 중반까지 지속된다는 점에서 5~6세기 영산강유역은 웅진조정에서 파견한 관료가 아니라 재지세력이 주도했던 땅이 분명하다. 마한 이후 수백 년간 지속된 자율의 역사 덕분에 반(半)독립국으로 기능하였을 것이라는 추정이다. 즉 영산강 정치체는 백제에 공납의 의무를 지면서도 중국과 일본, 가야, 신라 등과 독자적인 외교관계를 유지해 나갔다고 여겨진다. 특히 가야·숭신왜연합과는 백제 이상으로 깊숙이 연결돼 있었다고 짐작한다.(필자는 일본서기 흠명기에 발견되는 6세기의 '임나의 하한(任那之下韓)'을 영산강유역을 의미하는 것으로 본다. 임나(가야)와 영산강유역이 공동운명체였다는 뜻이다. 이 점은 10장과 11장에서 상세히 서술한다.) 그러므로 백제의 장악력이 약화되거나 통제강도가 지나칠 때마다 영산강이 웅진의 자장(磁場)에서 탈피하고자 시도했을 것으로 판단하는 것은 허황되지 않다.

영산강유역 전방후원분의 등장 역시 이 같은 맥락으로 풀이된다. 즉 475년 고구려의 공격으로 개로왕이 전사하는 등 백제의 자력(磁力)이 약화되자 규슈의 무장세력과 결속하여 백제로부터의 독립을 시도한 흔적이 영산강 전방후원분이라는 시각이다. 동성왕 20년, 498년 의 무진주 진군(進軍)은 영산강에 대한 웅진백제의 통제강화 행보로 해석되지만 '죄를 빌기에 정벌을 중단했다.〈乞罪 乃止〉'는 기록으로 보아 완벽한 장악에 이르지 못했음을 알 수 있다. 그러다가 527~528 년의 '반정(磐井)의 전쟁'으로 규슈에 중심을 두고 있던 숭신왕조가 몰 락하면서 뒷배를 상실한 영산강 정치체는 백제왕권의 직접지배를 받 는 '보통지방'으로 전락하였고 전방후원분 축조도 중단되었다고 해석 한다.

10장
영산강 정치체와
가야(임나)

고대 호남지역의 정치질서는 상당 부분 베일에 가려져 있다. 한국과 중국의 문헌에서 호남지역에 관한 기술은 매우 소략하다. 일본서기의 기록과 고고학적 성과를 활용하여 흐릿한 그림을 묘사할 수 있을 뿐이다. 호남전역은 AD 4세기 이후 백제의 영역이라는 것이 이전의 상식이었다. 그러나 1980년대 이후 고분 발굴성과가 축적되면서 이런 인식은 크게 달라진다. 적어도 호남 동부지역은 상당한 기간 동안 가야(임나)의 세력권이었다는 사실이 확인되었다. 이 대목에서 일본서기에 출현하는 임나사현(任那四縣)과 기문(己汶)·대사(滯沙) 관련 기사의 무게감이 커졌다.

호남 동부지방은 대체로 임나사현이나 기문의 영역으로 비정된다. 장수와 남원, 순천, 여수, 광양 일대에서 가야계 고분들이 다수 확인된 사실과 어울린다. 반면 익산, 김제를 비롯한 전라북도 서부 평야지대는 비교적 일찍 백제의 영역에 포함되었다고 간주된다. 문제는 영산강유역을 비롯한 노령산맥 이남의 전라남도 서부지역이다. 현재 한국의 고대사에서 가장 뜨거운 논쟁지가 영산강유역이라고 해도 과언이 아니다. 4세기 후반 이후 백제의 영역으로 포함됐다는 전통학설과 6세기 초반까지는 독자적인 마한의 영역이었다는 새로운 시각이 첨예하게 엇갈리고 있다. 고고학적 성과는 백제설보다 독자설에 힘을 보태주는 형국이다.

이에 대해 필자는 영산강유역이 사실은 백제보다 가야(임나)와 친연성이 높다는 설을 제시하고자 한다. 고고학적 발굴성과와 함께 일본서기의 임나하한(任那下韓) 관련 기사를 새로운 각도로 독서한 결과이다. 임나하한은 백제 성왕이 가야(임나) 영역으로 진주하여 군령(郡令)·성주(城主) 등을 설치한 지역을 말한다. 사학계의 상식은 하한(下韓)을 낙동강 서안의 영남지역으로 보지만 나는 백제의 정남쪽인 영산강유역이었을 가능성에 주목하고 있다. 본문에서 충실히 다룰 예정이다.

영산강 고분에서 확인되는 가야와의 친연성

영산강유역의 중심지라고 할 나주가 고대국가의 수도라는 문헌 증거는 없다. 하지만 나주 일대의 거대고분군은 인근지역에 독자적인 정치세력이 존재하였음을 입증한다. 반남면 자미산(紫微山)을 중심으로 2.5km 범위 내의 구릉에 30여 기의 고분들이 흩어져 있는데 그 한무리가 대안리고분군이다. 대부분은 옹관묘이며 4호분은 백제식 석실분으로 판명났다. 대안리 옹관묘의 축조연대는 토착집단이 강력한 세력을 유지하던 AD 3세기부터 5세기 말경으로 추정되며 석실분은 6세기 말에서 7세기 초에 조성된 것으로 짐작된다.

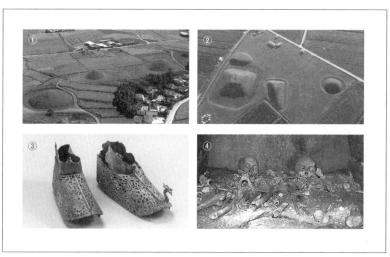

①반남고분군 ②복암리고분군 ③정촌고분 금동신발 ④영동리고분 인골

　바로 이웃한 반남면 덕산리고분과 신촌리고분군은 주로 마한계 옹관묘로 조사되었다. 일제강점기인 1917년 발굴한 신촌리고분에서는 국보 295호로 지정된 금동관이 나왔는데 백제가 만들어 하사한 것으로 여겨져 왔다. 하지만 신라·가야의 금동관과 동일한 형식으로 제작됐을 뿐 아니라 무구류가 신라·가야의 그것과 유사하다는 점에서 필자는 다른 각도로 조망할 필요성이 있다고 여긴다. 신촌리 9호분에서 철정(鐵釘) 등 가야의 철기문화가 확인되고 일본에서 유행한 식륜(埴輪 하니와)형의 분주토기(墳周土器)가 출토된 사실도 무시해선 안 된다. 최근의 연구 결과 신촌리 금동관은 천안 용원리·서산 부장리·공주 수촌리·익산 입점리 등에서 출토된 백제 계통의 금동관과 성격이 다르다는 사실이 발견되었다고 한다. 은장대도의 제작기법도 대가야의 대도(大刀)와 비슷하다는 것이다. 동강면 장동리고분도 옹관편이 발견된

점에서 옹관묘군으로 분류된다. 다만 세지면 송제리고분군은 백제시대 석실분이다.

나주고분 가운데 가장 유명하기는 다시면 복암리고분이다. 복암리고분은 '아파트형 무덤'으로 이름 높다. 3호분에서는 옹관묘 22기, 수혈식석곽묘 3기, 횡혈식석실묘 11기, 횡구식석곽묘 1기, 횡구식석실묘 2기, 석곽옹관묘 1기, 목관묘 1기 등 7가지 형태의 묘제 41기가 확인되었는데 영산강세력이 겪었던 정치적 변화상을 반영한다고 볼 수 있다. 3호분에서는 특히 소멸시기가 AD 4세기이냐 5세기이냐를 놓고 논란이 많았던 옹관묘가 6세기 중엽까지 사용된 사실이 확인되었다. 이는 마한세력의 존속연대를 대폭 늘려준 방증으로 해석된다. 이로써 4세기 후반 근초고왕 시대에 백제가 마한을 병합했다는 기존의 학설은 설득력이 추락하였다.

복암리고분군 인근의 정촌고분도 유명하다. 2014년 10월 다시면 복암리 정촌고분에서 '주머니형호'를 비롯한 전형적인 가야계 토기류와 환두대도와 화살통 등 무기류가 무더기로 출토되었다. 환두대도는 고령에서 제작한 것으로 보는 견해가 유력하며(박천수), 금동으로 만든 화살통도 5세기 대가야산과 동일한 계통이다. 정촌고분의 화살통은 대가야권역이었던 고령 지산동·합천 옥전·함안 도항리, 말이산고분의 출토품과 흡사하며 이런 유형은 백제권역이었던 경기도나 호서지방에서는 나타나지 않는다고 한다.[101] 정촌고분의 목재를 분석한 결

---

101. 고대 한일의 화살통과 장식칼 학술대회, 2018년 9월 14일 국립나주문화재연구소, 오동선 학예연구사 발표.

과 한반도에는 없는 금송(金松)이 확인되었는데 규슈 등지에서 자생하는 나무로 알려져 있다. 정촌고분을 조성한 세력이 대가야는 물론이고 규슈지역과 밀접히 교류하였음을 알 수 있다.(영산강유역과 규슈지역 간의 교류·접촉의 의미는 뒤에서 상술한다.)

정촌고분에서는 특히 거의 온전한 형태의 금동신발이 출토돼 눈길을 끌었다. 학계에서는 금동신발을 근거로 하여 정촌고분의 주인공을 백제세력이라고 발표하였다. 정촌고분의 전반적인 유물은 백제보다 가야산이 더 가까워 보이지만 '전남 서부는 백제 영역'이라는 선입관을 바탕으로 하여 백제계 고분으로 분류한 것이다.(그런데 금동관이나 금동신발이 나오면 모두 백제고분인가? 금동관과 금동신발은 고대의 보편적인 유물로서 (형식의 차이는 있지만)신라·가야지역에서도 활발히 출토되고 있다는 점을 감안할 필요가 있다.) 영산강유역은 그동안 백제영역으로 간주되어 가야와의 관련성은 크게 주목받지 못했지만 출토된 유물로 보면 가야권과의 관계가 생각보다 밀접했음을 알 수 있다.

2005년 농민이 밭을 개간하던 중 석실과 인골이 노출되면서 발견된 다시면 영동리고분에서는 무덤 7기가 확인되었는데 옹관묘와 석실묘, 석곽묘 등이다. 제1호분 2호 석실에서 나온 남성과 여성, 어린아이의 고인골은 유전자검사 등을 통해 혈연관계로 밝혀졌다. 영동리고분에서는 모두 23기의 유골이 수습되었는데 피장자들의 DNA가 현대 규슈인과 가까워 주목을 받았다. 영산강유역과 규슈세력 간의 관련성은 매우 깊어 보인다. 아울러 AD 5~6세기 전형적인 신라토기 5점이 발견돼 세상을 놀라게 하였다. 영산강유역이 가야는 물론이고 신라와도 적극 교류할 정도로 주체적인 권역이었다는 것을 실감할 수 있다.

나주고분 가운데 가장 주목되는 고분은 다시면 가흥리고분이다. 일본계 전방후원분인데 국내에서는 가장 오래된 5세기 중엽에 축조된 사실이 밝혀졌다. 기존 학설보다 50년 정도 앞선 시기의 전방후원분인 셈이다. 봉분 길이가 30m에 이르는 이 고분은 구릉을 깎아낸 뒤 쌓아 올린 것으로 확인됐으며 나무기둥으로 골조를 세운 뒤 돌을 이용해 무덤방을 만든 사실이 밝혀졌다. 무덤방은 벽의 일부분을 열어 외부와 통할 수 있도록 만드는 횡구식석곽(橫口式石槨) 구조로 철제대도, 철모 등을 비롯해 조형토기 등이 출토됐다. 고분 도랑에서는 원통형토기(분주토기)와 가야계 기대(그릇받침) 등이 발견됐다.

영산강세력의 중심지인 나주의 고분발굴을 통해 두 가지 사실이 확인되었다. 첫째, 영산강유역이 백제의 하위지방으로 편입된 시기는 당초 예상보다 후대이다. AD 4세기에 백제에 편입된 것이 아니고 6세기 초반까지는 정치적 독자세력을 형성하고 있었음을 알 수 있다. 둘째, 백제권역으로 알려진 영산강유역이 사실은 가야·신라와 함께 규슈 등 일본열도와 활발히 교류하였다는 사실이다. 정촌고분에서 일본열도 남부에서 자생하는 금송을 사용하였다는 점과 영산강유역에서 집중적으로 발견되는 규슈식 전방후원분의 존재는 이곳의 정치세력이 규슈와 밀접한 관련을 맺고 있었다는 방증이다. 고분양식이나 유물로 볼 때 영산강유역에 묻힌 매장주체의 국적을 백제로 보기 어렵다는 말이다. 옹관묘 양식은 영산강유역만의 특징적인 묘제이며, 출토유물로 판단하면 6세기 초반까지는 백제보다 가야·규슈와 더 가까운 사람들이었다고 할 수 있다.

수수께끼의 땅 임나하한(任那下韓)

임나사현과 함께 생각해 볼 지역이 임나하한(任那下韓)이다. 하한(下韓)이란 지역명은 일본서기 흠명천황 조에 집중적으로 출현한다. 하한이 3차례, 달리 남한(南韓)이라고 표현한 경우도 1차례 발견된다. 그런데 기사만 보고서는 하한 또는 남한의 위치를 확정하기 어렵다.

사학계는 하한을 임나(가야)의 별칭으로 여겨 동일한 지역으로 간주해왔다. 그렇게 해석할 수도 있는 단초가 일본서기에 나온다. 먼저 계체천황 25년(AD 531) 사망기사에 '(백제가)군대를 아라가야로 진주시켜 걸탁성(乞乇城)을 설치했다(軍進至于安羅 營乞乇城)'는 기록이 있다. 이어서 흠명천황 4년(AD 543) '임나의 하한에 있는 백제 군령·성주를 일본부에 귀속시키라(在任那之下韓 百濟郡令城主 宜附日本府)'는 지시를 하고 있다. 두 기사를 연결하면 백제가 아라가야 인근에 군령·성주를 설치했을 것이라는 결론이 도출될 수 있다. 한국과 일본의 사학자 가운데 '하한=안라' 내지 '하한=가야(임나)설'에 의문을 제기한 경우는 찾아볼 수 없다. 필자도 기왕의 해석에 편리하게 동조하고 싶다.

하지만 하한을 아라가야나 일반 가야권역으로 치부하기에는 문제점이 허다하기에 그냥 지나칠 수가 없다. 우선, 하한과 임나가 같은 지명이라면 '임나지하한(任那之下韓)'이라고 쓸 이유가 없다. 임나지하한에서 '갈 지(之)' 자는 소유격으로 '임나의 하한'이다. 하한은 범(汎)임나에 포함되지만 구분되는 지역임을 의미한다. 임나와 하한이 같은 말이라면 '임나즉(卽)하한'으로 써야 옳다. 일본서기는 분명 하한을 임나와 별도의 영역으로 묘사하고 있다.(일본서기는 분식과 착란이 심하지만 지명은 굳이 왜곡할 이유가 없는 만큼 신뢰성이 있다.) 그렇다면 임나와 관련 있으면서도 구분되는 땅은 도대체 어디인가? 수수께끼가 아닐 수 없다. 관련 기사들을 모조리 살펴봐야 한다.

①〈흠명 2년(AD 541) 7월〉

"백제는 기신나솔(紀臣奈率) 미마사(彌麻沙), 중부나솔(中部奈率) 기련(己連)을 보내어 하한·임나의 정사〈下韓·任那之政〉를 보고하고 아울러 표를 올렸다.(百濟遣紀臣奈率彌麻沙中部奈率己連來奏下韓任那之政 幷上表之)"[102]

②〈흠명 4년(AD 543) 11월〉

"진수련(津守連)을 보내어 백제에 조칙하길 '임나의 하한〈任那之下韓〉에 있는 백제의 군령(郡領)·성주(城主)는 일본부에 귀속하라'고 하였다…(중략)…세 사람의 (백제)좌평(佐平)들이 '하한에 있는 우리 군령·성주 등을 내보내면 안 됩니다. 나라를 세우는 일은 빨리 조칙을 듣는 것이 옳습니다'라고 답하였다.(遣津守連 詔百濟曰 任那之下韓 百濟郡令城主 宜附日本府…三佐平等答曰 '在下韓之 我郡領城主 不可出之 建國之事 宜早聽聖勅')"[103]

---

102. 전용신, 일본서기, 일지사, 2006, p321.
103. 위의 책, pp321~322.

③〈흠명 5년(AD 544) 2월〉

"일본부가 답하여 '임나의 집사가 불렀는데도 (백제로)가지 않은 것은 우리가 보내지 않았던 까닭입니다…(중략)…후에 진수련(津守連)이 여기(안라를 의미함)를 지나갈 때 지금 내가 백제에 파견되는 것은 하한(下韓)에 있는 백제의 군령, 성주를 퇴거시키려고 함이다'라고 말하였습니다. '오직 이 말만을 들었고 임나와 일본부가 백제에 모여서 천황의 칙언을 들으라는 것은 못 들었습니다. 그러므로 (임나의 집사가 백제에)가지 않은 것은 임나의 본의가 아닙니다'라고 말하였다.(日本府答曰 任那執事不赴召者 是由吾不遣不得往之…後津守連逐來過此 謂之曰 今余被遣 於百濟者 將出在下韓之百濟郡令城主 唯聞此說 不聞任那與日本府會於百濟 聽 天皇勅 故不往焉 非任那意)"[104]

'백제가 하한과 임나의 정사를 보고하였다'는 ①의 기사를 보면 하한은 임나와 병존(並存)하는 별도의 지명으로 여겨진다. 반면 ②에 나오는 '임나의 하한(任那之下韓)'이란 표현을 보면 하한은 원래 임나의 일부였다고 생각된다. 위의 두 기사를 종합하면 하한은 애초에 임나의 일부분이었지만 백제가 차지해 군령·성주를 설치하면서 정치적으로 임나와 분리된 별도영역으로 간주할 수 있다.

하한은 남한(南韓)으로도 표현되고 있다. 하한에 설치한 백제의 군령성주를 일본부에 귀속하라는 요구가 있고 1년이 지난 흠명 5년(AD 544) 11월의 기사이다. 백제 성왕은 군령·성주를 설치한 이유를 이렇

<hr>

104. 위의 책, pp324~325.

게 해명하고 있다.

④ 〈흠명 5년(AD 544) 11월〉

"또 남한(南韓)에 군령과 성주를 두는 것은 어찌 천황에 위배하여 조공하는 길을 차단하는 것이 될 것인가. 내가 바라는 바는 다난함을 구제하여 강적을 타파하는 것이다. 그 흉당(凶黨 신라)이 누군가 (고구려를 암시함)와 연합할 것을 도모하지 않을 것인가. 북적(北賊 고구려)은 강하고 우리나라는 약하다. 만일 남한(南韓)에 군령과 성주를 두어 수리하고 방어하지 않으면 이 강적을 막을 수가 없다. 신라도 막을 수가 없다. 지금 (군령·성주를)두어 신라를 치고 임나를 보존하려고 하고 있다. 그렇지 않으면 멸망하여 조공을 하지 못할 것이라는 것을 천황에 주상하려는 것이다.(猶於南韓 置郡令城主者 豈欲違背天皇遮斷貢調之路 唯庶 剋濟多難殲撲強敵 凡厥凶黨誰不謀附 北敵强大 我國微弱 若不置南韓郡令城主修理防護 不可以禦此强敵 亦不可以制新羅 故猶置之 攻逼新羅撫存任那 若不爾者 恐見滅亡 不得朝聘 欲奏天皇)"[105]

일본서기가 왜국과 백제 사이를 주종관계처럼 왜곡하고 있다는 사실을 유념하면서 이 대목을 조심스럽게 살펴보자. 성왕은 백제가 남한, 즉 하한에 군령·성주를 둔 것은 (임나의)조공을 차단하는 것이 아니며 신라를 치고 고구려의 침공 가능성에 대비하기 위한 목적이라고 밝히고 있다. 11장에서 다루지만 성왕의 이런 해명은 시대착오적

---

105. 위의 책, pp329~330.

이며 신뢰하기 어려운 점이 적지 않은 만큼 비판적으로 접근할 필요가 있다.

다만 성왕이 임나하한이라는 표현 대신 남한이라고 쓴 것은 유념할 필요가 있다. 중대한 의미가 담겨 있는 것이다. 우선 '백제의 남쪽 땅'이라는 정보를 알 수 있다. 아울러 성왕이 임나하한이란 표현 대신 '남한'이라고 언급한 것은 '백제의 남쪽에 위치한 지역일 뿐 임나와는 무관하다'는 의중을 은근히 드러낸 용어로 풀이된다. 남한은 성왕이 갑자기 만들어낸 용어가 아니라 백제에서 제법 오랫동안 사용해온 지명일 것이라고 여겨진다. 백제의 수도 부여에서 본 남쪽은 어디일까? 일본서기에 분식(粉飾)이 많지만 지명을 왜곡할 이유는 적다고 할 때 '남한(南韓)'이란 이름에서 하한의 위치에 대한 해답이 숨어 있을 것이다.

임나하한은 영산강유역을 말하는가?

가야-규슈 간 해상교통을 담보할 경상남도 해안지방을 백제가 장악한 증거가 없다면(경남 해안지방을 임나하한으로 볼 수 없는 사정에 대해서는 이어지는 11장에서 소상히 언급한다.) 남한(南韓)의 또 다른 후보지로 전라남도 지역을 들 수 있다. 가야계가 분명한 순천 운평리유적이나 가야계 무구류가 출현한 고흥 안동고분, 나주 정촌고분 사례에서 보듯이 전남지역 유물들은 일반의 상식보다 가야계와 친연성이 높다. 규슈지역과 비슷한 유물도 쏟아진다.

여기서 임나일본부설을 신봉하는 일본학자들이 주장하는 임나(가야) 지도를 조심스럽게 살펴볼 필요가 있다. 일본 사학계는 '임나의 영역은 AD 370년에 최대 규모였다'면서 영남 중서부와 호남 전역, 충청도 남부까지로 표시한다. 이후 474년경 충청도와 경북 북서부, 전북 북서부를 상실하였고(일본서기에는 백제에 양도한 것으로 돼 있다.) 최후 단계인 512~532년에는 영남 서남부로 강역이 축소된 것으로 그리고 있다.

임나(가야)의 영역을 확장한 일본학계의 의도는 AD 369년 신공황후의 한반도 남부 출병설을 '사실(史實)'로 인정한 데서 비롯된 것이다. 신공 49년조에 따르면 왜·백제 연합군은 가라 7국을 평정한 데 이어 군사를 서쪽으로 옮겨 고해진(古奚津)과 남만 침미다례(忱彌多禮)를 무찔러 백제에게 주었다. 이때 비리(比利), 벽중(辟中), 포미지(布彌支), 반고(半古) 4읍이 스스로 항복한 것으로 나온다. 문제의 4읍은 대체로 호남지방으로 비정되고 있다. 신공 49년 기사에 기반하여 삼남지방 대부분을 '임나 경역(境域)'으로 묘사하는 일본학계의 의도는 극히 불순하지만 AD 5세기~6세기 초 노령산맥 이남은 백제영토가 아니라 가야(임나)의 세력권이었다는 시각만큼은 조심스럽게 수용할 수 있다.

신공 49년 기사의 작전주체에 대한 일본학계와 국내학계의 설명은 완전히 다르다. 작전주체와 관련한 의견이 분분하지만 야마토왜는 결코 될 수 없다. 4세기 후반까지 열도의 군대는 대한해협을 건널 역량이 없었다. 국내학계 주류는 백제를 작전주체로 보지만 필자는 신라와 가라 7국, 호남을 평정한 '무력'으로 모용선비 기마군단을 주목한다. 즉 AD 342년(또는 341년) 신라로 진출한 모용선비의 한 무리가 열도로 진출하기 이전에 영호남 지역을 정복한 전승(傳承)을 일본서기 편찬자들이 신공황후의 성과로 왜곡한 사례라고 풀이한다. 김해로 진출한 모용선비가 가야영역을 평정한 다음 군대를 서쪽으로 돌려 영산강유역으로 진출하자 백제는 자신의 영역을 노린다고 여겨 요격군(邀擊軍)을 남진시켰다고 짐작한다. 모용선비가 호남지역을 완벽히 장악하지 못한 상태에서 노령산맥을 경계로 백제와 휴전하였다고 추정한다. 백제가 차지한 비리, 벽중, 포미지, 반고 4읍은 전라북도 일대로 여겨진다. 그 결과 노령산맥 이북의 전라북도는 백제영역으로 확정되는 반면 영산강유역을 비롯한 전라남도 일대는 독특한 위상을 지니게 되었다고 본다. 범(汎)가야권역에 포함되면서도 백제-가야의 완충지대로서 정치적 자율성을 지니게 된 것이다.(신공 49년 기사의 실제적 의미에 대해서는 이번 10장 말미의 '모용선비의 호남 진출과 영산강 정치체' 절에서 상세히 다룬다. 『한일 고대사의 재건축②』 8장 '모용선비의 가야평정과 새로운 도전'에서도 소상히 언급한 바 있다.)

영산강유역의 중심인 나주에 가야산(伽倻山)이 존재하고 있다. 나주 복암리고분에서는 가야계 무구류와 대가야풍의 토기들이 다수 출토되었다. 이 지역이 가야와 무관하지 않다는 방증으로 볼 수 있다. 영산강유역이 가야의 직접통치권역은 아닐지 몰라도 가야와 밀접히 교류했다는 증거는 풍부하다. 영산강유역은 임나(가야)의 후기중심지인 경북 고령에서 볼 때 서남쪽에 위치한 만큼 '임나하한'이라고 명명해도 틀린 표현은 아니다. 반면 백제 입장에서는 영산강유역이 수도(부여)의 정남쪽에 위치한 만큼 남한(南韓)으로 부르는 것이 부합한다.

물론 일본서기에 나오는 성왕의 ④번 해명, 즉 '남한(南韓)에 군령·성주를 둔 것은 고구려와 신라를 막고 임나를 보존하려는 계책'이라는 논리에 '하한=영산강유역설'을 대입하면 다소 생뚱맞아 보인다. 그러나 성왕의 해명은 시대상황에 맞지 않은 만큼 훗날 백제본기 또는 일본서기 편찬자가 윤색한 말로 간주한다면 사정은 달라진다.(하한과 관련한 백제 성왕 발언의 모순점들은 11장 '백제의 남하와 영산강 정치체의 멸망'에서 상술한다.)

성왕의 설명을 액면 그대로 인정하더라도 '하한=영산강유역설'이 완전히 부정되는 것은 아니다. "백제가 영산강유역을 확보하여 국력을 신장함으로써 고구려·신라의 침공에 대응력을 키울 수 있다."는 뜻으로 풀이할 수 있기 때문이다. 거듭 말하지만 고구려와 신라의 침공에 대비해 하한에 군령·성주를 설치했다는 해명 자체는 다분히 시대착오적인 만큼, 일본서기에 나오는 성왕의 발언에 금과옥조처럼 연연할 필요는 없다. 6세기 초중반 영산강유역에서 전방후원분 조성이 중단되고 백제계 석실분이 등장하는 것은 이즈음 백제에 장악되었음을 뜻하는데, 성왕 재위기와 시기적으로 부합한다는 사실이 더 중요하다.

임나하한(남한)을 영산강유역으로 비정하면 영산강유역에서 발견되는 유물들이 가야(임나)와 깊은 친연성을 보이는 이유는 자연스럽게 설명된다. 하한을 영산강유역이라고 간주할 경우 백제의 임나(가야) 공략 순서는 다음과 같다. 먼저 AD 512년 임나사현(호남 동부)을 차지한 다음 이듬해(AD 513)에는 섬진강유역인 기문·대사를 정복한다. 백제는 6세기 초에 호남 동부와 섬진강 하구를 장악하며 남해로 진출하였고 임나(가야)와 영산강유역은 지리적으로 분리되었다. 백제의 '범(汎)가야 세력권 갈라치기'가 성공한 셈이다. 이어 백제는 6세기 중반인 530년대에 기댈 곳이 없어진 임나하한(남한), 즉 영산강유역에 군령·성주를 설치하여 현지세력의 저항을 분쇄하고 자국령으로 포함시켰다고 여겨진다.
이렇게 본다면 백
제가 호남을 장악
하는 그림은 합리
적으로 완성된다.

백제의 호남지방 장악 순서 추정도

결국 흠명시기
의 임나하한 관련
기사는 백제가 530년대 이후 가야·숭신왜 연합의 세력권이던 전남 일
대로 진격해 군령·성주를 두며 지배체제를 굳혀가자 (숭신왕조를 합병
한)응신왜국이 뒤늦게 백제에 물러나라고 요구한 사실을 담았다고 풀
이하면 자연스럽다. 응신왜는 5세기 중반부터 6세기 초까지는 백제
의 부용국처럼 지냈지만 527~528년 '반정(磐井)의 전쟁'에 승리하고
숭신왜국을 사실상 소멸시킨 이후에는 백제에 대한 태도가 달라진다.
응신왕조는 백제에게도 할 말은 하겠다는 태세를 취하면서 숭신왕조
가 가야(임나)권역에서 행사했던 위상을 요구한다. 그 첫 단계가 임나
부흥을 내세워 '가야지역을 야마토(응신)왕조의 세력권에 포함시키겠
노라' 주장하는 한편 하한(영산강유역)에서의 백제 영향력을 제한하려
는 시도였다.

동서고금을 막론하고 외교관계는 국력의 변화를 정확하게 반영하
는 법이다. 지금까지는 백제가 상국(上國)이었지만 이제는 응신왜국
이 우위라는 점을 공공연히 드러낸 사건이 '임나부흥론'과 '하한에서
백제 군령·성주는 철수하라'는 요구였던 것이다. 필자는 백제 성왕
의 부왕인 무령왕과 흠명의 부왕인 계체가 모두 곤지의 아들(실제는 4

촌)이라고 여긴다. 그렇다면 성왕과 흠명은 4촌형제(실제는 6촌)이겠는데 냉혹한 국가이익 앞에서 혈연이 무색해진 셈이다. 여태껏 응신왜국을 돕고 도움을 받았던 백제는 적잖은 당혹감을 느꼈을 것 같다. 530~540년대 응신왜의 갑질에 백제측이 느꼈을 배신감이 실감나게 다가온다. 그러나 백제는 응신왕조의 요구에 흔들리지 않고 착실히 굳히기에 나섰고 결국은 남한, 즉 임나하한을 장악하는 데 성공하였다고 여겨진다.

결론적으로 호남지역과 관련된 가야(임나) 용어는 2가지가 있으니 임나사현과 임나하한이다. 일본서기는 계체천황 6년(AD 512)에 임나사현을 백제에 할양해 주었다고 적고 있다. 이는 백제·응신왜 연합이 가야·숭신왜 연합으로부터 임나사현을 빼앗은 사실을 말해주는 기사이다. 백제는 응신왜국을 활용해 숭신왜국의 손발을 묶은 다음, 가야(임나)의 영역이던 호남 동부지역을 삼킨 것이다. 이를 일본서기는 마치 왜가 백제에 임나사현 지역을 양보한 것처럼 왜곡하였다. 당시 응신왜는 일본열도에서 숭신왜와 경쟁하느라 여념이 없었던 만큼 백제가 임나사현을 차지하는 데 아무런 이의가 없었다. 백제가 그 땅을 장악하는 데 반대할 이유가 없었고 그래서 할양해 준 것처럼 일본서기에 기술한 것이다.

백제는 이어 계체 7년(AD 513) 12월에 기문·대사지역을 삼켰고 더 나아가 임나의 서남쪽에 위치한 임나하한, 즉 영산강유역으로의 진출을 본격화한 것 같다. 백제의 임나하한 진출은 527~528년 '반정의 전쟁'으로 숭신왕조가 결정적 타격을 입는 바로 그 시기라고 짐작한다.(백제는 반정의 전쟁 시기에 영산강유역을 완전히 평정하고 기세를 몰아 530년경에는 안라에 군대를 보낸 것 같다. 신라의 서진을 견제한다는 명분이었을 것이다. 백제가 안라에 걸탁성을 설치했다는 계체 25년 (AD 531)의 기사가 방증이다.) 가야·숭신왜 연합의 우호세력이던 영산강유역은 AD 530년 즈음부터 본격적으로 백제의 지배하에 들어간다고 여겨진다. 영산강유역에서 규슈식 전방후원분이 사라지는 시기와 일치한다. 영산강세력은 이때부터 자치권을 빼앗기고 '백제의 지방'으로 편입된 것으로 보인다. 6세기 초반부터 영산강유역에서 백제식 고분이 등장하는 것이 많은 사실을 증언한다. 일본서기의 임나하한을 영산강유역으로 간주할 때 여러 의문들이 한꺼번에 해소된다. 임나(고령의 대가야)의 아래쪽에 위치한 만큼 임나하한이란 지명은 방위와 어긋나지 않으며, 백제의 남쪽이니 남한(南韓)으로 지칭해도 무방해 보인다.

하한과 남한(南韓), 마한(馬韓)과 모한(慕韓)의 관계

백제 성왕이 하한을 남한으로 언급한 사실을 계기로 한반도 서남부의 지역명칭에 대한 근본적 성찰의 필요성이 제기된다. 바로 마한(馬韓)과의 관련성 문제이다. 마한이란 지명은 역사의 흐름에 따라 2가지 방향으로 분화돼 나간 듯하다. 하나는 '남쪽나라'로 의미가 바뀌는 현상이고 다른 하나는 모한으로 발음이 달라지는 측면이다.

마한을 한자(漢字)로는 '말 마(馬)'에 '나라 한(韓)'으로 표기하는데, 이는 한반도 원주민의 단어를 적당한 글자로 음차(音借)한 것이다. 마한의 본래적 의미에 대한 확립된 견해는 없지만 통상 '마리(=머리)한'

의 준말로서 '삼한 가운데 우두머리'라는 의미로 풀이한다. 진한(辰韓)은 곧 동한(東韓)이니 마한의 동쪽에 자리잡았기 때문일 것이다. 진(辰)은 동쪽을 의미한다. 변한(弁韓) 내지 변진(弁辰)의 의미는 논란이 분분하다.

그런데 성왕이 언급한 남한(南韓)이란 지명이 예사롭지 않다. 남한은 마한의 이칭으로 짐작된다. 순우리말 '마'는 머리〈頭〉를 뜻하기도 하지만 남쪽(南)을 의미하기도 한다. '마파람에 게 눈 감추듯'이란 속담에서 보듯 마파람은 남풍(南風)이다. 참고로 샛바람은 동풍, 갈(하늬)바람은 서풍, 된바람은 북풍이다. 성왕이 언급한 '남한'은 백제에서 마한(馬韓)을 본래와 다르게 의미부여한 방증으로 여겨진다. 즉 남쪽으로 밀려간 마한에 대하여 백제는 '우두머리 한'이라는 본래의 의미를 삭제하고 '남쪽나라, 아래쪽 나라'라는 의미를 새로 부여하여 '남한' 내지 '하한'으로 불렀다는 뜻이다. 아울러 성왕(재위 523~554)이 집권하던 6세기 전반에도 백제의 남쪽, 구체적으로는 영산강유역에 마한의 잔존세력이 존재하고 있었음을 암시한다. 이렇게 볼 경우, (임나)하한=남한=마한=영산강세력이라는 도식이 성립된다고 하겠다.

그런데 이와는 또 다르게 마한은 '모한(慕韓)'이라는 단어로도 표현되고 있다. 그 사례는 크게 두 가지이다. 하나는 왜5왕의 국서이고 다른 하나는 중국의 역사서 한원(翰苑)이다.

모한(慕韓)이라는 지명은 왜5왕의 중국 조공기록에서 처음 출현한다. AD 438년 왜국왕 진(珍)이 중국 남조의 송나라에 사신을 보내 조공하고 '사지절 도독 왜백제신라임나진한모한육국제군사 안동대장군 왜국왕(使持節 都督 倭百濟新羅任那秦韓慕韓六國諸軍事 安東大將軍 倭國

王)'이란 길다란 이름의 관작을 달라고 요청하였다. 송나라는 다만 '안동대장군 왜국왕'을 제수하였다.

이어 451년에는 왜국왕 제(濟)가 '사지절 도독 왜신라임나가라진한모한육국제군사(使持節 都督 倭新羅任那加羅秦韓慕韓六國諸軍事)'를 달라고 주청하여 그대로 받았다. 또 477년에는 왜국왕 무(武)가 '사지절 도독 왜백제신라임나가라진한모한칠국제군사 안동대장군 왜국왕(使持節 都督倭百濟新羅任那加羅秦韓慕韓七國諸軍事 安東大將軍 倭國王)'을 자청하였지만 백제는 빠지고 '사지절 도독 왜신라임나진한모한 육국제군사 안동대장군 왜국왕(使持節 都督倭百濟新羅任那加羅秦韓慕韓七國諸軍事 安東大將軍 倭國王)'에 제수되었다. 이상은 중국 역사서 송사(宋史)에 나오는 기록이다.

왜5왕의 기록 역시 한일 고대사전쟁의 한 지점이다. 일본학자들은 왜국왕이 중국에 한반도 남부지역에 대한 군사행정권을 요청한 것으로서 당시 왜국이 남한지역에 영향력을 행사할 정도로 강력했음을 보여주는 증거라고 주장하는 반면 한국 학자들은 국제정세에 어두운 왜국왕이 호기를 부린 해프닝 정도로 저평가한다. 한국학자들은 특히 '진한(秦韓)'과 '모한(慕韓)'을 삼한의 진한(辰韓)과 마한(馬韓)으로 간주하여, 5세기의 왜국왕이 진한과 마한이 신라와 백제에 의해 이미 소멸된 사실도 모를 정도로 국제정세에 어두웠다는 증거라고 반박한다. 수없이 언급된 왜5왕 기사의 진실성 논쟁을 여기서 재론하려는 것은 아니다. 다만 모한이라는 지명이 출현한다는 사실이 중요하다.

중국 당나라 때 역사가 장초금(張楚金)이 660년경에 편찬하고 옹공예(雍公叡)가 주석을 단 일종의 백과사전으로, 한원(翰苑)이란 책이 유명하다. 본래 30권이었지만 모두 없어지고 번이부(蕃夷部) 한 권만이 일본의 한 신사에 전해져왔다. 번이부는 흉노와 오환, 선비, 부여, 삼한, 고구려, 백제, 신라, 숙신, 왜, 남만 등으로 자세히 분류돼 있어 동아시아 고대사연구에 귀중한 사료이다. 한원 번이부의 신라조 기록이 핵심이다.

"가라와 임나는 옛날에 신라에 의해 멸망되었다. 그런 연유로 지금은 신라국의 남쪽 7,8백리 지점에 나란히 위치해 있다. 이로써 신라는 진한과 변진의 24국과 '임나가라모한지지'로 이뤄져 있다.(加羅任那 昔爲 新羅所滅 其故今竝在國南 七八百里 此 新羅有辰韓弁辰二十四國 及 任那加羅 慕韓之地也)"

난데없이 모한이라는 지명이 출현하고 있는데 어떻게 받아들여야 할까? 한원의 문맥으로 보아 모한지지(慕韓之地 모한의 땅)는 임나·가라 부근의 어떤 지역을 지칭하거나 임나가라 그 자체를 의미한다. 한문(漢文)의 뜻은 엄정하지 못하기 일쑤인데, 위의 '임나가라모한지지(任那加羅慕韓之地)' 8글자는 '임나·가라와(and) 모한지지'로 풀이될 수도 있고 '임나·가라, 즉(equal) 모한지지'로 해석될 여지도 있다. 필자는 전자(前者)의 통상적인 해석처럼 '임나·가라, 그리고(and) 모한지지'로 양자를 구분해야 한다는 입장이다. 현재의 김해나 부산 일대로 비정되는 임나·가라와 모한의 땅은 신라에 병합되는 별개의 지역인데, 나란히 언급됐다는 점에서 가까운 곳에 위치해 있었다고 사료된다.

한국사학계는 왜5왕의 관작에서와 마찬가지로 모한은 마한의 오기이며 당시에는 이미 존재하지 않았던 국명이라고 주장한다. 그렇게 되면 한원의 기사는 의미가 없어진다. 한원의 저자 장초금이 현지 사정에 어두워 실수했다고 편리하게 결론 내리기 일쑤이다. 하지만 한원에는 모한 기사가 나오기에 바로 앞서 삼한조에서 "삼한에는 마한, 진한, 변진 3종이 있었다."고 기술하고 있을 뿐 아니라 모한 기사 바로 다음에 "백제는 마한의 땅에서 나왔다."고 분명하게 기록하고 있다. 즉 한원의 저자 장초금은 백제가 생겨난 마한과 임나·가라의 인근에 위치한 모한을 별도의 땅으로 명확하게 구분하고 있는 것이다. 결론적으로 5세기의 왜국왕이 제수받은 관작을 기록한 송서와 장초금이 저술한 한원, 두 문헌에서 모한이라는 지명이 나오고 있는 점에 비춰보면 단순한 오기라고 볼 수는 없다.

필자는 1999년에 출간한 책에서 '모용씨가 자신들이 장악한 가야 권역 가운데 일부를 마한·진한·변한에 빗대어 모한(慕韓)이라고 명명했을 개연성'을 상정해 보았다. 삼한의 옛 지명은 모용씨가 진출하는 4세기 중엽까지는 남아 있었을 것이므로 이들이 비견해 '모한'이라는 새로운 지명을 붙였다는 말이다.[106] 그리고 이런 맥락에서 5세기 당시 중국 남조에 모한을 포함해 신라, 임나, 가라 등 한반도 남부지역 지명을 잔뜩 거론한 장군호(將軍號)를 요청한 왜5왕은 한반도를 거쳐 간 모용가야의 후예일 가능성을 따져보았다. 왜5왕은 자신들의 조상이 정복한 땅, 모한에 대한 연고권을 주장하기 위해 자신들의 관작에 포함

---

106. 장한식, 신라 법흥왕은 선비족 모용씨의 후예였다, 풀빛, 1999, pp122~126.

시키려 하였다는 말이다. 왜5왕이 자신의 세력범위를 과장하려는 의도에서 5세기에는 이미 사라진 마한과 진한을 들먹이며 외교적 사기를 쳤을 가능성을 배제할 수 없지만 중국에 조공하는 왜국의 왕이 근접한 한반도 남부의 사정을 몰라서 마한·진한을 언급하였다고 보지는 않았던 것이다.

그러나 지금은 생각이 달라졌다. 모한이란 지명 자체는 마한에서 파생한 것으로 판단한다. 다만 그 의미와 지칭 대상은 크게 바뀌었다고 본다. 즉 마한이 경기충청지역을 의미하였다면 모한은 영산강유역, 현재의 전라남도를 뜻한다고 여긴다.

참고로 우리말 '아'에는 두 종류가 있으니 '진짜 아(ㅏ)'와 '아래 아(ㆍ)'가 그것이다. 세종의 훈민정음 창제 당시에는 'ㅏ'와 'ㆍ'를 구분하였지만 현대 한국어에서는 양자 모두를 'ㅏ'로 표기한다. 그 결과 한국인 스스로도 양자의 발음차이를 잘 구분하지 못하지만 엄연히 다른 발음이다. '진짜 아(ㅏ)'는 입을 크게 벌려서 발음한다. '아이'의 '아'가 이런 경우이다. 반면 '아리랑'의 '아'는 다르다. 통상 입을 작게 벌려서 발음한다. 입을 크게 벌려서 '아리랑'이라고 발음하면 발음자체는 가능하지만 상당히 어색하다. 만약 훈민정음 당시의 표기법이 남아 있다면 '아이' 'ㆍ리랑'으로 구분할 수 있을 것이다. 또 '다리'나 '자리'처럼 'ㅏ' 앞에 자음이 있으면 대부분 '아래 아(ㆍ)'로 발음된다. 즉 입을 크게 벌리지 않고 작게 벌려 발음한다는 뜻이다.

입을 작게 발음하는 '아래 아(ㆍ)'는 그 발음이 '오'로 바뀌기 쉬운데 특히 전라남도 대부분 지역과 경상남도 일부 해안지방에서 이런 경향이 강하다. 지금은 거의 사라졌지만 전라남도와 경상남도 해안지대의 사투리는 얼마 전까지도 '아'를 '오'로 발음하기 일쑤였다. 즉 '팔(臂)'을 '폴', '파리'를 '포리'라고 하는 식이다. 전남 보성을 무대로 한 조정래의 대하소설 '태백산맥'을 보면 우익청년단장 염상구는 좌익세력을 '뽈갱이'라고 부르는데 '빨갱이'라는 뜻이다. 작가가 현지사투리를 잘 알고 있음을 보여주는 디테일이다. 이런 맥락에서 '마을'은 '몰'로 바뀌었고 '마실간다'는 '모실간다'라고 하였다.(제주방언에서 병아리를 '닭새끼'가 아닌 '독새기'라고 발음하는 것도 같은 맥락이다.) '아'를 '오'로 발음하는 현상은 근자에 생겨난 것이 아니라 천 수백 년 이전부터 지속해 온 언어습관으로 보아야 한다.

'아'가 '오'로 바뀌는 사투리 현상에 대한 사설이 길었던 이유는 마한과 모한 이야기를 하기 위해서이다. 고대 한반도인들이 마한(馬韓)을 어떻게 발음하였을지 생각해보자. 경기충청과 전북에서 '마한'으로 발음했다면 전라남도 지역에서는 '모한'이라고 발음했을 개연성이 다분하다. 즉 마한이 백제에 타격을 입어 그 영역이 전라남도 일대로 축소되었을 즈음, 영산강유역인들은 자신들의 국호를 '모한'으로 지칭했을 가능성이 다분하다. 왜5왕의 국서와 한원에서 발견되는 '모한(慕韓)'이라는 글자가 출현한 이유는 이렇게 설명된다.('마한→모한 가설'에서 첫음절 '마'는 '모'로 바뀐 반면 둘째 음절 '한'은 그대로인데, 그 이유는 둘째 음절은 발음이 잘 바뀌지 않는 탓이다. 즉 '마한'이 '모한'으로 되지 '모혼'으로 바뀌지는 않는다는 뜻이다.)

그러나 AD 5세기 이후 전라남도 사람들이 모한으로 부른 정치체는 이전의 마한과는 지역기반이 달라졌다. 애당초 마한은 백제를 잉태한 경기충청을 중심으로 영산강유역까지 아우르는 연맹체의 국명이었다. 그러나 마한의 지경이 남쪽으로 축소되고 영산강유역이 새로운 중심이 된 이후에는 발음부터 '모한'으로 달라지면서 서부전남 일대를 지칭하는 용어가 되었다는 의미이다. 즉 마한과 모한은 동일한 정치체의 이름에서 유래하였지만 세월과 함께 정치지리적 의미가 바뀌면서 '전혀 다른 국명'이 된 것이다.

결론적으로 남한과 모한은 애당초 마한에서 비롯한 것이 분명하며 동일 지명의 다른 표현으로 보아야 한다. 마한이라는 국명은 시대흐름과 함께, 또 백제와 영산강세력의 정치적 필요에 의해 '영산강 정치체'를 지칭하는 2개의 용어인 남한과 모한으로 변모하였다는 것이 필자의 소견이다.

모용선비의 호남 진출과 영산강 정치체

영산강유역이 곧 임나하한이라는 필자의 가설이 성립하기 위해서는 가야(임나)의 영산강유역 진출이 선행적으로 확인돼야 한다. 가야세력의 영산강 진출은 뜬금없는 가설로 여겨질 수 있지만 전혀 근거가 없지는 않다. AD 369년 신공황후 49년조 기사를 또다시 살펴볼 필요성이 제기된다.

〈가라7국 등 평정 기사〉신공황후(神功皇后) 49년(AD 369) 3월

"황전별(荒田別 아라타와케)과 녹아별(鹿我別 가가와케)을 장군으로 삼았다. 구저(久氐 백제사신 이름)들과 같이 군사를 정돈하여 탁순국(卓淳國)에 이르러 장차 신라를 치려고 하였다. 이때 어떤 사람이 '군사가 적으면 신라를 격파할 수 없다. 다시 사백, 개로를 보내 군사를 늘릴 것을 청하여라'고 말하였다. 그래서 목라근자와 사사노궤〈이 두 사람은 성을 알 수 없다. 다만 목라근자는 백제의 장군이다.〉에 명하여 정병을 거느리고 사백, 개로와 같이 보냈다. 모두 탁순국에 모여 신라를 격파하였다. 그리고 비자발·남가라·녹국·안라·다라·탁순·가라의 7국을 평정하였다. 이에 군대를 옮겨 서쪽으로 돌아 고해진(古奚津)에 이르러 남만(南蠻)의 침미다례(忱彌多禮)를 도륙(屠戮)하여 백제에 내려주었다. 이에 백제왕 초고(肖古)와 왕자 귀수(貴須)가 군대를 이끌고 와서 모였다. 그때 비리(比利)·벽중(辟中)·포미지(布彌支)·반고(半古)의 4읍은 스스로 항복하였다. 이에 백제왕 부자와 황전별(荒田別)·목라근자(木羅斤資) 등이 함께 의류촌(意流村)〈지금은 주류수기(州流須祇)라 한다.〉에서 만나 기쁨을 나누었다. 예를 후하게 하여 보냈다. 다만 천웅장언(千熊長彦)과 백제왕은 백제국에 이르러 벽지산(辟支山)에 올라가 맹세하였다. 또 고사산(古沙山)에 올라 같이 반석 위에 앉았다. 그때 백제왕이 맹세하여 '만일 풀을 깔고 앉으면 불에 탈 위험이 있다. 또 나무를 잡고 앉으면 물에 흘러갈 위험이 있다. 그러므로 반석 위에서 맹세하면 영원히 썩지 않을 것이다. 금후 천추만세에 끊임없이 무궁할 것이다. 항상 서번이라 칭하며 춘추에 조공하겠다'라고 하였다. 천웅장언을 데리고 수도에 이르러 후하게 예를 더하였다. 또 구저들을 딸려서 보냈다.(以荒田別鹿我別爲將軍 則與久氏等 共勒兵而度之 至卓淳國 將襲新羅 時或曰 兵衆少之 不可破新羅 更復 奉上沙白蓋盧 請增軍士 即命木羅斤資沙沙奴跪〈是二人 不知其姓人也 但木羅斤資 百濟將也〉領精兵 與沙白蓋盧共遣之 俱集于卓淳 擊新羅而破之 因以平定 比自烋·南加羅·㖨國·安羅·多羅·卓淳·加羅

七國 仍移兵 西廻至古奚津 屠南蠻忱彌多禮 以賜百濟 於是 其王肖古及王子貴
須 亦領軍來會 時比利·辟中·布彌支·半古 四邑 自然降服 是以 百濟王父子及荒
田別·木羅斤資等 公會意流村〈今云 州流須祇〉相見欣感 厚禮送遣之 唯千熊長
彦與百濟王 至于百濟國 登辟支山盟之 復登古沙山 共居磐石上 時百濟王盟之曰
若敷草爲坐 恐見火燒 且取木爲坐 恐爲水流 故居磐石而盟者 示長遠之不朽者也
是以 自今以後 千秋萬歲 無絶無窮 常稱西藩 春秋朝貢 則將千熊長彦 至都下厚
加禮遇 亦副久氏等而送之)"[107]

위의 신공조 기사에 대해 국내학계의 반응은 두 가지이다. 하나
는 '아예 없는 사실을 존재했던 것처럼 꾸민 날조'라는 시각이고 다
른 하나는 '기사의 주체를 왜가 아닌 백제로 보면 일정한 근거가 있
다'는 입장이다. 최재석을 비롯한 '애국학자들'이 신공 49년조를 원
천적으로 부정한다면 천관우와 김현구 등 '주류 사학계'는 일정한 역
사전승을 비틀어 기록했다고 보는 차이가 있다. 즉 국내 주류학자들
은 AD 4세기 후반에 한반도 남부를 평정한 작전의 주체를 왜가 아니
라 백제로 시정하여 조망한다. 천관우는 '가야사복원시론(伽倻史復元
試論)'(1983.4)에서 한성백제가 근초고왕 24년(AD 369)에 처음으로
전남 해안까지 진출하는 과정에서 낙동강 방면의 가야지역도 세력권
에 편입시켰다고 보았다. 그 결과 369년부터 500년경까지 가야는 백
제의 세력권에 포함돼 있었다고 여긴다. 김현구의 시각도 기본적으로
천관우와 동일하다. 신공 기사의 원사료는 백제계 사료이며 작전의

107. 전용신, 일본서기, 일지사, 2006, pp165~166.

주체를 왜가 아닌 백제라고 보면 전체 그림이 맞아떨어진다는 논리이다. 일본서기 흠명 2년(AD 541) 기사에 나오는 백제 성왕(聖王)의 언급을 중시한다.

> "옛날에 우리 선조이신 속고왕(速古王 근초고왕), 귀수왕(貴首王 근구수왕) 치세 때에 안라, 가라, 탁순의 한기들이 처음으로 사신을 보내고 서로 통하여 친교를 두터이 맺었다. (가야가 백제의)자제의 나라가 되어 더불어 융성하기를 바랐다."[108]

김현구는 이 대목을 백제가 근초고왕 시절에 가야제국을 평정한 사실을 상기시킨 증거라고 여긴다. 그러나 문맥만 놓고 보면 오히려 백제가 가야제국을 평정하지 못한 증거로 해석된다. 성왕은 근초고왕·근구수왕 시절에 백제와 가야가 친교를 맺었다고 하지 평정을 했다고 말하지 않는다. 이 기사를 근거로 하여 근초고왕이 가야제국과 호남 지역을 정복하였다는 설명은 아무래도 지나쳐 보인다. '백제 만능주의'라는 비판을 받을 수도 있다.

4세기의 백제가 신라와 가야 7국, 그리고 침미다례까지 순식간에 정복전을 펼치기란 쉬운 일이 아니다. 한반도 남부를 거의 초토화했다는 뜻이니 규모나 시일 면에서 5만 대군을 동원한 AD 400년 고구려 광개토대왕의 작전을 능가했다는 의미이다. 이 정도의 정복전이 이뤄졌다면 한반도 남부에서 신라·가야·영산강세력은 이때 모조

---

108. 김현구, 고대 한일교섭사의 제문제, 일지사, 2009, pp77~91.

리 소멸되고 백제만 존재해야 옳다. 하지만 그런 일은 없었다. 근초고왕 시절 신라는 내물왕 집권기로 국가 수준이 일신되는 면모를 보여준다. 근초고왕은 양마 2필을 신라로 보내는가 하면 독산성주가 백성 300명을 이끌고 신라로 망명한 사건에 대해서도 편지로 항의할 뿐이다. 평정되었다는 가야제국의 국체는 계속 이어지고 있다. 근초고왕 시절의 군사행동은 '적극적으로 해석하여도' 무력시위 정도로 사료된다. 근초고왕과 근구수왕 치세에 가야제국이 백제와 친교를 맺어 함께 융성하기를 바랐다는 성왕의 발언 자체가 이를 암시한다. 아마도 근초고왕은 강력한 군대로 무력시위를 벌였고 이에 놀란 가야소국들은 백제를 대국으로 받들기로 약조했을 수는 있다. 그랬다면 가야소국들에게 백제는 멸망한 낙랑·대방을 대신하는 새로운 상국(上國)이었을 가능성이 있다.

이 기사의 본질을 이해하기 위해서는 신공황후 관련 기록을 좀 더 살펴봐야 한다. 일본서기에는 가라 7국 평정보다 49년 앞선 AD 320년경에 신공황후가 고구려·백제·신라의 항복을 받았다는 기록이 나온다. 이른바 삼한(三韓)정복설화이다. 신공은 '신라를 치라'는 신탁(神託)에 따라 남편인 중애천황(仲哀天皇)의 장례도 치르지 않은 채 320년 10월에 바다를 건너간다. 신공의 군대가 나타나자 신라는 아무런 저항도 하지 않고 곧바로 항복한다. 신공이 신라를 정복하자 고구려와 백제 역시 군영을 찾아 '서번(西藩)이 되어 조공을 바치겠다'고 맹세한다.

삼한정복 5년 뒤에 신라가 미사흔을 인질로 보냈는데 박제상이 본국으로 빼돌렸다는 기사가 나오고 다시 41년이 흐른 신공 46년(AD

366)에 백제 사신의 왜국방문이 이뤄진다. 이듬해인 신공 47년(AD 367)에는 신라가 백제의 조공물을 빼앗아 자신들의 공물로 사기쳤다가 발각됐다는 내용이 나온다. 신라가 조공을 하지 않거나 타국의 조공물품을 자신들의 것인 양 둔갑시켰다는 기사는 일본서기에 반복적으로 출현하는 소꿉장난형 기록이다. 일본서기가 신라의 조공 이야기에 광적인 집착을 보이는 것은 유명한데 신뢰하기 힘든 기록들이다. 그리고 2년 뒤인 신공 49년 3월에 문제의 가라 7국 평정기사가 기재돼 있는 것이다.

신공조의 기사들은 하나같이 동화(童話) 같은 내용들로서 전쟁이라는 비극적인 국제정치의 엄중함이나 비장감이 없다. 신라를 공격할 때에도 아무런 개전 명분도 없이 오로지 '귀신의 말만 듣고' 바다를 건넜다고 돼 있다. 이런 점을 감안하고 신공 49년(AD 369) 기사를 검토해 보자. 우선 왜국이 한반도 남부에서 전쟁을 벌일 이유가 나와 있지 않다. 무턱대고 '신라를 치려고 하였다'만 기술하고 있다. 그래서 신라를 격파했다는데 어떻게 전투를 치렀는지 언급이 없다. 그런 뒤에는 느닷없이 가라 7국을 평정하고 군대를 서쪽으로 옮겨 남만 침미다례를 도륙한다. 앞뒤가 맞지 않아서 비판을 하려면 입이 아플 지경이다. 이런 기술을 '사실의 기록'이라고 받아들인다면 한참 모자란 사람이다.

그러나 이 기록이 완벽한 날조가 아니라면 어떤 역사전승을 비틀어 기술하고 있다고 볼 수 있다. 국내학계의 대체적인 시각은 백제 근초고왕이 가야와 호남지방을 평정한 전승이 백제사서에 전해졌고 이를 일본서기에서 왜의 행적으로 둔갑시켰다는 것이지만 필자의 의견은 다르다. 백제를 주체로 보고 싶은 심경은 이해가 되지만 당시 백제의 사정은 그리 한가하지 못하였기 때문이다. 북방의 고구려와 국운을 건 싸움이 한창이었다. 그래서 369년 작전을 실제로 수행한 제3의 군대가 있다고 보는 것이다.

신공 49년조 기록에서 뼈대만 추려내어 작전의 실제주체를 추출해야 한다. 첫째, 작전을 편 주체는 신라와 적대적인 세력이다. 둘째, 작전주체는 가야와 호남지역을 평정하였다. 셋째, 백제군을 전장에서 조우하여 휴전하였고, 호남북부로 짐작되는 일부 점령지(비리·벽중·포미지·반고 등 4읍)는 백제에 양보하였다.

AD 4세기 후반에 신라와 백제군이 아니면서 힘의 공백지대이던 가야와 호남을 평정할 수 있는 물리력을 지닌 군대는 누구일까? 거듭 말하지만 야마토왜는 아니다. 필자는 이 대목에서 모용선비 기마대를 떠올린다. 342년(또는 341년) 신라로 진출한 모용선비 세력 가운데 한 분파가 가야와 호남으로 힘을 확장했을 개연성은 다분하다. 그런 다음 또다시 일본열도로까지 진출했다고 간주한다. AD 369년 신공황후의 가야 7국과 호남지역 평정기사는 한반도 남부로 진출한 모용선비가 대한해협을 건너 일본열도로 진출하기 이전에 영호남 지역을 정복한 전승(傳承)을 왜곡한 사례라고 필자는 풀이한다.(이에 대해서는 『한일 고대사의 재건축②』 8장에서 상세하게 언급하였다.)

369년 당시에 가야 7국과 호남지역을 휩쓸 만한 군력을 '기존의 소박한 왜'는 갖고 있지 못하였다. 광범위한 영역을 토벌한 현실성 있는 무장력은 342년(또는 341년) 신라로 진출한 기마부대라고 할 때 모용선비의 영산강 진출 가능성을 열어두는 것이다. 신공 49년조에 백제군 이야기가 나온다는 점으로 미뤄 모용선비 군대가 호남 일대에서 백제군과 조우한 것은 사실로 여겨진다. 모용선비는 이때 백제와 휴전하고 일정한 관계를 맺었다고 짐작된다. 고구려와 신라에 대한 적대의식이 양자를 묶은 끈이라 하겠다.

모용선비의 호남진출 가능성과 관련하여 앞 절에서 언급한 모한(慕韓)이라는 지명은 매우 중요하다. '모한'은 AD 5세기 왜5왕의 국서와 한원(翰苑)이란 중국역사서에서 공히 출현한다. 모한은 도대체 어디를 말함인가? 1999년에 발간한 책에서 필자는 모한을 부산-김해 일대로 비정되는 임나가라의 별칭이거나 인근지역으로 간주하였지만[109] 현재는 영산강유역이라고 생각이 바뀌었다.

모한을 영산강유역으로 보는 주장은 일본인들이 먼저 제기하였다. 일본 역사학자 아즈마 우시오〈東潮〉는 "영산강유역에는 5세기까지 모한이라는 독립세력이 있었으며 모한은 철의 공급지로서 5세기에 왜와 교류를 하였다. 영산강유역의 전방후원분은 철교역에 종사한 왜계집단이 축조하였다."는 논리를 폈다. 이에 대해 국내학자들은 "모한을 인정하면 임나와 가라, 신라, 진한을 인정해야 하고 그러면 이들이 모두 왜의 식민지가 된다. 모골이 송연하다."며 반대한다. 학문적 탐구가 아니라 애국적·민족적 논리임을 알 수 있다.

그러나 고대 한반도 남부의 정치지리를 감안할 때 모한이 위치할 영역으로 영산강유역을 상정해 볼 가치는 있다. 필자가 영산강유역을 모한으로 판단한 이유는 앞에서 설명한 것처럼 '아'를 '오'로 발음하는

---

109. 장한식, 신라 법흥왕은 선비족 모용씨의 후예였다, 풀빛, 1999, pp122~128.

전남의 언어습관을 감안한 것이다. 기존의 마한을 모한으로 바꿔 지칭하였다는 것으로써 왜5왕 기사를 토대로 4~5세기 '왜의 남한경영설'을 구축하고자 하는 일본학자의 불순한(?) 논리와는 다르다.(모한을 한자로 표기하면서 '털 모(毛)' '어미 모(母)' 등 쉬운 글자를 피하고 '사모할 모(慕)'라는 복잡한 글자를 선택하여 '慕韓(모한)'이라고 정한 것은 그냥 지나치기 어렵다. 모용씨(慕容氏)와 관련성을 암시한 것이 아닌가 생각되지만 명확한 증거가 없으므로 이 정도에서 그친다.)

현재까지의 고분발굴 성과로서는 4세기 후반경 영산강유역에서 특별한 묘제상 변화가 관찰되지 않는 만큼 모용선비가 이 지역을 직접 지배했을 가능성은 확신할 수 없다. 그러나 간접적인 지배력을 투사했을 가능성은 다분하다. 나주 신촌리 금동관은 지레짐작으로 백제가 하사한 금동관으로 여겨져 왔지만 신라·가야 금동관과 동일한 형식으로 제작됐고 함께 발굴된 무구류가 신라·가야와 유사하다는 점은 소홀히 다룰 사안이 아니다. 4세기 말, 모용선비 주력이 일본열도로 진출한 이후에도 영산강유역은 6세기 초반까지는 자치권을 유지한 채, 한편으로는 백제에 공납(貢納)하면서 다른 한편으로는 가야·숭신왜와 연대·교류하는 양속(兩屬)지역으로 자리매김하였다고 보면 설명력은 보다 탄탄해진다.

11장
백제의 남하와 영산강 정치체의 멸망

　백제 역사는 크게 보아 남하의 연속이다. 백제가 건국한 땅은 '대방 고지(帶方故地)'라고 알려져 있다. 현재의 황해도나 경기북부에 해당한 다. 이어 백제는 하남위례성으로 수도를 옮기니 서울 몽촌토성·풍납 토성 인근으로 짐작된다. 이때까지를 한성백제(漢城百濟)라고 부른다. 한성백제는 AD 475년 고구려 장수왕의 공격으로 개로왕이 참수되면 서 몰락하였다. 이후 백제는 문주왕의 웅진(공주) 천도와 성왕의 사비 (부여) 천도를 통해 수도를 충남에 두었다. AD 600년~641년의 무왕 집권기에는 전북 익산에 왕궁을 조성하려 한 흔적이 발견된다.

　백제의 남쪽 국경에 대해서는 설들이 분분하다. AD 369년 근초고 왕 시절에 이미 전라남도 남단까지 진출했다는 기존 학설이 있는 가 운데, AD 6세기 이후에야 비로소 전남일대를 장악하였다는 대체설이 유력하게 제시되고 있다. 고고학적으로 6세기 초반까지 영산강유역 의 독자문화가 확인되면서 백제의 남쪽 국경이 노령산맥을 넘은 시기 를 6세기 이후로 보는 것이 최근 대세이다.

필자의 견해도 마찬가지이다. 백제가 영산강유역을 비롯한 전라남도 일대를 본격적으로 경영하기는 웅진시대 이후라고 파악한다. 백제의 수도 이전이 영산강세력에게는 재앙으로 작용하였던 셈이다. 구체적으로 AD 5~6세기는 백제와 영산강 정치체 간의 치열한 투쟁기였다. 집어삼키려는 백제와 살아남으려는 영산강세력의 싸움이 지속적으로 이뤄진 시대이다. 결국 6세기 전반, 백제는 영산강세력의 배후이던 가야(임나)와 숭신왜국의 힘이 약화되는 시기를 활용하여 영산강 정치체를 파괴하였고, 마침내 휘하의 지방으로 굴복시켰다. 11장에서는 백제가 호남지역을 장악해 가는 과정을 살펴보며 한반도와 일본열도 정치체 간의 복잡한 방정식을 분석하기로 한다.

백제의 남하와 가야(임나) 공략 심화

일본서기에 출현하는 임나사현(任那四縣)과 임나하한(任那下韓) 기사에는 두 가지 의미가 담겨 있다. 하나는 호남의 정치체가 가야(임나)와 깊은 관련성을 지녔다는 점이고 둘은 백제가 호남지역을 지속적으로 침탈하여 자신의 영역으로 만들어갔다는 사실이다. 영산강유역과 호남동부 일대가 정치적 공백지대로 오해받은 주된 사정은 시종일관 백제의 땅이라고 착각한 데서 비롯한 바 크다. 대체로 전라좌도, 즉 장수와 남원, 구례, 광양, 순천, 여수 등 호남동부는 가야의 영역이었고 전남 서부인 영산강유역은 독자성을 유지하는 가운데 가야(임나)와 밀접하게 연결돼 있었던 지역이다. 즉 노령산맥의 북쪽인 전북 중서부를 제외한 대부분의 호남은 범(汎)가야권역에 포함돼 있었던 것이다. 가야권역의 호남을 일본서기는 임나사현과 기문(己汶), 임나하한 등으로 구분하여 기술하였으니 임나사현과 기문은 전라좌도가 맞다. 임나하한에 대해서는 '소백산맥 동쪽(영남)의 가야'라는 것이 학계통설이지만 나는 영산강유역으로 간주한다.

백제는 남으로 영역을 확대하면서 당초 가야(임나)의 세력권이던 호남지방을 부지런히 파먹었다. 이 과정에 응신왕조의 힘을 적절히 활용하였다고 짐작된다. 숭신왜국을 약화시키고 타도하는 것이 국가대사였던 응신왜 입장에서 숭신왜와 연계된 가야권역을 백제가 잠식하는 것은 바람직한 현상이다. 응신왕조는 열도에서 숭신왜국을 지속적으로 압박함으로써 숭신왜가 가야권역을 돕지 못하게 만들었을 것이다.

일본서기를 보면 백제는 AD 4세기 후반에 처음으로 호남지방에 진출한 것으로 짐작되지만 가야(임나) 영토를 집중적으로 탈취하기는 AD 6세기 들어서이다. 6세기 즈음의 일본서기는 백제본기(百濟本記)를 출처로 하되, 주체를 왜로 비틀어 기술하기 일쑤임을 감안해야 한다. 일본서기는 왜가 수시로 백제에 영토를 할양하는 마음씨 좋은 나라로 기술하고 있기에 곧이곧대로 믿을 수는 없다. 다만 백제가 가야땅을 빼앗는 과정에 응신왜국의 직간접적인 도움은 없지 않았을 것으로 추정된다. 먼저 신공황후 49년(AD 369년으로 보정)조의 기사이다.

①〈남만 침미다례 백제 할양〉신공황후(神功皇后) 49년(AD 369) 3월

"…(백제·왜 장군의 병력을 언급한 다음)모두 탁순국에 모여 신라를 격파하였다. 그리고 비자발·남가라·녹국·안라·다라·탁순·가라의 7국을 평정하였다. 이에 군대를 옮겨 서쪽으로 돌아 고해진(古奚津)에 이르러 남만(南蠻)의 침미다례(忱彌多禮)를 도륙(屠戮)하여 백제에 내려주었다. 이에 백제왕 초고(肖古)와 왕자 귀수(貴須)가 군대를 이끌고 와서 모였다. 그때 비리(比利)·벽중(辟中)·포미지(布彌支)·반고(半古)의 4읍은 스스로 항복하였다. 이에 백제왕 부자와 황전별(荒田別)·목라근자(木羅斤資) 등이 함께 의류촌(意流村)에서 만나 기쁨을 나누었다.(…俱集于卓淳 擊新羅而破之 因以平定 比自㶱·南加羅·㖨國·安羅·多羅·卓淳·加羅 七國 仍移兵 西廻至古奚津 屠南蠻忱彌多禮 以賜百濟 於是 其王肖古及王子貴須 亦領軍來會 時比利·辟中·布彌支·半古 四邑 自然降服 是以 百濟王父子及荒田別·木羅斤資等 公會意流村 相見欣感)"[110]

이듬해인 AD 370년, 신공황후는 백제에 또 다른 땅을 내준다. 다사성(多沙城)을 백제와 왜국을 잇는 중간기지로 삼았다고 돼 있다. 아래의 ②기사이다. 그런데 '다사'라는 지명은 6세기에도 출현한다. 왜가 가야(임나)의 땅이던 대사(帶沙) 내지 다사(多沙)를 백제에 주었다는 ⑥기사인데, ②와 중복되는 내용이다.

②〈백제의 다사성 확보〉신공황후(神功皇后) 50년(AD 370) 5월

"천웅장언(千熊長彦) 구저(久氐)들이 백제로부터 돌아왔다. 황태후는 좋아서 구저에게 '바다 서쪽의 여러 한국을 그대의 나라에 주었다. 지금 무슨 일이 있어서 다시 왔는가?'라고 물었다. 구저들이 상주하길

---

110. 전용신, 일본서기, 일지사, 2006, pp165~166.

'천조의 큰 덕이 멀리 폐읍(弊邑 저희 나라, 여기서는 백제)에 미쳤습니다. 우리 왕은 환희용약하여 어찌할 바를 몰랐습니다. 그래서 돌아가는 사자에게 부탁하여 지성을 다하였습니다. 만세에 이르기까지 어느 해인들 조정에 아니 오겠습니까'라고 하였다. 황태후가 치하하여 '착하다. 그대의 말이 곧 짐의 생각이다'라고 하였다. 다사성(多沙城)을 (백제에)보태주고 왕복하는 길의 역(驛)으로 삼게 하였다.(千熊長彦久氏等 至自百濟 於是 皇太后歡之問久氏曰 海西諸韓 旣賜汝國 今何事以頻復來也 久氏等奏曰 天朝鴻澤 遠及弊邑 吾王歡喜踊躍 不任于心 故因遠使 以致至誠 雖逮萬歲 何年非朝 皇太后勅云 善哉汝言是朕懷也 增賜多沙城 爲往還路驛)"

응신(應神) 8년(AD 397년으로 보정)에는 백제기(百濟記)를 인용하여 백제가 왜국에 무례한 까닭에 5개 지역을 빼앗겼다고 기록하고 있다. 침미다례와 현남, 지침, 곡나, 동한(東韓)의 땅을 언급하고 있다.

③〈왜의 백제 5개지역 탈취〉응신(應神) 8년(AD 397년) 3월

"(백제)아화왕이 귀국(=왜)에 무례하여 침미다례(枕彌多禮), 현남(峴南), 지침(支侵), 곡나(谷那), 동한지지(東韓之地)를 빼앗겼다.(阿花王無禮貴國 故奪我 枕彌多禮及峴南·支侵·谷那·東韓之地)"[111]

그러다가 응신 16년(AD 405년) 아화왕이 타계하자 왜에 인질로 와 있던 직지(直支)로 하여금 백제 왕위를 계승하게 하면서 '동한지지(東

---

111. 위의 책, p173.

韓之地)를 주었다'고 적고 있다. 왜가 백제에게 영토를 줬다 빼앗았다를 반복하는 모양새이다. 영토는 국가의 구성요소 가운데서도 가장 중요한 토대이다. 영토를 타국에 선물로 주는 나라는 동서고금을 막론하고 존립하기 힘들다.

④〈백제 동한지지 확보〉응신천황(應神天皇) 16년(AD 405년) 2월

"백제 아화왕(阿花王 삼국사기에는 아신왕阿莘王)이 타계하였다. 천황은 직지왕(直支王 삼국사기에는 전지왕(腆支王))을 불러 '그대는 본국에 돌아가 왕위를 계승하시오'라고 말하였다. 그리고 동한(東韓)의 땅을 주어 보냈다.〈동한은 감라성·고난성·이림성을 가리킨다〉(百濟阿花王薨 天皇召直支王謂之曰 汝返於國以嗣位 仍且賜東韓之地而遣之〈東韓者 甘羅城·高難城·爾林城是也〉)"[112]

4세기 말~5세기 초에 해당하는 ①, ②, ③, ④ 기사는 '신공-응신기 백제·왜 영토 관련 기록'인데 곧이어 언급하는 ⑤, ⑥, ⑦, ⑧의 6세기 영토 기사와 커다란 차이가 있다. 신공-응신기의 기사는 백제와 왜가 침미다례와 현남, 지침, 곡나, 동한 등지를 줬다가 되찾아가는 내용인데 실상은 양측간의 국지전(局地戰) 승패상황을 의미한다. (나중에 다루지만 ⑤, ⑥, ⑦, ⑧의 6세기 영토 기사는 백제와 가야간의 영토전쟁 상황을 왜곡한 기록이다.) 신공-응신 시절, 침미다례 등을 놓고 백제와 영토전쟁을 벌인 '왜'는 한반도의 정치체로 봐야 한다. 이 당시 열도의

---

112. 위의 책, p177.

'소박한 왜'는 대군을 한반도로 투사할 역량도, 방법도 없었다. 그런데도 문제의 왜가 구체적인 지명과 성곽 이름을 거론할 정도로 한반도 지리에 정통하다는 것은 이들 지역에서 활동했던 집단임을 시사하는 대목이다. 즉 신공-응신기의 영토 관련 기사는 한반도에서 일본열도로 진출한 정치체가 한반도 체류시절에 백제와 교섭·갈등한 전승(傳承)이라는 것이 필자의 소견이다. 다만 4세기 말~5세기 초라는 시기를 감안하면 백제와 실제로 교섭·갈등한 정치체는 응신왕조가 아니고 숭신왕조일 것이다. 교섭·갈등의 주체가 바뀐 것은 일본서기의 왜곡이다.

백제와 왜 사이에 손바뀜이 일어난 영역 가운데 ③기사에 나오는 '5개 지역'이 중요하다. 그 위치에 대해서는 침미다례가 길잡이 역할을 한다. ①기사에서 보듯이 침미다례는 가라에서 군대를 '서쪽으로' 이동해 도륙한 지역이다. 남만(南蠻)이란 표현에서 보듯 한반도의 서남단인 해남지역으로 비정된다. 그렇다면 현남(峴南)과 지침(支侵), 곡나(谷那), 동한지지(東韓之地) 등 나머지 4개 지역도 침미다례 인근으로 좌표를 찍을 수 있다. 곡나를 전남 곡성(谷城)으로 보는 시각이 많다고 할 때 동한지지는 그보다 동쪽지역일 개연성이 있다.

그 이후 100여 년간은 영토문제에서 소강상태를 보인다. 그러다가 계체(繼體)천황 6년, AD 512년 12월조에 이른바 임나사현 양도기사가 돌연히 출현한다.(임나사현은 앞의 ④기사에서 언급된 동한지지와 지리적으로 겹쳐지거나 인근으로 짐작된다.) 유명한 구절이다.

⑤〈임나 4개현 백제에 할양〉계체천황(繼體天皇) 6년(AD 512) 12월

"백제가 사신을 보내어 조를 올렸다. 따로 표를 올려 임나국의 상다리

(上哆唎), 하다리(下哆唎), 사타(娑陀), 모루(牟婁)의 사현을 청하였다. 다리국수(哆唎國守)인 수적신압산이 상주하여 '이 사현은 백제와 가깝게 이웃해 있고 일본에서 멀리 떨어져 있습니다. 조석으로 통행하기 쉽고 닭과 개의 주인도 (어느 쪽의 닭과 개의 울음인지)구별하기가 어려울 정도입니다. 지금 백제에게 주어 한 나라로 만들면 보전의 책이 이보다 나은 것이 없을 것입니다.'…(중략)…대반대련금촌이 상세하게 이 말을 들어 계책을 상주하였다. 이에 물부대련추록화를 칙을 전할 사신으로 정하였다…선물과 칙의 요지를 주어 표를 올린대로 임나사현을 주었다…(百濟遣使貢調 別表請任那國 上哆唎下哆唎娑陀牟婁 四縣 哆唎國守穗積臣押産奏曰 此四縣 近連百濟遠隔日本 且暮易通鷄犬難別 今賜百濟合爲同國 固存之策無以過此…大伴大連金村具得是言同謨而奏 迺以物部大連麁鹿火宛宣勅使…付賜物幷制旨 依表賜任那四縣)"[113]

이듬해인 계체 7년(AD 513) 11월에는 기문과 대사를 백제에 넘겼다는 기사가 나온다. 일본서기 기록대로라면 왜는 해마다 국토를 외국에 선물하는 너그러운 나라이다.

⑥〈기문·대사 백제에 할양〉계체천황(繼體天皇) 7년(AD 513) 11월

"조정에서 백제의 저미문귀장군, 사라의 문득지, 안라의 신이해 및 분파위좌, 반파의 기전해 및 죽문지 등을 나란히 세우고 은칙을 내렸다. 기문·대사를 백제에 주었다. 이달에 반파국이 즙지를 보내 진귀한 보

113. 위의 책, pp289~290.

물을 바치고 기문의 땅을 달라고 하였다. 그러나 끝내 주지 않았다.(於 朝庭 引列百濟姐彌文貴將軍 斯羅汶得至 安羅辛巳奚及賁巴委佐 伴跛旣殿奚及 竹汶至等 奉宣恩勅 以己汶滯沙賜百濟國 是月 伴跛國遣戢支獻珍寶 乞己汶之地 而終不賜)"[114]

　　백제는 임나사현(호남동부)과 기문·대사(섬진강 유역)를 차지한 데 만족하지 않는다. 이어 임나하한도 사실상 빼앗았다. 임나하한을 백 제가 탈취한 시기는 정확하지 않지만 AD 541년에 하한 관련 기사가 출현하는 점으로 미뤄 그 이전일 것이다. 아마도 530년대에 지속적으 로 이룩한 성과일 것이다.

⑦〈백제, 하한을 확보한 상황〉흠명천황(欽明天皇) 2년(AD 541) 7월
　　"백제는 기신나솔(紀臣奈率) 미마사(彌麻沙), 중부나솔(中部奈率) 기련(己 連)을 보내어 하한·임나의 정사〈下韓·任那之政〉를 보고하고 아울러 표 를 올렸다.(百濟遣 紀臣奈率彌麻沙中部奈率己連 來奏下韓任那之政 幷上 表之)"

⑧〈왜, 하한의 반환을 요구〉흠명천황(欽明天皇) 4년(AD 543) 11월
　　"진수련(津守連)을 보내어 백제에 조하여 '임나의 하한〈任那之下韓〉에 있는 백제의 군령(郡領)·성주(城主)는 일본부에 귀속하라'고 하였다… (중략)…세 사람의 (백제)좌평(佐平)들이 '하한(下韓)에 있는 우리 군령·

---

114. 위의 책, p292.

성주 등을 내보내면 안 됩니다. 나라를 세우는 일은 빨리 조칙을 듣는 것이 옳습니다'라고 답하였다.(遣津守連 詔百濟曰 任那之下韓 百濟郡令城主宜附日本府…三佐平等答曰 '在下韓之 我郡領城主 不可出之 建國之事 宜早聽聖勅')"[115]

이렇게 백제와 왜국 간의 영토할양 관련 기사들을 한데 모아 보았다. 앞에서 언급하였지만 신공·응신시대의 국토양도와 계체·흠명기 영토할양 기사는 그 의미가 다르다. ①~④의 신공·응신기에는 가야(임나)의 입장이 적시돼 있지 않은 반면, ⑤~⑧의 계체·흠명기에는 가야의 반발이나 관련성이 확인된다는 점이 중요하다. 신공·응신기의 영토할양은 한반도의 가야권에서 활동하던 어떤 정치체가 일본열도로 건너가는 단계에서 백제와 체결한 정치적 맹약과 그에 부수한 영토정리의 성격을 보여준다. 반면 계체·흠명기는 백제의 본격 남진으로 인하여 가야(임나)와의 갈등이 격화된 상황을 보여주는 대목이다. 다시 말해 신공·응신기(①~④)의 영토기사는 '가야를 포함하여 한반도 남부를 다스리던 지배층'이 백제와 국지전을 벌이다 휴전하였고 일본으로 건너간 이후에 백제와 영토협상을 벌인 사실을 암시한다면, AD 6세기 계체·흠명기(⑤~⑧)는 백제가 가야(임나)와 전쟁하여 토지를 빼앗은 것을 마치 왜가 땅을 백제에 선물한 것처럼 날조했다고 하겠다. 이제부터는 6세기 들어 백제가 가야(임나)의 영토를 계속해서 잠식해 나가는 과정을 살펴보기로 한다.

---

115. 위의 책, pp321~322.

백제의 호남동부, 임나사현(任那四懸) 탈취

"상다리(上哆唎), 하다리(下哆唎), 사타(娑陀), 모루(牟婁) 등 임나의 4 개현을 왜가 백제에게 '양도'하였다."는 ⑤기사(계체천황 6년(AD 512 년)는 조작이 분명하지만 임나사현의 위치비정만큼은 신뢰할 수 있다. 백제가 가야(임나)로부터 4개 지역을 공취한 사실을 비틀어 기술한 것으로 볼 수 있기 때문이다.

임나사현의 위치를 놓고서는 그동안 무수한 의견들이 쏟아졌다. 다리(哆唎)는 영산강 동안지방, 사타는 전남 구례군, 모루는 전남 서부지방이라는 설이 유력하게 제시되었다. 반면 김성호는 하다리는 부산 하단(下端 옛 초량), 상다리는 부산 상단(上端 고지명), 모루는 부산 모라동(毛羅洞), 사타는 모라동 건너편인 사덕(沙德)에 비정하였다.[116] 그러나 임나사현을 부산 인근으로 보는 김성호의 논리는 동의하기 어렵다. "이 사현은 백제와 가깝게 이웃해 있고 일본에서 멀리 떨어져 있습니다."라는 일본서기의 기사와 정면으로 배치되기 때문이다. 부산은 오히려 백제와는 멀고 일본과는 가까운 곳이다. 김성호는 경남 내륙은 가야영역이고 경남 해안은 비류백제의 영역이라는 독특한 논지를 펴고 있지만 자연스러운 가설은 아니다. 임나사현의 위치·비중과 관련해 백제에 할양하자 신라가 원망했다는 구절도 감안할 필요가 있다.

---

116. 김성호, 비류백제와 일본의 국가기원, 지문사, 1984, p281.

⑨〈신라, 4개현 백제할양 반대〉흠명천황(欽明天皇) 원년(AD 540) 9월

"천황이 여러 신하에게 '얼마의 군사가 있으면 신라를 칠 수 있는가?' 라고 물었다. 물부대련미여(物部大連尾輿) 등이 아뢰기를 '적은 군사로는 쉽게 칠 수 없습니다. 옛날 계체천황 6년에 백제가 사자를 보내 임나의 상다리, 하다리, 사타, 모루의 4현을 달라고 주청하였습니다. 대반대련금촌(大伴大連金村)이 쉽게 청하는 대로 주었습니다. 이로 인하여 신라의 원망이 다년간 깊어졌으니 (신라를)가볍게 칠 수가 없습니다.'라고 말하였다.(天皇問諸臣曰 幾許軍卒伐得新羅 物部大連尾輿等奏曰 少許軍卒不可易得 曩者 男大迹天皇六年 百濟遣使 表請任那上哆唎下哆唎娑陀牟婁四縣 大伴大連金村 輒依表請許賜所求 由是 新羅怨曠積年 不可輕爾而伐)"[117]

⑨기사에서 신라가 원망한 이유로는 두 가지 가능성을 들 수 있다.

첫째 문제의 임나사현이 신라국경에서도 멀지 않아 신라가 노리던 곳이었을 가능성이다. 둘째는 백제-신라 간 역학관계에 영향을 미칠 수 있는 중요한 지역이었을 가능성이다.

두 가능성을 찬찬히 검토해 보자. 첫 번째 가능성은 현실성이 낮아 보인다. 일본에서는 멀고 백제와 인접해 있으면서 신라국경과도 가까운 조건을 만족하는 후보지로는 충청북도 옥천이나 보은, 영동 일대이다. 하지만 6세기 초, 이들 지역이 가야(임나)의 영역이었다는 증거는 아직 나오지 않았다.(임나일본부설을 신봉하는 일본학자들이 그린 영토지도에는 충청북도 일대까지 임나의 영역으로 표시돼 있다. 그러나 이

---

117. 전용신, 일본서기, 일지사, 2006, p315.

는 임나일본부설을 주장하기 위한 목적에서 과장한 것이 분명하다.) 그렇다면 두 번째 가능성이 남는다. 즉 임나사현이 신라와 국경을 접하지는 않더라도 백제가 차지해 강성해질 경우 신라가 상대적 피해를 보기에 원망하고 반대했다는 설명이다. 첫 번째보다 설득력이 높다.

왜국이 영토의 일부를 백제에 선선히 양보해 줬다는 임나사현 할양 기사는 믿기 어렵지만 '임나의 4개현'이 존재했다는 것만은 신뢰할 수 있다. 실상은 왜의 할양이 아니라 백제가 힘으로 확보하였을 임나사현은 당연히 백제와 인접한 곳에 상정된다. 6세기 초 한반도 남부의 정치형세를 감안할 때 가장 유력하기는 전라좌도, 즉 호남 동부지방이다. 호남 동부지방은 상당 기간 대가야의 영역이었다는 것이 최근 학계의 정설이다.

대가야계 유물이 쏟아져 나오는 전북 남원시 두락리와 월산리, 장수군 동촌리, 전남 순천시 운평리 등지에는 강력한 재지세력이 형성돼 있었음을 알 수 있다. 따라서 임나사현 할양기사는 전북 장수나 무주, 남원, 전남 구례, 순천 등 호남 동부(대가야 서부)지역이 6세기 초반에 백제의 차지가 되었음을 시사한다고 볼 수 있다. 가야(임나)의 국세는 그만큼 위축되었을 것이다.

거듭 말하지만 임나사현을 '왜가 백제에 양보'했다는 기사 자체는 사실로 보기 어렵다. 예나 지금이나 자국의 영토를 외국에 순순히 넘겨주는 나라는 없다. 일본서기 계체천황 조의 '임나사현 백제 할양' 기사는 어떤 경위로 백제가 가야(임나)를 압박해 그 영토의 일부를 빼앗았음을 보여주는 대목으로 해석된다.

이즈음 백제와 응신왜국 사이에는 가야·숭신왜의 영토를 분해하여 각자의 영역을 넓혀가도록 상호협력하자는 공감대가 형성돼 있었다고 짐작된다.(6세기 초의 응신왜국은 백제담로국이던 5세기와는 달리, 독자성을 지닌 왕국으로 성장하고 있었다고 여겨진다. 백제의 지시를 무조건 따르는 것이 아니라 연합은 하되 자국의 이익을 우선시하는 동맹국 관계로 바뀌어 가는 단계라고 하겠다.) 그런 공감대를 토대로 백제는 응

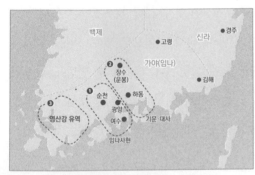

5~6세기 백제의 가야(임나) 영토 장악 과정

신왜국의 도움을 받아 임나사현을 차지하였다. 임나땅을 차지한 백제는 응신왜가 요구하는 '어떤 대가'를 제공하였다고 보아야 한다. 일본서기는 이런 과정을 모조리 숨기고서 왜국이 백제에 영토를 사여(賜與)한 것처럼 왜곡한 것이다.

백제의 기문·대사 장악

호남동부로 비정되는 4개현을 상실한 이후 가야(임나)의 국세는 그만큼 약화됐을 것이지만 문제는 끝이 아니었다는 점이다. 백제는 곧이어 기문(己汶)과 대사(滯沙)의 땅을 장악하였다.

⑩ 〈백제의 기문·대사 공략〉 계체천황(繼體天皇) 7년(AD 513) 11월

"11월, 조정에서 백제의 저미문귀장군, 사라의 문득지, 안라의 신이해

및 분파위좌, 반파의 기전해 및 죽문지 등을 나란히 세우고 은칙을 내렸다. 기문·대사를 백제에 주었다. 이달에 반파국이 즙지를 보내 진귀한 보물을 바치고 기문의 땅을 달라고 하였다. 그러나 끝내 주지 않았다.(十一月, 於朝庭 引列百濟姐彌文貴將軍 斯羅汶得至 安羅辛已奚及賁巴委佐 伴跛旣殿奚及竹汶至等 奉宣恩勅 以己汶滯沙賜百濟國 是月 伴跛國遣戢支獻珍寶 乞己汶之地 而終不賜)"[118]

⑪ 〈백제의 기문 장악 완료〉계체천황(繼體天皇) 10년(AD 516) 9월

"9월, 백제가 주리즉차(州利即次) 장군을 보냈는데 물부련(物部連)과 같이 와서 기문(己汶)의 땅을 준 것을 감사하였다.(秋九月 百濟遣州利即次 將軍 副物部連來 謝賜己汶之地)"[119]

⑫ 〈백제 다사진 장악 완료〉계체천황(繼體天皇) 23년(AD 529) 3월

"백제왕이 하다리국수(下哆唎國守) 수적압산신(穗積押山臣)에게 말하기를 '…가라의 다사진(多沙津)을 신이 조공하는 길로 하겠습니다'라고 하였다. 이를 압산신(押山臣)이 전하여 (천황에게)상주하였다. 이달 물부이세련부근(物部伊勢連父根) 길사로(吉士老) 등을 보내 항구(多沙津=滯沙津)를 백제에 주었다. 이에 가라왕이 칙사에게 '이 항구는 관가를 둔 이래 신이 조공할 때 기항하는 항구입니다. 어째서 쉽게 이웃 나라에 주십니까. 원래의 지정하여 주신 경계를 침범하는 것입니다'라고 말하였다. 칙사·부근(父根) 등이 이로 인하여 눈앞에서 (다사진을 백제에)

---

118. 위의 책, p292.
119. 위의 책, pp294~295.

주는 것이 어려워서 대도(大島 남해도로 추정됨)로 물러갔다. 따로 녹사(錄史 문서기록원)를 보내 부여(扶余 백제)에게 주었다. 이 때문에 가라가 신라와 같이 일본을 원망하였다.(百濟王謂下哆唎國守穗積押山臣曰… 以加羅多沙津 爲臣朝貢津路 是以 押山臣爲請聞奏 是月 遣物部伊勢連父根吉士老等 以津賜百濟王 於是 加羅王謂勅使云 此津 從置官家以來 爲臣朝貢津涉 安得輒改賜隣國 違元所封限地 勅使父根等 因斯 難以面賜 却還大嶋 別遣錄史 果賜扶余 由是 加羅結儻新羅 生怨日本)"[120]

앞의 임나사현 할양 기사에서도 지적하였듯이 위의 기록은 조작이 분명하다. 땅에 대한 국가의 집착은 개인이 신체를 지키려는 본능과 다를 바 없다. 전쟁이나 전쟁에 준한 상황에서 힘이 모자라 빼앗기지 않는 한 세상의 그 어떤 나라도 타국에 영토를 선물하지 않는다. 만약 그렇게 한다면 그런 나라는 당장 분열돼 사라질 것이다. 일본서기는 왜가 임나사현에 이어 기문·다사까지 백제에 할양한 것처럼 기술하였지만 실상은 백제가 무력으로 가야로부터 탈취하였을 것이다.

기문과 대사의 위치비정을 놓고서도 확립된 학설은 없다. 다만 6세기 초 한반도 남부의 정치형세를 감안할 때 유력하기는 호남 동부이다. 기문은 전라북도 장수와 남원, 대사는 경상남도 하동 일대로 비정되고 있다.(삼국사기 악지(樂志)에 나오는 '우륵(于勒)의 12곡명'은 가야 소국들의 국호로 추정되는데 상기물(上奇物)과 하기물(下奇物)이 있다. '긴물'과 발음이 통하는 기물(奇物)을 한자로 표현하면 장수(長水)가 된다. 그

---

120. 위의 책, pp297~298.

래서 기문 내지 기물을 전라북도 장수와 연결짓는 의견이 많다.) 호남 동부지방이 상당 기간 대가야의 영역이었다는 것은 최근 고고학계의 정설이다. 대가야계 유물이 쏟아져 나오는 전북 남원시 두락리와 월산리, 장수군 동촌리, 전남 순천시 운평리 등지는 한때 굳건한 가야영역이었음을 알 수 있다.

고흥고분이 던진 숙제

고대 전라남도의 정치질서는 자못 복잡한 것이 사실이다. 전남 남부해안에서 임나사현이나 영산강유역과 구분되는 제3의 고분문화가 발견되었다. 한국 사학계에 커다란 숙제를 던진 발굴이었다.

전남 고흥군 포두면 길두리, 해창만 인근의 안동고분(雁洞古墳)은 나지막한 구릉에

전라남도 고흥 지도

자리잡은 분구묘로서 2006년 3월 전남대박물관팀이 발굴조사하였다. 5세기 초반에 조성된 안동고분은 지름 34m, 높이 6m에 이르는 대형무덤이다. 석곽을 부장한 석실고분이라는 점에서 옹관묘가 주류인 영산강유역과는 거리가 있었다. 발굴 과정에서 금동관과 금동신발, 청동거울, 철제갑옷과 판갑옷, 투구, 환두대도 등의 다양한 유물이 출토되었다. 무덤형태나 유물에서 북규슈와 비슷한 점이 적지 않아서 무덤주인을 왜인으로 보는 견해가 제시되었으나 조사단은 고흥일대를 다스리던 백제계 재지유력자로 간주하였다. 금동관과 금동신발 등의 위세품은 백제 중앙에서 안동고분 피장자에게 내려준 것으로 보았다. 그러나 안동고분의 유물, 특히 갑주와 무기류에서 발견되는 가야지역과의 유사성은 소홀히 대할 수 없다.

야막리고분

안동고분 인근에 위치한 고흥군 풍양면 야막리고분도 비밀이 많은 무덤이다. 2012년 국립나주문화재연구소가 발굴조사한 결과 5세기 전반의 야막리고 분에서는 강한 왜색(倭色)이 확인되었다. 독립된 구릉에 무덤을 1기만 조성하 였으며 분구 표면에 돌을 깔아 마무리하는 즙석(葺石)시설은 고분시대 일본열 도 전역에서 매우 흔한 무덤형식이다. 아울러 왜색의 갑옷과 투구 등의 유물 150여 점도 수습됐다. 특히 삼각판혁철판갑(三角板革綴板甲)과 각이 진 투구 인 삼각판혁철충각부주(三角板革綴衝角付冑)는 일본에서 보편적으로 나타나 는 무구이고 출토량 또한 국내보다 일본이 압도적으로 많다. 그래서 왜색이 강하다고 간주되었다. 왜계 무구류가 출토된 것과 관련하여 국내 학계에서는 고흥지역이 고대 연안항로 상에 위치하여 일본과의 교류가 활발했던 증거라 는 식으로 풀이하고 있다.

사실 고흥반도는 그 위치가 다소 애매하다. 백제가 차지하는 임나사현의 일부 였을 수도 있고 영산강 정치체와 연계돼 있었을 가능성도 엿보인다. 고흥이 백제·신라라는 강한세력으로부터 비교적 멀리 떨어진 지역이라는 점에서 6 세기 초까지 독립적인 포상국으로 존재하였을 개연성도 배제할 수 없다. 실체 를 알기는 어렵지만, 필자는 가야(임나)의 일부였거나 가야(임나)의 영역에는 포함되지 않았다 하더라도 적극 교류협력하는 독립소국이었을 가능성이 가장 높다고 본다. 고흥일대의 유물, 특히 무구류에서 발견되는 가야지역과의 유사 성 때문이다. 어쨌든 고흥반도는 해상로를 통하여 백제·가야는 물론이고 일 본과도 활발히 교류하는 지역이었음은 분명하다.

'반파(伴跛)의 전쟁'과 가야의 몰락

백제의 영토탈취에 가야(임나)는 당연히 반발하였다. 그 증거가 514년에 일어난 '반파(伴跛)의 난'이다. 앞의 8장에서도 언급하였듯이 실상은 반파(伴跛)의 반란이 아니라 반파국(伴跛國)이 백제·응신왜연 합을 상대로 일으킨 전쟁일 것이다. 반파국이 어디냐를 두고서도 학설이 많지만 대체로 고령의 대가야로 집약된다. 일본서기에 출현하는 '반파의 전쟁' 기사부터 살펴보자.

⑬ 〈반파(伴跛)의 전쟁 시작〉계체천황(繼體天皇) 8년(AD 514) 3월

"삼월에 반파(伴跛)가 자탄(子呑)과 대사(滯沙)에 성을 쌓아 만해(滿奚)와 연결하고 봉수와 군수창고를 설치해 일본에 대비하였다. 또 이열비(爾 列比)와 마수비(麻須比)에 성을 쌓고 마차해(麻且奚), 추봉(推封)에 연결하였다. 군사와 병기를 모아서 신라를 핍박하였다. 남녀를 약취하고 촌읍을 약탈하였다. 흉적이 가는 곳에 남는 것이 드물었다. 포학사치 하고 괴롭히고 침략하고 살상하는 것이 매우 많았다. 상세히 기록할 수가 없었다.(三月 伴跛築城 於子呑滯沙 而連滿奚 置烽候邸閣 以備日本 復築 城於爾列比麻須比 以絙麻且奚推封 聚士卒兵器 以逼新羅 駈略子女 剝掠村邑 凶勢所加 罕有遺類 夫暴虐奢侈 惱害侵凌 誅殺尤多 不可詳載)"[121]

⑭ 〈반파(伴跛)의 전쟁 경과〉계체천황(繼體天皇) 9년(AD 515) 2월

"이달에 사도도(沙都嶋 거제도)에 이르러 반파인이 (일본에)원한을 품고 강한 것을 믿고 포악한 일을 마음대로 한다는 소문을 들었다. 그래서 물부련(物部連)이 수군 5백 명을 거느리고 대사강(帶沙江 섬진강)으로 직행하였다. 문귀장군(文貴將軍)은 신라를 경유하여 (백제로)귀국하였

---

121. 위의 책, pp293~294.

다. 4월, 물부련이 대사강에 머문 지 엿새째, 반파가 군사를 일으켜 나아가 공격하였다. 옷을 벗기고 물건을 빼앗고 장막을 모두 불태웠다. 물부련 등은 두려워 도망하였다. 근근해 목숨을 보전하여 문모라(汶慕羅 섬 이름인데 남해도로 추정)에 도망하였다.(是月 到于沙都嶋 傳聞伴跛人 懷恨銜毒 恃强縱虐 故物部連率舟師五百 直詣帶沙江 文貴將軍自新羅去 夏四月 物部連 於帶沙江停住六日 伴跛興師往伐 逼脫衣裳 劫掠所齎 盡燒帷幕 物部連 等 怖畏逃遁 僅存身命 泊汶慕羅)"[122]

반파의 전쟁이 어떻게 종결됐는지에 대한 기록은 없지만 기문과 대사(다사)가 결국 백제땅이 된다는 점에서 반파국이 패배한 것은 분명하다. '반파가 신라까지 핍박하였다'는 일본서기 기록에 약간의 사실이 담겨 있다면 우군은 없고 적은 너무 많았던 셈이다. 임나사현과 기문·대사를 빼앗긴 데 열받아 전쟁을 일으킨 반파국이지만 결국은 백제·응신왜연합에 무릎 꿇었다고 판단해도 무리가 없다. 반란이든 전쟁이든 패자의 처지는 언제나 참혹하다. 가야(임나)는 이제 백제의 침공을 저지할 능력을 상실하였을 것이다.

『한일 고대사의 재건축①』 12장에서도 언급하였지만 백제의 임나사현과 기문·대사지역에 대한 장악은 단기공정(短期工程)이 아니었다. 백제와 가야, 신라는 물론이고 일본열도의 양대 정치체(숭신왕조와 응신왕조를 말한다.)까지 관여한 거대한 정치동학의 결과였다고 판단한다.

---

122. 위의 책, p294.

'백제의 남쪽 땅' 영산강 정치체의 소멸

반파의 전쟁이 백제·응신왜의 승리로 종결되고 15년~20년의 세월이 흐른 AD 530~540년경, 백제는 가야에게 다시 한번 강수를 둔다. 가야권역에 군령·성주를 파견하는 방식으로 본격적으로 파먹기 시작하였다. 그 직전인 527~528년에 있었던 '반정의 전쟁'으로 가야의 뒷배이던 숭신왜가 몰락한 것을 시대적 배경으로 짐작한다. 541년이 되면 '임나하한(任那下韓)'이라는 지명이 공식적으로 등장하는데, 아마도 그로부터 수년 전부터 백제가 임나로부터 빼앗은 지역을 '임나하한'으로 지칭한 듯하다.

⑮ 〈백제의 임나하한 확보 확인〉 흠명천황(欽明天皇) 2년(AD 541) 7월

"백제는 기신나솔(紀臣奈率) 미마사(彌麻沙), 중부나솔(中部奈率) 기련(己連)을 보내어 하한·임나의 정사〈下韓·任那之政〉를 보고하고 아울러 표를 올렸다.(百濟遣 紀臣奈率彌麻沙中部奈率己連 來奏下韓任那之政 并上表之)"[123]

⑯ 〈임나하한에 대한 왜의 관심〉 흠명천황(欽明天皇) 4년(AD 543) 11월

"진수련(津守連)을 보내어 백제에 조하여 '임나의 하한〈任那之下韓〉에 있는 백제의 군령(郡令)·성주(城主)는 일본부에 귀속하라'고 하였다…(중략)…세 사람의 (백제)좌평(佐平)들이 '하한(下韓)'에 있는 우리 군령·성주 등을 내보내면 안 됩니다. 나라를 세우는 일은 빨리 조칙을 듣는

---

123. 위의 책, p321.

것이 옳습니다'라고 답하였다.(遣津守連 詔百濟曰 在任那之下韓 百濟郡令 城主 宜附日本府…三佐平等答曰 在下韓之 我郡令城主 不可出之 建國之事 宜 早聽聖勅)"[124]

⑮, ⑯의 두 기사는 백제가 흠명 2년(AD 541) 이전에 임나하한으로 진출하였음을 시사한다. 계체천황 25년(AD 531)의 사망기사에는 백제가 안라로 군대를 보내어 걸탁성을 설치한 기록이 있다. 그래서 백제의 임나하한 장악은 반파의 전쟁 시기(527~528)에서부터 540년 사이의 일로 짐작된다. 그런 와중인 532년 신라가 금관가야를 합병하는 대형사건이 일어났다.

임나하한은 흔히들 경상도의 가야소국으로 보고 있지만 필자는 10장에서 언급한 것처럼 임나사현을 제외한 전라남도 중서부로 간주한다.(구체적으로는 영산강유역으로 짐작한다.) 백제는 전라남도 서부의 임나하한과 호남동부의 가야권역은 비교적 수월하게 장악하였지만 가야·규슈왜 연합의 강한 반발에다 신라의 견제로 인하여 소백산맥 동쪽(경상도 방면)의 가야소국들을 병합하는 데는 실패하였다. 나머지 경상도 쪽의 가야는 결국 신라가 합병하게 된다.

백제는 이즈음, 임나하한을 남한(南韓)으로 지칭하며 자신들의 남쪽 땅임을 은근히 내세우고 있었다. 하한, 즉 남한에 진출하여 군령·성주를 설치한 데 대한 나름의 논리를 갖고 있었다는 뜻이다. '가야(임나) 소국들을 보호하고 신라를 견제할 목적'이라는 성왕의 해명이 일

---

124. 위의 책, pp321~322.

본서기에 기록되어 있다. 성왕의 말을 곧이곧대로 받아들이면 하한(남한)은 신라에 가까운 최전선의 느낌이 묻어난다. 지금까지 한일 역사학계의 인식도 대체로 그러하였다. 10장에서 언급하였던 성왕의 발언을 다시 인용해 본다.

⑰〈임나하한(남한) 진출에 대한 성왕의 해명〉흠명 5년(AD 544) 11월

"또 남한(南韓)에 군령과 성주를 두는 것은 어찌 천황에 위배하여 조공하는 길을 차단하는 것이 될 것인가. 내가 바라는 바는 다난함을 구제하여 강적을 타파하는 것이다. 그 흉당(凶黨 신라)이 누군가(고구려를 암시함)와 연합할 것을 도모하지 않을 것인가. 북적(北賊 고구려)은 강하고 우리나라는 약하다. 만일 남한(南韓)에 군령과 성주를 두어 수리하고 방어하지 않으면 이 강적을 막을 수가 없다. 신라도 막을 수가 없다. 지금 (군령·성주를)두어 신라를 치고 임나를 보존하려고 하고 있다. 그렇지 않으면 멸망하여 조공을 하지 못할 것이라는 것을 천황에 주상하려는 것이다.(猶於南韓 置郡令城主者 豈欲違背天皇遮斷貢調之路 唯庶剋濟多難殲撲强敵 凡厥凶黨誰不謀附 北敵强大 我國微弱 若不置南韓郡令城主 修理防護 不可以禦此强敵 亦不可以制新羅 故猶置之 攻逼新羅撫存任那 若不爾者 恐見滅亡 不得朝聘 欲奏天皇)"[125]

앞에서 밝힌 것처럼 역사학자들은 하한을 임나(=가야)의 일부이거나 심지어 별칭으로 생각하는 경향이 있다. '하한은 곧 임나'라는 해석

---

125. 위의 책, pp329~330.

이다. 그럴 경우 성왕의 설명은 큰 무리 없이 설명되는 것처럼 느껴진다. 백제가 신라를 견제한다는 명분으로 대가야와 안라 등 신라국경과 가까운 가야땅에 군대를 파견하고 군령·성주 등 지방장관직을 배치하며 직접지배를 추진하였다고 풀이하였다. '임나하한'은 동일지명의 반복이거나, 굳이 구분한다면 임나의 영역 가운데 백제가 군령·성주를 두어 확보해버린 일부지역을 의미하는 말로 간주하였던 것이다. 예컨대 백제 군령·성주에 대한 김현구의 설명은 이와 같다.

"그런데 백제가 배치한 군령이나 성주는 그 명칭으로 보아서 지방장관의 명칭임에 틀림없다고 생각된다. 따라서 늦어도 6세기 중반까지는 백제가 그 지방장관을 가야 지역에 배치하여 직접지배를 시도한 셈이 된다."

"그런데 백제군의 가야 진주나 지방장관의 배치는 남가야가 멸망하는 532년까지는 고령가야를 중심으로 한 북부가야 지역에 한정되어 있었던 것으로 생각된다."

"백제의 지방장관(군령·성주) 배치가 고령가야 등 북부가야에 한정되어 있었다."는 김현구의 언급에서 보듯 사학자들은 '군령·성주를 설치한 하한'을 가야와 동일시하거나 심지어 가야북부로 간주하였던 것이다. 그러나 '임나지(之)하한'은 문자 그대로 '임나의 아래쪽(=남쪽)에 위치한 또 다른 한(韓)'을 말한다고 보는 것이 합리적이다. 임나와 하한은 지리적으로 구획될 뿐 아니라 방위적으로도 하한은 임나의 아래쪽, 즉 남쪽으로 보아야 자연스럽다.

하한을 '임나의 남쪽'이라는 시각에서 볼 때 안라(安羅)가 첫 번째 후보지로 부상한다. 하(下)는 아래를 뜻하니 '아라'이고 한(韓)은 가라와 같은 말로 보아 아라가야(阿羅加耶), 즉 안라라고 풀이하는 논지이다. 학계일반에서는 백제가 신라를 견제하기 위해 군대를 파견하려는 지역을 안라 일대로 해석하니 '하한=안라'설이 성립할 여지는 충분하다. 특히 AD 531년 계체천황 사망기사에 백제가 안라로 군대를 진주시키고 걸탁성을 설치했다는 기사까지 있으니 '하한=안라설'은 매우 굳건해 보인다. 그러나 흠명 5년(AD 544) 3월의 일본서기에는 "무릇 임나는 안라를 형으로 알고 있습니다. 오로지 그 뜻을 따릅니다.(夫任那者 以安羅爲兄 唯從其意)"라고 나온다. 흠명 시절의 아라가야(안라)는 임나의 중심지로서 임나와 구분된 별도의 땅(하한)으로 보기 힘들다.

흠명 5년(AD 544) 2월조에서 "후에 진수련이 여기를 지나갈 때 '지금 내가 백제에 파견되는 것은 하한에 있는 백제의 군령, 성주를 퇴거시키려고 함이다.(後津守連 遂來過此 謂之曰 今余被遣於百濟者 將出在下韓之 百濟郡令城主)"라고 말한 부분도 중요하다. '여기'는 일본부가 위치한 안라이다. 진수련이 안라를 지나가면서 '하한에 있는 군령·성주' 운운하고 있으니 하한은 안라와 다른 곳임을 암시한 셈이다. 만약 안라가 하한이라면, 진수련은 '이곳에 있는 백제 군령·성주'라고 말해야 마땅하지 '하한에 있는 백제 군령·성주'라고 표현하지 않았을 것이다. 진수련의 말을 통해서도 안라와 하한은 별도 지역임을 짐작할 수 있다.

안라가 하한이 될 수 없다면 더 아래쪽에서 후보지를 찾아야 한다. 안라가 위치한 함안보다 남쪽이라면 경상남도 해안지역 뿐이다. 김해의 금관가야는 532년 이미 신라에 합병된 만큼 하동에서 사천, 고성을 거쳐 창원에 이르는 선의 이남지역이 남게 된다. 한마디로 고성을 중심으로 한 소가야 영역이다. 그런데 하한을 소가야 영역으로 비정하면 지나치게 협소하다. 외교적 의미가 있는 지역으로 간주하기 힘들고 더구나 전체 가야(임나)와 '병존'한 정치체로 인식하기 어렵다. 앞의 ⑮기사, 즉 흠명 2년 7월조는 '하한과 임나'라고 지칭하며 하한을 임나에 앞세우고 있다. 이 말은 하한이 임나보다 넓거나 비슷한 크기임을 암시한다. 또한 6세기 초, 백제가 경남 해안지역에 군령·성주를 설치하고 직접지배를 했는지는 극히 의문스럽다. 고성 송학동고분군 등 6세기 소가야 유물에서 백제와 교류한 흔적은 찾을 수 있지만 정복된 단서는 없다. 일본서기 흠명 5년(AD 544) 11월 기사도 감안해야 한다.

⑱ 〈구차국의 존재를 확인해 주는 기사〉흠명천황 5년(AD 544) 11월

"일본의 길비신(吉備臣), 안라(安羅)의 하한기(下旱岐) 대불손(大不孫)과 구취유리(久取柔利), 가라(加羅)의 상수위(上首位) 고전해(古殿奚)와 졸마군(卒麻君), 사이기군(斯二岐君)과 산반해군(散半奚君)의 아들, 다라(多羅)의 이수위(二首位) 흘건지(訖乾智), 자타(子他)의 한기(旱岐), 구차(久差)의 한기(旱岐)가 백제에 갔다.(日本吉備臣 安羅下旱岐大不孫·久取柔利 加羅上首位古殿奚·卒麻君 斯二岐君 散半奚君兒 多羅二首位訖乾智 子他旱岐 久嵯旱

岐 仍赴百濟)"[126]

　위의 ⑱기사에 나오는 '구차(久差)'는 고성의 소가야를 말하는데 독립적인 소국으로 외교무대에서 활동하고 있음을 알 수 있다. 또 백제가 경남 해안지역을 장악했다면 고령의 대가야나 함안의 안라는 일본과 통하는 교통로가 차단된 셈인데 그런 증거는 찾기 힘들다. 한마디로 소가야 영역인 경남 해안을 임나하한으로 판단하기는 어렵다.

　이즈음에서 일본서기에 나오는 성왕의 발언을 비판적으로 살펴볼 필요가 생긴다. 남한, 즉 임나하한에 군령·성주를 배치한 배경과 관련한 성왕의 언급이 시대적으로 설득력이 낮기 때문이다. 일본서기에 나오는 성왕의 발언으로 판단할 때 이 시기를 담당한 일본서기 편찬자는 임나와 하한을 제대로 구분하지 못했거나 성왕이 하지도 않은 발언을 '적당히 창조'한 것이 분명하다. 이 부분은 매우 중요하면서도 복잡하게 엉켜있으므로 실타래를 천천히 풀어야 한다.

　최우선적으로 염두에 둘 것은 백제 군령·성주의 일본부 배속 시도는 실패하였다는 사실이다. "임나의 하한〈任那之下韓〉에 있는 백제의 군령·성주는 일본부에 귀속하라고 하였다"는 흠명 4년(AD 543) 11월의 ⑯기사가 실행되었다면 일본서기는 대서특필하였을 것이다. 하지만 그런 흔적은 찾을 수 없다. 이는 곧 백제가 (군령·성주를 배치한)임나하한을 결국 차지하였음을 의미한다. 그런데 백제가 6세기 초중반에 장악한 지역은 영남의 가야본토가 아니라 전남의 영산강유역이다.

---

126. 위의 책, pp328~329.

이 점이 하한(남한)의 실체를 밝히는 데 결정적인 단서가 된다.

특히 ⑰번 기사의 성왕 발언은 시기적으로 맞지 않으며 역사적 사실성도 부족하다. 성왕이 경계한 '고구려-신라 동맹'은 AD 400년경 광개토대왕 시절의 일로서 AD 540년대와 부합하지 않는다. 427년 장수왕이 평양으로 천도하고 고구려가 남방에 압박을 강화하자 백제와 신라는 433년 동맹을 맺었다. 475년 장수왕이 한성백제를 공격해 백제 개로왕이 전사하자 신라는 문주왕자에게 1만 군대를 지원해 웅진 천도를 지원할 정도로 나제관계는 돈독하였다. 100년 넘게 굳건히 유지돼 온 나제동맹은 AD 550년에는 고구려를 공격해 한강유역을 나눠 가졌다.

이런 점을 감안할 때 나제동맹이 단단하던 AD 540년경에 백제왕이 신라의 침공과 고구려·신라의 연합에 대비해 하한(남한)으로 진출하였다고 해명하는 것은 설득력이 약하다. 신라가 금관가야를 합병한 데 이어 가야소국들을 호시탐탐 노리고 있었던 것은 사실이지만 '고구려와 손잡고 가야나 백제를 침공할 상황'은 전혀 아니었다. 당시 백제-신라 관계는 우호적이었다. 만약 백제가 가야를 도와 신라를 견제하려 들었다면 나제동맹은 더 일찍 파탄이 났을 것이고 백제는 더 큰 정치적 손해를 입을 수 있었다. 아울러 나제동맹군의 고구려 협공도 이뤄질 수 없었다. 따라서 '신라와 고구려가 동맹을 맺고 가야땅을 침공하려 시도한다'는 주장은 AD 540년의 시대상황에 부합하지 않는다. 일국의 왕이 상황에 맞지 않는 말을 하면 국내외의 신뢰를 얻기 힘들다. 백제 성왕이 하한에 군령·성주를 배치한 것에 대해 해명했을 수는 있지만 일본서기에 적힌 것과 같은 '허튼 설명'을 했을 리 없다.

성왕이 신라와 전쟁하는 것은 AD 553년 신라 진흥왕(眞興王)이 백제가 차지한 한강 하류지역을 점령하고 신주(新州)를 설치한 이후의 일이다. 그런 점에서 '일본서기에 기록된 성왕의 발언'은 기본 전제부터 허위라고 하겠다. 신라를 흉당(凶黨)이라고 지칭하며 '미리부터 적대시하는' 성왕의 544년 발언은, 나제동맹이 최종적으로 파탄된 사실을 알고 있는 백제본기 또는 일본서기 편찬차가 '훗날에 창조'하였다고 볼 수밖에 없다.

일본서기 편찬자는 540년대 임나와 하한의 지리형태나 정치실상을 파악하지 못하고 혼란상에 빠져 있었던 것이 분명하다. '하한과 임나의 정사(下韓·任那之政)' '임나의 하한〈任那之下韓〉'이란 표현처럼 하한을 임나와 분리하기도 하고 하한을 신라국경과 가까운 임나의 일부처럼 묘사하기도 한다. 백제 성왕이 임나재건을 공언했던 사실과 하한을 장악하고자 시도했던 사실을 구분하지 못하고 혼재해 기술하고 있는 것이다. 아마도 한반도 남부의 정치지리에 익숙하지 못한 후대의 편찬자가 백제와 신라가 격렬히 전쟁한 AD 553년의 이후의 상황을 540년대로 소급적용하는 시대착오를 범한 것 같다. 즉 성왕이 군령·성주를 보내어 장악한 하한은 신라와는 큰 관련이 없는 일인데도 일본서기는 마치 신라의 침공으로부터 임나(가야)를 방어하기 위한 전략인 것처럼 기술하였다. 그 결과 하한은 임나와 구분되는 땅이라는 기본정보를 전하면서도 하한=임나로도 해석되는 자가당착을 수시로 범한 것이다.

백제 성왕의 발언록을 통해서는 하한을 남한(南韓)으로 불렀다는 사실 외의 유의미한 정보를 획득하기는 어렵다. 하한을 남한으로 언급한 ⑰기사의 가치는 작지 않다. 방위적으로 백제의 '남쪽'에 위치해 있음을 말해주기 때문이다. 참고로 일본서기에서 대체로 AD 5세기 이전의 한(韓)은 가라를 말하지만 5세기 이후의 한(韓)은 주로 백제를 의미하는 것으로 알려져 있다. 그러므로 AD 6세기의 성왕이 말하는 '남한'이란 '백제의 남쪽땅'을 의미한다. 남한이란 표현에서 하한의 실제 위치를 포착할 수 있을 것이다. 사설이 길었지만 위에서 언급한 여러 가지 사안들을 종합적으로 검토할 경우, 백제가 지칭하는 남한을 영산강유역으로 지목하는 것은 허황된 판단이 아니다.

그런데 필자는 백제가 영산강유역을 침공하여 자신의 토지로 합병한 것은 단순히 영토확장의 목적만은 아니라고 여긴다. 가야계 숭신왕조와 백제계 응신왕조 간의 일본열도 패권전쟁에서 백제와 영산강 정치체는 정반대 위치에 섰다고 짐작하는데, 이 점 때문에라도 백제는 영산강유역을 확보해야 할 시급성과 명분을 지녔다고 여겨진다. 이에 대해서는 이어지는 12장에서 재론할 예정이다.

12장
영산강 전방후원분의
진실

　나주를 위시한 영산강유역에서 가장 흥미로운 고분은 전방후원분(前方後圓墳)이다. 영산강유역의 전방후원분은 지금까지 16기가 확인되었는데 앞으로 더 발견될 수 있다. 왜의 고분양식이 분명한데 열도의 전방후원분에 비해 시기적으로 후대이고 규모도 왜소하다. 그러므로 전방후원분이 영산강유역에서 일본열도로 전해진 것이라는 논리는 성립하기 힘들다. 전방후원분이 압록강유역 고구려에서 기원하여 일본열도로 건너갔다고 주장하는 대담한 학자도 있지만, 적어도 영산강 전방후원분은 내부양식과 유물 등으로 판단할 때 규슈에서 전래되었다는 것이 정설이다. 나주 영동리고분 피장자와 현대 규슈인의 DNA가 일치한다는 연구성과도 나왔다. 영산강세력과 규슈간의 깊은 관련성이 확인되는 대목이다.

　영산강 전방후원분에서는 식륜(埴輪 하니와)을 비롯한 왜계유물이 쏟아져 나오는데 열도의 정치세력과 밀접한 관계가 있는 것은 아닐까? 왜인들이 정말로 전남지방을 정복한 증거인가? 임나일본부설의 방증인가? 임나일본부설에 놀란 한국 사학계·고고학계는 잔뜩 긴장한 채 적절한 해답을 내놓지 못하고 있다. 최선의 방안은 침묵이요 외면일 뿐이다.

그러나 크게 긴장할 이유는 없다. 영산강 전방후원분은 현지세력이 나름의 필요성에서 열도의 정치세력과 제휴하고 그 힘을 활용한 흔적일 뿐이다. 이른바 야마토조정이 한반도 남부를 정복하고 경영한 증거는 될 수 없다. 이번 장에서는 영산강 전방후원분이라는 '창(窓)'을 통해 5~6세기 한반도와 일본열도의 정치체 간에 복잡미묘하게 펼쳐진 외교군사적 실상을 들여다본다.

5~6세기 영산강 전방후원분의 등장

영산강유역이 백제와 구분되는 독자적인 세력권이라는 고고학적 증거는 5세기 후반~6세기 초반 전방후원분(前方後圓墳)이 조성된다는 사실이다. 한마디로 전방후원분은 영산강 고분문화의 최대 특징이다. 현재까지 최소 16기가 확인되면서 한일 고고학계에 적잖은 파장을 불러일으켰다. 전통타악기인 장고처럼 생겼다고 해서 현지에서는 주로 '장고분(長鼓墳)'으로 불리는데 근자에는 '전방후원형 고분'이라는 어정쩡한 이름을 붙이기도 한다. 일본식 전방후원분과의 관련성을 배제하고픈 심리라고 이해되지만 외형이나 내부구조, 출토물 등으로 볼 때 '전방후원분'이라고 곧장 지칭하는 것이 옳다고 여긴다.

현재까지 발견된 전방후원분으로는 광주 월계동 1,2호분, 광주 명화동고분, 전남 영광군 월산리 월계고분, 담양군 고성리고분과 성월

전남기념물 제152호 함평군 손불면 죽암리고분, 전체 길이 70m, 높이 8m

리고분, 함평군 장년리 장고산(長鼓山)고분, 함평군 마산리 표산(杓山)
고분군 중 제1호분, 함평군 죽암리고분, 함평군 신덕고분, 영암군 자
라봉고분, 해남군 용두리고분과 방산리고분, 강진군 영파리고분, 전
북 고창군 칠암리고분 등이 꼽힌다. 시기적으로 5세기 중후반부터 출
현하여 동시다발적으로 조성되다가 50여 년이 흐른 뒤 6세기 전반,
한순간에 조영이 중단된다. 전방후원분이 확인되는 지역은 대형옹관
묘 조성 영역에 비해, 동심원은 조금 작지만 지리적으로 겹쳐지는 특
성이 보인다.

　다만 영산강유역 전방후원분의 규모는 수백m에 이르기도 하는 열
도의 전방후원분에 비해 왜소하다. 국내 최대로 확인된 해남 용두리
고분의 길이가 77m, 두 번째인 함평 장고산고분이 70m이다. 전방후
원분치고는 소형분이라는 데는 적잖은 의미가 담겨 있다. 또 밀집된
형태가 아니라 1,2기씩 산재(散在)하는 점도 영산강 전방후원분이 지
닌 중요한 특징이다. 이 역시 무덤의 조성경위와 매장 주체에 대한 유
의미한 증언이 된다.(영산강유역 전방후원분의 외형과 존재양태에 담긴
의미는 뒤에서 상술한다.)

　영산강 전방후원분의 양식이 일본열도에서 유래했다는 데는 별다

른 이견이 없다. 1980년대 이후 영산강 일대에 전방후원분이 존재한다는 사실이 드러나고 실제 발굴에서도 왜색(倭色)이 확인되면서 한일 고대사, 특히 임나일본부설과 관련해 비상한 관심을 모았다. 임나일본부설의 증거가 될 수도 있다는 휘발성 때문임은 물론이다. 경북대 박천수 교수는 '영산강유역 전방후원분을 통해 본 5~6세기 한반도와 일본열도'라는 논문에서 "한국측 일부 연구자 중에서는 임나일본부와 관련을 우려하여 전방후원분의 존재를 의도적으로 회피하거나 또는 부정하려는 현상조차 보인다."고 지적하기도 하였다.[127] 앞서 3부 도입부(p296)에서 언급한 것처럼 해남군 방산리 장고봉고분을 발굴 4개월 만에 서둘러 덮은 것도 이런 맥락이다. 그러나 어떠한 선입견도 배제하고 고대의 진상으로 다가가는 용기가 필요한 지점이 바로 영산강 전방후원분이다. 지금껏 영산강 전방후원분의 진상이 흐릿한 이유는 일본과의 관련성을 애써 부인하고 임나일본부설을 부정하는 데 초점을 맞춘 결과이다. 건강하고 튼실한 연구결과를 생산하지 못한 것은 국가위신, 반일감정이라는 편견이 눈을 가린 결과라고 해도 크게 틀리지 않다.

영산강 전방후원분에 대한 기존의 시각

영산강유역에 일본열도 양식의 고분을 만든 주인공은 누구인가? 전방후원분 조영집단과 관련한 국내와 일본학계의 논리는 다양하였다.

---

127. 충남대학교, 백제연구 43집, 2006.

일본이 파견한 왜인설, 백제가 파견한 왜인설, 재지세력설, 열도로 건너갔던 마한 후예의 귀향설 등 수없는 학설들이 쏟아졌다. 영산강 전방후원분에 묻힌 주인공과 조성주체를 둘러싸고 입 가진 학자마다 나름의 주장을 펼친 바람에 실체 파악은 뒷문제이고 여러 학설들을 정리하기조차 벅찰 정도이다. 전방후원분의 유물에서 확인되는 백제계, 가야계, 신라계, 왜계 등 복합적인 문화요소도 조영주체 파악을 힘들게 만든 요인이었다. 그럭저럭 세월이 흘러가면서 국내에서는 왜계 백제관료설(=백제 주체설)과 토착세력 조영설, 그리고 열도에 살던 마한계 귀환설 등 3갈래로 정리돼 가는 느낌이다.

첫째, 왜계 백제관료설은 백제가 대(對)고구려, 대(對)가야 전선에 활용하기 위해 초빙해 온 왜국 무장세력 수장급의 무덤으로 보는 입장이다. 한성에서 웅진으로 천도한 뒤 영산강유역을 통치할 준비가 부족했던 백제가 야마토(大和)정권이 보내준 왜계 무장들을 파견해 이곳을 통치하였으며 전방후원분 피장자는 규슈 출신 왜인이라는 견해들이 제기되었다. 백제가 왜국 무장을 빌려 온 배경을 놓고서는 ①'영산강 호족들을 제압하기 위해서'란 설명과 ②'대가야의 침공을 저지할 목적'이란 학설이 엇갈린다. 오슬로국립대 한국학과의 박노자 교수는 "백제왕들이 영산강유역 호족을 누르기 위해 왜 계통의 친(親)백제 호족들을 일종의 관리자로 파견했을 가능성이 많다는 게 일부학자들의 의견이다."라고 설명하였다.[128] 반면 경북대 박천수 교수는 백제가 대가야를 견제하기 위해 규슈지역의 전사단(戰士團)을 영산강유역에 초

128. 박노자, 거꾸로 보는 고대사, 한겨레출판, 2010, p285.

청하였다고 본다. 이런 맥락에서 영산강 전방후원분 피장자들을 '왜계 백제관료'라고 표현하였다. 박천수는 470년대를 전후하여 백제의 필요에 의해 초청된 규슈의 전사단과 수장이 귀국하지 않고 전남지역에 배치되어 백제 왕권에 봉사한 후 영산강유역에 매장된 것으로 추정하였다.[129]

"영산강유역 전방후원분의 매장주체부인 횡혈식석실은 평면장방형의 평천정(平天井)을 가진 문주석(門柱石)과 요석을 세우고 석실을 적색안료(赤色顔料)로 채색하는 특징을 가진 것으로 규슈지역에서 그 계통을 찾을 수 있다…(중략)…영산강유역 전방후원분의 피장자는 석실의 유형, 조산(造山)고분의 하네키형 조개팔찌의 분포, 에타후나야마(江田船山)고분의 부장품과 같은 백제산 문물의 분포, 단독으로 돌연 출연하는 과정 등으로 보아 북부 규슈에서 아리아케카이(有明海) 연안에 걸친 지역에 출자를 둔 왜인으로 판단된다."[130]

둘째, 토착세력 조영설은 영산강세력이 백제의 남진에 따른 위험에 대처하기 위해 열도식 전방후원분을 스스로 도입했다는 학설이다. 당시 영산강유역은 백제·신라·가야·왜(倭)와 폭넓게 외교하는 독자세력권이었는데 열도와 교류하는 과정에서 알게 된 전방후원분을 적극 조영함으로써 대내외에 존재감을 과시하려 했을 가능성에 주목한 논리

---

129. 박천수, 새로 쓰는 고대 한일교섭사, 사회평론, 2007, p282.
130. 위의 책, pp269~270.

이다. 특히 백제가 남하하면서 영산강유역을 압박하자 영산강 호족세력이 왜와 친밀함을 과시하기 위하여 왜의 묘제를 썼다고 풀이한다. 영산강유역 전방후원분이 형태만 전방후원분일 뿐 위세품(威勢品)은 백제나 가야산이고 일반유물은 토착세력의 사용품이라는 점을 근거로 매장 주인공을 재지호족으로 판단한다.

셋째, 매장 주체가 '일본에서 귀환한 마한인'이라는 독특한 가설로서 전남대 임영진 교수가 주도하고 있다. 당시 일본열도에는 고구려·백제·신라·가야와 함께 마한에서 건너간 사람들도 상당수 살고 있었는데 백제의 남하 속에 마한계의 도일이 늘어났다고 본다. 그러던 중 6세기경 야마토정권과 반정(磐井 이와이) 세력이 각축하는 정치적 격변으로 마한인이 일본에서 살기 힘들게 되자 북규슈에 살던 마한세력이 고향으로 되돌아왔으며 그들이 사망하자 열도시절에 썼던 장고분을 남겼다고 풀이하였다. 도식화하면 '백제의 남하→일부 마한세력의 규슈 망명(마한 주력은 영산강유역에 잔류)→규슈지역에 정치적 격변 발생→망명한 마한세력의 귀향→사망 후 전방후원분 조성'이라는 내용이다.

3가지 가설 중에서 국내 사학계·고고학계의 대세는 왜계 백제관료설(=백제 주체설)이다. 결국 무덤의 주인공은 '왜인'이지만 그들을 영산강유역으로 초치한 것은 '백제조정'이라는 어정쩡한 타협논리가 정통학설로 자리매김한 셈이다. 다만 전남권 지식사회에서는 토착세력 조성설이나 마한계 귀환설이 상당한 지지층을 확보하고 있는 느낌이다.

반면 다수의 일본연구자들은 영산강 전방후원분이 임나일본부의 고고학적 증거가 아닐까 하는 다소 음흉한(?) 관점에서 접근한다. 매장자는 당연히 왜인이며 그들을 파견한 주체는 야마토(大和)조정으로 간주한다. 즉 기나이의 야마토정권에서 한반도로 파견(또는 출병)한 군대의 지휘관들이 현지에서 사망한 뒤 왜의 장묘양식대로 묻힌 것으로 본다. 다 죽었던 임나일본부설이 새로운 힘을 얻는 분위기도 엿보인다. 일본학자 가운데 소수지만 무덤 주인공을 관료·상인으로 보는 시각도 있다. 즉 영산강유역은 중국과 일본열도를 연결하는 해상무역로의 중간기착지이자 철(鐵)공급지였으며 이곳에는 왜의 주재관이나 무역상들이 상당수 거주했다고 추정한다. 그런 관료·상인들이 사망하자 고향의 무덤인 전방후원분을 쓰지 않았을까 하는 추측이다. 5세기의 영산강유역에 모한(慕韓)이라는 독립세력이 존재했다고 보는 아즈마 우시오(東潮) 등이 이런 식의 가설을 제기하고 있다.

기존 학설에 대한 평가

영산강유역 전방후원분의 매장 주체와 조성 경위에 대한 한국학자들의 설명이 다소 복잡하고 특이한 논리라면, 일본연구자들의 풀이는 단순하고 명료한 편이다. 한국 역사·고고학계가 상대적으로 곤혹스럽다는 반증일 것이다. 그렇지만 필자는 영산강유역 전방후원분에 대한 한일학계 모두의 기존 해석은 설명력이 부족하거나 심각한 문제점을 갖고 있다고 본다. 정확한 평가와 시정노력이 불가피해 보인다.

먼저 일본학자들이 내세우는 '야마토조정이 파견한 왜인 무장 매장설'에는 동의할 수 없다. 5세기 후반~6세기 초반 당시 기나이의 야마토조정은 영산강유역으로 군력을 투사할 처지가 되지 못하였다. 규슈마저 통합하지 못했던 야마토조정이 바다 건너 영산강유역으로 진출하기란 현실적이지 않다. 사실 영산강유역은 기나이 정치체와 별로 가깝지 않았다. 영산강과 연계된 열도세력은 해상로로 곧장 이어지는 규슈의 정치체였다. 영산강 전방후원분이 기나이 양식이 아니라 규슈식이라는 점이 무엇보다 중요하다.

'왜상(倭商) 조성설'도 높은 점수를 주기 어렵다. 일본의 상인·관료가 영산강유역에 얼마나 주재했는지, 그들의 사회적 위상이 어느 정도였는지는 사료가 없어 판단하기 힘들지만 전방후원분은 많은 수하를 거느린 최고지배층의 무덤이라는 점에서 평범한 상인이나 해외주재관이 묻혔을 것이란 추론은 선뜻 동의하기 어렵다. 수천 기의 전방후원분이 존재하는 일본에서도 상인이나 중하위관료가 묻힌 전방후원분이 발견됐다는 소식은 들어보지 못했다.(다만 영산강유역이 중국에서 한반도를 거쳐 일본으로 향하는 동북아 해상교역로의 중간거점이라는 점에서 중개지 기능을 수행했을 가능성은 크고 열도인들이 진출하여 무역활동을 벌였을 개연성은 충분하다. 영산강유역에서 무역활동에 종사한 열도인이 보통 상인이 아니라 정치체와 연계된 거물급이라면 이야기는 달라진다. 다음절에서 상세히 언급한다.)

국내학계의 논리도 오십보백보 수준이다. 가장 유력한 설로 평가되는 '왜계 백제관료설'부터 살펴보자. '백제가 야마토(大和)정권이 보내준 관료·무장들을 영산강유역에 배치하여 약 50년간 현지를 통치하였다'는 것이 핵심내용이다. 6세기의 백제에서 '기신나솔 미마사(紀臣奈率 彌麻沙)'와 '물부련나솔 용기다(物部連奈率 用奇多)' 등 왜계 외교관료가 목격되는 것은 사실이다. 그러나 이들 외교관이 죽은 뒤 영산강유역에 묻힐 이유를 찾기는 어렵다. 사실 '왜계 백제관료설'은 개념부터 모호하다. 백제가 영산강유역에 배치했다는 왜인들은 '관료'가 아니라 '장수'라고 표현해야 정확하다. 백제에 붓을 다루는 공무원이 모자라서 영산강유역을 다스리기 힘들었을 리 없고 칼을 쓰는 무력(武力)이 부족해 왜에 손을 벌렸다는 것이 전제조건이다. 결국 왜의 군대를 빌려서 영산강유역을 통치했다는 논리이다. 그렇다면 그 군대의 지휘자는 '왜계 백제관료'가 아니라 '왜계 백제무장'으로 불러야 옳다. 혹여 '무장도 관료에 포함된다'고 얼버무린다면 말장난에 가깝다.

왜계 백제관료설의 본질적인 문제점은 '남의 군대를 빌려 변방지역을 통치하였다'는 핵심내용 그 자체에 있다. 백제 처지만 생각하면 그럴싸해 보이지만 왜의 입장을 감안하면 설득력이 약하다. 외부에 군사를 보내고도 병력이 넉넉한 나라는 드물기에 군대는 가능한 아끼려든다. 다만 위태로운 동맹국을 지원함으로써 자국의 위험을 사전에 차단할 목적이거나 반대급부가 대단히 클 경우에 한정적으로 군대를 파견한다. 그런 점에서 '타국〈백제〉의 지방행정을 돕기 위해 군대를 빌려줬을 것'이란 상정은 왜국의 입장에서는 개연성이 낮다. 이웃 나라가 '변방을 통치하기 여의치 않다'며 군사지원을 요청했다면 그 지역은 무주공산에 가깝다. 정상적인 나라라면 선뜻 군대를 보내 남 좋은 일 시키기보다는 직접지배를 시도했을 것이다. 군대파견의 대가로 받는 보상이 직접지배의 이익을 능가할 수는 없기 때문이다. 그런 점에서 왜가 (뚜렷한 보상도 없이)수십 년간 군대와 장수를 파견하여 백제의 영산강유역 통치를 도왔을 것이란 가설은 왜인들을 지나치게 호구(虎口)로 간주한 느낌이다. 아울러 '권력은 총구에서 나온다'는 원리를 적용하면 특정지역의 실질적 지배권은 군대를 빌린 쪽이 아니라 군대를 파견한 쪽이 갖게 마련이다. '백제의 영산강 통치에 봉사한 왜인들 무덤'으로 설명하는 왜계 백제관료설을 따를 경우 '영산강유역의 진짜 지배자는 백제가 아니라 왜'라는 논리를 제압해야 하는 부담을 안게 된다.

'왜계 백제관료설'의 세계관은 영산강유역민의 입장과도 충돌한다. 상관은 적을수록 좋다는 말처럼 이중지배를 당하기보다는 직접지배를 받는 편이 고통이 덜한 법이다. 영산강 호족들 입장에서는 구차하게 군대를 빌린 정치체〈백제〉의 지배를 받느니 더 강한 쪽〈왜〉의 지배를 선호하지 않았을까? 2등을 받들면 3등이 되지만 1등을 받들면 2등이 되는 것이 세상사의 이치이다. 그러므로 영산강유역 호족들이 모조리 바보가 아니라면 백제-왜 간의 역학관계를 파악하게 마련이고 '허약한 나라'를 통한 이중지배를 받느니 차라리 '강한 나라'에게 직접지배를 요청했을 것이다. 결론적으로 '왜계 백제관료설=백제 주체설'은 외교군사정책의 일반적인 작동원리나 지역통치방식과 부합하지 못한다는 점에서 군말 없이 수용하기는 힘들다.

둘째, 토착세력 조영설도 설명력이 부족하다. 영산강 전방후원분은 'OO고분군(群) 제O호분'처럼 군집의 형태가 아니라 넓은 평지나 전망 좋은 구릉에 한두 기씩 산발적으로 존재한다. 이는 피장자들이 '돌발적으로 출현한 외로운 권력자'였다는 증거이다. 본인 생전에만 권세를 누렸을 뿐 선대로부터 물려받은 권력이 아니며 아들·손자로 이어지지도 못했다는 의미가 담겨 있다. 만약 토착 호족의 무덤이라면 주변에 선·후대나 가까운 인척의 무덤이 반드시 자리하게 마련이다. 반남고분군이나 복암리고분군 등이 좋은 사례이다. 다만 영산강 전방후원분이 천 수백 년간 훼손되지 않고 전래된 점에서 재지사회와 그다지 적대적인 관계는 아니었음을 암시한다.

셋째, 마한계 귀환설도 동의하기 쉽지 않다. 민족의식이 확립되지 못했고 국적개념조차 희박했던 고대에 이런 일이 생길 가능성은 그리 높아 보이지 않는다. 마한사회에 유대교 같은 독특한 종교가 있었거나 열도인과 융화되기 힘든 강력한 풍습이 있었다는 증거가 없는 한 실재성을 인정하기 어렵다. 마한 후예 귀환설을 100% 수용하더라도 귀향한 마한인들의 묘제는 일본식 전방후원분이다. 조상의 장법(葬法)을 상실하고 열도의 장례문화에 이미 젖어들었다는 뜻이니 마한인의 정체성이 굳건했을 리 없다. 그런 사람들이 정치적 격변이 생겼다고 새삼 조상의 땅을 다시 찾았을까? 마한인들이 귀환할 대사변이라면 고구려·백제·신라·가야인들도 앞다퉈 귀국했을 것인데 그런 증거는 있는가? 이런 가설을 제기한 근저에 고대 마한인에 대한 애틋한 감정이 느껴지고 상상력 또한 나무랄 데 없지만 현실감은 들지 않는다. 설명이 어려운 답답한 상황에서 나온 정서적 가설로 여겨지는 만큼 정색하고 반박할 이유는 없어 보인다.

영산강 전방후원분의 새로운 해석 "쌀과 군대의 교환 증거"

기존의 설명체계에 대한 평가는 이 정도로 정리하고 이제는 필자의 의견을 제시할 차례이다. "모든 증거는 현장에 남아 있다." 수사나 취재의 기본명제는 역사적 진상의 탐구과정에도 적용된다. 영산강 전방후원분의 진실도 현장에 고스란히 남아 있다는 것이 필자의 진단이다. 이즈음에서 영산강 전방후원분의 현장상황을 다시 정리해 보자.

영산강유역 전방후원분 위치도

①나주평야를 중심에 놓고 영산강유역 넓은 지역에 흩어져 있다. 즉 산재성(散在性)이 최대 특징이다.

②주변에 다른 전방후원분 없이 1기(단독분)로 존재하거나 많아야 2기(광주 월계동고분) 정도이다. ③해안이나 하천변 등 선박으로 접근하기 용이한 지역이며, ④구체적인 입지는 낮은 구릉이나 평지 등 눈에 잘 띄는 곳에 조영되었다. ⑤전방후원분 치고는 소형분이다. 최대 고분의 길이가 77m이고 통상은 30~40m 크기이다. 수백m에 이르기도 하는 일본의 전방후원분에 비하면 소박한 편이다.(따라서 영산강 권역을 총괄하던 대왕이나 광역 수장급의 묘로 보기 어렵다.) ⑥조성 양식으로 보아 규슈식이다. ⑦영산강 전방후원분은 5세기 후반에 돌발적으로 출현했다가 50여 년이 흐른 6세기 전반에 일시에 사라진다. 이상의 7가지 특징에 누가, 어떤 경위로 영산강유역 전방후원분에 묻히게 됐는지, 그 진상이 고스란히 담

겨 있을 것이다.

　나는 영산강유역 전방후원분에 묻힌 주인공은 재지인이 아니라 왜인이라는 진단에 동의한다. ②에서 보듯이 단독분으로 존재하기 때문이다. '외로운 고분'의 의미는 피장자의 권력이 대대로 지속된 것이 아니라 당대에 그쳤다는 것이다. 한마디로 재지 토착세력이 아니라 외부인이 들어와 묻혔다는 것을 증언한다. 전방후원분에 묻힌 외부인은 왜인으로 봐야 옳다. 하지만 고분의 조성경위와 조성주체에 대해서는 일본학계의 '야마토 왜인설'이나 국내사학계의 '왜계 백제관료설'과 결정적인 차이가 있다. 즉 고분의 조성주체는 야마토왜나 백제가 될 수 없다고 판단한다. 영산강 전방후원분이 조성된 근본배경은 백제나 왜가 아니라 재지세력에게서 찾아야 한다는 것이 필자의 입장이다.(당시 시대상황을 감안한 판단인데 상세한 내용은 다음 절에서 서술한다.) 재지세력의 정치적 필요성에 의해 자발적으로 시행된 정책의 결과라는 점만 보면 '토착세력 조성설'과 맥이 닿는다. 그렇지만 전방후원분의 피장자를 토착호족이 아니라 규슈 출신의 무장으로 판단하는 점에서 무덤 주인공을 토착세력으로 보는 학설과는 완전히 다르다.

　영산강유역 전방후원분의 최대 특징은 위의 ⑥ 규슈양식이라는 점이다. 이 점을 소홀히 여겨서는 곤란하다. 그런 맥락에서 영산강 토착세력이 백제의 남하라는 정치적 상황변화에 대응하기 위해 '주체적으로' 규슈의 정치체에 군사적 지원을 요청하였고 규슈 출신의 무장이 영산강유역에 주둔하다가 사망하자 규슈의 장묘법대로 묻혔다는 새로운 해석을 제시한다. 다만 ⑤의 '전방후원분치고는 소형'이라는 점에서 영산강유역에 묻힌 장수의 위상이 대단히 높지는 않았다고 판단한다. 고분 규모로 미루어 매장 주인공의 수하는 '수백 명 수준'을 넘지 않았다고 짐작된다.(영산강 전방후원분 조성과정에 대한 토목공학적 연구결과는 발표되지 않았지만 '수십 미터 길이에 수 미터 높이'의 규모를 감안하면 '수백 명의 인력'으로 능히 감당할 수 있었을 것 같다.) ①넓은 지역에 소재해 있다는 데서 보듯이 영산강권 중심지인 나주평야를 호위하는 동서남북에 수백 명 단위의 규슈군 기지가 마련되었고, 각 주둔지의 지휘관이 사망했을 때마다 (소규모)전방후원분을 조성해준 모양이다. ④눈에 잘 띄는 곳에 묻어준 것은 백제를 의식하여 '규슈군대가 우리를 돕는다'는 것을 과시하려는 의도로 풀이할 수 있다.

물론 영산강유역과 규슈 정치체 사이에는 공통된 정치경제적 이해관계가 존재하였을 것이다. 규슈가 영산강에 군대와 장수를 파견해 도운 것은 백제의 남하를 저지하고 영산강세력을 유지하는 것이 자신들 국익에 부합했기 때문으로 보아야 한다. 그렇다. 세상에 공짜는 없다! 영산강세력이 규슈의 군대를 빌려서 백제 견제에 활용하였다면 규슈 측에게 그만한 대가를 제공해야 마땅하다. 그게 뭘까?

먼저 '쌀과 군대의 교환' 가능성이 제기된다. 영산강유역 전방후원분은 ③의 특징에서 보듯이 광주와 나주, 함평, 영암, 해남 등 쌀 생산지이면서도 해상반출에 유리한 서해안과 영산강변에 주로 소재하고 있다.(『한일 고대사의 재건축②』 12장에서 필자는 전방후원분의 전방부(前方部)를 '기마족이 열도로 진출할 때 타고 간 큰 배를 상징하는 제단'으로 풀이한 바 있다. 즉 원분 앞에 선박형 제단을 설치한 셈인데 전방후원분이 대체로 해변이나 하천 변 등 뱃길이 통하는 곳에 조성된 현상과 무관하지 않다고 여긴다.) 규슈군의 주둔지도 전방후원분 인근지역이었을 것이다. 5세기 후반부터 숭신왜가 서부로 후퇴하면서 규슈 일대의 인구가 늘었고 기나이평야까지 잃었기에 양곡 부족에 시달렸을 가능성이 높다. 기나이군과 싸울 병사들을 먹일 군량을 확보하는 일은 국가 대사이다. 쌀이 절실했던 규슈의 정치체가 한반도로 눈을 돌리는 것은 어색한 추리가 아니다. 물이 넉넉하고 들판이 넓은 영산강유역은 벼농사 역사가 길고 생산량도 많았다. 영산강의 쌀과 규슈의 병사를 교환한 증거가 영산강유역 전방후원분이 아닐까?

'영산강의 쌀을 규슈로 실어간 증거가 있느냐?'는 반론이 제기될 수 있다. 쌀과 군대를 교환한 1500년 전의 물증을 제시하기란 난감하지만 그렇다고 완전히 허황된 상상은 아니다. 두 개의 추정 근거가 있으니 ①'반정의 전쟁' 이후 규슈로 곡식을 보낸 응신왕조(야마토왜)의 정책과 ②열도의 보리를 백제로 실어보냈다는 일본서기 기록이다. 먼저 반정의 전쟁이 종식되고 8년이 흐른 AD 536년, 야마토왜국은 축자(규슈)에 곡물을 대거 운송하고 있다.(8장에서도 언급한 바 있다.)

①〈기나이 곡식을 규슈로 운송〉선화천황(宣化天皇) 원년(AD 536) 5월
"조칙을 내려 말하길, 먹는 것은 천하의 근본이다. 황금 만 관이 있더라도 배고픔을 낮게 할 수 없다. 백옥이 천 상자가 있더라도 어찌 추위를 막을 수 있겠는가? 축자국〈규슈〉은 원근의 나라가 조공하는 곳이자 왕복하는 관문이다. 그러므로 해외의 나라는 해류의 풍파를 지켜보아 오고 하늘의 날씨를 바라보고 공헌한다. 응신천황으로부터 짐에게 이르기까지 곡식을 수장하고 양식을 비축하였다. 멀리 흉년에 대비하고 좋은 손님을 접대하였다. 나라를 편안케 하는 데 이보다 나

은 방법이 없다. 고로 짐은 아소잉군(阿蘇仍君)을 보내 하내국(河內國)의 자전군(茨田郡)의 둔창의 곡물을 운반하게 한다. 소아대신도목숙녜(蘇我大臣稻目宿禰)는 미장련(尾張連)을 보내 미장국(尾張國)의 둔창의 곡물을 운반하게 하라. 물부대련녹록화(物部大連麁鹿火)는 신가련(新家連)을 보내 신가(新家)의 둔창의 곡물을 운반하게 하라. 아배신(阿倍臣)은 이하신(伊賀臣)을 보내 이하국(伊賀國)의 둔창의 곡물을 운반하게 하라. 관가(官家)를 나진(那津 규슈의 지명)의 포구에 건조하라. 또한 축자, 비(肥), 풍(豊) 삼국(모두 규슈의 지명)의 둔창은 멀리 떨어진 곳에 있어 운반하기 매우 어려울 것이다. 막상 필요할 때 불시에 대비하기 어려울 것이다. 그래서 여러 군(郡)에 명하여 각자 곡식의 일부를 옮겨서 나진의 포구에 모아두어 비상에 대비하여 백성의 생명으로 하라. 빨리 군현에 하달하여 짐의 마음을 알리라고 하였다.(詔曰 食者天下之大本也 黃金萬貫 不可療飢 白玉千箱 何能救冷 夫築紫國者 遐邇之所朝屆 去來之所關門 是以 海表之國 候海水以來賓 望天雲而奉貢 自胎中之帝 泊于朕身 收藏穀稼 蓄積儲糧 遙設凶年 厚饗良客 安國之方 更無過此 故 朕遣阿蘇仍君 加運河內國茨田郡屯倉之穀 蘇我大臣稻目宿禰 宜遣尾張連 運尾張國屯倉之穀 物部大連麁鹿火 宜遣新家連 運新家屯倉之穀 阿倍臣 宜遣伊賀臣 運伊賀國屯倉之穀 修造官家那津之口 又其築紫肥豊三國屯倉 散在懸隔 運輸遙阻 儻如須要 難以備率 亦宜課諸郡分移 聚建那津之口 以備非常 永爲民命 早下郡縣 令知朕心)"[131]

응신왜국 조정에서 기나이 인근의 곡식을 축자(규슈)로 보내는 이유

---

131. 전용신, 일본서기, 일지사, 2006, pp310~311.

는 구(舊)숭신왜의 본거지를 확실히 챙기려는 정치적 계산이다. 그런
데 위의 기사를 통해 당시 규슈가 곡식이 부족한 땅이라는 정보가 도
출된다. 5세기 후반부터 50여 년간, 숭신왜와 응신왜가 패권다툼을
벌이던 동안 규슈왜인들은 기나이 평원의 쌀을 먹지 못했을 것이다.
숭신왜로서는 부족한 곡식을 다른 곳에서 조달할 수밖에 없었다는 뜻
인데 곡창인 영산강유역이 대안이지 않았을까? 그러다가 527~528년
의 반정의 전쟁 이후 영산강의 쌀이 끊기면서(이즈음 영산강유역을 차
지한 백제가 굳이 규슈로 쌀을 보낼 이유는 없다.) 규슈가 다시 굶주리게
되자 야마토조정에서 긴급 구호대책을 실시한 결과가 위의 기사라고
짐작된다. 다만 '고대의 항해술로 많은 곡식을 실은 배가 대한해협을
왕래할 수 있었을까?'라는 의문이 제기될 수 있다. 결론부터 말한다면
충분히 가능했다. ②의 '열도의 보리를 백제로 보냈다'는 기록이 그 방
증이다.

②〈왜국의 보리를 백제로 이송〉흠명천황(欽明天皇) 12년(AD 551) 3월
"보리종자 천 석을 백제왕에게 하사하였다.(以麥種一千斛 賜百濟王)"[132]

'백제왕에게 하사하였다'는 표현은 일본서기의 상투적인 왜곡이지
만, 6세기 백제-왜 간에 '선진문물과 군대·군사물자 교환시스템'이 작
동하고 있었다는 점에서 이 기사는 실재성이 높다. 문제의 보리종자
천 석은 일본에서 백제로 배에 실어 보냈을 것인데, 이는 역으로 한반

---

132. 위의 책, p335.

도에서 생산한 곡식을 열도로 보내는 뱃길도 열려 있었음을 의미한다. 결론적으로 숭신왜와 응신왜가 패권전쟁을 벌이던 5세기 후반~6세기 초반, 규슈지역은 식량난을 겪었고 영산강유역의 곡식으로 그 부족분을 해소했다고 판단하는 것이다. 쌀을 얻는 대신 군대를 파견했다면 영산강에 주둔한 규슈의 무력은 사실상 용병인 셈인데, 어쨌든 이런 교환공식은 양측 모두에게 이익이 된다. 영산강의 쌀을 규슈에 지원했을 것이라는 가설은 영산강 정치체가 열도의 패권싸움에 깊숙이 관여한다는 것을 의미한다. 이는 규슈왜국의 적국, 기나이왜와 연계된 백제에게 영산강 정치체를 압박하고 소멸시켜야 할 필요성과 명분으로 작용하게 된다.

쌀만이 아니다. 영산강유역은 한중일 해상교역로의 중간거점이기에 중개무역항 기능을 수행했을 가능성이 크다. 즉 중국상인과 열도상인이 상대국까지 가지 않고 중간에서 만나 서로의 산물을 교환할 경우 시간과 물류비를 아낄 수 있고 항해의 위험성도 감소된다. 따라서 영산강세력이 자신들의 항구에서 교역할 수 있는 권리를 규슈에 주는 대가로 군대를 빌렸을 개연성도 상정할 수 있다. 이런 맥락에서 영산강 일원에서 왜상(倭商)들이 활동했을 가능성을 제시하는 일본연구자의 학설을 모조리 배척할 필요는 없다. 다만 상인을 전방후원분 피장자로 보기는 어렵기에 영산강 일원에 주둔하던 왜의 무장이 중개무역을 겸했을 가능성이 제기된다. 정확한 진상은 알기 어렵지만 상호간에 '절실히 교환할 것'이 있었기에 영산강집단과 규슈세력은 단단히 결합하였고, 영산강권역에 파견되어 활동하던 규슈군의 장수가 타계하자 고향의 묘제인 전방후원분에 몸을 뉘었다는 것이 필자의 중간결론이다.

경북대 박천수 교수도 필자와 마찬가지로 전방후원분 피장자를 규슈 출신의 왜인으로 보지만 규슈인이 영산강유역에 묻히게 된 정치환경에 대한 설명은 나와 정반대이다. 박천수는 백제가 규슈의 군력을 이용해 영산강유역을 통치했다는 입장이라면 필자는 영산강집단이 백제 남하를 견제하기 위해 규슈군대를 활용했다고 판단한다. 박천수는 '규슈는 기나이 야마토정권의 지시에 따라 움직이는 변방'이라는 전통적 입장을 취한다. 반면 나는 5세기 후반~6세기 초반, 규슈와 기나이는 별개의 정치세력이었으며 규슈 일대를 기반으로 삼았던 (후기) 숭신왜국이 백제의 남하를 견제하려는 영산강세력의 요청을 받고 적극 부응했다는 논리를 편다. 영산강 전방후원분의 조성 배경에는 한반도 남부의 정치동학은 물론이고 열도의 패권경쟁도 관련이 있다는 뜻이다. 이제 영산강유역에 전방후원분이 출현하게 된 5세기 후반, 한반도와 일본의 사정을 세밀히 살펴볼 순서가 되었다.

5세기 후반, 영산강유역의 위기와 외교적 대응

영산강유역은 AD 369년 근초고왕이 남정하여 백제의 영역에 포함됐다는 것이 기존의 국내 주류학설이었다. 하지만 '6세기 초반까지는 영산강유역에 대형고분이 조성된다'는 고고학적 성과를 통해 재지세력의 지배력이 그때까지 지속되었다는 분석이 힘을 얻게 되었다. 최대한 양보하더라도 6세기 전반까지는 영산강집단이 자치권을 지닌 것으로 여겨진다.

그런데 475년 고구려 장수왕의 공격으로 한성백제의 수도 한성이 함락되고 개로왕이 잡혀 죽는 대형사건이 발생한다. 망국의 위기를 맞은 백제는 웅진으로 남천해서 국가체제를 재정비하게 된다. 한강유역을 잃고 지경이 축소된 백제는 그때까지 자치권을 묵인하며 느슨하게 대하던 영산강유역에 대해 이전보다 더 많은 요구를 하게 되었을 것이 분명하다. 새로운 중심지 웅진과 영산강유역의 거리가 한층 가까워진 것도 백제의 지배욕구가 커진 배경이 됐을 것이다.

"8월에 탐라(耽羅)가 공부(貢賦 공납과 조세)를 바치지 않으므로 왕이 친히 정벌하여 무진주에 이르렀다. 탐라가 이를 듣고 사신을 보내어 죄를 청하므로 그만두었다.[탐라는 탐모라이다.](八月 王以耽羅不修貢賦 親征至武珍州 耽羅聞之 遣使乞罪 乃止[耽羅卽耽牟羅]"[133]

9장에서 언급했듯이 필자는 위 기사를 백제가 영산강유역에 대한 통제를 시도한 흔적으로 파악하지만, 기존 해석을 따르더라도 동성왕이 탐라까지 노리고 있으므로 영산강에 대한 지배력은 강화되었을 것이 분명하다. 그때까지 반(半)독립 정치체로서 사실상의 자치권을 누렸던 영산강세력은 웅진백제의 남하에 위기감을 느꼈을 것이다. 웅진백제는 한강유역 북지(北地)를 상실한 부분을 벌충하기 위해서라도 영산강유역에 대한 지배강도를 높이지 않을 수 없었을 것이다.

---

133. 김부식, 이병도 역주, 삼국사기 下, 을유문화사, 1997. 백제본기 동성왕 20년(AD 498)조, pp73~74, p84.

바다수위가 높았던 시절의 영산강유역은 현재보다도 더 저습한 환경이었다. 습지가 넓고 물줄기가 다양한 데다 해상으로의 탈출이 용이한 탓에 기마부대가 휩쓸기에는 불리한 점이 많다. 한마디로 물길에 밝은 현지세력이 방어하기에 유리한 지형이다. 기마부대를 확보한 백제나 가야, 신라 등이 영산강유역을 제대로 정복하지 못한 이유는 이런 지형적 특성에서 찾을 수도 있겠다. 하지만 웅진으로 남천한 백제는 여유롭지 못하였다. 이제는 해군력을 동원해서라도 영산강유역을 확보하지 않으면 나라꼴을 유지하기 힘든 절박한 처지로 몰린 것이다.

다급해진 웅진백제는 국력을 기울여 영산강유역을 압박하였다고 여겨진다. 정색을 하고 나선 백제를 영산강세력이 대응하기란 쉽지 않았다고 여겨진다. 영산강세력은 통일된 국가가 아니라 소국분립 체제나 연맹단계에 머물고 있었던 것으로 사료되는 만큼 백제는 각개격파 전술로 영산강유역을 위협했다고 판단된다.

웅진백제는 영산강유역에 더 많은 조세부담을 안기는 등으로 지배력을 강화해 나갔을 것이다. 웅진백제의 통제 강화에 영산강세력이 어떤 반응을 보였는지는 문헌기록이 없지만 짐작하기 어렵지 않다. 당시 영산강세력은 외교기능을 발휘하고 있었다. 그래서 대가야·규슈세력 등과 연계해 웅진백제의 직접경영에 저항했을 것으로 관측된다. 영산강집단이 가야·숭신왜 연합과의 외교군사적 협력을 통해 웅진백제의 남하에 대응하기 시작했다는 말이다. 5세기 중후반부터 조성되기 시작한 규슈식 전방후원분은 영산강세력이 규슈왜의 군사력을 활용한 흔적이 아닐까? 영산강집단과 가야·숭신왜 연합이 백제의 남정에 공동보조를 취한 증거가 영산강 전방후원분이라고 필자는 판단한다.

그러나 6세기 초중반이 되면 영산강유역에 전방후원분은 더 이상 조성되지 않는다. AD 527~528년 반정(磐井)의 전쟁을 계기로 규슈에 웅거하던 숭신왜국이 최종적으로 몰락하고 532년 금관가야가 신라에 합병되고 대가야도 국세가 위축되면서 배후의 지지세력을 잃은 영산강유역은 백제의 직접 지배영역으로 포함되었다고 여겨진다. 그 결과 영산강유역에서 활동하던 규슈의 전사단도 제거되거나 축출되면서 대형 전방후원분을 조성할 역량을 상실했다고 보면 자연스럽다.

'가야·숭신왜' – '백제·응신왜' 경쟁과 영산강 전방후원분

박천수 교수는 '새로 쓰는 고대 한일교섭사'에서 "영산강유역 전방후원분이 6세기 초(현재의 고고학적 성과로는 5세기 후반부터이다. 필자 주) 일시적으로 등장하는 이유는 백제가 대가야를 견제하기 위해 북부 규슈에서 아리아케카이(有明海 규슈 서부) 연안에 걸친 왜계 관료를 영산강유역으로 파견한 결과이다."라는 입장을 밝혔다. 박천수의 주장은 흥미로운 학설이지만 일부 해석상의 무리도 발견된다. 박천수의 논리로는 한번 생겨났던 전방후원분이 단기간에 사라지는 현상을 제대로 설명하지 못하기 때문이다. 영산강유역의 전방후원분은 '특징 ⑦'에서 보듯이 50년 정도 조성되다가 일시에 중단되는 것이 특징인데 이는 영산강유역에 진출했던 왜 세력이 한순간에 축출되었음을 의미한다. 그런데 박천수설을 따르자면 영산강유역에 진출했던 왜계 관료들이 백제로부터 "이제는 돌아가세요."라는 말을 듣고 순순히 열도로 귀환했다는 것을 뜻한다. 그러나 영산강유역에 진출했던 열도의 장군·관료 집단은 그곳에 묻힐 정도로 강한 귀속감을 지니고 있었다고 여겨진다. 그런데 "이제는 대가야를 견제할 이유가 사라졌으니 돌아가라."는 말을 듣고 일제히 귀환했다는 해석은 다분히 동화적이다. 세상일은 공짜가 없는 법이다. 특히 땅(영토)과 관련한 정치적 다툼은 격렬한 만큼 순순히 양보하지 않는다. 영산강유역에 진출한 왜계 무장·관료집단이 일거에 사라진 현상 역시 정치적 환경의 급변에 따라 거칠게 제거됐다고 보는 것이 자연스럽다.

그래서 나는 박천수와 다르게 해석한다. 영산강유역 전방후원분의 양식이 규슈식이라는 데 해답이 담겨 있다.(규슈식 전방후원분의 특징과 의미에 대해서는 8장 '말기 숭신왕조의 영역은 어디까지였나?' 절에서 상세히 언급하였다.) 475년 고구려 장수왕의 침공으로 개로왕이 죽는 등 한성백제가 결정적 타격을 받고 웅진으로 남하하는 정치적 격변을 맞아, 영산강세력이 완전자립을 도모하기 위한 목적에서 규슈 정치체의 군력을 적극 초치하였다고 보는 것이다. 4세기 후반 이후 백제의 위세에 눌려 있던 영산강세력으로서는 다시없을 정치적 호기이자 위기였을 것이다. 백제와 대가야가 호남동부지역을 놓고 갈등하는 와중에 영산강세력은 반백제·친가야 노선을 선택하였다. 이런 맥락에서 가야의 우군인 숭신왕조에게 쌀(또는 다른 이익)을 주고 군대를 받았다는 증거가 '규슈식 전방후원분'이라고 판단한다. 5세기 후반에서 6세기 초중반까지 50여 년간 백제와 기나이왜는 단일국처럼 밀접하였고 그 중간에 위치한 가야와 규슈 정치체를 협공하는 시절이었다. 영산강 전방후원분은 당시의 시대상을 보여주는 물증이다.

그런데 앞서 언급했듯이 6세기에 들면서 사정이 급변한다. 527년 '반정(磐井)의 전쟁'으로 규슈에 중심을 둔 숭신왜국이 무너지고 금관가야가 신라에 병합되는가 하면(532년), 대가야마저 신라에 정복되는 등(562년) 가야·숭신왜 연합이 몰락하는 반면 백제·응신왜 연합은 승승장구하는 와중에 영산강유역은 백제의 영역으로 포함되었다. 백제가 군령·성주를 설치하여 530년대에 합병한 임나하한(任那下韓)은 영산강유역으로 추정된다고 10장과 11장에서 언급하였다. 그 결과 규슈를 최후근거지로 삼았던 숭신왜의 군대와 장수들은 영산강유역으로부터 축출되거나 제거되었고 규슈식 고분 조성도 중단된 것이다. 이런 시각으로 접근할 경우 영산강유역에서 전방후원분이 일제히 등장했다가 6세기 전반 일거에 사라지는 이유가 논리적으로 설명된다. 즉 530년대, 성왕의 임나하한 장악은 백제군이 영산강세력과 동맹인 (숭신왕조)규슈전사단을 무력으로 제압했음을 의미한다고 보는 것이다. 죽어서 지친 몸을 누이던 숭신왜국 무장단의 규슈식 전방후원분은 임나하한의 소멸과 함께 영산강에서 완전히 퇴출되었으니, 문헌기록과 고고학적 증거가 공히 증언한다.

금관가야(또는 대가야)의 남제(南齊) 조공·본국왕 책봉과 영산강유역 전방후원분 조성이 5세기 후반 비슷한 시기에 이뤄진 점도 예사롭지 않다. 백제와 가야, 응신왜국과 숭신왜국 4자 간에 힘겨루기와 밀당이 복잡하게 이뤄졌음을 암시하는 징표는 아닐까? 백제와 응신왜를 일방(一方)으로, 가야(+영산강세력)와 숭신왜를 다른 일방으로 하는 경쟁구도가 펼쳐졌다고 본다면 가야의 남제 조공과 영산강유역 전방후원분 조성이라는 수수께끼 행보가 풀리게 된다. 가야·영산강유역과 밀접했던 숭신왜국이 5세기 중후반(7장에서 언급한 것처럼 필자는 477년 곤지의 쿠데타를 주목한다.)부터 약화되는 반면, 백제와 연계된 응신왜가 강화되는 위기상황에서 벗어나고자 하는 나름의 자구책들로 간주하는 것이다.

당시 가야·숭신왜 연합은 외곽에 포진한 백제·응신왜 연합의 도전을 받고 있었다. 가야·숭신왜 연합은 규슈의 군대를 영산강유역에 배치해 쌀을 확보하고 백제의 남하에 대비하는 한편, 중국 남제에 조공하는 외교적 행보를 통해 난국을 돌파하고자 했다면 당대의 그림이 모순 없이 완성된다. 전방후원분보다 시기적으로 앞서 조성된 나주 신촌리고분에서 출토된 가야식 금동관의 의미는 중대하다. 과거에는 나주는 당연히 백제영역이라는 선입관에서 백제식 금동관으로 규정하였지만 신촌리고분 유물들은 전체적으로 가야계와 친밀성이 높다. 신촌리고분의 금동관이야말로 영산강세력과 가야·숭신왜 연합 간의 긴밀한 관계를 상징하는 결정적 단서로 여겨진다.

가야와 숭신왜국은 연합세력이긴 하지만 영산강세력을 대하는 입장에는 적잖은 차이가 있었다고 여겨진다. 지리적으로 인접한 가야(임나)는 영산강유역으로의 진출을 내심 노렸을 수 있다. 그랬다면 영산강세력이 몰랐을 리 없다. 영산강으로서는 백제를 막기 위해 이웃한 가야의 군대를 끌어들였다가는 먹히거나 직접 복속될 위험성이 없지 않았다. 백제도 싫지만 가야에 지배당하고 싶지도 않았을 것이다.(6세기 초 백제가 호남동부를 차지해 가야와 영산강유역을 분리하기 전, 즉 5세기에는 인접한 두 정치체 사이에 경쟁·갈등이 있었을 수 있다.)

반면 대한해협 건너편의 숭신왜는 영산강유역에 대한 영토적 야심이 상대적으로 작게 마련이다. 또 종합적인 군사력도 가야를 능가하여 백제의 남하를 견제할 능력이 있었다. 영산강세력의 입장에서 가야보다는 규슈의 정치체가 여러모로 매력적인 상대였다고 사료된다.(5~6세기 대가야도 임나사현과 기문·대사를 백제에게 빼앗기는 등 어려운 처지였기에 설령 영산강유역에 지원하고자 해도 여력이 없었을 것이다.) 더욱이 영산강세력은 일찍부터 규슈와 교류하여 그 후예들이 규슈북서부에 다수 거주하고 있었고 두 지역 간의 교류도 활발하였다. 영산강세력은 군사적 협력상대로 이웃한 가야보다 규슈 정치체를 더 선호하였을 것이 틀림없다. 규슈식 전방후원분이 5세기 중후반부터 영산강유역에 등장하여 50년 정도 지속되다가 6세기 초중반경 일거에 사라지는 수수께끼적 현상은 한반도 남부와 일본열도의 여러 정치체가 연동된 패권교체의 역사와 깊숙이 결합돼 있다는 것이 필자의 결론이다.

일본서기 극복의
출발점에 서다

　백제가 멸망한 뒤 응신왜국, 즉 야마토조정은 한반도와의 인연 끊기에 나섰다. 구체적 조치는 2가지 방면에서 이뤄졌으니 하나는 국호를 바꾸는 일이요, 다른 하나는 새로운 역사관의 확립이었다. 국호변경과 역사서 편찬은 서로 무관한 일이 아니다. 한반도와의 절연(絶緣)이자 열도의 독립추구라는 점에서는 같은 맥락이다. 단순한 절연·독립이 아니라 한반도를 일본열도의 부용국·번국으로 묘사하는 살모(殺母)의 거대공정이었다.

　역사서 한 권이 지닌 힘의 크기는 도대체 어느 정도일까? 1300년이라는 긴 세월이 무심히 흘러갔지만 일본서기(日本書紀)가 이룩한 건축물은 여전히 굳건하고 그늘은 짙다. 사실보다 당위, 진상보다 허위, 실상보다 창작이 특징이지만 일본서기가 만든 고대사 그림은 여전히 위력을 발휘하고 있다. 일서(一書), 책 한 권의 해악을 이제는 끝낼 때가 되었다.

부족한 글이지만 『한일 고대사의 재건축 ①, ②, ③』은 일본서기식(式) 세계관을 해체하기 위한 해답을 찾는 힘든 도정이었다. 일본서기적(的) 사관(史觀)을 극복할 때 지난 100년의 한일 역사전쟁은 비로소 종전선언을 할 수 있을 것이며 양국 간 진정한 화해가 모색될 수 있을 것이다. 일본서기가 출현하여 후대에 미친 영향부터 정리해 본다.

국호 변경과 일본서기(日本書紀) 편찬

663년 백촌강 전투에서 패전한 직후 열도인들은 국호와 지명을 일본(日本)으로 개칭하였다. 왜(倭)라는 수백 년 된 국호를 버리고 일본으로 바꾼 계기는 백제의 멸망 탓이겠지만 그런 내색은 숨긴 채 딴소리를 하였다. 삼국사기 문무왕 10년(AD 670)의 기사이다.

〈삼국사기 신라본기 문무왕 10년조〉

"12월, 왜국이 국호를 일본으로 바꾸었다. 해 뜨는 곳과 가까워서 이렇게 이름을 붙인다고 스스로들 말했다.(十二月 倭國更號日本 自言近日 所出以爲名)"

중국의 구당서(舊唐書) 동이전(東夷傳)에서도 670년, 왜가 일본으로 국호를 변경한 이유를 이렇게 설명하고 있다.

"일본국은 왜의 다른 명칭이다. 이는 그 나라가 해 뜨는 곳에 있어서 만들어진 이름이다. 혹은 말하기를 왜국은 아름답지 못한 이름으로 스스로 싫어하였다. 그런 이유로 일본이란 이름으로 고쳤다.(日本國者 倭之別稱也 以其國在日處故爲名 或曰倭國自惡其名不雅.故改爲日本)"

일본의 사서에서는 국호변경의 이유를 설명하지 않는다. 그러나 시기적으로 볼 때 백제의 멸망과 무관할 수 없다. 663년 백촌강 전투의 패전으로 주류성이 함락되고 백제가 멸망하자 수많은 지배층과 지식인들이 열도로 몸을 피하였다. 왜국 조정은 백제인들에게 기왕의 지위에 맞는 관직을 부여하며 국정에 참여시켰다. 기존의 왜인(상당수는 한반도 도래인의 후예이며 지배층은 도래계 비율이 더 높았다.)과 백제의 망국민이 힘을 합쳐 새로운 나라를 건설하기 시작한 것이다. 이런 와중에 백제도 왜도 아닌 제3의 국호로 채택된 것이 '일본'이라고 짐작한다. 왜라는 기존 국호를 파기한 점에서 왜인보다 백제인들의 입김이 더 크게 작용했다고 판단된다. 백제가 멸망한 후 당나라로 건너간 백제장수 '예군(禰軍)'의 묘지명(墓誌銘)에서 백제를 '일본'으로 기록한 점도 중요하다. 왕롄룽(王連龍)이란 중국학자가 2011년에 문제의 묘지명을 공개하였는데 당시의 일본은 '해가 뜨는 동쪽나라'라는 의미였다고 한다. 예군의 묘지명은 열도의 오랜 국호인 '왜(倭)'를 폐기하고 '일본(日本)'이라는 신국호를 주창한 세력이 백제계임을 암시하는 증거물이다.

국호 변경에 이어 새로운 역사도 창조(?)하였다. 백제기와 백제본기, 백제신찬 등 이른바 백제삼서(百濟三書)를 기반으로 하여 한일 관계사를 180도 뒤집은 역사서를 편찬하니 바로 '일본서기(日本書紀)'이다. 자신들의 뿌리가 한반도임을 부정하고 태고(太古)시절부터 열도 출신이라고 선언한 역사책이다. 일본의 홀로서기가 시작된 것이다. 왜국의 뒷배가 되어주던 백제가 멸망하면서 이제는 믿을 곳은 사라졌다. "천하에 우리밖에 없다"는 절박한 상황인식에서 열도인들의 독립선언이 이뤄졌으니 바로 일본중심의 역사서 편찬이었다.

처음에는 고사기(古事記)를 편찬하였으나 한반도와 연결된 끈을 완벽히 절단하지 못한 한계를 드러냈다. 이에 열도의 군주는 어미의 나라 백제를 왜의 부용국으로 그리도록 '과감한 살모

일본서기

(殺母)'를 주문하였다. 마음을 정한 백제계 지식인들이 왜를 종주국(宗主國)으로, 반도의 제국(諸國)을 번국(藩國)으로 묘사한 새로운 역사를 '창조'하니 그 생산물이 '일본서기'였다. 그러하였다. 일본서기 편찬은 단순한 사서 저술이 아니라 '역사를 제조'하고 반도와 열도를 별개의 국가로 만드는 거대공정(巨大工程)이었다. 한반도를 열도의 조공국으로 폄하하는 작업이었으니 제국(帝國)의 풍모를 선망하는 황국사관(皇國史觀)의 시초였다. 한반도의 패권자 신라에 대한 적개심을 바탕으로, 원류를 부인하는 말살과 진실을 숨기는 날조가 철저하게 진행되었다.

편찬자의 입장에서 볼 때 일본서기 저술과정은 처절하였다. 숨길 수 없는 명백한 사실을 부정하고 존재하지 않은 일을 창조하려다 보니 날조와 불합리는 일본서기의 특징이 되었다. 그러나 진실의 힘은

강하다. 왜곡된 역사서 곳곳에서 숨겨진 진실을 찾기란 어렵지 않다.

고사기(古事記)는 백제왕실의 후예인 오노 야스마로(太安萬侶)가 편찬한 역사서로 712년 완성되었다. 고사기 편찬은 672년 임신난(壬申亂) 이후부터 일본왕실이 정통성을 확립해야 할 필요성을 느끼면서 강력한 중앙집권화 정책을 추구한 사실과 관련 있다. 왕실 내전에서 승리한 천무천황(天武天皇)과 후계자들은 정치적 정당성을 굳건히 할 필요성을 느꼈다. 그 결과 고사기는 천황 일가가 만세일계로 일본열도의 정통지배자라는 것을 강조하여 호족세력의 충성을 강제하려는 의도가 짙게 배어 있다. 고사기의 내용은 천황가의 계보와 그와 관련된 신화와 전설이 주종이다. 그러나 사건의 연도나 날짜가 미비하고 편년상의 시대착란이 심해 사서로서의 가치는 떨어진다는 평가를 받고 있다.

고사기는 서문과 상·중·하 세 권으로 나뉘어져 있다. 상권은 천지개벽과 여러 신(神)들의 이야기를 다루고 있으며 중권은 초대 천황인 신무(神武)부터 15대 응신(應神)까지, 하권은 16대 인덕(仁德)부터 33대 추고(推古)까지를 다루고 있다. 서문에는 왕실의 하급관리 '히에다노아레(稗田阿禮)'가 암송한 내용을 오노 야스마로가 받아 적어 완성했다고 기술하였다.

일본서기는 천무천황의 명으로 사인친왕(舍人親王 도네리친왕)이 중심이 되어 681년경 편찬을 시작하여 720년에 완성한 역사서이다. 조카를 살해하고 집권자가 된 천무천황이 정통성을 굳건히 하기 위해 시도한 국가적 사업이었다. 일본서기의 편찬 역시 실무작업은 오노 야스마로가 주도하였으나 그의 이름은 빠졌다. 그가 '야마토조정과 다른 왜국'의 존재를 기술하려 시도하였기 때문이다.

일본서기는 세상의 생성과 건국신화를 담은 신대(神代)에서 시작하여 697년 지통천황(持統天皇)이 사망한 해까지의 역사를 연대순으로 기록한 통사(通史)이다. 고사기가 열도 내부의 결속목적을 위해 저술되었다면 일본서기는 대외적으로 천황가의 정통성을 강조하기 위해 편찬되었으니 고사기보다 신화성이 적고 역사서의 성격이 강하다.

『한일 고대사의 재건축①-왜와 임나의 진실』 12장에서도 언급하였듯이 고사기와 일본서기의 결정적인 차이는 '임나 기록'의 유무이다. 이는 두 사서의 편집원칙이 달라졌기 때문이다. 고사기는 야마토조정을 중심에 두고 응신왜국의 역사를 기록한 책이기에 응신왕조가 접촉하지 않았던 임나 관련 기록은 등재하지 않았다. 반면 일본서기는 숭신왕조의 기록도 필요한 부분은 응신왜국의 행적에 포함시킨 역사서이다. 즉 응신왕조와 병존하였던 숭신왕조의 편년을 상향조정하면서도 숭신왜의 활동상이 담긴 임나 기록은 야마토조정의 행적으로 왜곡해 포함시킨 것이다. 고사기보다 불과 8년 뒤에 편찬됐지만 일본서기가 담고자 했던 국가이념의 크기는 고사기와 비교할 수 없이 방대했던 셈이다. 일본서기를 통해 숭신왜국과 응신왕조의 패권전쟁은 숨겨졌고 야마토조정 만세일계의 왕통이 확립된다.

열도인의 입장에서 평가한다면 일본서기는 8세기 초에 일어난 일본열도의 철학적, 정신사적 혁명을 의미한다. 한반도와의 오랜 관계를 끊고 역사적인 독립을 시도한 사건이라고 할 수 있으니 열도인으로서의 주체성을 자각한 결과라고 하겠다.

사실(史實) 아닌 당위(當爲)를 기술하다

일본서기는 천황가의 정통성과 위엄을 드러내기 위한 목적에서 편찬된 책이다. '일본'이라는 새로운 국명을 짓고 군주를 천황(天皇)이라고 명명하여 중국과 대등한 제국(帝國)으로 인식한 바탕에서 술작된 사서이다. 특히 한반도와의 관계에서 열도가 천조(天朝)이고 반도의 4국(고구려-백제-신라-가야)은 조공을 바치는 제후국이라는 황국사관을 분명히 하였다. 한마디로 일본서기는 '사실(史實)'을 기록한 책이 아니라 '당위(當爲)'를 기술한 책이다. 일본을 본국으로, 한반도를 서번(西藩)으로 규정한 다음 '마땅히 그러했어야 할 일들'을 적었다. 실제를 쓴 것이 아니라 그러하기를 바라는 희망을 쏟아낸 것이다. 일본서기는 '있는 그대로의 역사'가 아니라 '있어야 할 역사'를 기록하였다는 분석은 정확하다.[134]

일본서기는 한반도와 관련된 기록이 지나칠 정도로 많은데 그만큼 한반도를 의식하였다는 방증이다. 신공황후 삼한정복설화나 임나일본부설(任那日本府說) 등이 대표적인 사례이다. 이런 기록들은 훗날 제국주의시대 황국사관을 합리화하기 위한 방편이 되었으며 정한론의 중요한 근거가 되기도 하였다. 8세기 초, 열도 나름의 독자적인 역사체계를 꾸밀 때부터 황국사관을 채용하였으니 일본의 역사왜곡은 그 뿌리가 깊다.

8세기에 편찬된 책에서 한반도 여러 나라를 이렇게까지 왜곡하고

---

134. 고노시 다카미쓰, 배관문·김병숙·이미령 옮김, 일본은 왜 일본인가-국호의 유래와 역사, 모시는사람들, 2019, p49 '옮긴이 주' 참고.

폄하하는 이유는 뭘까? 동북아의 군사강국으로서 중원의 대국과도 정면승부를 펼쳤던 고구려까지 서번(西藩)이라고 왜곡하는 데는 그럴 만한 사정이 있다. 일본열도가 한반도 4국의 분국, 즉 식민지로 출발한 콤플렉스, 원초적인 약점 때문이다. 개인도 그렇지만 국가나 단체, 조직들도 과거의 콤플렉스를 과도하게 의식하는 경향이 있다. 일본서기 편찬자 가운데는 오노 야스마로를 비롯하여 백제 출신이 많았다. 그러나 이미 멸망한 본국으로 돌아갈 수 없는 처지였다. 싫든 좋든 열도 내에서 일본인으로 살아가야 한다. "우리 일본국은 과거 한반도 4국이 만든 분국에서 출발하였다. 우리는 후진국이었다."고 솔직하게 기술하는 바보들이 아니었다. 한반도와 인연을 끊고, 국호도 왜에서 일본으로 바꾸고 새로 출발하는 나라의 입장에서 자신들의 역사가 화려하고 웅장해야 할 필요성은 다분하였다.

권력자들은 동서고금을 막론하고 정치적 필요가 있으면 거짓말을 예사로 한다. 일본서기는 다분히 정치적인 목적에서 편찬된 역사서인 만큼 당대 권력의 필요에 의한 왜곡과 허위날조는 크게 놀랄 일도, 분개할 일도 못 된다. 일본서기가 한반도 4국을 지나칠 정도로 조공국, 부용국으로 묘사하고 있다는 것 자체가 8세기 일본의 정치권력자들이 자신들의 과거사에 강한 콤플렉스를 지녔음을 반증한다고 하겠다.

일본서기가 대(對)한반도 관계사를 조작한 것은 콤플렉스 극복 차원만이 아니다. 모두가 짐작하듯이 일본서기는 8세기 동아시아 국제질서를 의식하고 반영한 정치문서이다. 당시 동아시아 국제관계는 대등한 외교관계가 아니라 조공책봉의 외교가 기본이었다. 따라서 위계가 낮으면 곤란하였다. 야마토왜는 적대국 통일신라를 능가하는 나라가 되고자 했으므로 신라에 멸망당한 백제를 본국으로 인정할 수 없었다. 어미를 죽이는 심정으로 본국을 조공국으로 묘사한 슬픈 책이 고사기요, 일본서기이다. 그런 만큼 일본의 정치체 입장에서는 과거와 단절하기 위해 근본을 베어버린 '나름 결단의 역사서'라고 하겠다.

일본서기는 열도의 군주를 천황(天皇)으로 표현하며 그 위세를 천하 제일로 높였는데, 그러다 보니 지나치게 '오버'한 부분이 많다. 특히 대당(大唐)이나 오(吳)나라까지 왜의 조공국으로 묘사한 부분은 고소(苦笑)를 금할 수 없다.

〈천무(天武) 원년(AD 672) 3월〉

"내소칠위(內小七位) 아담련도부(阿曇連稻敷)를 축자에 보내 (천지)천황의 상(喪)을 곽무종(郭務悰 축자도독부 도독)에게 고하였다. 곽무종들은 모두 상복을 입고 세 번 곡을 하였다. 동향하여 배례하였다.(遣內小七位阿曇連稻敷於築紫 告天皇喪於郭務悰等 於是 郭務悰等 咸着喪服三遍擧哀 向東稽首)"135

당나라는 663년 백강구(白江口)전투에서 왜군을 격파한 이후 664년 축자(築紫)에 도독부를 설치하여 672년 철수할 때까지 8년간 통치하였다는 것이 정설이다.(자신들에게 불리한 흑역사는 철저히 숨긴 일본서기에도 '축자도독부'라는 기사가 출현한다. 천지천황 6년(AD 667) 11월 조에 "백제의 진장 유인원(劉仁願)이 웅진도독부 웅산현령 상주국(上柱

---

135. 전용신, 일본서기, 일지사, 2006, p506.

國) 사마법총(司馬法聰)들을 파견하였기에 대산하(大山下 왜국 관직명) 경부련석적(境部連石積) 등을 축자도독부에 보냈다." 축자도독부를 숨기지 못한 일본서기 편찬자의 작은 실수 덕분에 이런 기록이 남게 된 것이다.) 그런데 일본서기는 도리어 당나라를 왜의 속국, 조공국인 것처럼 묘사하였으니 축자도독부에 진주한 당나라의 책임자들이 천황이 죽었다고 모두 상복을 갖춰 입고 세 번이나 곡을 하였다고 기술한 것이다.

일본서기는 또 당나라에 바치는 조공물품을 당에 보낸 하사품으로 정반대로 왜곡하고 있다. 동아시아 역사에 어두운 서양인이 읽었다면 당나라는 조공국이고 왜는 종주국이라고 착각할 정도이다. 동양사에서 중국이 열도의 조공국이 된 적은 없다. 이런 점 때문에 일본서기가 국제관계를 얼마나 허위로 그렸는지는 저절로 입증된다.

그렇다고 일본서기의 기술 내용이 모조리 허구인 것은 아니다. 백제가 열도에 선진문물을 전한 사실과 가야제국이 멸망하는 과정에서 일어난 일들에 대해서는 비교적 상세하게 기록하고 있다. 일본서기는 터무니없는 날조와 왜곡, 시대착란이 허다하지만 역사적 사실도 일정 부분 담고 있는 만큼 제대로 가려서 읽어야 한다. 굽은 책이지만 삼국사기에는 나오지 않은 사실(史實) 또한 많이 담겨 있으니 잘 펴서 읽을 경우 우리의 과거를 밝히는 데 도움이 될 수 있다. 정치적 목적의 왜곡상을 벗겨내고 합리적 탐구의 자세로 역사적 실체를 적확하게 추출한다면 한국고대사를 복원하는 데 일본서기만큼 유용한 사서도 없을 것이다.

신라에 대한 적대감·콤플렉스로 일관한 이유

고사기와 일본서기의 편찬자들은 백제 유민이었고, 참고문헌 또한 백제의 역사책이었다. 망국민의 입장에서 백제멸망 후의 한반도는 더 이상 고향도 고국도 아닌 '철천지 원수(신라)'의 땅이 되었다. 신라에 대한 적대의식과 콤플렉스는 일본서기 곳곳에서 일관되게 확인된다. 일본서기 수인천황(垂仁天皇) 2년 기사가 그 한 사례이다.

> "이해 임나인 소나갈질지(蘇那曷叱智 소나蘇那는 '쇠나라' 즉 '철의 나라' 가야 출신임을 의미한다.)가 '나라에 돌아가고 싶다'고 말하였다. 아마 선황(先皇 숭신천황을 말함)의 대에 내조하여 아직 돌아가지 않았던 것 인가. 고로 소나갈질지에 후하게 상을 주었다. 붉은 비단 100필을 주 어 임나의 왕에 하사하였다. 그러나 신라인이 길을 막고 빼앗았다. 두 나라의 원한이 이때부터 일어났다…(하략)"

신라와 임나가 하찮은 비단 100필을 두고 싸우다가 원한이 생겼다는 이 기사는 다분히 동화적이다. 신뢰하기 어렵다. 다만 완전한 날조라기보다 일본열도와의 교역권을 놓고 신라와 가야(임나) 간에 분쟁과 경쟁이 격화됐음을 시사하는 내용으로 이해할 수는 있다. 신라와 가야 입장에서 대일 교역권은 적잖은 이권이었을 것이고, 이권이 있는 곳에는 반드시 다툼이 벌어진다.

어쨌든 일본서기에는 신라의 조공탈취·조공누락 관련 기사가 수없이 출현한다. 신라가 왜국에 사신을 파견하면서 함께 보낸 예물을 조공이라고 왜곡하면서 신라를 '나쁜 조공국'으로 깎아내린 것이다. 신라에 대한 적대의식을 드러낸 기사는 일본서기에 넘쳐난다. 신공 47년(보정연대는 AD 367) 4월 기사에 신라가 백제의 조공을 빼앗아 자기네 조공이라고 속였다는 유치한 내용이 나온다.

"백제왕이 구저(久氐), 미주류(彌州流), 막고(莫古)를 보내 조공하였다. 그때 신라국의 조공사가 구저와 같이 왔다…(중략)…그리고 두 나라의 공물을 조사하였다. 신라의 공물은 진기한 것이 많았다. 백제의 공물은 적고 천하여 불량하였다. 구저들에게 '백제의 공물은 신라에 미치지 못함은 어째서인가'라고 물었다. 대답하기를 '신들이 길을 잃어 사비(沙比 현재는 경남 양산)신라에 갔습니다. 그때 신라 사람이 신들을 붙잡아 가두었습니다. 3개월이 지나서 죽이려 하였습니다. 구저 등이 하늘을 향하여 저주하였습니다. 신라인들이 저주를 두려워하여 죽이지 못하였습니다. 그리고 우리의 공물을 빼앗아 자기 나라의 공물로 하였습니다. 신라의 천한 물건과 바꾸어 신의 나라의 공물로 하였습니다. 신들에게 일러 만일 이 일을 잘못하면 돌아오는 날에 마땅히 너희들을 죽이겠다고 하였습니다. 그래서 구저들은 따랐습니다. 이로써 겨우 천황의 조정에 도달할 수가 있었습니다.'라고 말하였다. 황태후와 예전별존(譽田別尊 호무타와케노미코토, 응신천황)은 신라의 사자를 꾸짖고…(중략)…천웅장언(千熊長彦)을 신라에 보내 백제의 헌물을 더럽혔다고 질책하였다."

이런 유형의 기사가 많은 것은 일본서기 편찬에 백제유민들의 시각이 반영된 탓으로 풀이된다. 인덕 17년(AD 329)에도 신라가 조공하지 않았다는 기사가 나온다.

> "9월, 적신(的臣)의 선조 지전숙녜(砥田宿禰)와 소박뢰조(小泊瀨造)의 선조 현유신(賢遺臣)을 보내 조공하지 않은 일에 관해 묻게 하였다. 신라인이 두려워하여 공물을 바쳤다. 조(調)로 바치는 비단 1460필 및 여러 잡물을 합하여 배 80척 분량이었다."

웅략 9년(AD 465)에도 '신라가 조공을 바치지 않았다는 등의 이유로 신라를 정벌했다'는 믿기 힘든 기사가 나온다. 일본서기에는 '조공을 제때 바치지 않았다'는 허접한 근거나 '신(神)의 가르침' 등 황당한 이유로 신라를 정벌했다는 기사가 연속적으로 출현한다. 신뢰성이 낮은 것은 두말할 나위가 없다.

일본서기에 따르면 신라는 약속을 밥 먹듯이 어기는 나라인데, 일본이 공격하면 겁을 먹고 금방 항복한다. 그러나 군사를 물리면 곧바로 나쁜 짓을 반복하는 나라로 묘사돼 있다. 역사라기보다는 동화의 '나쁜 늑대 이야기'를 떠올리게 한다. 병자호란의 패전으로 정신적 충격이 컸던 조선인들이 신유복전, 유충렬전 등의 군담소설(軍談小說)을 통해 '호국(胡國)'에 정신적으로 복수한 것과 유사하게 느껴진다.

신라에 대한 적대의식과 역사왜곡은 일본서기를 편찬하던 8세기 초, 백제계 후예를 비롯한 열도인들의 열패감과 깊은 관련이 있다. 삼한을 일통하여 열도보다 국제사회에서 위상이 높아졌고(당나라는 신라사신을 일본사신보다 앞자리에 앉혔다.) 선진강국이 된 신라에 대한 경쟁의식과 패배의식이 결합되어 나타난 결과이다. 특히 일본서기를 편찬한 지식인들의 뿌리가 망국 백제에 닿아 있는 사실은 대(對)신라 적대감 표출의 중요한 배경이라고 할 수 있다.

일본서기를 집중분석한 최재석은 "신라가 일본을 두려워하거나 겁을 먹었다는 기사(9회), 신라가 일본에 조공을 하였다는 기사(41회), 조공을 하겠다고 맹세한 기사(1회), 신라왕이 백기(白旗)를 들고 항복하였다는 기사(4회), 일본이 신라를 정벌하였다는 기사(12회), 일본이 신라를 침공할 계획을 세웠다는 기사(7회) 등을 게재하고 있다."고 정리하였다. 일본서기는 신라 관련 기사를 지나치게 방대하게 수록한 탓에 스스로 신뢰성을 상실한 셈이다.

일본서기뿐만 아니라 역대 일본정권은 한반도와의 관련성을 부정하는 데 주력하였다. 14세기의 지식인 기타바타케 치카후사(北畠親房)는 '신황정통기(神皇正統記)'에서 "옛날에는 일본인과 삼한인이 동종(同種 같은 종족)이라는 사실을 기록한 문서가 존재했으나 환무천황(桓武天皇 737~806) 시대에 태워버렸다."라고 적고 있다.[136] 환무천황은 백제계 후예가 분명하다. 만약 백제가 한반도를 통일했다면 환무는 '나의 뿌리는 반도'라고 공언하였을 가능성이 높다. 그랬더라면 한일관계는 미국과 캐나다 사이처럼 계속 좋았을 수 있다. 하지만 조상의 적인 신라가 한반도의 주인이 되었으니 일본은 역사를 담은 서적들을 소각하는 것으로 반도와의 인연을 떨쳐버리고자 시도한 것이다.[137](한

---

136. 세키네 히데유키(關根英行), 일본인의 형성과 한반도 도래인, 경인문화사, 2020, p4.
137. 이자와 모토히코(井澤元彦), 역설의 일본사, 고려원, pp343~351.

일월드컵을 앞둔 2001년 12월, 일왕 아키히토는 "환무천황의 어머니가 백제 무령왕의 자손이라고 속일본기(續日本紀)에 기록되어 있어 한국과 깊은 인연을 느낀다."고 말하였다. 환무의 모계뿐 아니라 부계도 백제계로 알려져 있지만 아키히토는 수위조절을 한 것이다.)

어쨌든 일본서기의 '신라에 대한 노골적인 적개심 표현'은 열도와 한반도의 공통된 역사의식을 끊고 독자적인 국가정체성을 갖는 출발점이라는 점에서 그 의미가 작지 않다. 무엇보다 일본서기를 통해 증폭된 일본인들의 대(對)신라 적대의식은 '한반도는 반드시 정복해야 할 땅'이라는 왜곡된 우월의식으로 전화되었고 마침내 정한론과 일제의 식민지배로 이어졌다는 점에서 가볍게 볼 사안은 아니다.

'역사(歷史)가 된 역사서'…책의 힘은 강하다

야마토조정이 일본서기(日本書紀)를 편찬한 것은 독자적인 역사관을 구축하기 위한 정치적 목적이었으나 세월의 흐름과 함께 일서(一書), 한 역사서가 거대한 파워를 지닌 '역사(歷史)'가 되었다. 1억 2천만 일본인들은 고대시절부터 일본이 강국이었고 한반도의 여러 나라는 일본의 속국 또는 조공국이었다고 믿고 있다. 1300년 전 까마득한 시절, AD 8세기에 편찬한 역사책의 힘은 강하다. 일본인 대다수가 허위와 왜곡, 날조와 분식으로 가득 찬 일본서기와 고사기의 기술을 '사실(史實)로 받아들인다는 사실(事實)'은 가공할 영향력을 지녔다. 근세 이후 발생한 한일관계의 비극은 고대사 기술에서 잉태되고 현실화되었다고 해도 과언이 아니다.

고대의 역사서를 그대로 믿는 것은 아둔하고도 위험하다. 왕통의 권위를 위해 적당한 사건을 날조해 배분하는 사례는 허다하다. 일정한 시대상을 반영하겠지만 사료가 생산된 시점의 시각과 정치적 필요성을 더욱 중시해야 한다. 그러므로 고대 사서를 독서할 때는 편찬 당시의 시선을 늘 의식하면서 구체적 사안의 의미를 정확하게 추출하는 것이 필수이다. 일본서기처럼 날조·왜곡·분식이 많은 책을 읽을 때는 더더욱 그리해야 한다. 일본서기를 비롯한 일본 고대역사서의 가장 큰 특징은 '언제(when)'가 불명확하다는 점이다. 앞뒤 사례가 뒤섞이는 것이 예사이다. 편년(編年)을 조작한 때문이다. 이주갑(二週甲)을 올려 기술한 만큼 120년을 끌어내려 보면 한국·중국의 역사서와 부합한다는 연구 결과도 있지만 그렇지 않은 부분이 더 많다. 일본의 고대역사서에서 허위·날조·시대착란이 허다한 것은 사서를 편찬한 야마토조정이 열도 내 다른 정치체가 경험한 사건들까지 자신들의 역사로 만든 데서 비롯되었다고 여겨진다. 결국 일본의 고대역사서는 4개 또는 그 이상의 지역거점 왕국들에서 일어난 전승 가운데 필요한 부분을 발췌해 하나의 통사로 정리하다 보니 맥락을 잡을 수가 없게 된 것이다.(다만 야마토조정이 숭신왜를 타멸하고 열도의 패권을 장악한 6세기 이후의 일본서기는 믿을 만하다고 평가된다. 이때부터는 한국의 삼국사기보다 사건에 대한 기술이 더 상세하고 신뢰성도 높아진다고 인정할 수 있다. 그러나 6세기 이전의 일본서기는 왜곡과 날조가 도를 지나치는 수준이다.)

　　그럼에도 불구하고 대부분의 일본학자들은 일본서기의 진실성을 대폭 인정하고 있다. 허위와 왜곡이 일부 존재하고 기년조작도 발견되지만 전체적으로 보아 신뢰성이 높다고 주장한다. AD 6세기, 계체천황 이후의 일본서기가 비교적 상세하고 정확한 점을 근거로 하여 그 이전 시기까지도 믿을 만하다는 논리를 펴는 것이다. 일본의 양심이라는 소설가 무라카미 하루키(村上春樹)조차 고대로부터 일본이 한반도에 비해 우월했고 강했고 지배해 왔다고 믿고 있다는 점에서는 결코 다르지 않다. 일본 지식사회의 풍토를 감안할 때 일본서기의 문제점을 인정하고 스스로 시정하기를 기대하는 것은 사실상 불가능해 보인다.

19세기 후반 이후 열도의 수많은 천재들이 일본서기와 고사기를 '사실을 기록한 책'으로 보고 충실히 연구해 왔다. 덕분에 일본 사학계의 논리는 탄탄하고 철저한 편이다. 반면 한국의 연구자 대부분은 일본의 연구결과를 배척한다. 일본 고대역사서의 신뢰성을 근본부터 부정하는 편이다. 한국의 한 연구자가 밝힌 내용이다.

"일본인들에게 한국에 대한 그릇된 인식을 심어준 것은 특히 일본서기의 임나 기사 및 신라·백제·고려의 조공기사이다. 일본서기는 그 태반이 대한국 관계 기사이고 그 많은 부분이 임나일본부 운운의 임나 관련 기사이고 신라·백제·고려의 조공기사이다. 일본의 사가는 대륙 침략과 한국 지배의 합리화를 위하여 임나를 남한에 비정하여 임나가 김해 혹은 고령에 있었다 하고 남한경영설을 주장하였다. 또 조공기사의 신라·백제·고려를 한반도의 신라·백제·고구려로 생각하여 한국은 역사적으로 일본에 조공을 바친 나라라 비하하고 민족적 우월감을 가져왔다."[138]

1945년 해방 이후 많은 한국학자들이 쌓아 올린 '애국적 연구'는 "일본에 유리하게 왜곡된 한일 고대사를 바로 잡겠다."는 호기로운 목표에서 시도된 것들로서(이병선의 『일본을 바로 알자』 171쪽 내용이 참고가 되겠다.) 학문적 성과를 인정받지 못하는 경우가 많다. 일본의 한민족 비하에 대항하여 고대사 연구에 평생을 바치게 되었다고 실토하는 학자가 허다한 실정이다. 상대방이 수용할 수 있는 객관적 시각을 유지하기보다는 '일본이 우리에게 가한 민족적 수모와 피해를 극복하자'는 우국충정에서 비롯된 연구인 만큼 다분히 주관적인 함정에 빠져든 경우가 적지 않았다.

한국 연구자들의 성과도 상당하지만 세계 역사학계는 여전히 일본의 연구결과를 더 신뢰하는 편이다. 한국학자들의 주장 대부분은 '국내용'인 것이 사실이다. 국내에서는 별로 인정받지 못하고 있지만 일본학자들이 이룩한 성과는 만만치 않다. 한일고대사 연구실태를 객관적으로 평가하면 아직까지는 한국이 일본측 연구를 실력으로 극복한 상태가 되지 못한다. 한국학자들은 일본열도에서 이룩된 자생적 역사 발전 과정을 지나치게 폄하하는 경향을 보여주었다. 한반도 중심주의 시각을 강조한 결과 일본은 물론이고 중국과 서양의 동양사학계 동의를 이끌어 내는 데도 한계를 노정하였다.

그럼에도 한일고대사 연구에 뛰어든 한국 연구자들의 투지는 평가

---

138. 이병선, 일본을 바로 알자, 아세아문화사, 2002, p183.

할 만하다. 일정 부분 일본학자들의 반성과 재고를 이끌어 낸 성과를 거두었다. 가장 논란이 된 임나일본부 논쟁만 하더라도 현재 일본의 연구자 가운데 일본서기를 그대로 믿는 사람은 거의 없다. 한국 연구자들이 적극적으로 파헤치고 주창한 결과일 것이다.

해인족의 역사에서 얻는 '일본서기 극복'의 통찰

역사시대가 열리기 이전의 한일관계는 평화로웠다. 반도와 열도 사이의 마름모꼴 바다를 터전 삼아 어로와 교역으로 살아가던 해인족, 즉 '원조왜인들'의 사회는 오랫동안 번성하였다. 그러나 '왜의 평화'는 반도와 열도에 백제·신라와 왜국이라는 고대국가가 성립되면서 깨어져 나간다. 내륙에 들어선 왕권은 바다를 육지의 종속물·변방·하위지대로 묶어놓고 권력의 요구에 부응하도록 요구하였다. 이에 대한해협과 마름모꼴 바다는 갈라졌고 구심력을 강화하는 왕권 쪽으로 더더욱 밀착되었다.

마름모꼴 바다를 터전으로 살아가던 해인족 사회도 쪼개져 한반도와 열도 한쪽으로 흡수되며 서로 다른 존재가 되었다. 한일 양쪽을 묶어주던 마름모꼴 바다, 해변인들의 오랜 삶의 터전이 통행하기 곤란한 국경, 갈등의 싸움터로 바뀐 것이다.(20세기 중반 한반도 사람들은 반도의 중추이자 허리로서 국토를 하나로 묶는 데 핵심역할을 했던 38선 부근 중부지대가 남북 양쪽에 두 개의 국가권력이 형성되면서 국경으로 변모해 치열한 전장으로 바뀌는 고통스런 경험을 하였다. 한반도와 열도 사이에 고대국가가 들어선 이후 마름모꼴 바다에서 일어났던 현상의 복제

판이었다.)

통일신라-고려-조선으로 이어지는 동안의 한일관계는 희비가 교차하였으나 대체로 아름답지 못하였다. 한일관계의 최악은 한일합병, 일본제국주의의 한반도 강점(强占)이었다. 그런데 역설적으로 일제강점기에 마름모꼴 바다에서 국경이 사라졌다. '제국의 내해(內海)'로 통합된 것이다. 하지만 이는 조선인에게 일방적인 양보를 요구하고 일방적으로 수탈한 결과이지 호혜적인 바다 통합은 아니었다. 당시 조선인들은 눈앞의 어장까지 일본인들에게 내어주고 더더욱 소외되었다.

일제가 멸망한 이후의 한일관계도 만족스럽지 못하였다. 가장 큰 이유는 역사 기술을 둘러싼 인식의 격차, 사관(史觀)의 차이 때문이었다. 특히 고대사를 둘러싸고 두 나라 지식인 간에 역사전쟁이 벌어졌다. 역사전쟁은 대중으로까지 확산되어 상대를 원수처럼 대하게 만든 악재가 되었다. 일본서기가 편찬된 지 1300년…아득한 세월 동안의 한일관계사에서 '일서(一書)'가 끼친 해악은 지독하였다. 2019년 여름, 한일관계는 최악의 수준으로 악화되었는데 이런 일은 이후에도 얼마든지 재연될 수 있다. 고대사 문제가 해결되지 않는 한 양국우호는 요원한 일로 보인다. 그러하다. 이제는 일본서기적(的) 관점, 황국사관의 극복을 더 이상 미룰 수 없게 되었다. 그렇다면 탈(脫)일본서기는 어떻게 가능할까? 한일공동사의 영역인 해인족의 역사, 왜의 본질을 정확히 하는 일이 선결과제로 대두되었다.

왜의 본질과 정체를 탐구하는 장정은 한일 두 나라의 우호 증진에만 그치지 않는다. 한일양국의 위상이 커지고 비중이 확대된 만큼 이제 한일고대사의 진실 추구는 지구촌의 미래를 생각해서라도 중단될 수 없는 과제가 되었다. 총균쇠의 저자인 세계적 석학 재레드 다이아 몬드가 '일본인의 조상은 한국인이었다'라는 논문을 발표한 데는 이런 배경이 깔려 있다. 전문사학자가 아닌 내가 한일 고대사문제에 뛰어든 이유는 명확하다. 한반도와 일본열도 사이의 바다에서 삶을 영위했던 해변인들, 왜인으로 불렸던 사람들의 역사를 재조명하기를 바라는 마음에서이다.

마음대로 넘을 수 없는 '국경(國境)의 바다'이지만 본래적 의미는 한일협력의 터전이었고 한일 공동사의 영역이다. 같은 바다에서 함께 살아간 옛사람의 이야기는 일방주의(一方主義) 세계관을 전복시키는 파도가 된다. '사라진 왜'의 정체를 규명하고 숨겨진 진실을 공유함으로써 일본서기 극복은 성공할 수 있다는 뜻이다. 고대 해인족의 실체를 포착하게 되면 그들 배의 승객이던 야요이농민과 대륙발 기마민족의 행적 또한 한일공동사의 영역이라는 '진실의 대안(對岸)'에 도달하게 될 것이다.

100년에 걸친 역사전쟁이 한일관계의 최대 걸림돌이 되고 있는 상황에서 '역사전쟁의 소재가 사실은 역사적 화해의 대상'임을 실증하려는 시도가 『한일 고대사의 재건축』 시리즈이다. 3권의 시리즈를 마감하는 순간에 제기하는 화두는 "한일양국의 화합, 대한해협 양편의 우호와 평화는 편견과 아집을 벗고 열린 눈으로 고대사의 진실을 각성하는 일에서 시작되어야 한다."는 결론이다. 한국인에게만 주문하는 요구가 아니다. 일본인들, 특히 일본 역사학자들의 처절한 반성이 선결조건이다.

참고문헌

강봉룡. 『바닷길로 찾아가는 한국고대사』, 경인문화사, 2016.

고노시 다카미쓰. 『일본은 왜 일본인가-국호의 유래와 역사』, 배관문·김병숙·이미령 옮김, 모시는
　　　사람들, 2019.

김병훈. 『역사를 왜곡하는 한국인』, 반디, 2006.

김부식. 『삼국사기 상(上)』, 이병도 역주, 을유문화사, 1997.

김부식. 『삼국사기 하(下)』, 이병도 역주, 을유문화사, 1997.

김부식. 삼국사기 열전.

김성호. 『비류백제와 일본의 국가기원』, 지문사, 1984.

김향수. 『일본은 한국이더라』, 문학수첩, 1995.

김현구. 고대 한일교섭사의 제문제, 일지사, 2009.

네이버 지식백과.

문정창. 『한국사의 연장 일본고대사』, 인간사, 1973.

박노자. 『거꾸로 보는 고대사』, 한겨레, 2010.

박천수. 『새로 쓰는 고대 한일교섭사』, 사회평론, 2007.

박호균. 『칠지도 명문』, 북랩, 2016.

부산·양산역사교사모임. 『일본고대사여행 동아시아인의 길을 따라』, 너머북스, 2012.

서동인. 『미완의 제국 가야』, 주류성, 2017.

세키네 히데유키(關根英行). 『일본인의 형성과 한반도 도래인』, 경인문화사, 2020.

소진철. 『백제 무령왕의 세계-왕의 세상은 해양대국·대백제』, 주류성, 2008.

승천석. 『고대 동북아시아의 여명』, 백림, 2003.

승천석. 『백제의 장외사 곤지의 아스까베왕국』, 책사랑, 2009.

에가미 나미오. 『기마민족국가-고대 일본역사의 비밀』, 이동식 번역 역주, KBS도서관 소장 비매
　　　품, 2014.

오노야스마로(太安萬侶). 『고사기』, 강용자 역, 지식을만드는지식, 2014.

윤명철. 『동아지중해와 고대 일본』, 청노루, 1996.

이덕일·이희근. 『우리 역사의 수수께끼1』, 김영사, 2000.

이병선. 『일본을 바로 알자』, 아세아문화사, 2002.

이시와타리 신이치로. 『백제에서 건너간 일본 천황』, 안희탁 역, 지식여행, 2002.

이자와 모토히코(井澤元彦). 『역설의 일본사』, 고려원, 1995.

이진희, 강재언. 『한일교류사』, 학고재, 1998.

일연. 『삼국유사 1권 기이(紀異) 탈해왕』, 최호 역해, 홍신문화사, 1995.

장한식. 『신라 법흥왕은 선비족 모용씨의 후예였다』, 풀빛, 1999.

전용신. 『일본서기』, 일지사, 2006.

정상수웅. 『고대 한일관계사의 이해-왜』, 김기섭 역, 이론과실천, 1994.

존 카터 코벨. 『부여기마족과 왜』, 김유경 옮김, 글을읽다, 2006.

진서(晉書) 장화전(張華傳).

최봉렬 편역. 『일본인의 조상은 고대조선의 도래인이었다』, 일주문, 1989.

최재석. 『일본 고대사연구 비판』, 일지사, 1990.

충남대학교. 「백제연구」 43집, 2006.

하니하라 가즈로(土直原和郞). 『일본인의 기원』, 배기동 역, 학연문화사, 1992.